*Consumer Finance*

# 消费金融学

陈福中◎编著

清华大学出版社

北京

本书封面贴有清华大学出版社防伪标签，无标签者不得销售。

版权所有，侵权必究。举报：010-62782989，beiqinquan@tup.tsinghua.edu.cn。

**图书在版编目（CIP）数据**

消费金融学 / 陈福中编著 . 一北京：清华大学出版社，2023.8
ISBN 978-7-302-64544-3

Ⅰ.①消⋯　Ⅱ.①陈⋯　Ⅲ.①消费贷款　Ⅳ.① F830.589

中国国家版本馆 CIP 数据核字 (2023) 第 159968 号

责任编辑：梁云慈
封面设计：李召霞
版式设计：方加青
责任校对：宋玉莲
责任印制：沈　露

出版发行：清华大学出版社
　　　　网　　址：http://www.tup.com.cn，http://www.wqbook.com
　　　　地　　址：北京清华大学学研大厦 A 座　　邮　编：100084
　　　　社 总 机：010-83470000　　邮　购：010-62786544
　　　　投稿与读者服务：010-62776969，c-service@tup.tsinghua.edu.cn
　　　　质 量 反 馈：010-62772015，zhiliang@tup.tsinghua.edu.cn
印 装 者：大厂回族自治县彩虹印刷有限公司
经　　销：全国新华书店
开　　本：185mm×260mm　　印　张：17.75　　字　数：403 千字
版　　次：2023 年 9 月第 1 版　　印　次：2023 年 9 月第 1 次印刷
定　　价：59.00 元

产品编号：094316-01

# 序 一

最早遇到陈福中博士是2012年春季在中国人民大学给研究生开设的消费经济学课堂上。最开始的印象是，他非常勤奋好学。后来他来到罗德岛大学访问一年，我们开始合作研究。他是一个工作非常努力的学者，在美国进修的一年，基本没有出去旅游过，总是在做科研写论文。他在取得博士学位之前，就发表了许多论文，所以水到渠成，毕业后顺利在对外经济贸易大学找到教职，很快晋升为副教授并承担起系主任的职责。我们一直保持学术上的联系，一起合作论文。2018年东北财经大学出版社的王宇先生询问我是否可以将我的英文版的《消费者经济福利》一书翻译成中文，我推荐了陈福中博士作为译者。该书的中文版已于2020年出版。很高兴听说他在对外经济贸易大学开设了一门颇受欢迎的消费金融学课程。由于选课人数太多，每次都要限制名额。他也告诉我计划撰写一本消费金融学的教材，我很支持。现在看到书稿，觉得他雷厉风行，填补了国内这一题材书籍的空白。

全书共分十二章。前四章讨论消费金融学的重要内容，即消费者收入、消费者支出、消费者储蓄和消费者借贷。在介绍互联网金融的一章后，接下来的三章相互联系密切，主要包括消费者金融教育、消费者金融素养和消费者理财能力。这三章的内容颇具特色，融入了他自己的许多研究成果。后面的四章讨论了消费者金融保护、商业活动、家庭需求和政府政策。

消费金融学是一个新兴的综合性的学科，目前，从全球范围看还没有一个完整的理论体系，比较系统的教材也较少。消费金融学的本质是描述消费者金融行为，旨在为消费者在金融和其他生活领域谋福利。陈福中博士这本书为丰富消费金融学文献做出了新的贡献。本书有五个特点。一是它的系统性，消费金融学的主要研究领域均有覆盖。二是它的中国特色，书中讨论了许多中国独特的消费金融行为的问题和解决思路。三是它的研究和普及相结合，书中涉及许多研究文献，包括陈福中博士自己的一些研究成果，并结合中国的一些具体案例加以讨论，实现实用性和科学性的统一。四是介绍了国外许多相关的学术研究、商业行为和政府政策的情况，极具供国内有关部门参考的价值。五是在尽可能的情况下，使用现有的经济学框架，分析消费者金融问题，让实证经济分析有更好的理论基础。

消费金融学是一个日益成长的新兴科学。由于中国消费者市场的巨大潜力和独特性质，中国学者利用中国的数据可以做出许多领先世界的科研成果。陈福中博士的这本教材为这个新兴学科文献的积累做出了重要贡献。希望这本书能为有兴趣了解这一领域的学者提供一个很好的窗口，以便促进本学科的进一步发展。

肖经建（JingJian Xiao）

美国罗德岛大学消费金融学教授、博士生导师

*Journal of Financial Counseling and Planning* 主编

*International Journal of Bank Marketing* 副编辑

*International Journal of Consumer Studies* 副编辑

*Journal of Consumer Affairs* 编委

美国消费者权益委员会（ACCI）主席（2004—2005）

亚洲消费者和家庭经济学协会（ACFEA）（2001—2003）

亚洲消费者和家庭经济学协会（ACFEA）顾问委员会主席

（中国）消费经济学会学术委员会副主任

# 序 二

自 2014 年加入对外经济贸易大学以来，陈福中博士就一直在进行消费金融学相关领域的研究，并且在全校范围内为硕博士研究生开设了消费金融学这门课程。陈博士早在攻读博士学位期间即在美国罗德岛大学肖经建教授的指导下进行消费金融学领域的相关研究，并取得了高质量的研究成果。入职对外经济贸易大学之后，陈福中博士成功申请并获批教育部人文社会科学研究青年基金项目，进一步将消费金融学相关领域的教学和科研工作有机地结合起来。在撰写本教材之前，陈福中博士还翻译出版了《消费者经济福利》一书，为较为系统地构建消费金融学的知识架构准备了重要的前提条件。

该教材由以下三个部分组成，即消费者传统金融、消费者现代金融和消费金融的扩展及实践应用，共计十二章。首先，消费者传统金融主要涵盖了消费者收入、消费者支出、消费者储蓄和消费者借贷等内容，涉及消费者经济和金融生活的诸多方面。第二，消费者现代金融主要包括新兴发展的互联网金融，以及与消费者金融生活和事务密切相关的金融教育、金融素养、理财能力和金融保护等方面。最后，该教材进一步将消费者金融的研究扩展到商业活动、家庭需求以及政府相关政策等领域。该教材构建了一个较为完善的消费金融学知识体系，可以为学生学习相关领域的知识奠定坚实的基础。

消费金融学涉及经济学、金融学、投资学、市场营销以及消费者行为学等多个学科内容，是一门包容性较强的新兴综合性学科。消费金融学以消费者为中心，探讨涉及消费者幸福感（或福利）相关领域的问题，包括收入、支出、储蓄、借贷等传统的消费者理财行为，以及借助互联网等新媒介的金融理财方式等，对消费者日常金融生活满意度所产生的影响。作为一门不断发展的新兴学科，消费金融学涉及的学科多，涵盖的领域广，同时缺乏较为系统的理论体系。该教材在一定程度上构建了较为系统的消费金融学知识和理论体系，为丰富消费金融领域的研究文献做出了重要贡献。

进入新时代，为了构建高水平的社会主义市场经济体制，需着力扩大内需，增强消费对经济发展的基础性作用，需要把实施扩大内需战略同深化供给侧结构性改革有机结合起来，增强国内大循环内生动力和可靠性。陈福中博士的这本教材从消费者的视角分析了传统金融和现代金融对消费需求的影响，可以为相关领域的具体实践提供坚实的理论支持。

吴卫星　教授、博士生导师<br>
首都经济贸易大学党委副书记、校长

# 推荐语

As the first textbook specific to consumer finance published in China, I believe this will be valuable to Chinese graduate students interested in fields related to consumer finance. The list of chapters indicates that this is a book that covers many relevant topics. In fact, I am impressed that the chapter list includes topics that are not in most consumer finance books — for example, consumer financial education and consumer financial literacy. The chapters include references to peer-reviewed articles published in well-respected journals.

Brenda J. Cude, Ph.D.
佐治亚大学教授、博士生导师
*Journal of Consumer Affairs* 执行主编
*Journal of Consumer Affairs* 副编辑（2011-2013）
*International Review of Economics Education* 编委

This book provides an excellent understanding of important consumer issues including consumer financial capability and its association with consumer credit and savings behavior. Prof. Chen does an excellent job of explaining how these issues factor into the overall perceived well-being of consumers. The book is well written, provides in-depth analyses of some of the most important consumer finance related topics, and captures the essence of how consumer financial decisions can shape their overall well-being across time. This book is a must read for students, scholars, and professionals in the area of consumer financial services.

Swarn Chatterjee, Ph.D.
佐治亚大学理财规划 Bluerock 教授、博士生导师
佐治亚大学理财规划、住房与消费者经济学系系主任
美国消费者权益委员会（ACCI）主席（2022-2023）
*Journal of Financial Counseling and Planning* 副编辑
*Financial Services Review* 副编辑
*Journal of Family and Economic Issues* 编委

Whether your goal is a wealthy life, a healthy life, or a happy life, the foundation for your future begins with a solid understanding of consumer finance.

Joyce Serido, Ph.D.
明尼苏达大学教授、博士生导师
*Journal of Family and Economic Issues* 主编

# 前言

在攻读博士学位期间，我有幸聆听了肖经建教授讲授的消费金融相关专题课程，对该领域产生了浓厚的兴趣，并将其作为自己的主要研究领域之一。为此，在肖经建教授多次来中国人民大学授课时，我一有机会就抽出时间去旁听学习。2012年，我获得国家留学基金委资助赴美国罗德岛大学访问学习，并且在肖经建教授的指导下就消费金融的相关主题进行了为期1年的学习和研究。自2014年加入对外经济贸易大学国际经济贸易学院以来，已为500余名硕士和博士研究生开设消费金融学这门课程，到现在为止，已连续开课7年，共计超过10个班次。同学们选修课程的积极性非常高，连续数年在众多同学的强烈建议下增开教学课程班。在课堂上，同学们积极讨论消费金融学的前沿议题，对相关领域最新文献进行深入研讨，学习兴趣高昂，教学氛围良好。然而，比较遗憾的是，在教学过程中，我一直未能找到一本合适的课程教学参考教材。适逢2016年申请的教育部人文社会科学研究青年基金项目"金融素养、理财能力与消费者理财满意度研究"成功获批资助，我便产生了撰写一本适用于金融学专业高年级本科生和硕士研究生消费金融学课程教材的想法。在不断的科研和教学摸索过程中，我逐步形成了对消费金融学知识和理论体系较为全面的认识，并从2018年开始着手进行本教材的写作工作。历时4年多，经过多次修改和增删内容，本教材的撰写工作才最终得以完成。

消费金融学是一门新兴的跨领域学科，涵盖了经济学、金融学、投资学、市场营销、消费者行为学以及心理学等多个学科的相关内容。本教材主要围绕以下三个方面展开，即消费者传统金融（第一章至第四章）、消费者现代金融（第五章至第九章）和消费金融的扩展及应用（第十章至第十二章）。具体地，本教材各章主要内容如下。

第一章：消费者收入。本章主要介绍消费者收入的相关概念，分析预算约束对消费决策的影响，探讨收入不平等和代际转移的相关议题，从理论和经验的角度分析消费者收入对消费的影响，并进一步对中国奢侈品的消费动机进行案例讨论。

第二章：消费者支出。在介绍消费者支出相关概念和理论的基础上，本章重点分析消费者支出的结构，探讨理想与不理想的消费者支出行为，检验住房支出对消费的影响，并以"双十一"购物节为例剖析中国消费者支出结构的变化。

第三章：消费者储蓄。本章主要介绍消费者储蓄的概念和测算方式，分析消费者储蓄的动机，探讨影响消费者储蓄的主要因素，揭示储蓄与消费者主观幸福感之间的非线性关系，并以美国个人退休账户为例进行案例讨论。

第四章：消费者借贷。本章重点介绍消费者借贷的概念及度量方法，探讨预算约束对消费者借贷决策的影响，分析消费者借贷的风险，阐述消费者借贷的类型，比较中国与主要发达国家消费者信用管制的现状，为消费者借贷影响食品支出提供经验证据，进一步就个人破产制度进行案例讨论。

第五章：互联网金融。本章旨在介绍互联网金融的基本概念以及发展概况，并将其划分为互联网在线银行、电商金融服务、P2P借贷、互联网众筹和互联网理财等五个方面进行详细阐述，从而以P2P借贷的发展为例进行案例探讨。

第六章：消费者金融教育。本章在界定相关概念的基础上，分析消费者金融教育发展的现状，阐述消费者金融教育在中国的发展，探讨消费者金融教育的影响因素，并从城乡差异的视角剖析金融教育对消费者理财能力的作用机制，进一步对中国香港地区普及金融教育的实践进行案例讨论。

第七章：消费者金融素养。以界定金融素养的概念和测度为基础，本章重点分析消费者金融素养的度量框架，剖析美国消费者金融素养现状，探讨影响消费者金融素养的因素，从理论和经验证据角度辨析金融素养与消费者理财行为两者之间的关系，最后以案例分析金融素养对退休规划、金融资产投资和借贷等金融行为的影响。

第八章：消费者理财能力。在概述消费者理财能力的基础上，本章主要探讨消费者理财能力评估体系，分析美国消费者理财能力现状，阐述消费者理财行为、理财能力与理财满意度之间的关系，并就中美消费者资产配置差异进行案例讨论。

第九章：消费者金融保护。本章重点介绍消费者金融保护的基本内涵、发展历史、基本框架和必要性，分析消费者金融保护的类型，对消费者金融保护进行国际比较，并从银行违规收集个人信息角度进行案例探讨。

第十章：商业活动。本章着重介绍合法和不合法的商业活动，分析消费者所遭受的营销欺诈，阐述消费者脆弱性的概念及影响因素，进一步以案例讨论的方式揭示网红直播对消费者行为的影响效应。

第十一章：家庭需求。本章主要界定家庭需求的概念并分析其结构演变规律，探讨消费需求对经济增长的影响，阐述家庭消费观念转变及消费金融的快速发展等，从而对中国消费需求的变化进行案例探讨。

第十二章：政府政策。本章重点介绍消费金融政策的含义和实现手段，比较发达国家和发展中国家在消费金融政策实施上的差异，并针对我国中长期经济发展目标探讨消费金融政策的制定方向，进一步以互联网金融监管为例进行案例分析。

本教材试图从消费者传统金融、消费者现代金融与消费金融的扩展及应用等三个方面构建较为完备的消费金融学学科体系，力求实现以下目标。

第一，主要面向金融学专业高年级本科生和硕士研究生，针对性较强。本教材除了介绍消费金融学领域的相关概念和理论外，还涵盖了部分主题的计量研究，这在已有同类教材中并不多见。相当数量计量分析的引入，可以激发学生开展科学研究的兴趣，从而形成较好的学术研究规范。此外，本教材还进行了大量的国际比较研究，能够让学生更好认识我国在消费金融学领域的发展与主要发达国家的差距。

第二，尝试构建一个全新的学科体系，内容较为新颖。作为一门新兴的跨领域学科，消费金融学涵盖的内容较为广泛，目前尚未构建起较为完整的学科体系。在撰写本教材过程中，笔者力图将消费金融学相关领域的学术研究和实践应用的最新成果囊括进来，特别是对相关领域研究成果的梳理可以为广大学术界同仁提供重要的研究参考。

第三，将理论学习与案例讨论相结合，内容生动且接近现实。本教材在每章内容的最后都增加了案例讨论，一方面使内容更加生动形象，更具有可读性，另一方面也使相关主题的知识和理论能够更好地与现实相结合，更便于学习和理解。

本教材的成功出版，得益于诸多方面的帮助。首先，在撰写本教材过程中，得到了罗德岛大学肖经建教授以及山口大学李海峰教授的有益指导，他们的富于建设性的意见和建议为本教材的完成奠定了坚实基础。其次，研究团队成员卓有成效的协助，为本教材的最终完稿提供了重要的前提条件。参与本教材相关数据资料搜集整理和文稿校对的同学如下（按姓氏拼音）：杜鑫、樊颖超、韩子腾、蒋国海、刘艾雯、刘洋、刘谊平、聂晓帆、孙子钧、王亚杰、卫慧妮、温倩、向健、杨杰、余迪、张凤莉、张咏、周璐璐。再次，学校和学院给予了大力支持，本教材的撰写先后获得2019年度对外经济贸易大学研究生精品教材建设项目和2021年度对外经济贸易大学研究生精品教材出版项目的资助。同时，本教材也是北京市高等教育学会2022年立项面上攻关课题（课题编号MS2022030）阶段性成果。此外，感谢清华大学出版社的梁云慈老师，本教材的顺利出版得益于她富有成效的编辑工作。最后，由于时间仓促，尽管经过几轮修改和校对，但疏漏之处在所难免，欢迎各位读者批评指正。

# 目 录

## 导 论

引导案例 ········································································· 1
第一节　概述 ···································································· 2
第二节　消费金融学的发展 ················································· 3
第三节　我国消费者金融实践的现状 ····································· 5
参考文献 ········································································· 8

## 第一章　消费者收入

引导案例 ········································································· 9
第一节　基本概念 ···························································· 10
第二节　预算约束与消费决策 ············································ 14
第三节　收入不平等和代际转移 ········································· 17
第四节　消费者收入对消费的影响：理论与经验证据 ············ 21
第五节　案例讨论：中国奢侈品消费动机分析 ····················· 24
参考文献 ······································································· 26
课后思考题 ···································································· 27

## 第二章　消费者支出

引导案例 ······································································· 29
第一节　基本概念 ···························································· 30
第二节　消费者支出的相关理论 ········································· 31
第三节　消费者支出结构 ·················································· 34
第四节　消费者支出行为 ·················································· 40

| 第五节 | 住房支出对消费的影响：理论与经验证据 | 44 |
| 第六节 | 案例讨论：中国"双十一"背景下消费者支出结构的变化 | 50 |

参考文献 ⋯ 52
课后思考题 ⋯ 53

# 第三章　消费者储蓄

| 引导案例 | | 55 |
| 第一节 | 基本概念 | 56 |
| 第二节 | 消费者储蓄动机 | 58 |
| 第三节 | 消费者储蓄的预算约束及影响因素 | 63 |
| 第四节 | 消费者储蓄与主观幸福感：理论与经验证据 | 68 |
| 第五节 | 案例讨论：个人退休账户计划在美国家庭储蓄中的地位 | 78 |

参考文献 ⋯ 81
课后思考题 ⋯ 82

# 第四章　消费者借贷

| 引导案例 | | 83 |
| 第一节 | 消费者借贷概述 | 84 |
| 第二节 | 预算约束与消费者借贷决策 | 87 |
| 第三节 | 借贷决策的影响因素及风险 | 89 |
| 第四节 | 消费者借贷的类型 | 92 |
| 第五节 | 消费者信用管制 | 96 |
| 第六节 | 消费者借贷对食品支出的影响：经验证据 | 99 |
| 第七节 | 案例讨论：中国建立个人破产制度的必要性和可行性 | 108 |

参考文献 ⋯ 111
课后思考题 ⋯ 112

# 第五章　互联网金融

| 引导案例 | | 113 |
| 第一节 | 互联网金融及其在中国的发展 | 114 |

| 第二节 | 互联网在线银行 | 117 |
| 第三节 | 电商金融服务 | 121 |
| 第四节 | P2P借贷 | 124 |
| 第五节 | 互联网众筹 | 126 |
| 第六节 | 互联网理财 | 130 |
| 第七节 | 案例讨论：走向没落的P2P | 131 |

参考文献 ........................................................................................ 134
课后思考题 .................................................................................... 135

## 第六章　消费者金融教育

引导案例 ........................................................................................ 137
| 第一节 | 消费者金融教育概述 | 138 |
| 第二节 | 中国消费者金融教育的发展 | 143 |
| 第三节 | 消费者金融教育的影响因素 | 145 |
| 第四节 | 消费者金融教育与理财能力：基于城乡差异的视角 | 146 |
| 第五节 | 案例讨论：中国香港普及金融教育的实践 | 154 |

参考文献 ........................................................................................ 156
课后思考题 .................................................................................... 157

## 第七章　消费者金融素养

引导案例 ........................................................................................ 159
| 第一节 | 消费者金融素养概述 | 160 |
| 第二节 | 消费者金融素养度量框架 | 162 |
| 第三节 | 美国消费者金融素养现状 | 165 |
| 第四节 | 消费者金融素养的影响因素 | 169 |
| 第五节 | 消费者金融素养与理财行为：理论与经验证据 | 171 |
| 第六节 | 案例讨论：金融素养与金融行为 | 173 |

参考文献 ........................................................................................ 176
课后思考题 .................................................................................... 178

# 第八章　消费者理财能力

| | |
|---|---|
| 引导案例 | 179 |
| 第一节　消费者理财能力概述 | 180 |
| 第二节　消费者理财能力评估体系 | 182 |
| 第三节　美国消费者理财能力现状 | 185 |
| 第四节　消费者理财行为、理财能力与理财满意度 | 191 |
| 第五节　案例讨论：中美消费者资产配置的差异 | 203 |
| 参考文献 | 205 |
| 课后思考题 | 207 |

# 第九章　消费者金融保护

| | |
|---|---|
| 引导案例 | 209 |
| 第一节　消费者金融保护概述 | 210 |
| 第二节　消费者金融保护措施的分类 | 212 |
| 第三节　消费者金融保护的国际比较 | 216 |
| 第四节　消费者金融保护：美国与中国的比较 | 219 |
| 第五节　案例与讨论：银行违规收集个人信息引发投诉案 | 223 |
| 参考文献 | 225 |
| 课后思考题 | 226 |

# 第十章　商业活动

| | |
|---|---|
| 引导案例 | 227 |
| 第一节　商业活动概述 | 228 |
| 第二节　营销欺诈 | 230 |
| 第三节　消费者金融脆弱性 | 232 |
| 第四节　案例讨论：网红直播商业活动影响下的消费者行为 | 234 |
| 参考文献 | 236 |
| 课后思考题 | 237 |

# 第十一章 家庭需求

引导案例 ········································································· 239
第一节 家庭需求及其结构演变 ················································ 240
第二节 消费需求与经济增长 ···················································· 242
第三节 家庭消费理念转变与消费金融的快速发展 ························ 246
第四节 案例讨论：中国家庭消费需求——理性消费正当时 ············ 248
参考文献 ········································································· 250
课后思考题 ······································································ 250

# 第十二章 政府政策

引导案例 ········································································· 251
第一节 消费金融政策概述 ······················································ 252
第二节 开放经济条件下的消费金融政策 ···································· 256
第三节 国外消费金融政策及其对我国的启示 ······························ 257
第四节 案例讨论：互联网金融的政策监管 ································· 262
参考文献 ········································································· 263
课后思考题 ······································································ 264

# 导论

## 引导案例 >>>

经过四十多年的改革开放,中国已经成为世界第二大经济体、第一大工业国、第一大货物贸易国和第一大外汇储备国,广大消费者的生活质量也逐年提高。但是,我国消费者的幸福感却并没有获得与经济发展相匹配的提升。联合国定期发布的《全球幸福指数报告》显示,2012年,我国消费者幸福感在全部156个国家或地区中排名第112位,2019年排名上升至第93位,2022年上升到第72位,2023年进一步上升到第64位。尽管我国消费者的幸福感不断提高,但仍然有较大的提升空间。

其中,负债是影响我国消费者幸福指数的重要原因之一。随着消费金融的逐步兴起,信用卡、白条和贷款平台使消费者更容易借钱的同时也增加了消费者负债。很多消费者被日常繁杂的债务、高昂的子女教育、沉重的抵押贷款和汽车贷款所淹没。因此,研究影响消费者幸福感的金融因素显得尤为重要,而消费金融学正是这样一门新兴前沿交叉学科。

## 第一节 概述

### 一、消费金融学的概念

从20世纪80年代开始，美国联邦储备局就开始三年一次的全国性的消费者金融调查（Survey of Consumer Finance，SCF），然而，早期的消费者金融主要是指边缘银行的现象，即为那些在正规银行无法获得贷款的边缘群体提供的融资和借贷服务。从消费者科学的角度看，消费者既包括个人也包括家庭，而家庭也是由消费者个人作为成员而构成的。随着相关领域研究的不断推进以及金融产品或服务的日益丰富，消费金融学（consumer finance）的研究范围得到不断拓展。具体来看，消费金融学是从消费者的角度，研究消费者个人的消费行为、理财行为及相关经济行为等对消费者经济福利和主客观满意度（幸福感）的影响的学科。它是一门新兴的融合学科，涵盖了经济学、金融学、投资学、市场营销以及消费者行为学等多个学科的相关内容。

### 二、消费金融学的研究对象

消费金融学以消费者为中心，探讨涉及消费者理财满意度（或金融福利）相关领域的问题，包括收入、支出、储蓄、借贷等传统的消费者理财行为，以及借助互联网等新媒介的金融理财方式，对消费者理财满意度所产生的影响。对于消费者本身而言，该学科从金融素养、理财能力与从事商业活动等角度，深入揭示影响消费者主观幸福感的主要因素；对于消费者所处的宏观环境而言，该学科还讨论政府政策对消费者福利的影响。

### 三、其他相关重要概念

消费金融学作为一个新兴跨领域学科，其主要关注点是消费者的金融福利或幸福感。与消费金融学密切相关的重要概念包括消费者金融福利、消费者金融素养和消费者理财能力。

#### （一）消费者金融福利

消费金融学研究的最终目的，是改善消费者的金融福利。消费者金融福利（consumer financial wellbeing），指的是消费者有足够多的金融资源，使其能够过上舒适生活的状态。消费者金融福利的测量指标可有多重分类，如可分为直接指标和工具指标。直接指标又可分客观指标（如收入、支出、负债和资产等）和主观指标（如收入满意度、理财满意度和消费者满意度等）。工具指标也可分为客观指标（金融能力、金融知识和金融行为等）和主观指标（对金钱态度和风险承受力等）。多数的直接客观指标如收入、支出和资产与消费者金融福利正向相关。而债务是一个特殊的指标。通常来说，借债渠道广是一个好指标；借债数额大在一定情况下显示其金融实力，也是一个好指标。然而，如果借债超出还款能力，债务就成为一个坏指标。在美联储公布的消费者金融统计数据中，杠杆率（债务占资产比率）和债务占收入比率都是相对指标，而若债务支付比收入超过40%则是一个不好的指标。直接主观指标主要为理财满意度，也可以用单个或多个变量来测量。美国金融产业监管局的投资者教育基金会从2009年开始进行三年一度的国民理财能力调查（National Financial Capability Study，NFCS），用1到10的打分方式让消费者自己评价自己的财务状况。如果将8~10分视为财务比较满意的标志，美国消费者对自身财务状况感到满意的人口比例在2009年、2012年和2015年分别为16%、24%和31%。近年来，美国消费者金融保护局开发了一个具有10个变量的消费者金融福利量表，构建了一个多变量的财务满意度测度体系。在让消费者回答10个相关问题后，可以计算出每个人的金融福利指数（理论值的范围是0~100）。从2017年公布的报告看，美国人的平均金融福利指数为54。对消费者金融福利指标的评价主要采用对比的方式，如现在与过去对比、不同人群对比、不同地区对比，以及不同国家对比等。除了非常少的指标是绝对好或坏的指标（如消费者破产是一个绝对坏指标），大部分测量指标都是相对指标。例如，从美国近五十年的统计数据看，户主为亚裔和欧裔美国家庭的中位数收入一直要高于非裔和拉美裔家庭的中位数收入，表明了美国不同种族家庭经济地位的差异。

### （二）消费者金融素养

从知识和能力相结合的角度，消费者金融素养是运用知识和技能有效管理财务资源的能力，以获得最优的经济福利。这一概念包括了主观的金融能力和客观的金融知识两个方面，是综合衡量经济主体进行金融（或理财）活动能力的一个指标。其中，相比于客观金融知识，自我感知的主观金融能力更强调消费者的金融知识与技能的主观方面，即关注消费者对自身金融能力水平的自我评价，抑或是考察消费者对自身金融能力的信心。

### （三）消费者理财能力

消费者理财能力包括了经济主体的客观理财行为绩效以及主观的（好的和不好的）理财行为等两个方面，主要用于衡量经济主体的综合金融（或理财）能力。这一概念的内涵包括四个方面：第一，管理财务，即在某种预算系统和满足经济生活定期支出的能力下，保持对消费者财务的跟踪和关注。第二，提前规划，即有能力为将来的消费和意外支出而储蓄。第三，了解和选择合适的金融理财产品，即甄别和比较理财产品和提供理财产品金融机构的能力。第四，寻求帮助，即搜集信息和咨询建议以获得充分信息的能力，另外还包括具有一定财务实力的消费者关注宏观经济形势并了解其对个人财务潜在影响的能力。

## 第二节　消费金融学的发展

### 一、消费金融学领域学术研究的兴起

消费金融学是一个新兴的研究领域，并且随着互联网金融的发展，逐步成为社会各

界关注的热点问题。从国际视角来看，消费金融学的兴起和受到各国政府的关注可以追溯到 2006 年英国开始的消费者理财能力基准调查，随后美国、奥地利、爱尔兰以及加拿大等国也纷纷以英国和美国的调查为参照，进行了相应的理财能力调查。对于消费金融学的研究，涵盖了经济学、金融学、市场营销以及消费者行为学等多个学科的内容，但学术界对于消费金融学的重视并展开深入研究则开始于最近几年。

2006 年，美国金融学会会长、哈佛大学教授 Campbell 以"家庭金融"为主题发表了演讲，家庭内部消费者金融行为的集合构成了家庭金融的主体。此外，美国国家经济研究局也于 2009 年开始举办以消费金融学为主题的工作论文会议。消费金融学受到学术界、实务领域以及各国政府越来越多的关注。

## 二、与已有相关学科的区别和联系

### （一）与行为金融学的区别和联系

行为金融学（behavior finance）是将心理学尤其是行为科学的理论融入金融学之中，是一门新兴边缘学科。该学科从微观个体行为以及产生这种行为的心理等动因来解释、研究和预测金融市场的发展。通过分析金融市场主体在市场行为中的偏差和反常，来寻求不同市场主体在不同环境下的经营理念及决策行为特征，力求建立一种能正确反映市场主体实际决策行为和市场运行状况的描述性模型。

消费金融学与行为金融学的区别表现在研究层次不同。行为金融学更宏观，并且关注的焦点集中于经济主体的集体行为；而消费金融学主要以消费者个人为研究对象，分析相关金融（理财）行为可能带来的影响。消费金融学与行为金融学的联系表现在分析方法相似。两者都应用了行为科学以及心理学等学科的分析方法研究经济主体的行为对经济和金融福利的影响。

### （二）与家庭金融学的区别和联系

家庭金融学（household finance）类似于公司金融，是分析家庭如何运用金融工具来实现其目标的学科。该学科主要是研究家庭如何通过利用证券投资工具，如股票、债券和基金等，实现资源优化配置，达到家庭长期消费效用的最大化。

消费金融学与家庭金融学的区别表现在研究主体不同。家庭金融学关注经济主体的经济或者金融行为对整个家庭的影响，从而影响家庭的经济或理财决策；而消费金融学则更关注消费者个人的经济或者金融行为对自身的影响，可能会影响消费者自身的教育、储蓄以及资产组合等决策行为。

### （三）与消费经济学的区别和联系

消费经济学（consumer economics）从研究消费者行为出发，来解释和说明宏观消费现象，因此消费经济学的研究对象既包括微观消费问题也包括宏观消费问题。消费经济学所研究的宏观消费问题，主要包括消费需求对社会总需求和经济增长的影响，消费结构和消费方式以及消费政策、消费者保护与消费者责任等；消费经济学所研究的微观消费问题即消费者行为,是指与消费者的资源分配(如收入和时间等)相关的一系列决策,包括消费决策、储蓄决策、投资决策、消费信贷决策以及劳动供给决策等。

消费金融学与消费经济学的区别,表现在研究内容的不同。消费经济学是经济学的分支学科,以马克思主义政治经济学、微观经济学和宏观经济学等为基础,以消费者的经济行为为主,分析对消费者决策的影响以及政府的相关消费政策等,其研究的内容涉及了宏观、中观和微观等方面。而消费金融学是金融学的分支学科,涵盖了行为金融学、心理学、行为学等多个学科的相关内容,是一个新兴的跨学科研究领域。

## 第三节 我国消费者金融实践的现状

### 一、消费者收入、支出、借贷和储蓄

#### (一)消费者收入和支出

**1. 人均层面**

据国家统计局的数据,2022年,对于消费者收入,全国人均可支配收入36 883元,比上年名义增长5.0%,扣除价格因素,实际增长2.9%;对于消费者支出,全国人均消费支出24 538元,比上年名义增长1.8%,扣除价格因素影响,实际下降0.2%。

就人均意义而言,消费者在收入同比实际上升的条件下,消费支出同比实际下降。这说明受到新冠病毒感染疫情的影响,消费者的消费能力和消费意愿尚未完全恢复。2022年,最终消费支出对经济增长的贡献率为32.8%,远远低于2021年的65.4%。在此背景下,消费金融学对于消费者收支影响因素的研究,就显得尤为必要。

**2. 城乡对比**

就消费者收入而言,2022年,城镇消费者人均可支配收入49 283元,比上年增长3.9%,扣除价格因素,实际增长1.9%。城镇消费者人均可支配收入中位数45 123元,增长3.7%。农村消费者人均可支配收入20 133元,比上年增长6.3%,扣除价格因素,实际增长4.2%。农村消费者人均可支配收入中位数17 734元,增长4.9%。城乡消费者人均可支配收入比值为2.45,比上年缩小0.05。就消费者支出而言,2022年,城镇消费者人均消费支出30 391元,增长0.3%,扣除价格因素,实际下降1.7%;农村消费者人均消费支出16 632元,增长4.5%,扣除价格因素,实际增长2.5%。

基于城乡对比的视角,可以发现城镇消费者收入增长速度较低,并且其人均消费支出实际下降;而农村消费者的可支配收入提升速度较快,并且其人均消费实际增加。因此,刺激城镇消费者消费意愿将对提振国民经济产生更大的效果,而这也是城乡二元结构形成和新冠病毒感染疫情暴发以来消费金融学的重要研究范畴。

### (二) 消费者借贷和储蓄

在消费者借贷方面，国民经济和社会发展统计公报数据显示，2022 年全部金融机构人民币消费贷款余额 560 361 亿元，增加 11 522 亿元，其中中长期消费贷款余额占比 83.32%。中长期消费信贷的快速增长，体现出对消费者借贷相关议题进行深入研究的重要现实意义。消费者信贷快速增加的另一个表现是消费金融公司的大量兴起。2009 年，全国首批 4 家消费金融公司试点落地，截至 2020 年底，我国的消费金融公司已经超过 30 家。十余年来，消费金融公司在促进消费升级、服务实体经济、践行普惠金融、推广金融知识、维护金融秩序和推动发展转型等方面的积极作用逐渐显现，已经成为现代金融服务和组织体系中必不可少的组成部分。据《中国消费金融公司发展报告》，截至 2022 年末，我国消费金融公司资产总额为 8 844.41 亿元，较上年末增长 17.46%，资产规模增速水平较上年明显提升。快速发展的消费金融公司也是我国消费金融发展的重要助力，促进消费者借贷的健康发展，从总体上提升了消费者的金融福利。

在消费者储蓄方面，根据中国人民银行的数据，截至 2022 年底，我国消费者存款余额达到 120 万亿元，并且保持着上升趋势。消费者支出和消费者储蓄存在着"此消彼长"的关系，而近年来消费者储蓄的提升对应着消费者支出的下降，这不利于国民经济的健康发展。2022 年，我国消费者储蓄率达到 33.5%，这一比例在全世界范围内也是处于高位的。为刺激消费者消费，中国人民银行 2022 年以来多次降息，但消费者储蓄不降反升，这种"被动储蓄"现象很大程度上源于对未来经济不确定性的担忧，消费者风险偏好收缩也不利于提振消费、宽信用和激发市场活力。因此，在消费金融学的框架下，研究消费者储蓄的影响因素及内在机制，对于提振消费需求也显得尤为重要。

## 二、消费者金融素养

中国家庭金融调查（China Household Finance Survey，CHFS）是西南财经大学中国家庭金融调查与研究中心进行的一项全国性的调查，对家庭经济和金融行为进行了全面细致的刻画，也为学术研究和政府决策提供高质量的微观家庭金融数据。在 CHFS 发布的 2019 年数据中，涉及消费者金融素养的相关问题。下面以此数据库为例，讨论当前中国消费者金融素养的具体情况。

2019 年的 CHFS 中有关金融素养的调查涉及利率、通货膨胀率、股票和基金等方面，主要包括 4 个问题："假设银行的年利率是 4%，如果把 100 元钱存 1 年定期，1 年后获得的本金和利息为多少？""假设银行的年利率是 5%，通货膨胀率每年是 8%，把 100 元钱存银行 1 年之后能够买到的东西将_____？""您认为一般而言，主板股票和创业板股票哪个风险更大？"以及"您认为一般而言，偏股型基金和偏债型基金哪个风险更大？"对于这些问题，每正确回答 1 个问题得 1 分，否则得 0 分，以最后分数作为对中国消费者金融素养的测度。特别地，前两个问题对全样本提问，样本量为 33 957，而后两个问题仅对城镇样本且并非完全不了解股票、债券和基金的样本提问，样本量为 8 532。

基于全样本分析发现，利率问题回答的准确率为 20.89%，通货膨胀率问题回答的准确率为32.07%，股票问题回答的准确率为29.64%，基金问题回答的准确率为19.49%。总体而言，这四个问题的准确率都不高，反映出我国消费者当前金融素养普遍偏低的现状。进一步地，金融素养呈现出基于性别、年龄、收入、教育水平和所在地区的异质性。具体地，对于性别差异，女性的金融素养显著低于男性，这可能是由于女性通常倾向于风险规避；对于年龄差异，相对于中年受访者，青年和老年的金融素养明显偏低，这可能是由于对青年和老年的金融教育不足；对于收入、教育水平和所在地区差异，收入和教育水平较高或者处于经济发达地区的消费者，其金融素养明显较高。这些结论均与已有研究，例如李凤等（2023）[1]、廖理等（2019）[2]、吴卫星等（2018）[3]和Bucher-Koenen等（2016）[4] 相一致，对中国消费者来说具有稳健性。

### 三、政府对消费者消费的刺激政策

暴发于2019年底的新型冠状病毒感染疫情对中国消费市场带来了巨大冲击，从政府政策制定层面，利用各种金融刺激手段激发微观主体的消费动能，提高消费者的消费意愿和能力，是促进经济迅速回暖并提升消费者经济福利的关键。[5] 本节以新型冠状病毒感染疫情期间我国政府的消费刺激政策为例，说明政府行为对消费者相关行为及金融福利的影响。在新冠病毒感染疫情期间，中国采取扩张性政策，如发放消费券、减税降费和发行抗疫特别国债等，以财政政策为主、货币政策为辅，旨在注入确定性，并与消费者和企业分担风险。[6]

发放消费券通过替代效应提升消费者经济和金融福利。一方面，政府可以利用消费券的价格杠杆功能，对市场上的一部分商品发放消费券，使得那些没有获得消费券补贴的商品在市场上暂时失去价格优势，促使消费者更加倾向于购买可利用消费券获得优惠的商品，从而使消费者精准获得政府补贴，提升其福利。另一方面，消费券的这种替代效应也使得政府可以从宏观层面对消费结构和消费内容进行调节，这是消费券的宏观调控功能。[7] 获得消费券补贴的商品，从商品类型上来说多属于发展型消费，是消费层次较高的消费类型。因此，消费者在消费券的作用下增加对这些商品的消费支出，也会提升消费者经济和金融福利。

减税降费的着力点是间接税，其通过收入分配效应和消费回流效应提升消费者的经济和金融福利。间接税会呈现出一定程度的累退性，不利于缩小消费者之间的收入差距，而间接税的减税政策会减轻收入分配不平等问题，从而提高消费者购买力水平以及消费者经济和金融福利。[8] 关于消费回流效应，间接税因其可以进行税负转嫁，会出现较为明显的消费外溢现象。在开放经济条件下，如果对于跨境消费和国际贸易的限制较少，那么同样的商品和服务在不同国家的价格差异就会导致消费者选择跨境消费，出现消费向境外溢出的现象，制约本国消费提升和经济复苏。[9] 因此，减税政策可以将本国消费者需求更多地留在境内，是拉动内需的必要条件，也促进了消费者经济和金融福利的提升。

特别国债通过与货币政策相配合，在不挤出消费者消费的同时保证政府消费供给的提升，从而提高消费者经济和金融福利。尽管大规模财政扩张政策也可以刺激经济复苏，但会同时恶化财政赤字，对财政收支形成较大压力。[10] 对此，中国政府大规模发行了特别国债和地方政府专项债券，旨在拉动经济复苏的同时，缓解政府的财政压力。由于特别国债主要面向金融机构定向发行，因而通常伴随着央行货币政策的变动，削弱财政扩张政策的挤出效应，以保证在不影响金融市场现金流的情况下增加政府的消费供给。其中，有多轮特别国债资金用于公共消费或公共服务领域，这有效地带动了个人消费，提升了消费者经济和金融福利。

基于上述典型现实情况，本书从消费者收入、支出、借贷以及储蓄等出发，在此基础上讨论互联网金融、消费者金融教育和金融素养以及理财能力对消费者金融福利的影响，再从消费者面临的外部环境出发，讨论消费者金融保护、商业活动、家庭需求和政府政策对消费者金融福利的影响，力求构建完整的消费金融学研究框架。

## 案例思考题

1. 请简述消费金融学的概念及研究对象。
2. 请简述消费金融学与行为金融学有哪些区别和联系。
3. 什么是消费者的金融素养？应如何提升消费者的金融素养？
4. 请简述消费金融学的研究框架。

## 参考文献

[1] 李凤，吴卫星，李东平，路晓蒙. 投资者教育发挥作用了吗？——来自公募基金个人投资者调查数据的证据 [J]. 金融研究，2023(1): 150-168.

[2] 廖理，初众，张伟强. 中国居民金融素养差异性的测度实证 [J]. 数量经济技术经济研究，2019(1): 96-112.

[3] 吴卫星，吴锟，王琎. 金融素养与家庭负债——基于中国居民家庭微观调查数据的分析 [J]. 经济研究，2018(1): 97-109.

[4] Bucher-Koenen, T., A.Lusardi, R.Alessie, M.Rooji.How Financially Literate are Women? An Overview and New Insights [J].Journal of Consumer Affairs, 2016(2): 255-283.

[5] 唐遥，陈贞竹，刘柯含. 需求和供给冲击对企业投资以及价值链的影响——基于突发事件的研究 [J]. 金融研究，2020(6): 40-59.

[6] 张梦霞，蒋国海. 政府短期消费刺激政策对经济复苏的作用机制研究——基于发达国家与发展中国家比较的多案例诠释 [J]. 财经问题研究，2022(2): 24-32.

[7] 汪勇，尹振涛，邢剑炜. 数字化工具对内循环堵点的疏通效应——基于消费券纾困商户的实证研究 [J]. 经济学（季刊），2022(1): 1-20.

[8] 吕炜，杨林林，齐鹰飞. 税制结构调整的财富分布效应与福利影响——以通过财产税提高直接税比重为例 [J]. 财贸经济，2022(7): 5-20.

[9] Puntiroli, M., L. S.Moussaoui,V.Bezenon.Are Consumers Consistent in Their Sustainable Behaviors? A Longitudinal Study on Consistency and Spillover [J].Journal of Business Research, 2022, 144: 322-335.

[10] Wagner, A.K., Y.D. Rex. How Economic Contractions and Expansions Affect Expenditure Patterns [J]. Journal of Consumer Research, 2012, 39(2): 229-247.

# 第一章
## 消费者收入

### 引导案例 〉〉〉

《2020胡润财富报告》数据显示：中国拥有600万资产的"富裕家庭"数量首次突破500万户，同比增加1%；拥有千万资产的"高净值家庭"数量为202万户，同比增加2%；拥有亿元资产的"超高净值家庭"比上年增加2%，数量达到13万户。其中："富裕家庭"持有的总财富高达146万亿元，比2020年中国GDP还要多0.50倍；"超高净值家庭"财富总量为94万亿元，占GDP九成以上。胡润研究院预测在未来10年内，中国代际传承财富总量为17万亿元，在未来20年内该数字将增加至42万亿元。报告还显示，随着中国经济飞速发展，大量家庭收入显著增加，但如何实现家庭收入的合理分配成为亟待解决的一大难题。

那么，家庭收入会受到哪些因素的影响呢？每个家庭是如何依据收入做出理性消费决策的呢？收入不平等和代际转移又是怎么出现的呢？这些问题与消费者的生活息息相关，本章将详细介绍消费者收入的有关议题。此外，本章还结合已有文献，从理论和经验角度分析了消费者收入对消费的影响，并进一步对中国奢侈品的消费动机进行了案例讨论。

## 第一节 基本概念

### 一、消费

狭义的消费，指人们在生活中，对物质产品、精神产品、劳动力和劳务等进行消耗的过程。广义的消费，包括生产消费和生活消费两个方面。其中，生活消费是消费金融学研究的主要范畴。

### 二、预算约束

预算约束（budget constraint），指的是消费者在自己有限收入的约束下选择的最优商品组合。当然，在现实生活中，消费者在消费过程中面临的约束，绝不仅仅来自于收入水平，还包括技术约束和时间约束等，但是收入水平却成为影响消费者行为最主要的因素。因此，消费者行为理论很自然地要求消费者在所有商品上的花费之和不超过消费者的可支配收入之和。

为方便起见，首先假设消费者只购买两种商品，并用（$X_1$，$X_2$）表示其购买的商品集合，（$P_1$，$P_2$）表示两种商品集合对应的价格集合，$m$表示消费者拥有的全部可支配收入。根据以上描述，消费者面临的预算约束就可表示为

$$P_1X_1 + P_2X_2 \leq m \tag{1-1}$$

式（1-1）中，左边表示消费者在两种商品上的支出总额，右边表示消费者可支配收入的总额，即预算约束描述的是在给定商品价格和收入的情况下，消费者可以消费的商品组合。一旦该不等式不成立，即若

$$P_1X_1 + P_2X_2 > m \tag{1-2}$$

则表示消费者无法负担此时的商品集合（$X_1$，$X_2$）。消费者预算约束可用图1-1表示。

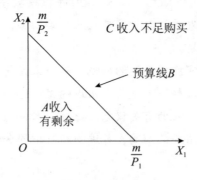

图1-1 预算线及其将平面分割成的三个区域

在图1-1中，预算线$B$将平面分成三个部分。预算线$B$上的点，代表消费者花完所有的收入能够购买的两种商品的集合，也就是花费在两种商品上的支出之和，刚好等于

消费者的可支配收入；预算线 $B$ 内的区域，即 $A$ 区域，代表消费者购买两种商品后，收入还有剩余；预算线 $B$ 外的区域，即 $C$ 区域，代表即使用尽所有的收入也买不到的商品集合。

对于同一种商品来说，"多"总比"少"要好。因此，$A$ 区域的收入剩余就代表资源的闲置，消费者可以用剩余的收入再购买更多的商品，进而提高自己的满足程度；而 $C$ 区域是不可能达到的，因为它们超出了消费者的收入。所以，在图 1-1 中唯一合理的理性消费者最终可能的选择，一定落在预算线 $B$ 上。至于最终的选择落在预算线 $B$ 的哪一点上，则取决于消费者的偏好。

对于预算约束的图形表达，还需掌握其斜率和截距。根据上述分析，预算约束通常等号成立，即

$$P_1X_1 + P_2X_2 = m \tag{1-3}$$

上式可变形为

$$X_2 = -\frac{P_1}{P_2}X_1 + \frac{m}{P_2} \tag{1-4}$$

可以看到，预算线的斜率是 $-P_1/P_2$，纵截距是 $m/P_2$，横截距是 $m/P_1$。截距所表示的经济学含义如下：纵截距 $m/P_2$ 表示用所有的可支配收入可以买到的商品 2 的数量，横截距 $m/P_1$ 表示用所有的可支配收入可以买到的商品 1 的数量。接下来，考虑预算线斜率 $-P_1/P_2$。预算线的斜率为负值，说明在两种商品的价格和消费者的收入给定的情况下，要想增加一种商品的消费，就必须减少另一种商品的消费。进一步地，其大小表明在不改变总支出数量的前提下，两种商品可以相互替代的比率，即每增加 1 单位商品 1 的消费，就必须减少 $P_1/P_2$ 单位商品 2 的消费。从这个意义上来说，预算线的斜率表示两种商品之间的市场替代比率或机会成本。其中，市场替代比率强调的是客观性，因为 $P_1$ 和 $P_2$ 表示的是给定的市场价格，并不以消费者的意志为转移。

## 三、偏好、效用与无差异曲线

效用（utility）指一个人从消费某种商品或劳务中获得快乐或者满足的程度。在经济学中，用基数效用和序数效用两种方法来描述微观主体的满足程度。基数效用论认为，消费者购买商品获得的满足可以用一个数量来表示。假设在家看电视获得的满足感是 8，出门看电影的满足感是 10，通过数量的比较，很容易知道看电影的效用是更高的。在基数效用论下，效用是可以加总的。通常来讲，消费的商品数量和种类越多，总效用越大。与此相反，序数效用论则认为消费者购买商品获得的满足无法用数量来表示，而只能通过排序来衡量。例如，出门看电影获得的效用对消费者来说最大，那么它的效用就排在第一位，因而排名第二位的就是在家看电视。

基数效用论里还有一个非常重要的概念——边际效用（marginal utility，MU）。边际效用，指消费者每增加一单位某种物品的消费量所增加的满足程度。以口渴时喝水为例，口渴时喝第一杯水的边际效用就是喝水的杯数从 0 增至 1 时新增的效用，喝

第二杯水的边际效用就是杯数从 1 增至 2 时新增的效用。随着喝水的杯数越来越多，每喝一杯水得到的满足感是递减的。这就是边际效用递减规律（diminishing marginal utility，DMU），即假定消费者对其他商品的消费数量保持不变，当一个消费者连续消费某种商品时，随着所消费商品数量的增加，虽然其总效用相应增加，但其边际效用却是递减的。

在图 1-2 中，设 TU 为总效用，MU 为边际效用，横轴 $Q$ 代表消费物品的数量或种类。可以发现：由于边际效用的加总就是总效用，所以只要边际效用为正，总效用就一直在增加；边际效用下降到 0 时，总效用达到最大，此时若再增加该商品的消费量，边际效用就开始变为负值，总效用将开始下降。

图 1-2 还说明，总效用最初为递增趋势，然而其走势越来越平缓。这意味着增加一单位同一商品的消费获得的满足感是降低的，即边际效用递减；当边际效用为负时，总效用开始减少。仍以喝水为例：当摄入水量过多时，消费者不仅不会满足，反而会有不适感，开始后悔为什么要喝这么多水；这时，喝第三杯水的边际效用就可能变为负值，使得总效用降低。

在序数效用论中，消费获得的满足感无法通过一个数量来衡量，效用也无法加总，但可通过无差异曲线（indifference curve，IC）来帮助消费者做出选择。无差异曲线，表示使消费者获得同样满足的商品集合。在这条曲线上的每一点，虽然商品的组合（种类和数量）方式是不同的，但是任一点所代表的商品集合给消费者带来的满足程度都是无差异的。

图 1-3 为某消费者的一条无差异曲线，$X_1$ 和 $X_2$ 分别表示两种不同商品。该消费者选择较多数量的 $X_2$ 及较少数量的 $X_1$，也就是 $B$ 组合，与他选择较少数量的 $X_2$ 和较多数量的 $X_1$（即 $D$ 组合）所获得的效用是一样的，因为 $B$ 组合和 $D$ 组合位于同一条无差异曲线上。

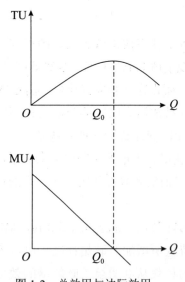

图 1-2　总效用与边际效用

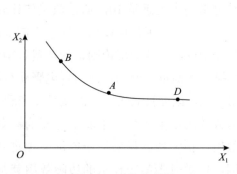

图 1-3　无差异曲线

典型的无差异曲线具有以下 4 个特征：①距离原点越远的无差异曲线代表的效用越高；②无差异曲线向右下方倾斜；③任意两条无差异曲线不相交；④无差异曲线凸向原点。当然，还有一些特殊偏好的无差异曲线，比如完全替代偏好和完全互补偏好等。完全替代商品，即具有固定不变替代比例的商品。对于完全替代的商品来说，无差异曲线为一条斜率不变且向右下方倾斜的直线。完全互补商品，指两种必须按固定不变的比例同时被使用的商品。对完全互补的商品来说，无差异曲线呈直角"L"形状。

## 四、边际替代率

边际替代率（marginal rate of substitution，MRS），指在维持效用水平或满足程度不变的前提下，消费者增加 1 个单位的某种商品的消费时所需放弃的另一种商品的消费数量。它衡量的是，从无差异曲线上的一点转移到另一点时，为保持满足程度不变，两种商品之间的替代比例。边际替代率是一个点概念，因为它在无差异曲线上的各点取值不同。在无差异曲线上，任一点的边际替代率等于该点上无差异曲线的斜率的绝对值。

进一步地，如果给定消费者的效用函数 $U = U(X_1, X_2)$，则边际替代率的计算公式为

$$\text{MRS} = -\frac{\Delta X_2}{\Delta X_1} = \frac{\text{MU}_1}{\text{MU}_2} \tag{1-5}$$

式中：第一个等号是边际替代率的定义式，表示为保持效用不变时，增加 1 单位的商品 1 所需要放弃的商品 2 的消费量；第二个等号，是基于在同一条无差异曲线上效用不变的事实，即在同一条无差异曲线上，改变消费的商品集合所引起的效用变化应该为 0。因此，可将式（1-5）变换为

$$\text{MU}_1 \times \Delta X_1 + \text{MU}_2 \times \Delta X_2 = 0 \tag{1-6}$$

边际替代率取值为负，是因为如果要保证效用水平不变，在增加一种商品 $X_1$ 消费数量的同时，就必须减少对另一种商品 $X_2$ 的消费数量。随着对 $X_1$ 消费数量的不断增加，该商品所能带来的边际效用不断减少，因此增加一单位的 $X_1$ 商品所能替代的 $X_2$ 商品的数量将不断减少。换句话说，消费者为了得到一个单位的 $X_1$ 所愿意放弃的商品 $X_2$ 的数量会不断减少，这就是边际替代率递减规律。可以看出，边际替代率递减规律的存在是边际效用递减规律所致，这实际上也是典型的无差异曲线凸向原点的根本原因。然而，需要说明的是，随着商品性质的改变或者由于消费者偏好的特殊性，无差异曲线也不一定时刻凸向原点。

## 五、替代品和互补品

替代品（substitute goods），指的是一种商品价格的上涨会引起另一种商品消费量的增加，而一种商品价格的下跌会导致另一种商品消费量的减少，即存在相互替代关系的两种商品，如咖啡与茶叶等。互补品（complementary goods），指的是一种商品价格的上涨会引起另一种商品消费量的减少，即存在相互补充关系的两种商品，它们总是要

以固定的比例一起消费，如球与球拍等。

如图 1-4 所示，咖啡和茶叶互为替代品。当茶叶价格上涨后，茶叶的需求量会下降，而此时咖啡的需求量却上升，即消费者的选择从茶叶价格上涨前的 $F$ 变为了价格上涨后的 $E$。很明显地，当茶叶价格上升时，消费者以咖啡代替了茶叶。

同样，如图 1-5 所示，球和球拍互为互补品。当球拍价格上涨后，球拍的需求量会下降，而此时球的需求量也随之下降，即消费者的选择从球拍价格上涨前的 $F$ 变为了价格上涨后的 $E$。很明显地，当球拍价格上升时，消费者对球拍的需求量下降，而球和球拍必须要搭配在一起使用，因此球拍消费量的减少也会导致球消费量的减少。

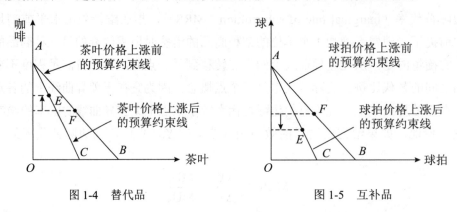

图 1-4　替代品　　　　　　　　图 1-5　互补品

## 第二节　预算约束与消费决策

经济学中对经济主体消费行为最基本的描述，是"消费者总是购买能够负担得起的最佳物品"。其中，"能够负担得起"指购买的商品不能超过消费者的收入水平，即要满足预算约束；"最佳物品"指购买的商品组合要使消费者的效用函数最大化。本节将对上述两个条件逐一进行分析。

### 一、预算线的变动

预算线用图形表示是一条向右下方倾斜的直线，其斜率为 $-P_1/P_2$，横、纵截距分别为 $m/P_1$ 和 $m/P_2$。因此，预算线的位置和形状是由消费者的收入水平 $m$ 和两种商品的价格 $P_1$ 和 $P_2$ 决定的。预算线随着价格和收入水平的变化会发生两种变动效果，即水平移动（斜率不变）和旋转（斜率变动）。

**情形一：两商品的价格 $P_1$ 和 $P_2$ 不变，消费者的收入 $m$ 变化**

此时，相应的预算线的位置会发生平移。如图 1-6 所示，假定原有的预算线为 $AB$，$P_1$ 和 $P_2$ 不变，意味着预算线的斜率保持不变，消费者收入 $m$ 提高，使预算线由 $AB$ 向右平移至 $A'B'$；相反，消费者收入 $m$ 降低，使预算线 $AB$ 向左平移至 $A''B''$。前者表示消费者的全部收入用来购买任何一种商品的数量都因收入的提高而增加；相反地，后者表示消费者的全部收入用来购买任何一种商品的数量都因收入的降低而减少。

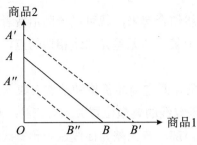

图 1-6　预算线的变动：收入变动

**情形二：消费者的收入 $m$ 不变，两种商品的价格 $P_1$ 和 $P_2$ 同比例同方向变化**

此时，相应的预算线的位置也会发生平移。其理由是，$P_1$ 和 $P_2$ 同比例和同方向的变化，并不影响预算线的斜率 $-P_1/P_2$，而只能使预算线的横、纵截距 $m/P_1$ 和 $m/P_2$ 发生变化。具体地，$P_1$ 和 $P_2$ 按相同比率上升，而收入不变，预算线向左下方平行移动；$P_1$ 和 $P_2$ 按相同比率下降，而收入不变，预算线向右上方平行移动。图形表达与上图基本一致，因为所有商品价格同时上升（或下降）相同的倍数，就等价于商品价格不变而可支配收入减少（或增加）同样的倍数。

**情形三：消费者的收入 $m$ 不变，两种商品的价格 $P_1$ 和 $P_2$ 中的一个改变**

此时，预算线斜率发生变化，并且预算线截距也会发生变化。如图 1-7 所示，假如其他条件不变，商品 1 价格下降将导致预算线绕着它与纵轴的交点向外转动至 $AB'$；反之则向内转动至 $AB''$；同理，假如其他条件不变，商品 2 价格下降将导致预算线绕着它与横轴的交点向外转动至 $BA'$，反之则向内转动至 $BA''$。

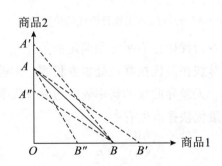

图 1-7　预算线的变动：价格变动不成比例

**情形四：消费者的收入 $m$ 与两种商品的价格 $P_1$ 和 $P_2$ 同比例同方向发生变化**

此时，预算线不发生任何变化，因为这相当于在预算线等式两边同时乘以（或除以）同一个变动比例，消费者的全部收入用来购买任何一种商品的数量都不会发生变化。

## 二、消费决策：消费者的最优选择

将无差异曲线和预算曲线结合起来，就可以帮助消费者进行最优选择。只有既定的预算线与一组无差异曲线簇中某一条无差异曲线相切的点，才是消费者获得最大效用水平或满足程度的均衡点。

如图1-8所示，存在一条在既定商品价格和消费者收入水平下的预算线以及若干条无差异曲线。无差异曲线与预算线的典型位置关系有三种：无差异曲线位于预算线之上、与预算线相切以及在预算线内部。若无差异曲线位于预算线之上，则表示消费者即便用尽所有收入也不可能达到这条无差异曲线所达到的效用水平；若无差异曲线位于预算线内部，则表示消费者达到该效用水平之后还有一部分收入剩余，而消费者本可以用这部分剩余收入继续购买商品，从而进一步提高效用，此时的无差异曲线并不代表消费者的最大化效用水平。因此，能够使消费者的效用达到最大化水平的唯一情形是无差异曲线与预算线相切。

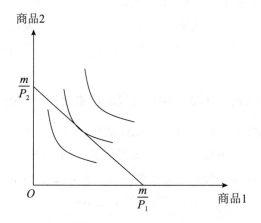

图1-8 预算线与无差异曲线的位置关系

以上事实，说明了消费者最优化行为所必须满足的条件——无差异曲线与预算线相切，也就是无差异曲线与预算线在最优抉择点处斜率相等。如前所述，不考虑斜率的符号而仅考虑斜率的数值大小，无差异曲线的斜率表示边际替代率，预算线的斜率表示两种商品价格之比。因此，在最优抉择点处有

$$\frac{MU_1}{MU_2} = \frac{P_1}{P_2} \tag{1-7}$$

这就是消费者要实现效用最大化所要满足的必要条件。如果该条件不能被满足，那么消费者一定没有达到效用最大化水平。此时，一定会存在改进方案，使得消费者的效用水平进一步提高。具体地：如果 $\frac{MU_1}{MU_2} > \frac{P_1}{P_2}$，那么只需要增加商品1的消费而减少商品2的消费，就可以提高效用水平；如果 $\frac{MU_1}{MU_2} < \frac{P_1}{P_2}$，那么只需要增加商品2的消费而减少商品1的消费，就可以提高效用水平。

消费者收入的变动通过影响预算线作用于消费者的最优选择。通常来讲：如果消费者的收入增加，那么预算线会平行向外移动，从而可以和代表更高效用水平的无差异曲线相切，因而最优抉择点所代表的商品数量也会更多；反之，如果消费者的收入降低，那么最优抉择点所代表的商品数量就会减少。这种随着收入的增加（或减少），最优选择量增加（或减少）的商品叫作正常商品（normal goods）。当然，还有少数特殊商品，其最优选择量会随着收入的增加（或减少）而减少（或增加），这类商品被称为低档商品（inferior goods）。

## 第三节　收入不平等和代际转移

改革开放以来，中国经济的高速增长创造了世界奇迹，但居高不下的收入不平等仍不容忽视。收入不平等加剧被认为是反映总体经济福利恶化的重要指标[1]，因而成为消费金融学关注的重点议题之一。2021年8月17日，在中央财经委员会第十次会议上，习近平总书记强调要在高质量发展中促进共同富裕，并要着力扩大中等收入群体规模，再次说明了降低收入不平等程度的重要性。进一步地，收入不平等不仅会影响当代人的幸福感，还会通过收入的代际转移持续影响几代人的福利水平。因此，本节将系统介绍收入不平等和代际转移的相关内容。

### 一、收入不平等

#### （一）收入不平等的衡量

收入不平等通常使用基尼系数（Gini coefficient）来度量，其计算需要使用到洛伦兹曲线（Lorenz curve）。洛伦兹曲线是用图像来直观地表示一个国家（或地区）收入分配不平等程度的曲线。图1-9中的横轴是累积人口百分比，纵轴为累积收入百分比。洛伦兹曲线上的点的横坐标是按收入由低到高排列的人数占总人口的比重，纵坐标为该部分人口所拥有的收入占全部收入的比重。这些点的含义是占总人数百分之几的人口所拥有的总收入占全部人口总收入的百分比。

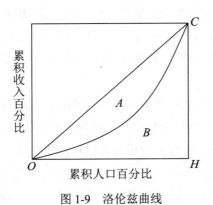

图1-9　洛伦兹曲线

洛伦兹曲线的弯曲程度代表了收入分配的不平等程度。收入分配越平等，则洛伦兹曲线的弧度越小；收入分配差距越大，则洛伦兹曲线越弯曲。45度线 $OC$，代表的是收入分配完全平等的理想状态。洛伦兹曲线距离45度线越远，则不平等程度愈加严重，其中 $OHC$ 代表了绝对的不平等。

基尼系数由意大利统计与社会学家科拉多·基尼（Corrado Gini）在1912年首次提出，后来在国际上被广泛使用。基尼系数是衡量一个国家（或地区）居民收入差距的良好指标。基尼系数可以通过数值的形式，简单地反映不同国家间收入分配的不平等程度。基尼系数是在洛伦兹曲线的基础上得到的。结合图1-9，可以得到基尼系数的计算公式：

$$基尼系数 = \frac{A}{A+B} = \frac{45度线与洛伦兹曲线间的面积}{45度线下的面积} \tag{1-8}$$

基尼系数的值在0与1之间。当基尼系数为0时，收入分配是完全平等的，即每个人都拥有相同收入；当基尼系数为1时，收入分配是完全不平等的，即一个人拥有全部的收入。在国际上，对基尼系数与收入分配状况的解读如表1-1所示。

表1-1　基尼系数的区间与收入分配状况

| 基尼系数所处范围 | 收入分配状况 |
| --- | --- |
| Gini < 0.2 | 收入绝对平均 |
| 0.2 ≤ Gini < 0.3 | 收入比较平均 |
| 0.3 ≤ Gini < 0.4 | 收入相对合理 |
| 0.4 ≤ Gini < 0.5 | 收入差距较大 |
| Gini ≥ 0.5 | 收入差距悬殊 |

《中国住户调查统计年鉴》数据显示，全国居民基尼系数自2003年到2019年呈现出先上升后下降的趋势，其中2008年达到最高值，为0.49，而后各年基尼系数虽然有所下降，但依然保持在0.46以上的高位。这一收入差距程度高于0.40的国际警戒线，不利于我国共同富裕目标的实现。

**（二）美国收入不平等的发展趋势**

自1980年以来，美国的工资收入、劳动收入和家庭总收入分配的不平等程度迅速增加，甚至部分指标在20世纪60年代末就已经呈现出快速增长的趋势。[2]20世纪80年代到21世纪初，美国男性工资收入和家庭收入分配的不平等程度呈现逐步加剧的趋势，虽然在20世纪90年代以较低的速度增长，但到21世纪初期就稳定在了较高水平。[3]

以标准货币收入和估算收入的测度为基础，Wolff和Zacharias考察了20世纪80年代和90年代美国经济福利水平和分配的变化情况。[4]在1981—2000年间，用调整后的估算收入测度的福利中位数比用标准货币收入指标测度的中位数增长得更快。这种调整扩大了非裔美国人和白人之间的收入差距，但提高了老年人的相对福利。但是，这两种测度方法都显示出不平等程度在随着时间的推移而呈现不断增长的趋势。

### （三）收入不平等的决定因素

从 20 世纪 90 年代中期至今，收入不平等不断加剧。关于收入不平等的研究，也已经从狭隘地只关注工资不平等和劳动力市场扩展到其他领域，包括激励薪酬、公司治理、收入合并与家庭形成、社会与经济政策，以及政治制度等方面。

第一，收入的不稳定性。基于中国家庭收入调查（China Household Income Project，CHIP）住户数据，收入的不稳定性是收入不平等的主要原因之一。收入不平等程度的加剧，反映了低技能劳动者收入的绝对和相对下降。[5] 但是，低技能劳动者工资的下降抵消了高技能劳动者工资的上涨，因此平均工资几乎没有变化。此外，这种收入的不稳定通常来自职业内，而不是职业间。[6]

第二，技术变化。德隆·阿西莫格鲁（Daron Acemoglu）（2002）考察了技术变化和收入不平等之间的关系，发现美国在过去 60 年间的工资表现和教育回报具有技术改变的技能偏向型特点，并且可能在 20 世纪的大部分时间里都是如此。[7] 也有研究基于人口调查的数据，在分析了网络使用对美国劳动者收入的影响后，发现网络使用和收入增长之间存在着显著的正相关关系。这表明与网络使用相联系的技能和行为，在劳动力市场上得到了回报。[8] 虽然整体工资不平等程度的增长，在 20 世纪 90 年代呈现放缓的趋势，但是工资不平等程度的增长，仍然存在着两种不同路径。自 1980 年以来，50%~90% 的右尾（upper-tail）区间的不平等程度增长较为平稳，甚至因为劳动力构成的改变而有所调整；而在 20 世纪 80 年代上半叶，10%~50% 的左尾（lower-tail）区间的不平等程度迅速增长，此后趋于稳定或缩小。[9]

第三，家庭人口和结构的改变。在家庭人口方面，有学者探讨了美国有子女的家庭间的收入不平等情况，发现 1975—2005 年有子女家庭的收入方差增加了 2/3。[10] 进一步地，减少子女的兄弟姐妹数量，也有助于降低收入不平等程度。[11] 在家庭结构方面，单亲家庭导致了收入的不平等，但是教育程度的提高和女性的就业抵消了这些影响。[12]

第四，技能不匹配。有学者指出，技能不匹配是美国实际收入不平等的重要来源。在 1973—2002 年间，导致工资差异增加的很大一部分原因是技能不匹配率和不匹配溢价的增加。在 2000—2002 年间，盈余和赤字共同解释了收入对数化方差的 4%~5%，或者解释了总方差的 15% 左右。基于男性和女性在过去 30 年的数据，研究发现过度教育率和溢价的显著增加解释了 20%~48% 的基尼系数增长。[13]

第五，财政因素。如果不对全球经济系统实施改革，收入不平等可能会变得更加严重，并且将一直持续下去。2014 年，《21 世纪资本论》从全球视角探讨了收入不平等的根本原因。该书作者托马斯·皮凯蒂（Thomas Piketty）基于对大量国家税收记录的长期精确分析，认为如果资本的回报率在长期水平上比经济增长率高，财富聚集程度将会更高，并且这种不均等的财富分配会进一步造成社会和经济的不稳定。据此，皮凯蒂提出了全球累进财富税收制度，以帮助减少不平等，从而避免绝大多数财富落入到极少数人的控制之中。[14]

## 二、代际转移

### （一）代际转移概述

代际转移，指代际间可能影响消费者经济福利的资源转移。这种转移分为两种类型，即私人转移和公共转移。在当今世界，大多数国家的私人转移，均为由年老一代向年轻一代转移。然而，在公共转移领域，多数国家的转移方向则是从年轻一代向年老一代。因此，在老龄化社会中，这种模式正面临着能否得以持续的挑战。

代际转移是财富积累的重要来源。Summers（1979）利用美国的历史数据，直接估算代际转移对总资本积累的贡献，发现代际转移可以解释美国总资本积累形成的大部分。[15] 同样地，基于1983—1986年消费者金融调查数据，Engen和Scholz（1996）发现，有意的转移（如父母对独立居住的成年子女的馈赠）至少占据财富积累来源比重的20%。这是因为，有意转移带来的实际财富可能会比较高，甚至可能会非常高。在不考虑遗产是否为有意转移时，遗产的代际转移占财富净值额外比重的31%。[16]

国家间收入的代际转移也存在着差异。以美国为例，Nolan等（2021）通过测量父亲多年的收入和其子女进入劳动力市场几年后的收入，估算得出代际收入的弹性大约为0.40，或者更高；与加拿大、芬兰和瑞典相比，美国和英国代际流动相对较少。[17]

### （二）代际转移的影响因素

经济地位的代际传递可由机制的异质性集合（heterogeneous collection of mechanisms）所解释，包括雇主需要的认知技能和非认知人格特征的基因与文化遗传、财富的继承及提高收入的群体成员资格，如种族和家庭状况好的子女所享有的高等教育和健康状况也较好。[18] 在父母富裕的家庭中，通过优越的认知表现和教育程度共同遗传的过程尽管重要，但最多只能解释3/5的经济地位的代际传递。事实上，任何影响收入以及解释父母与子女强相关性的个人特质，都将有助于经济地位成功地进行代际传递，包括种族、地理位置、身高、美貌或者外表、健康状况和个性等方面。

### （三）社会政策对于代际转移的影响

代际转移与再分配经济政策相关。早期研究发现，父母及其子女成年后的经济地位之间的统计关系是微弱的，这似乎证实了美国确实是"机遇的国度"（land of opportunity）。但是近期越来越多的研究表明，代际转移水平的过低估计是两种测量误差的产物：一是在报告收入方面的错误，特别是当要求受访者回忆其父母收入时误差较大；二是报告与潜在永久收入无关的当前收入组成部分时出现的错误。[19] 如果将上述两种测量误差加以修正，则经济地位的代际相关性是相当大的。

社会福利制度也可被视为一种公共转移形式。已有研究通过对来自低收入家庭但没有得到援助受抚养儿童家庭计划（Aid to Families with Dependent Children，AFDC）帮助的女儿与来自低收入家庭且得到了AFDC帮助的女儿进行比较分析，发现与那些没有接受AFDC帮助的女性相比，在儿童时期所在家庭接受过AFDC帮助的女性，在成年后更有可能接受 AFDC 的帮助。[20] 这一发现表明，经济资源的代际传递，确实可以部分地解释与代际转移相联系的福利。

## 第四节　消费者收入对消费的影响：理论与经验证据

### 一、消费者收入的相关理论假说

#### （一）绝对收入假说

1936 年，约翰·梅纳德·凯恩斯（John Maynard Keynes）在《就业、利息和货币通论》一书中提出绝对收入假说理论。[21] 绝对收入理论认为，消费者的即期消费取决于即期的绝对收入，同时消费与收入同向变动，但消费变动量小于收入变动量。绝对收入假说的函数关系可表示为

$$C=a+bY \quad (a>0, \ 0<b<1) \tag{1-9}$$

式中，$C$ 为当期消费，$Y$ 为当期绝对收入，$b$ 为边际消费倾向，$a$ 为自主性消费（收入为零时通过借贷等其他方式必须维持的基本生活消费）。绝对收入假说包含如下含义。

① 短期内消费可预测：在短期内，$a$ 和 $b$ 的值不变，消费者的当期消费在短期内由其当期绝对收入所决定。

② 边际消费倾向 $b$ 随收入增加而递减：基于人类追求欲望但容易满足的心理，凯恩斯认为，随着收入的增加，收入中用于消费的比例会逐渐下降，同时收入中储蓄的比例会不断增加。

③ 平均消费量随收入增加而递减：边际消费倾向递减导致消费的增长慢于收入的增长，故其平均消费量也呈现递减趋势。

绝对收入假说是消费函数理论的基石，但由于其假设基础为心理分析，缺乏相应的微观基础，所以绝对收入假说存在较大的缺陷。在一定程度上，这促使众多学者对消费收入函数进行了更深层次的探索。

#### （二）相对收入假说

1949 年，美国经济学家詹姆斯·杜森贝利（James Stemble Duesenberry）在《收入、储蓄和消费者行为理论》一书中提出了相对收入假说。[22] 杜森贝利认为，个人的消费取决于消费者的相对收入，相对收入的增加必然引起消费者的支出增加，而不论绝对收入是否变化。在这一假说中，相对收入有两层含义。从时间维度来看，相对收入指消费者的当前收入相对于自己之前的最高收入；从空间维度来看，相对收入反映的是消费者的当前收入相对于周围其他人的收入。

相对收入假说，包含如下两个方面的重要经济学内涵。第一，消费者的消费行为会受到周围群体消费行为的影响，即消费的示范效应。消费者具有攀比和模仿心理，会依据周围其他同等收入水平家庭的消费支出来制定消费决策。这是绝对收入假说与相对收

入假说的本质差异所在。绝对收入假说，假定不同消费者彼此间相互独立，而相对收入假说认为消费者之间存在相互影响。这一效应的存在使得处于同一等级但收入不同家庭的消费支出趋于相同，且相对收入中有固定比例用于消费（见图1-10）。

第二，消费者的当期消费支出，既受本期绝对收入水平的影响，也受其曾经最高收入水平的影响，即消费的棘轮效应。消费者拥有较高收入时，倾向于消费更多的商品，并且其消费水平在短时间内不会轻易发生改变，会导致消费的变化滞后于收入的变化。因此，由于消费不可逆性的存在，即使收入减少，消费者也不会在短期内降低消费水平，而是通过减少储蓄来维持之前的消费习惯。这一效应的存在，可以缓冲经济衰退所带来的危害。

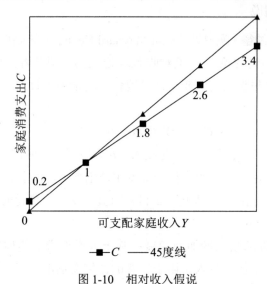

图1-10 相对收入假说

杜森贝利在其理论中引入了社会因素和心理因素，进而提出用示范效应和棘轮效应来分析消费变动的原因。因此，在分析个体消费行为方面，相对收入假说比绝对收入假说更具有解释力。

### （三）永久收入假说

永久收入假说由米尔顿·弗里德曼（Milton Friedman）于1957年提出，该理论和生命周期假说理论相似，认为理性的消费者会依据其永久收入（即当前可预期到的未来到生命终结整个周期的稳定收入），而非当前收入来制定消费决策。[23]这两种理论都对凯恩斯的"边际消费倾向递减"规律提出了质疑。该理论着重区分暂时收入和永久收入这两个概念。永久收入指整个生命跨度内的稳定收入，不包括暂时性收入和短期收入（如红利和彩票中奖等收入），一般用个人一生财富现值除以寿命年数来表示。暂时收入则是短期内偶然获得的收入，指现期收入减去永久收入的部分。永久收入假说的函数关系，可表示为

$$C = kY_P \tag{1-10}$$

式中，$C$ 为消费，$Y_P$ 为永久收入，$k$ 为消费与永久收入的比例，接近于常数。其中，永久收入指长期内预期的平均收入，可通过过去和当前收入来估算：

$$Y_P = \theta Y + (1-\theta) Y_{-1} \tag{1-11}$$

式中，$Y$ 为当期收入，$Y_{-1}$ 为过去收入，$\theta$ 为权重（取决于消费者对未来收入的预期）。因此，将式（1-10）代入式（1-11），有

$$C = kY_p = k\theta Y + k(1-\theta)Y_{-1} \tag{1-12}$$

式中，$k\theta$ 为边际消费倾向。永久收入假说，包含以下三个方面内容。第一，消费主要取决于永久收入，永久收入在长期内比较稳定，因此消费在长期内较为稳定。第二，暂时收入的变动对消费影响不显著，因为消费者可以通过增加或减少储蓄来平滑其一生的消费，这个假定从另一个角度解释了消费的棘轮效应，但暂时收入也会通过影响永久收入来影响当期消费，故短期消费会出现波动。第三，依据永久收入假说，消费取决于永久收入，则政府暂时性减少税收的政策并不能有效刺激当期消费，增加税收的政策同理。将收入区分为永久收入和暂时收入，可以解释短期消费函数的波动和长期消费函数的趋向稳定。生命周期假说和永久收入假说在经济学相关领域的文献中都具有一定的影响力，因此这两个模型也被合称为生命周期永久收入模型。

## 二、消费者收入的经验证据

何平等（2010）使用中国 1997—2008 年 31 个省（区、市）的城乡平均消费支出、收入以及人口统计学特征的面板数据，对家庭消费的影响因素进行了识别。[24]考虑到消费的棘轮效应，引入家庭消费的各期滞后项，建立了如下的回归方程：

$$\log C_{it} = \beta + \beta_0 \text{Dummy} + \beta_1 \log Y_{it} + \beta_2 \log W_{it} + \beta_3 \log \text{Feed}Y_{it} + \beta_4 \log \text{Feed}O_{it} + \\ \beta_5 \log C_{it-1} + \cdots + \beta_n \log C_{it-s} + z'_t \alpha + \varepsilon_{it} \tag{1-13}$$

式中，除虚拟变量外，各变量都取其对数形式。$C_{it}$ 是家庭消费；Dummy 是城乡虚拟变量；$Y_{it}$ 是家庭收入；$W_{it}$ 是累积家庭收支净额；$\text{Feed}Y_{it}$ 为家庭少儿负担比例；$\text{Feed}O_{it}$ 为老年负担比例；$C_{it-1}$ 和 $C_{it-s}$ 均为以前的消费支出；$z'_t$ 是不同家庭中影响支出的不可观测的因素，在计量估计中则指各省（区、市）的消费模式和传统等因素；$\varepsilon_{it}$ 为随机干扰项。

式（1-13）中，所有滞后项的系数指存在刚性需求时，家庭的历史消费对当期消费的影响。当期项的系数分别为当期城乡差异、收入、储蓄和家庭结构对当期消费的影响。上述变量代表了家庭的脆弱程度，故也可以认为是家庭脆弱性对当期家庭消费支出的影响。计量估计结果显示，消费支出 1 期滞后系数与 2 期滞后系数分别为正和负，表明刚性消费需求与非刚性消费需求不同的变量，在研究时需要分开考虑。其次，城乡虚拟变量系数为正，说明城乡消费模式差异明显，这可能是城乡家庭的脆弱性不同所致。同时，少儿负担比例的系数为负，说明家庭生命周期和家庭脆弱性共同作用于家庭消费。少儿负担比例较高，说明家庭处于生命周期的抚育阶段，而且此时家庭脆弱性也较高，需要提高家庭储蓄来应对可能的风险，故此时家庭更倾向于积累财富而不是消费。此外，老年负担比例与家庭消费支出正相关。出现这一现象的原因，可能是老年家庭脆弱性较低和老年预期寿命低，并且老年消费者更注重当期效用等。最后，代表家庭脆弱性的家庭收入系数为正，说明收入增加导致家庭当期消费增加的逻辑成立。综上，消费函数的自

发性消费需求是由于刚性消费和家庭脆弱性所引致的需求，这为凯恩斯消费函数中的自发性消费提供了经验证据。

## 第五节 案例讨论：中国奢侈品消费动机分析

改革开放以来，中国 GDP 总量迅速增长，跃居世界第二位，随之而来的是收入水平的不断提高以及人们消费方式的持续升级，中等及偏上收入的消费者群体开始逐渐增加在象征身份、地位及财富等奢侈品方面的支出。近几年，新富阶层与"千禧一代"也逐渐成为奢侈品的核心消费群体。统计数据显示，2018 年中国奢侈品市场规模达到 1700 亿元，增速连续两年达到 20% 左右（见图 1-11）。

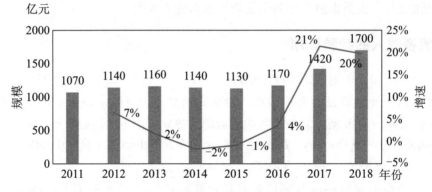

图 1-11 中国奢侈品市场规模及增速

值得注意的是，与其他发达国家或地区相比，中国消费者的奢侈品消费占全球奢侈品消费的比重正在迅速上升。纵观奢侈品消费的发展，2000 年中国占世界奢侈品消费的比重仅为 1%，2010 年迅速上升至 19%，到 2018 年该比重高达 33%。目前，中国已成为奢侈品消费的第一大来源国（见图 1-12）。由此可见，随着综合国力的增强以及居民收入水平的提高，中国奢侈品消费迅速增长，逐步成为世界奢侈品消费的主要市场。

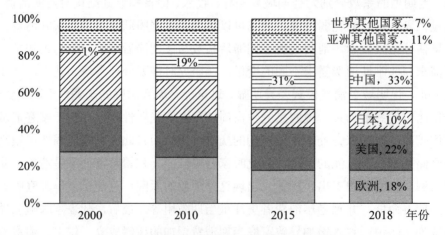

图 1-12 中国居民奢侈品消费总额占比变化情况

## 一、奢侈品的特征

奢侈品的第一个特征是价格昂贵。造成奢侈品价格较高的原因主要有以下两个方面：第一，奢侈品复杂的纯手工生产过程和原材料的稀缺性；第二，奢侈品商家将消费群体定位在社会高端人士，抓住了这一群体的求异心理。根据"二八定律"，20%的人掌握社会80%的财富。这些高收入群体成为奢侈品商家所瞄准的消费对象。

奢侈品的第二个特征是卓越的产品品质。相对于普通商品而言，奢侈品具有独特的设计理念、精湛的设计工艺和考究的制作过程。因此，奢侈品的卓越品质，也成为大众的重要消费动机之一。

奢侈品的第三个特征是历史声誉与艺术性。大多奢侈品中蕴含着丰富的文化内涵，并具有深厚的历史积淀。每一个奢侈品品牌背后，都包含着独一无二的品牌故事。有的奢侈品生产企业所树立的品牌历史甚至长达数百年，有的品牌背后的故事还散发着神秘光环，深受人们的喜爱。

奢侈品的第四个特征是非必需性。相比于具有相同功能的普通产品来说，奢侈品的价格要高出数十倍、数百倍，甚至更高。消费者在购买这类商品时，更加注重精神满足感，而非商品自身的属性。

## 二、影响奢侈品消费的收入因素

### （一）预期收入

奢侈品通常被定义为收入需求弹性大于1的产品，即个人收入水平越高，对该种商品的需求越大。近年来，在奢侈品的消费群体中，"千禧一代"（23~38岁）成为消费主力军之一。除了具有较高的消费意愿，雄厚资金来源也足够支撑他们超出一般的消费水平。在"千禧一代"购买奢侈品的资金来源中，有38%来自个人收入，而57%来自父母赞助（图1-13）。与此同时，汇丰银行2017年的一项调查显示，在中国拥有自己房子的"千禧一代"人数占比达到70%。这两个因素共同表明，"千禧一代"的预期收入能够支撑他们消费价格高昂的奢侈品。

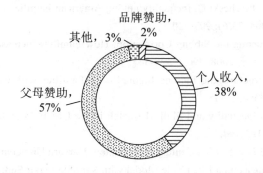

图1-13 中国"千禧一代"购买奢侈品的资金来源

## （二）收入分配

对于收入需求弹性大于 1 的产品，收入分配的不平等会使得这类产品的需求扩大。此时，收入较高的消费者对奢侈品消费数额的增加，远大于收入较低的消费者对奢侈品消费数额的减少，进而导致对奢侈品需求总量的上升。因此，收入分配的不平等，将有利于增加高需求弹性商品的消费数量。

## 案例思考题

1. 新富阶层与"千禧一代"购买奢侈品的消费动机有哪些不同？
2. 造成中国和欧洲的奢侈品消费动机不同的主要原因有哪些？

# 参考文献 >>>

[1] 王凯风，吴超林. 个税改革、收入不平等与社会福利 [J]. 财经研究，2021，47(1)：18-31.

[2] 肖经建. 消费者经济福利 [M]. 陈福中，译. 大连：东北财经大学出版社，2020.

[3] Gottschalk P, Danziger S. Inequality of Wage Rates, Earnings and Family Income in the United States, 1975-2002 [J]. The Review of Income and Wealth, 2005, 51(2): 231-254.

[4] Wolff E, Zacharias A. Household Wealth and the Measurement of Economic Well-being in the United States [J]. Journal of Economic Inequality, 2009, 7(2): 83-115.

[5] 宁光杰，雒蕾，齐伟. 我国转型期居民财产性收入不平等成因分析 [J]. 经济研究，2016(4)：116-128.

[6] 王鹏. 我国劳动力市场上工资收入差距的决定因素：基于夏普里值过程的回归方程分解 [J]. 财经研究，2012，38(2)：40-49.

[7] Acemoglu D. Technical Change, Inequality, and the Labor Market [J]. Journal of Economic Literature, 2002, 40(1): 7-72.

[8] DiMaggio P, Bonikowski B. Make Money Surfing the Web? the Impact of Internet Use on the Earnings of U.S. workers [J]. American Sociological Review, 2008, 73(2): 227-250.

[9] Autor D, Katz L, Kearney M. Trends in U.S. Wage Inequality: Revising the Revisionists [J]. The Review of Economics and Statistics, 2008, 90(2): 300-323.

[10] Western B, Bloome D, Percheski C. Inequality among American Families with Children [J]. American Sociological Review, 2008, 73(6): 903-920.

[11] Beenstock M. Deconstructing the Sibling Correlation: How Families Increase Inequality [J]. Journal of Family and Economic Issues, 2008, 29(3): 325-345.

[12] Martin M A. Family Structure and Income Inequality in Families with Children, 1976 to 2000 [J]. Demography, 2006, 43(3): 421-445.

[13] Slonimczyk F. Earnings Inequality and Skill Mismatch in the US: 1973-2002 [J]. Journal of Economic Inequality, 2013, 11(2): 163-194.

[14] Piketty T. Capital in the Twenty-First Century [M]. Boston: Harvard University Press, 2014.

[15] Summers L H. Tax Incidence in a Life Cycle Model with Variable Labor Supply [J]. Quarterly Journal of Economics, 1979, 93(4): 705-718.

[16] Engen E M, Scholz G. The Illusory Effects of Saving Incentives on Saving [J]. Journal of Economic Perspectives, 1996, 10(4): 113-138.

[17] Nolan B, et al. Intergenerational Wealth Transfers and Wealth Inequality in Rich Countries: What Do We Learn from Gini Decomposition? [J]. Economics Letters, 2021, 199: 109701.

[18] 穆滢潭，原新． "生"与"不生"的矛盾——家庭资源、文化价值还是子女性别？[J]. 人口研究，2018，42(1)：90-103.

[19] 丁亭亭，王仕睿，于丽．中国城镇代际收入流动实证研究——基于 Jorgenson-Fraumeni 未来终生收入的估算 [J]. 经济理论与经济管理，2016(7)：83-97.

[20] Martin J E. Liberalism, Postmodernism, and Welfare Policy [J]. New Political Science, 2007, 29(3): 333-347.

[21] Keynes J M. The General Theory of Employment, Interest, and Money [M]. London: Macmillan, 1936.

[22] Duesenberry J. Income, Saving, and the Theory of Consumer Behavior [M]. New York: Oxford University Press, 1967.

[23] Friedman M. A Theory of the Consumption Function [M]. Princeton, NJ: Princeton University Press, 1957.

[24] 何平，高杰，张锐．家庭欲望、脆弱性与收入—消费关系研究 [J]. 经济研究，2010，45(10)：78-89.

## 课后思考题

1. 请比较偏好、效用与幸福感概念的异同。
2. 请比较基数效用理论和序数效用理论的异同，并指出它们用于衡量消费者幸福感的局限。
3. 请阐述预算约束对消费者支出的影响及其在消费金融学中的应用。
4. 请说明预算线的变动是如何影响消费者的决策的。
5. 收入不平等是如何衡量的？影响收入差距的因素有哪些？
6. 请分析代际转移是如何影响消费者的财富积累的。
7. 请简述消费者收入的相关理论假说。
8. 请分析奢侈品消费与一般商品消费的区别和联系。

# 第二章
## 消费者支出

### 引导案例 〉〉〉

从房屋和车辆等耐用消费品的购买到一日三餐和生活用品的消费,从短期购买到长期支出,从线下购物到线上购物,从实物商品到虚拟商品,消费者支出的内容与形式都在不断地发生变化。国家统计局数据显示,中国的商品消费市场规模位于世界第二,2020年社会消费品零售总额达39.20万亿元。受新冠肺炎疫情的影响,2020年商品消费35.25万亿元,较上年下降2%;餐饮支出3.95万亿元,下降17%。然而,线上消费则呈现出高速增长的态势,全国网上零售额达到11.76万亿元,比上年增长11%;其中,实物商品网上零售额达到9.76万亿元,增长15%,占社会消费品零售总额的比重已达25%。

随着消费模式和消费业态的改变,消费群体的构成也发生了明显变化。"90后"与"00后"新生代购买力日益增强,正在成为消费的中坚力量。《2020年中国消费市场发展报告》数据显示,"90后"在旅游消费群体中占比近50%,在餐饮消费者中占比高达51%。面对不断丰富的消费内容与形式,消费支出账单不仅可以反映出个人与家庭的消费支出结构,而且还可以凸显宏观经济的发展与变化。

本章将在介绍消费者支出相关概念和理论的基础上,分析消费者支出的结构,根据其影响因素分析未来发展趋势,进而研究理想与不理想的消费者支出行为,并以住房消费市场为例,将理论与实践相结合进行详细探讨。此外,本章还根据已有文献,从理论和经验的角度分析了住房支出对消费的影响,并以"双十一"购物节为例,探讨了中国消费者支出结构的变化。对本章的学习,将启发读者对消费者支出的相关概念、结构和行为等进行深入理解与思考。

## 第一节 基本概念

### 一、消费函数

消费函数用来刻画消费与收入之间的关系,它首先由凯恩斯在《就业、利息和货币通论》一书中提出。[1] 凯恩斯认为,在可支配收入和消费之间存在着一种稳定的关系,这种关系可以通过一种函数关系来表示,即消费函数。影响消费者支出的因素可以分为两类:一类是主观因素,主要包括个人偏好和社会习俗等;另一类是客观因素,包括财政和货币政策的变动,以及利率的变化等。由于客观因素一般在短期内不会发生较大的改变,因此消费函数相对稳定,其函数曲线形状取决于总收入的高低和个人的心理因素。

### 二、边际消费倾向

边际消费倾向(marginal propensity to consume,MPC),指增加的一单位收入中用于增加消费部分的比率,其公式

$$\text{MPC} = \frac{\Delta C}{\Delta Y} \tag{2-1}$$

式中,$\Delta C$ 表示增加的消费量,$\Delta Y$ 表示增加的收入。根据凯恩斯的观点,收入和消费之间存在一条心理规律,即随着收入的增加,消费也会增加,但是消费的增量不如收入的增量大。因此,边际消费倾向在 0 和 1 之间波动,并且随着收入的增加,边际消费倾向会下降,即所谓的边际消费倾向递减规律。作为凯恩斯三大基本心理规律之一,边际消费倾向递减规律被凯恩斯用来分析 20 世纪 30 年代大萧条的成因。

### 三、支出结构

所谓消费者支出结构,指消费者收入变动与需求结构之间的对应关系。在收入一定的情况下,消费者会根据各项支出的急需程度,对自己的支出项目进行排序,一般优先满足排序在前的支出。具体来看,食物支出和医疗支出位于支出结构的首位;其次是居住、交通和教育支出;再次是舒适型和提高型的改善型支出,如保健和娱乐等。当然,支出结构也会随着消费者收入水平的变动而发生改变。

### 四、恩格尔定律和恩格尔系数

恩格尔定律是由德国统计学家恩特斯·恩格尔(Ernst Engel)根据长期的统计分析提出的。恩格尔系数,指在消费者支出内容的选择中,食物支出占消费者总支出的份额。它与消费者收入水平呈反方向变动的关系,即消费者的收入越高,食品支出占总支出的比重越低。食品消费是人们生活最基本也是最重要的消费需要之一,越贫困的家庭在食

物上的消费支出比重越高。因此，食品支出在消费者总支出中所占的比重，能够反映某一国家（或地区）居民的消费与生活水平。这一定律长期被视作消费结构变动的基本规律。在具体衡量时，恩格尔系数的计算公式如下：

$$恩格尔系数 = \frac{食品支出额}{消费总支出额} \times 100\% \tag{2-2}$$

恩格尔系数的数值越大，消费者在食物上的支出比例就越高，说明消费者还处于生存性消费的阶段，消费水平较低；反之，恩格尔系数数值越小，则说明消费水平越高。因此，联合国将恩格尔系数作为衡量一个国家（或地区）富裕程度的重要指标之一。通常来讲，恩格尔系数低于30%的国家（或地区）为极富裕型，30%~40%区间为富裕型，40%~50%为小康型，50%~60%为温饱型，而高于60%则为极贫困型。国家统计局发布的《中华人民共和国2022年国民经济和社会发展统计公报》显示，我国2022年全国居民恩格尔系数为30.5%。

## 第二节　消费者支出的相关理论

这一节将具体介绍与消费支出相关的理论，如绝对收入假说、永久收入假说、生命周期假说、行为生命周期假说，以及双曲线消费模型等。其中，绝对收入假说和永久收入假说在第一章中已经予以介绍，在本章中不再赘述。

### 一、生命周期假说

在分析消费者的支出和储蓄行为的众多理论中，生命周期假说占据着主导地位。这一理论最初于20世纪50年代由诺贝尔经济学奖获得者弗兰科·莫迪利阿尼（Franco Modigliani）和他的同事共同提出，该理论首次将微观经济学的消费者行为理论引入消费者支出模型。[2]莫迪利阿尼认为，理性的消费者追求一生效用最大化，因此会把其一生的收入在每个阶段的储蓄与消费之间进行合理分配，最终使得总收入和总消费相等，即理性消费者具有前瞻性，会依据其一生的收入来规划各期消费。

生命周期假说，包括以下四个假定。第一，消费者是理性的，会在已知的收入限制下实现效用的最大化。第二，在中年时期，消费者的各期收入相等。第三，在少年时期和老年时期，消费者的收入（包括利息）为零。第四，在生命周期结束时，消费者没有遗产和负债。这些假定表明，消费者在少年时期和老年时期的收入均低于消费，少年时期通过借贷来维持消费，而老年时则依靠退休前的积蓄来维持消费；在中年时期，消费者的收入高于消费。收入超过消费的部分有两个用途，一是偿还少年时期借贷的本息，二是储蓄起来用于维持老年时期的消费。生命周期假说的函数关系，可表示为

$$C = b_1 Y + b_2 A \tag{2-3}$$

式中，$Y$为消费者的终生劳动收入，$A$表示消费者的财产收入。生命周期假说，主要包含以下四个方面内容。第一，消费者各阶段的支出都是依据其一生收入进行规划的，

这表明理性消费者各阶段的支出都是平稳的，故其边际消费倾向和平均消费倾向在长期内都相对平稳。第二，支出的影响因素包括消费者的年龄、工作时间、寿命长度以及工作期间的收入。第三，消费者一生的储蓄总和为零，特别是中年时期的工作收入和财产收入决定了一生的消费水平。第四，从全社会的角度出发，如果整个社会的人口构成稳定，则总体人口的消费和收入之间的关系会趋向于保持不变，即边际消费倾向较为稳定。根据该理论，消费者如果了解整个生命周期内的收入和财富，那么就可以实现整个生命周期跨期效用的最大化。生命周期模型，可以被广义地界定为个体在给定一系列跨期交易机会的前提下，最大化其效用的理论架构。这一概念性架构对资源进行跨期分配的方式，与资源在不同商品间的分配方式相类似。

在过去几十年中，生命周期假说之所以能占据主导地位，主要是因为该理论解释了在当时位于经济学主流地位的凯恩斯消费模型所难以攻克的现实问题。然而，生命周期假说也存在局限性，以下事实均与生命周期假说的理论预测不一致。第一，对于所受教育不同的消费者群体，他们的支出显然随年龄的变化而变化，并且呈现出"驼峰"状。第二，消费者支出在退休后会出现"断裂式"下降。第三，消费者支出的增长率变化，似乎比可预测的收入变化更加敏感。第四，消费者支出看起来会对可配置资源的、可预期的和暂时的变化做出更为显著的反应，如消费支出退税等。尽管如此，生命周期模型仍然可以被视作一种通用框架，多数特定模型在处理相应问题时都将该模型作为基础，同时大量理论和经验研究也都是基于生命周期模型架构来开展的。

## 二、行为生命周期假说

行为生命周期假说由 Thaler 和 Shefrin（1988）共同提出。[3] 该假说结合了行为经济学和生命周期假说，其核心内容是：即使不存在信贷配给，消费者也会把自己所拥有的财富组成，看成是当期收入、当前财产和未来收入之和。各个收入账户对消费的吸引力取决于所属的账户类型，其中当期可支配收入对消费的吸引力最大，紧接着是消耗当前资产进行消费，而未来收入对消费的吸引力最小。Thaler 和 Shefrin（1988）引入了经济分析中通常缺少的三个重要的行为特征，即自制力、心理账户和心理架构。其中，自制力又包含三个因素，即内部冲突、诱惑和意志力。为了更好地解释三者之间的关系，他们使用双重偏好结构来捕捉消费者个人理性决策和内心感性方面的冲突。

假定个人行为拥有两种共存且相互矛盾的偏好：第一种消费者只关注当期消费，将其称为行动者，他们的目标是通过当前多消费以获得当期最大化效用；第二种消费者更关注长期消费，将其称为计划者，他们趋向于追求终生效用最大化，因此更愿意为未来的消费进行储蓄。如果计划者想要减少行动者的消费，就需要依靠意志力，在这一过程中会消耗一定的心理成本。具体来看，当期消费越少，这种心理成本就会越高。因此，自制力的存在，表明了消费者进行消费决策时还需要考虑存在的心理成本。

行动者和计划者两者之间的行为关系，可用如下理论模型进行刻画。考虑一个消

费者的寿命为 $T$ 个时期,其中最后一个时期为退休期。假设该消费者的终生收入为 $y=(y_1,y_2,\cdots,y_T)$,终生消费为 $C=(C_1,C_2,\cdots,C_T)$,实际利率为 0,并且资本市场是完全的。因此,消费者终身的财富可以定义为

$$LW = \sum_{t=1}^{T} y_t \tag{2-4}$$

消费者终生预算约束为

$$\sum C_t = LW \tag{2-5}$$

式中,$C_t$ 表示行动者 $t$ 时期的消费,对应的效用函数为 $U_t(C_t)$,因此行动者会选择合适的 $C_t$ 来最大化当期效用 $U_t$。然而,计划者关注终生效用,所以他们会借助意志力的作用来控制自己的行为,减少当期消费。假定这一过程产生的心理成本用 $W_t$ 来表示,则行动者当期实际效用为消费获得的满足感和因意志力减少消费的痛苦感之和,用 $Z_t$ 来表示,即 $Z_t = U_t + W_t$。

在计划者的影响下,行动者的消费决策发生转变,变为选择当期消费 $C_t$,使当期效用 $Z_t$ 最大化。计划者的目标是终生效用最大化,因此其效用函数为 $V = V(Z_1, Z_2, \cdots, Z_t)$,这明显不同于行动者的目标。这种差异的存在是因为行动者和计划者考虑的时间周期不同,行动者只关注当前效用,而计划者更关注终生效用。

行为生命周期假说纳入了以往容易被忽略但又会对消费者的消费决策产生重要影响的行为因素和心理因素。与传统的生命周期假说相比,它的解释能力更强,更具有普遍性。

### 三、双曲线消费模型

双曲线消费模型(hyperbolic consumption model,HCM)为研究支出和储蓄行为提供了新的理论框架,是经济学中的生命周期规划模型和心理学中的自我控制模型的有效结合。[4] 在这个综合框架中,可以对自我控制问题的量化效果进行评估。

双曲线消费模型的构建,基于以下三个原则。首先,模型仍然采用现代消费模型的标准假设,例如,消费者的未来劳动收入具有不确定性,并受到流动性约束的限制。其次,该模型通过允许模拟消费者使用信用卡借款,以及增加消费者持有的部分非流动资产以丰富投资组合。最后,双曲线消费模型假定消费者既对即时满足具有短期偏好,也能对长期偏好表现出耐心。

具体来看,符合双曲线贴现函数特点的家庭消费具有以下四个特征。第一,消费者更倾向于持有非流动性财产作为他们的财富,因为非流动性资产会受到保护,并不会被消费挥霍掉。第二,具有双曲线贴现函数特点的家庭在消费时更愿意使用信用卡借贷来满足即时需求,因为尽管信用卡具有更高的利息成本,但这些家庭仍然可能会通过循环债务的方式满足其消费需求。第三,由于符合上述函数特点的家庭所持有的流动性财富很少,它们无法在每一时期内平滑消费,从而使支出和收入之间具有高度同步性。第四,收入和支出的同步性会在退休前后凸显,当劳动收入下降时,消费者由于缺乏流动性财富,必然会减少消费支出。

## 第三节 消费者支出结构

### 一、消费者支出的统计分类

#### （一）分类要求

消费者支出结构，主要用于描述各种消费资料的组合和比例关系。要研究消费者支出结构，首先要将消费者支出进行统计分类。在进行消费支出分类的时候，要以一个经济体的经济发展水平和消费者的消费支出内容为依据，并根据不同经济体的经济社会发展变革而变动调整，使之能够反映出该经济体在特定时期的消费支出构成情况。

#### （二）分类方法

**1. 中国的分类**

中国对于城镇居民消费者支出的分类有八项：衣着支出、食品烟酒支出、居住支出、交通通信支出、生活用品及服务支出、医疗保健支出、教育文化娱乐支出、其他用品和服务支出。2020年，中国居民人均消费支出21 210元，具体分类及其占比如图2-1所示。其中，人均食品、烟和酒消费支出6 397元，同比增长5%，占到了人均消费支出的30%；人均居住消费支出5 215元，同比增长3%，占比为25%；而人均衣着消费支出1 238元，同比下降8%，占人均消费支出的比重仅为5%。

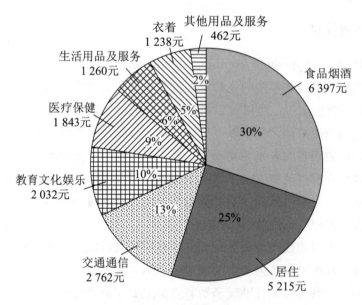

图2-1 2020年中国城镇居民人均消费支出及其构成

数据来源：中国国家统计局。

**2. 美国的分类**

美国将居民的消费支出划分为七个类别，即衣服和服务支出、食品支出、住房支出、交通支出、个人保险支出、医疗支出，以及其他支出。其中，其他支出包含了教育、娱乐、个人保健、烟草、酒类、日常零散支出和现金捐助等。

**3. 世界银行的分类**

世界银行将消费者的家庭消费支出分为七类，主要包括服装鞋袜支出、食品支出、住房及燃料和电力支出、交通与通信支出、医疗卫生支出、教育支出，以及其他支出。其中，其他支出主要指对服务性劳务和耐用消费品的购买。

消费者支出的统计分类反映出了一个经济体的总体消费水平和消费支出构成情况。横向比较不同经济体之间的统计分类方法，则可以分析不同经济体消费水平的高低及消费者支出的发展趋势。例如，美国的分类方法中将"个人保险支出"单独列为一类，表明该类支出在居民消费中所占比重较高，反映出美国消费者较为积极的保险消费观念以及美国较为完善的社会保障体系。而纵向比较一个经济体消费者支出统计分类的变化，可以分析该经济体消费水平的提升程度以及发展趋势。例如，中国的统计分类方法反映出了中国居民的家庭消费水平由"温饱型"向"小康型"的变化过程及在这个过程中居民消费支出的变化特点。

## 二、消费者支出结构的影响因素

### （一）微观层面

从微观层面研究消费者支出结构，是以单个消费者为切入点，对消费者个人或者家庭的消费支出进行分析，研究影响个体消费者做出选择与决策的因素，以说明不同个人或者家庭消费结构的差异。对微观层面消费者支出结构的研究，是进一步探讨宏观消费支出结构的基础。

**1. 收入水平**

个人或者家庭的收入水平，是影响个体消费者支出结构的基本因素之一。对消费者当前支出结构影响较大的主要是当期的收入水平，但是个人或者家庭过去的收入水平、未来的预期收入水平以及与他人比较的相对收入水平等，都会对消费者当前的支出结构产生影响。个人或者家庭的收入水平不同，消费支出结构也会存在着明显的差异，尤其体现于食品支出在生活总支出的占比上。此外，收入水平的变化对非耐用消费品（如衣物和日用品等），以及对耐用消费品（如汽车和住房等）的影响都存在差异，因而消费者收入变动会导致整体支出结构发生变化。

**2. 消费者类型及消费目标**

消费者类型也是影响消费者支出结构的重要因素。以个人为单位与以家庭为单位的消费者，已婚家庭、未婚家庭与离异家庭，甚至单身母亲与单身父亲都会具有不同的消费支出结构。[5]持"家庭文明论"的学者认为，家庭文明是消费者做出决策的重要依据。具体来看，家庭目标占有重要地位，不同类型家庭消费者的支出目标存在差异，使消费者支出的侧重点也各不相同。

在收入水平大致相当的基础上，可以将家庭分为三种类型，分别是"以家庭为中心""以事业为中心"和"以消费为中心"。第一种家庭在消费时，会比较重视子女的教育支出；第二种家庭的消费支出中，社交活动支出占总支出的比重会较高；而第三种家庭因为更加重视与提升生活品质有关的商品和服务性支出，其消费支出中奢侈品和旅游等方面的支出占比会相对较高。

#### 3. 消费支出功能

自20世纪60年代以来，西方消费经济学用家庭的消费支出功能来研究家庭消费结构的特征及发展变化。该观点认为，通常情况下家庭有三大功能，即繁衍功能、经济功能和社会功能。与此对应，存在三种消费支出：一是必需的生活消费支出，如食品和服饰等支出；二是用以维持家庭存续的家庭经营消费支出，如子女教育、文娱和休闲等支出；三是与家庭"阶级象征"相关的消费支出。在上述三种消费支出中，第一种相对比较稳定，而第二种和第三种的稳定性相对较弱。

#### 4. 生命周期阶段

根据家庭生命周期理论，家庭从建立开始到消亡结束经历的各个阶段都呈现出不同的家庭生活特点，从而拥有差异化的消费者支出结构。在家庭生命周期的不同阶段里，耐用消费品的消费支出、医疗消费支出、住房消费支出和文娱旅游支出最能体现出消费者支出结构的变化。此外，随着工业化和信息化的发展，家庭规模呈现出变小的趋势，而小型化家庭的消费结构也发生了显著的变化，其主要体现于食品和耐用消费品的消费支出，以及耐用消费品和劳务消费之间的替代关系上。

#### 5. 科学技术

科学技术的进步，也有可能使消费者支出发生变化。科学技术对个人或者家庭的衣食住行都会产生影响，同时也改变了消费支出的方式与结构。例如，随着通信技术的发展，移动电话服务的消费支出以及网络娱乐的消费支出比重都在迅速提升。

### （二）宏观层面

在分析了消费者支出结构微观层面影响因素的基础上，接下来从一个国家（或地区）总体的角度出发，对消费者消费支出情况进行分析，研究宏观层面影响消费者支出结构的因素，进而说明不同国家（或地区）的消费结构差异。

#### 1. 消费水平因素

从宏观方面来看，影响一个国家（或地区）消费者支出结构最基本的因素就是消费水平。不同国家（或地区）的消费水平受其经济发展水平的制约而表现出较大的差异（见表2-1）。

表2-1 不同国家居民消费支出构成　　　　　　　　　　　　　　　　%

| 国别 | 年份 | 食品、非酒精饮料 | 酒精饮料、烟草和麻醉品 | 服装和鞋类 | 住房、水、电、天然气和其他燃料 | 家具、家用设备及住房日常维护 | 医疗保健 | 交通 | 通信 | 休闲与文化 | 教育 | 饭店和旅馆 | 其他 |
|---|---|---|---|---|---|---|---|---|---|---|---|---|---|
| 英国 | 2017 | 8.15 | 3.34 | 5.53 | 26.78 | 5.22 | 1.85 | 13.19 | 1.95 | 9.83 | 1.79 | 9.64 | 12.73 |
| 美国 | 2016 | 6.21 | 1.96 | 3.28 | 18.78 | 4.27 | 21.78 | 9.02 | 2.47 | 9.18 | 2.27 | 6.79 | 13.98 |
| 日本 | 2016 | 15.69 | 2.33 | 3.50 | 25.19 | 4.30 | 3.76 | 9.95 | 3.69 | 7.83 | 2.10 | 8.00 | 13.67 |

续表

| 国别 | 年份 | 食品、非酒精饮料 | 酒精饮料、烟草和麻醉品 | 服装和鞋类 | 住房、水、电、天然气和其他燃料 | 家具、家用设备及住房日常维护 | 医疗保健 | 交通 | 通信 | 休闲与文化 | 教育 | 饭店和旅馆 | 其他 |
|---|---|---|---|---|---|---|---|---|---|---|---|---|---|
| 韩国 | 2017 | 13.80 | 2.73 | 5.90 | 18.41 | 3.27 | 5.58 | 12.00 | 3.16 | 8.32 | 5.30 | 8.05 | 13.50 |
| 澳大利亚 | 2016 | 9.40 | 3.58 | 3.56 | 22.89 | 4.60 | 6.42 | 10.42 | 2.09 | 10.07 | 4.76 | 6.75 | 15.47 |
| 加拿大 | 2017 | 9.10 | 3.35 | 4.10 | 24.13 | 5.45 | 4.37 | 15.72 | 2.62 | 8.12 | 1.69 | 7.19 | 14.16 |
| 捷克 | 2017 | 16.27 | 8.04 | 3.73 | 25.41 | 5.30 | 2.39 | 10.06 | 2.71 | 8.97 | 0.48 | 9.00 | 7.64 |
| 法国 | 2017 | 13.22 | 3.72 | 3.75 | 26.21 | 4.86 | 4.17 | 13.58 | 2.49 | 7.99 | 0.46 | 7.29 | 12.25 |
| 德国 | 2016 | 10.60 | 3.24 | 4.48 | 23.87 | 6.81 | 5.33 | 14.42 | 2.88 | 9.11 | 0.86 | 5.36 | 13.05 |
| 希腊 | 2016 | 17.19 | 5.03 | 3.80 | 20.47 | 2.80 | 4.37 | 13.51 | 4.37 | 4.47 | 2.06 | 14.35 | 7.58 |
| 意大利 | 2016 | 14.24 | 4.12 | 6.24 | 23.59 | 6.21 | 3.46 | 12.18 | 2.27 | 6.64 | 1.00 | 10.18 | 9.88 |
| 墨西哥 | 2016 | 23.57 | 2.81 | 3.02 | 17.83 | 5.88 | 3.50 | 18.47 | 2.27 | 5.71 | 1.45 | 4.86 | 10.62 |
| 荷兰 | 2016 | 11.71 | 3.16 | 5.09 | 23.48 | 5.36 | 3.63 | 12.50 | 3.15 | 10.80 | 0.78 | 8.19 | 12.14 |
| 挪威 | 2016 | 12.16 | 4.03 | 4.97 | 22.57 | 6.28 | 3.07 | 15.34 | 2.16 | 11.41 | 0.43 | 6.79 | 10.80 |
| 波兰 | 2016 | 17.07 | 6.07 | 5.18 | 21.22 | 5.33 | 5.58 | 12.14 | 2.36 | 7.92 | 0.98 | 3.20 | 12.95 |
| 葡萄牙 | 2016 | 16.89 | 3.11 | 6.31 | 18.82 | 5.10 | 5.05 | 12.65 | 2.43 | 6.10 | 1.19 | 11.79 | 10.55 |
| 西班牙 | 2016 | 12.77 | 3.80 | 4.39 | 22.34 | 4.24 | 4.05 | 10.98 | 2.59 | 7.29 | 1.85 | 16.27 | 9.44 |
| 以色列 | 2016 | 16.11 | 2.86 | 2.80 | 25.29 | 5.75 | 2.97 | 15.33 | 2.65 | 5.56 | 2.49 | 6.77 | 11.42 |

资料来源：经合组织 OLIS 数据库。

一个国家（或地区）经济发展水平及其所处的发展阶段都能够在其消费水平和消费结构上有所体现，而消费结构从根本上说也是其消费水平的反映。消费水平对消费者支出结构的影响，主要体现在以下几个方面。

第一，影响食品消费支出的比重。通常情况下，消费水平与食品消费支出所占比重呈负相关关系，消费水平越低的国家（或地区），食品消费支出占总消费支出的比重就越高。由表 2-1 可以看出，随着经济发展水平的提高，消费水平逐渐提升，食品支出占比呈现下降趋势。例如，2016 年美国食品和非酒精饮料的占比为 6%，而墨西哥在该比例上则高达 24%。因此，世界银行将食品支出在总消费支出中所占的比重高低作为衡量不同国家（或地区）消费水平的标准，即恩格尔系数。当然，食品消费支出还与不同国家（或地区）的政策、种族和饮食习惯等都有一定的联系，而不是单纯与消费水平线性负相关。

第二，影响耐用消费品支出的比重。耐用消费品支出受一个国家（或地区）的消费者对耐用消费品效用的评价影响。当消费水平提高时，耐用消费品支出也会随之上升，但是其占比在达到一定程度后就会变得相对稳定。表 2-1 中大部分国家的消费者支出结构中，家具、家用设备及住房日常维护支出占比大致为 5% 左右，并没有太大的差异。

第三，影响住房、交通通信和医疗健康等支出的比重。随着消费水平的逐渐提升，一个国家（或地区）消费者在住房、交通通信和医疗健康等方面的消费支出呈现上升趋势。

第四，影响劳务支出的比重。一个国家（或地区）的劳务支出与劳动社会化程度和服务业发达程度都有着密切联系。通常情况下，收入水平越低的国家（或地区），服务业发达程度越低，劳务支出占总消费支出的比例也就越低；反之，收入水平越高的国家（或地区），服务业发达程度越高，劳务支出占总消费支出的比例也就越高。

### 2. 市场环境因素

福利制度。一个国家（或地区）的福利制度对消费者支出结构有重要影响，同等收入与消费水平下，政府进行补贴的消费支出项目在总消费支出中的占比会相对较低。由表2-1可以看出，2016年荷兰教育支出占比不足1%，这与其较为完善的教育福利制度密切相关。同时，各个国家（或地区）的福利制度差异，对消费者支出结构有着较大影响，使其可比性降低。因此，在对各个国家（或地区）进行横向比较的时候，应当尽可能将福利制度因素的影响剔除掉。

价格体系。消费者支出结构，除了与购买消费资料的数量有关，还取决于其价格体系。在价格体系的调整过程中，有的商品或者劳务的价格大幅度上涨，而有的商品或者劳务价格下跌，两者之间的比例关系就会发生变化，进而影响到消费者支出结构。在中国由计划经济向社会主义市场经济的转型过程中，随着住房、医疗、教育、保险和劳务等支出的价格上涨，相应项目在消费者支出结构中的占比也有较大幅度提高，而食品支出的占比则是明显下降。

消费品市场。消费品市场的变化，自然也会对消费者支出结构产生影响。一方面，已有的消费品如果出现短缺，特别是在对相应消费品的供给进行限制时，该种消费品的支出在总消费支出中所占的比例就会下降。另一方面，如果出现新兴的消费品，它的替代品和互补品会同时受到影响。

金融市场。消费者的收入不只是简单地用于商品和劳务的购买，还会用于储蓄和投资，金融市场会对消费者支出、储蓄和投资资金的配置产生影响。一方面，一个国家（或地区）的金融市场成熟度越高，保险和证券投资等活动就会越活跃，因而投资性支出占总支出的比重就会越高。另一方面，金融市场中的信贷机制越完善，对大额的支出越有促进作用，例如，房屋、车辆交通和文娱旅游等方面的消费支出就会越高。

### 3. 经济制度因素

不同国家（或地区）的经济制度对于消费者支出结构也具有重要影响，尤其是对于正处于经济制度转型时期的发展中国家来说，经济制度的变迁会带来消费结构的演变。经济制度将会影响价格制度、投融资制度、产权制度、劳动就业制度、社会保障制度以及收入分配制度等方面，从而对消费者的消费支出产生影响。

### 4. 社会因素

人口年龄结构。家庭生命周期理论指出，家庭主要成员的年龄差异也对消费者支出结构产生重要影响。消费者年龄不同，消费需求存在差异，因此处于生命周期不同阶段的家庭，其消费支出的倾向也有所不同。从宏观角度看，一个国家（或地区）整体的人口年龄结构,也会对消费者支出结构产生影响。较为典型的是,当存在人口老龄化时,医疗保健支出将会迅速增长,同时也会对其他类型的消费支出产生影响。

社会消费习惯。社会消费习惯,指一个国家(或地区)基于其文化传统等自然形成的消费习俗和观念。具有不同文化传统的国家(或地区),消费支出结构也会存在较大差异,尤其体现于传统节日等方面。因此,社会消费习惯会对不同国家(或地区)的消费者支出结构产生较大影响。

消费示范效应。随着社会信息化程度的提升,发达国家的消费者支出结构对发展中国家的消费示范效应也越来越明显。此外,对于某些城乡差异明显和地区贫富差距较大的国家(或地区),城市对乡村,以及发达地区对欠发达地区的消费也具有示范效应。一方面,消费示范效应能够带动落后地区的消费者支出结构向着更高层次发展。但另一方面,消费示范效应可能会产生攀比心理和羊群效应等,从而诱发冲动消费或者盲目消费,进而导致社会资源的不合理配置。

消费者信心。消费者对一个国家(或地区)未来经济的预期,也会影响其支出结构。消费者基于对未来经济发展的预期,对不同类型的消费支出会呈现出差异性,例如,对车辆和住房的大额消费,以及对奢侈品的消费等。

## 三、消费者支出结构的变化趋势

### (一)微观消费者支出结构

在较长时期内,消费者支出结构随着消费者收入水平的升高而变化。同时,消费者收入的增长速度不同,支出结构的变化程度也存在差异。但是,由于消费者个体或者家庭存在差异,同时受到诸如消费者偏好,以及消费者的社会阶层、年龄、家庭和种族等多种因素的制约,消费者支出结构也表现出不同的变化趋势。这些因素会制约或者影响收入变化对消费者支出结构的作用,使其变化只是呈现出大致的变动趋势。此外,消费信贷会使得消费者支出在一定时期大于或者小于其实际的收入水平,从而导致消费者支出结构的变化并不与其当期收入水平的波动完全一致。

### (二)宏观消费者支出结构

宏观视角下的消费者支出结构变化,可以通过恩格尔定律和恩格尔系数来说明。在其他社会经济条件不变的前提下,随着一个国家(或地区)居民收入水平的整体提高,消费者在食物消费支出占总消费支出的比重呈现下降趋势。图2-2为中国城镇居民和农村居民2000—2019年恩格尔系数的基本变化趋势。可以看出,城镇居民的恩格尔系数明显低于农村居民。同时,随着收入水平的提高,城镇居民和农村居民恩格尔系数都呈现出下降趋势。农村居民恩格尔系数,从2000年的49%下降到了2019年的30%;城镇居民恩格尔系数,从2000年的39%下降到了2019年的28%。

动态的恩格尔定律,适用于各国消费者支出结构变化的基本趋势。然而,恩格尔系数并不是随着收入水平的提升而直接下降的,偶尔会出现短暂的上升之后再下降的趋势。

此外，有时候消费者在基本的食品消费需求得到满足之后，会将盈余的购买力转向享受型或者发展型的消费，从而形成了较低的恩格尔系数，但这并不代表消费者支出结构得到显著改善。因此，消费者支出结构的变化，不能仅仅通过单纯考察恩格尔系数来说明，还必须研究其他类型消费支出在总消费支出中所占的比重。例如，耐用消费品的支出所占份额通常会随着消费者收入水平的提升而有所增加；当收入水平达到一定高度之后，服务性消费支出也往往会随着收入水平、休闲时间以及第三产业的比重上升而逐渐提高。

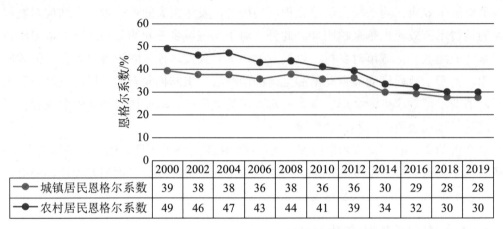

图 2-2　中国恩格尔系数变化

数据来源：中国国家统计局。

## 第四节　消费者支出行为

本节将对消费者的支出行为进行分类与介绍。消费行为可分为理想与不理想两种：其中理想的消费行为包括理性购物行为、可持续性消费行为和符合伦理道德消费行为；不理想的消费行为则包括炫耀性消费行为、不符合伦理道德的消费行为、强迫性消费行为以及冲动性消费行为。理想的消费行为，不仅有助于提高个人消费者的购买力，而且还可以通过消费者个人行为对社会总体福利产生积极影响。不理想的消费行为，不仅会降低消费者的短期经济福利，还会对他们的长期福利产生消极影响。此外，不理想的消费行为，可能会把不必要的社会成本转嫁给其他消费者或社会中的其他部门，进而影响经济的可持续发展。

### 一、理想的消费行为

#### （一）理性购物行为

理性购物行为（smart spending behavior），主要指使消费者的经济福利达到最大化的同时，使其花费的货币成本最小化的消费行为。理性购物行为的发生，是以事先对商品的了解为基础的。如果消费者掌握的商品知识越多，对其了解越全面，购买产品的可能性也会越大。当消费者对商品进行了解并掌握了一系列信息之后,他们就会考虑并且做出计划来达到购买的目的,此时消费者有可能实施理性购物行为。

Griffith 等(2009)根据 2006 年英国家庭所购买的食品数量进行了分析,发现家庭节省的开支占年度总支出的比重在 0~21% 之间,平均为 7%;这等价于每年可节约最高 794 英镑(在 2006 年,1 英镑 =1.85 美元)。[6] 进一步地,平均每个家庭都可以从大批量购买中节约年度总支出的 16%,约为 224 英镑。通过购买商场的经济品牌商品,家庭年支出能平均节约 2%,而购买商场标准品牌商品的家庭年支出可平均节约 4%,即购买经济品牌商品的家庭平均节约 25 英镑,购买标准品牌商品的家庭平均节约 50 英镑。

### (二)可持续性消费

#### 1. 可持续性消费的定义

从广义角度来讲,可持续性消费意味着消费者更倾向于消费可持续性商品,从而实现"可持续性"与"可发展性"的双赢,这也是可持续性消费的内涵所在。可持续性消费的突出特点之一是可发展性,所以如果遇到消费停滞的状况,消费者就不能实现可持续性消费。

#### 2. 可持续性消费的动机

为什么消费者需要进行可持续性消费?主要有以下四方面原因。第一,西方现代社会中的消费模式建立在有限的资源和无限的欲望上,这会产生一系列负面影响,例如使自然界长时间处在高负荷运转的状态,最终对自然环境产生破坏,因此可持续消费有其必要性。第二,当前消费凸显了国家与居民间的不公平现象。最富有的国家享受着最优质丰富的物质资源,但是贫困的国家却因为消费资源的匮乏而受到困扰,甚至本国居民的日常生活需求都难以得到满足。此外,较为贫困的国家与地区,还要受到富裕国家消费发展而带来的对环境的不利影响。因此,对落后国家来说,可持续性消费就显得尤为重要。第三,物质财富并不能完全衡量幸福感。当居民的个人财产和消费额度超过某一临界点时,幸福感并不会持续提升。因此,可持续性消费可提升幸福感。第四,借债加剧了未来社会的不公平现象。大多数情况下,很多行为产生的负面影响可能在未来一段时间里才会得以体现。因此,为了避免消费者在未来陷入消费枯竭的境地,可持续性消费就显得十分必要。

### (三)符合伦理道德的消费

#### 1. 符合伦理道德消费的概念

符合伦理道德的消费,指消费者在购买商品时,会考虑到自身的消费行为对他人以及社会产生的影响,拥有这一特质的消费者所进行的消费即称为符合伦理道德的消费。但是,这种消费方式很可能具有局限性。例如,一些支持农业产业化、资本主义市场经济以及方便食品的消费者,也都在不同程度上表现出了价值规范——一种特定的伦理道德价值。另外,还有一些消费者的目的在于维护文化遗产,他们在食品消费上或许会与主流宣称的符合伦理道德的消费有所不同。尽管这种消费模式存在一些局限性,但是"符合伦理道德的消费"这一专业术语仍然被广泛应用于相关研究之中。符合伦理道德的消费，可能会与社会的自反性（reflexivity）相关。通过此概念框架，Beagan 等（2010）以加拿大不同地区的民族文化群体作为研究对象，考察了自反性以及可能有助于解释与食品相关的伦理道德消费在地区间存在差异的途径。[7]

### 2. 符合伦理道德消费的度量

为解决符合伦理道德消费的测度问题，Witkowski 和 Reddy（2010）提出了一个符合伦理道德消费的消费行为指数，并且将其运用于德国和美国的大学生群体样本中，从而进一步探讨民族文化以及决定这些行为的其他因素所起的作用。[8] 应用该测度，发现受访者的理想主义和社会参与行为，都是符合伦理道德消费的重要决定因素。

1999 年开始发布的《道德消费主义报告》（Ethical Consumerism Report，ECR）一直被认为是可以反映符合伦理道德消费的重要标准，其曾被称为英国反映符合伦理道德消费支出的晴雨表。此报告对于符合伦理道德的消费支出进行了细致的划分，即符合伦理道德的食品和饮料、生态旅游与交通、绿色家园、符合伦理道德的个人产品、社区以及符合伦理道德的金融。

### 3. 符合伦理道德消费的影响因素

关于符合伦理道德消费的影响因素，可以用成本和收益来进行分析。这个框架采用了 2004 年综合社会调查（General Social Survey，GSS）数据，以异质偏好和对社会规范的敏感性为核心特征，以"道德购买"倾向为因变量，通过回归研究其影响因素。研究表明，当身边的其他人进行符合伦理道德的购买时，人们也更加愿意进行符合伦理道德的消费。这与社会规范在促进符合伦理道德消费的行为上所起的作用一致。此外，符合伦理道德的购买与受教育程度和收入呈正相关关系。[9]

### （四）具有社会责任的消费

具有社会责任的消费，是与可持续性消费类似的一种消费模式。该种消费主要包括三类：购买声誉良好且具有社会责任公司的商品或服务、购买可回收类型的商品，以及减少对环境有害商品的消费。

## 二、不理想的消费行为

### （一）炫耀性消费

#### 1. 炫耀性消费的相关理论

炫耀性消费也是商品的象征性价值的表现，即为了表现自身财富、收入、权力以及地位的浪费性消费。消费者通过这种行为来获得虚荣心的满足，超出了商品原有效用并且改变了商品的价值。

法国社会学家让·鲍德里亚（Jean Baudrillard）曾经在《消费者社会》（The Consumer Society）一书中提出商品象征性价值理论。[10] 随着社会中物质消费方式的兴起，商品的象征性价值可以分为两个层次：独特性象征和社会性象征。商品的独特性象征，可以通过商品的形象、品牌以及设计风格来体现，从而区别于其他商品，以便于消费者进行辨别。商品的社会性象征，指商品可以反映消费者的社会地位、购物品味以及不同生活方式的特点，这与炫耀性消费相关。

德国社会学家马克斯·韦伯（Max Weber）主张基于三个基本维度的社会阶层，即财富和收入、权力以及职业声望，分别与阶层、政党和身份地位相对应。[11] 按照这一观点，阶层是基于商品生产与消费之间的关系，而身份地位则建立在商品消费的原则之上。炫耀性消费和生活方式，往往可以用来区分不同社会地位群体。个人的经济地位、政治地位以及社会声望，也可以通过消费来得到展现。

法国社会学家皮埃尔·布尔迪厄（Pierre Bourdieu）曾经提出以消费者的个人品位来划分不同的社会阶层，这是一个全新的视角。[12] 例如：经济实力较为雄厚的消费者会将高档奢侈品和昂贵的餐厅消费作为自己独特的品位；文化水平较高的消费者会因自己掌握的广阔知识而感到骄傲，如掌握不同国家语言和各种丰富技能，并将其作为自己品位的象征；如果消费者在上述两种资源上都比较匮乏，他们可能会更加倾向于满足自己生存的需要，其品位可能会是美味的食物和大众型运动。事实证明，社会地位不同的消费者往往会拥有不同类型的品位，具有较高社会地位的消费者通常会表现出更加奢侈的生活品位，而社会地位较低的消费者则表现出需要满足必需品的生活品位。正因如此，整个社会就会被分为不同品位的群体。各个群体为了向他人表明自己的品位，可能会进行炫耀性消费。

**2. 炫耀性消费的功能**

奢侈品对于消费者而言，具有提升社会地位与彰显身份的功能，并且奢侈品在人际关系中可以起到信号表示的作用。例如，女性消费者出于对自身恋爱关系的危机意识，会对自己拥有的奢侈品进行炫耀。保护自己配偶的动机，引发了女性炫耀其奢侈品的行为，并且她们也会以此作为信号，来彰显其对伴侣的忠诚度。女性炫耀所消费的奢侈品，也会阻止其他女性抢走她们的伴侣。[13] 与此同时，炫耀性消费也存在负外部性，即炫耀性消费也可能导致消费者变得不幸福。奢侈品的消费对于不同类型的群体会产生不同的影响，如高档汽车的消费对一些贫困的消费者会有很大的负面影响。

**（二）不符合伦理道德的消费**

不符合伦理道德的消费行为，如在退回服装给卖家时保留衣物的一部分、退回因自身原因而污损破坏的连衣裙等，主要受到消费者文化和权术主义的影响。Lau 和 Choe（2009）对中国和美国样本进行对比分析，发现那些认同美国文化的学生比认同中国文化的学生更能接受不符合伦理道德的消费模式。这说明消费者所接受的教育和所处的文化环境，都会对不符合伦理道德消费的接受程度产生影响。[14]

**（三）强迫性消费**

强迫性消费，指消费者在面临负面事件或者影响时，进行的重复性和长期性的购买行为。[15] 强迫性消费其实已经超出了消费者的经济能力，但是他们却不得不去购买，其目的并不一定是想在物质层面有所收获,而是在精神层面通过这种消费行为来缓解消极的情绪。强迫性消费可能会在长期内给消费者带来负面影响,例如,强迫性购买者难以控制自己的购物欲望,即使他们有所意识但是仍然无法改变并因此而焦虑。[16]

具有强迫性消费特点的消费者的金融行为与消费理念,也会和其他消费者有所不同。强迫性消费者可能会申请更多信用卡,通过透支来满足自身的消费欲望,并且进行一些不理性的消费行为。[17] 他们往往将金钱与信用卡看成身份的象征,并认为消费行为会提升他们的自尊。[18]

### (四)冲动性消费

当消费者有强烈且持续的购物欲望时,就很可能会形成冲动性消费。当消费者被笼罩在这种强烈且冲动的情绪之中时,就很少会考虑到真实消费行为所带来的后果和代价。[19] 冲动性消费属于计划之外的消费,是一种即时性体验,在进行消费时通常会伴随兴奋感和紧迫感,但是消费者并没有考虑到自己是否真正需要相应的商品。

冲动性消费可以分为三类。第一,纯冲动型,即消费者事先并没有购买意图,是临时性消费。这一类型的冲动性消费可能源于猎奇心理和心血来潮,是一种无规律突发性行为。第二,刺激冲动型,即消费者在商场的营销模式下受到了广告宣传的影响,激发消费欲望而决定进行购买,是外部营销刺激的结果。第三,计划冲动型,即消费者有购买需求,但是并不确定意愿商品和消费地点,只是在等待合适的促销折扣机会。因此,购买便宜的商品是有计划的,但是买哪种商品在事先并不能确定。

### (五)过度消费

过度消费指超出了消费者的基本需求和支付能力的消费行为,是一种不稳健和不可持续的消费方式。出现过度消费的原因主要有以下两个方面:一是消费者的个人特质或个人心理;二是当下过于方便顺畅的消费环境和日渐丰富的消费渠道。目前,"扫一扫""刷一刷"和"照一照"等快捷方式都可完成消费行为,再加上过于顺畅的信贷模式,导致消费者很容易过度消费。但是,这些信贷模式,往往都是以高额的利息返还为代价的。

## 第五节 住房支出对消费的影响:理论与经验证据

### 一、模型介绍

Berger 等(2018)认为,住房支出会对消费产生巨大影响,这一发现支持了房价的盛衰周期可能导致消费者支出大幅收缩的观点。[20] 然而,房价对消费的影响机制还不清晰。特别是人们还普遍认为这些影响较小,因为个人房屋价值的增加会被未来隐性租金成本的增加抵消,从而使预期的终身预算约束保持不变。然而,在不完全市场下,根据横截面微观事实校准的劳动型消费模型,Berger 等(2018)发现消费对房价变动的反应会很大。为了解释这一现象，消费对永久性房价冲击的反应可以用一个简单而稳健的公式来近似表示，即临时收入乘以住房价值的边际消费倾向。在模型中，消费支出取决于许多因素，如债务水平和分布、房价冲击的规模和历史，以及信贷供应水平。

本节将从一个更现实的劳动力不完全市场模型入手，基于收入和房价的不确定性，探讨房价对消费的影响。基准模型涉及交易房屋的固定调整成本、租赁和拥有之间的选择，以及以房屋价值为抵押借贷的可能性。该模型能够匹配各种生命周期和每个时间点的财富分配、杠杆和住房。

## 二、基准模型

考虑一个动态和不完全的家庭消费市场模型，家庭的寿命是有限的，并面临无法投保的特殊收入风险。该模型的主要特点是，家庭之间通过买卖交易获得或转让住房，期间涉及房屋的调整成本，购房家庭可以根据房屋价值进行按揭贷款。

### （一）模型设定

此模型中，时间是离散和可持续的，而且家庭世代交叠的人口数量恒定，因此每个家庭都生活 $J$ 个时期。$J_y$ 为工作年限，$J_o$ 对应退休年龄。假设每个家庭只投资两种资产：无风险资产和住房，$A_{it}$ 和 $H_{it}$ 分别代表家庭 $i$ 在时刻 $t$ 所持有的这两种资产。无风险资产完全具有流动性，并且收益率 $r$ 保持不变。住房服务提供形式为一对一，房价贬值率为 $\delta$，交易价格为 $P_t$。在分析中，假设房价遵循带有漂移的几何随机游走规律，即 $P_t = X_t P_{t-1}$，其中 $X_t$ 满足 i.i.d（独立同分布），$E(X_t) = e^\mu$，$\mu$ 代表房价的增长率。

假设在每个时期，家庭必须选择作为房主或者租房者。租客按单位住房服务支付租金成本。出租房屋可以无成本进行调整，但不能用作抵押。假设租金成本 $R_t$ 与房价成正比，即 $R_t = \Phi P_t$。也就是说，假设一个恒定的房价租金比，其参数值为 $\Phi$。假设与租房相比，买卖房屋的成本很高，这与家庭交易房屋频率很低的事实相吻合。将调整成本设定为仅在家庭住房存量改变时发生的一种固定成本。特别地，如果家庭 $i$ 决定在时间 $t$ 交易房屋，这个家庭所支付的成本与出售房屋的价值成比例，则有

$$k_{it} = F \cdot P_t H_{it-1} \mathbb{N}_{H_{it} \neq H_{it-1}} \tag{2-6}$$

式中，$\mathbb{N}(\cdot)$ 是一个指示函数，当 $H_{it} \neq H_{it-1}$ 时，该函数值等于1。除了提供住房服务外，业主所占用的住房还可以用作抵押贷款。特别地，家庭可以借款，但必须满足借款约束：

$$-A_{it} \leq (1-\theta)\frac{1-\delta}{1+r} P_t H_{it} \tag{2-7}$$

式中，$(1-\theta)$ 是房屋价值中可以用作抵押的部分。在时间 $t$，使家庭期望效用最大化的函数可表示为

$$E[\sum_{j=1}^{J} \beta^j U(C_{it+j}, H_{it+j}) + \beta^{J+1} B(\tilde{W}_{it+J+1})] \tag{2-8}$$

$C_{it}$ 代表非耐用品消费，$W_{it+J+1}$ 表示遗留给后代的财富。进一步地，每期的效用函

数和遗赠函数分别为

$$U(C_{it}, H_{it}) = \frac{1}{1-\sigma}(C_{it}^{\alpha} H_{it}^{1-\alpha})^{1-\sigma} \quad (2-9)$$

$$B(\tilde{W}_{it+J+1}) = \Psi \frac{1}{1-\sigma} \tilde{W}_{it+J+1}^{1-\sigma} \quad (2-10)$$

那么，后代的财富可表示为

$$\tilde{W}_{it+J+1} = \frac{P_{t+J+1}(1-\delta)H_{it+J} + (1+r)A_{it+J}}{P_{Xt+J+1}} \quad (2-11)$$

式中，$P_{t+J+1}(1-\delta)H_{it+J} + (1+r)A_{it+J}$ 代表遗赠，$P_{Xt+J+1} = \Omega P_{t+J+1}^{1-\alpha}$ 是一个会根据住房成本变化而进行调整的价格指数。

假定非耐用品消费和住房服务满足柯布-道格拉斯偏好，这在简化计算和解释结果方面起着非常重要的作用。假定家庭的收入过程外生，那么达到工作年龄的家庭收入可表示为

$$Y_{it} = \exp\{\chi(j_{it}) + z_{it}\} \quad (2-12)$$

式中，$\chi(j_{it})$ 代表确定的与年龄相关的参数；$j_{it}$ 表示家庭 $i$ 在时间 $t$ 的年龄；$z_{it}$ 代表一个短暂的冲击，这个冲击服从 AR（1）过程，那么就有

$$z_{it} = \rho z_{it-1} + \varepsilon_{it} \quad (2-13)$$

当家庭主要成员退休时，收入主要来源于社会保障的转移支付，这部分转移支付收入取决于退休前最后一年的收入。

### （二）模型校准

假设永久房价冲击 $\ln x_t \sim N(\mu, \sigma_P)$。在模型中，房价的变动指总体冲击，它既影响一个家庭现有住房的价格，也影响该家庭可能购买的任何新房的价格。因此，通过设置 $\mu=1.20\%$ 和 $\sigma_P=4.59\%$ 来校准房价变动，以匹配美国联邦住房金融局（Federal Housing Finance Agency，FHFA）数据中总房价的年度标准差和实际增长率。

假设房屋折旧率 $\delta$ 为 2.20%，以匹配 1960—2014 年美国经济分析局（Bureau of Economic Analysis，BEA）数据中的折旧率。抵押约束参数 $\theta$ 决定了按揭贷款的最低首付，此处设定 $\theta=0.2$ 进行模型校准。同时，将交易成本参数设定为 $F=0.05$。劳动年龄收入过程包括整个生命周期和一个短暂的冲击。假设短暂冲击 $z$ 遵循 $\rho_z=0.91$ 和标准差 $\sigma_z=0.21$ 的自相关 AR（1）过程，这能很好地与收入动态跟踪调查（Panel Study of Income Dynamics，PSID）的收入统计数据（去除生命周期部分后）相一致。

剩余的参数则用以匹配数据中住房财富、非住房财富和住房所有权的生命周期概况。也就是说，根据 2001 年消费者金融调查（Survey of Consumer Finance，SCF），计算 9 个年龄段（25~29 岁，30~34 岁，…，60~64 岁，65 及以上）家庭的平均住房财富和扣除债务的平均净流动财富。对退休职工来说，这一模型非常适合，因为不存在风险。因此，将校准和预测的重点放在在职人员上。在消费者金融调查中定义的扣除债务的平均净流动财富不包括退休前的退休账户，但包括了 60 岁以上人员的退休账户。在模型中，

假设退休账户采取在退休时一次性转移的形式，以退休前劳动收入的一小部分 $\xi$ 来进行校正。

首先，通过给 25 岁的消费者赋予住房、流动财富和收入来初始化模型，以匹配 2001 年消费者金融调查中 23~27 岁家庭的分布。其次，选择参数 $\alpha$、$\beta$、$\psi$、$\xi$、$\varphi$ 和 $\hat{\varphi}$，以使住房、流动财富和住房所有权之间的二次距离最小化，相应参数值由模型生成。研究的目标是流动财富，而不是全部非住房财富，因为它更符合计量估计的临时收入冲击下的边际消费倾向。虽然除了住房选择之外，对流动性财富和非流动性财富分别建模是可取的，但这将使分析变得更加复杂。大部分非住房的非流动性财富都存储在退休账户中，这些账户在退休前储蓄但在退休后变得完全流动。因此，该校准策略合理地匹配了在退休前后容易获得的财富比例。

图 2-3 显示了按年龄分组，在平均住房财富、扣除债务的平均净流动财富和住房拥有率方面校准模型的拟合情况。其中，65 岁及以上的年龄点绘制在 70 岁上。图中圆圈表示模型预测，方块代表 2001 年消费者金融调查数据。尽管该模型简单易用，但仍可提供合理的拟合度，主要差异在于房屋拥有率在临近退休时略大，而在家庭成员年龄在 30~40 岁时则负债过多。

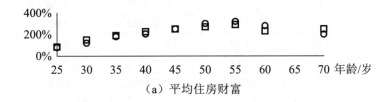

（a）平均住房财富

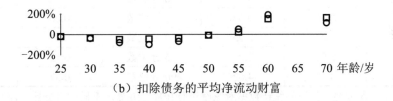

（b）扣除债务的平均净流动财富

（c）住房拥有率

○模型拟合    □SCF 2001

图 2-3　生命周期校准模型与实际调查数据的对比

根据图 2-3 所示结果，该模型模拟的房主和租房者在横截面上的各种非目标财富和住房结果与消费者金融调查基本一致。特别地，模型大致描绘了房主的住房价值分布、贷款价值比率、房主和租户的流动资产以及房主和租户的总净值。模型中最富有的租客比现实中更穷，但这是因为对租房和买房没有特殊的偏好，所以模型中的所有家庭一旦变得足够富有，都会选择买房。然而，正如下文将展示的，所有财富水平的租房者对房价变动的消费反应都为零，因此这种微小的差异并不会影响研究结论。总而言之，该模型合理地对财富分布进行了拟合，可以用于评估房价冲击对消费的量化影响。

如表 2-2 所示，上述模型还能够与 SCF 调查中的自有住房者和租房者的各种非目标财富和住房统计数据进行合理的匹配。同时，上述模型也可粗略地反映自有住房者的住房价值、自有住房者与借贷者的 LTV 比率和流动资产，以及自有住房者和租房者的净财富水平。

表 2-2　非特定情况下财富分配的选定特征值

|  | 数据 | 模型 |  | 数据 | 模型 |
|---|---|---|---|---|---|
| 房价 / 平均收入；自有住房者 | | | LTV 比率；借贷者 | | |
| 10 分位数 | 0.80 | 1.42 | 10 分位数 | 0.00 | 0.00 |
| 25 分位数 | 1.42 | 1.88 | 25 分位数 | 0.17 | 0.39 |
| 50 分位数 | 2.34 | 2.60 | 50 分位数 | 0.53 | 0.64 |
| 75 分位数 | 3.71 | 3.51 | 75 分位数 | 0.75 | 0.72 |
| 90 分位数 | 5.50 | 4.44 | 90 分位数 | 0.89 | 0.76 |
| 流动资产净负债 / 平均收入；自有住房者 | | | 流动资产 / 平均收入；租房者 | | |
| 10 分位数 | −2.74 | −2.16 | 10 分位数 | −0.06 | 0.00 |
| 25 分位数 | −1.80 | −1.72 | 25 分位数 | 0.00 | 0.00 |
| 50 分位数 | −0.92 | −1.29 | 50 分位数 | 0.01 | 0.00 |
| 75 分位数 | −0.07 | −0.88 | 75 分位数 | 0.05 | 0.02 |
| 90 分位数 | 0.22 | 0.52 | 90 分位数 | 0.23 | 0.06 |
| 净财富 / 平均收入；自有住房者 | | | 净财富 / 平均收入；租房者 | | |
| 10 分位数 | 0.21 | 0.37 | 10 分位数 | −0.03 | 0.00 |
| 25 分位数 | 0.56 | 0.54 | 25 分位数 | 0.00 | 0.00 |
| 50 分位数 | 1.44 | 0.95 | 50 分位数 | 0.01 | 0.00 |
| 75 分位数 | 2.92 | 2.09 | 75 分位数 | 0.12 | 0.02 |
| 90 分位数 | 4.67 | 4.62 | 90 分位数 | 0.57 | 0.06 |

说明：每个子面板通过标记的统计数据对家庭进行排序，并显示不同的百分比。流动资产需要扣除债务（包括房主的抵押债务）。贷款价值比率的计算方法是抵押贷款债务的价值除以房屋价值。净值是流动资产（扣除所有债务）加上房屋价值的总和。为了与其他分析保持一致，此表中的统计信息仅限于 25~59 岁的工作年龄家庭。

## 三、消费弹性

上述模型能够匹配横截面以及整个生命周期中的各种事实。通过上述模型可以得出，消费对房价冲击的反应很强烈。例如，该模型为工作年龄家庭提供了 0.23 的总弹性，以应对房价的两个标准差的增长，该结果与经验估计是一致的，且相对于永久收入假说模型提供的弹性来说偏大了很多。家庭间也存在较大的差异，如家庭间弹性的标准偏差为 0.25，四分位范围为 0.32。进一步地，该研究从年龄、收入、流动财富、房屋大小和租赁状况等多个维度来探讨这种异质性。

相对于永久收入假说认为影响应该很小的直觉,为什么该模型中的消费弹性如此之大?为了理解强烈的总体反应以及不同家庭之间的反应差异,接下来进行主要分析结果的推导。

### 四、无摩擦调整:简化分析结果

现在转向模型的一个简化版本,并分析结果。在无住房摩擦成本的简化模型中,个人消费对永久性房价冲击的反应由一个简单公式给出:临时收入冲击产生的边际消费倾向 × 住房存量的价值。在简化模型中得出这一结果后,返回到具有调整成本的更一般的模型。尽管公式不再准确成立,但它给出了一个很好的近似值,因此可以将其作为理解消费反应的经验法则。

与基准模型相比,简化模型的唯一变化是住房交易成本降低,且关闭租赁市场。将 $F$ 值设为 0,因此住房调整是无摩擦的,假设房价遵循几何随机游走规律,那么 $P_t = x_t P_{t-1}$,$x_t$ 满足独立同分布,且 $E(x_t) = e^\mu$。进一步地,假设 $H$ 和 $C$ 之间具有单位替代弹性且满足常相对风险规避偏好。为验证结果,采用递归法对家庭问题进行分析,定义总财富 $W_{it} = (1-\delta)P_t H_{it-1} + (1+r)A_{it-1}$。那么,家庭的贝尔曼方程为

$$V(W_{it}, z_{it}, j_{it}, P_t) = \max_{C_{it}, H_{it}, A_{it}} U(C_{it}, H_{it}) + \beta E[V(W_{it+1}, z_{it+1}, j_{it+1}, x_{t+1}P_t) | z_{it}] \quad (2\text{-}14)$$

$$\text{s.t.} \quad C_{it} + P_t H_{it} + A_{it} = Y_{it} + W_{it} \quad (2\text{-}15)$$

$$W_{it+1} = (1-\delta)x_{t+1}P_t H_{it} + (1+r)A_{it}, \quad \forall x_{t+1} \quad (2\text{-}16)$$

$$(1-\theta)(1-\delta)x_{t+1}P_t H_{it} + (1+r)A_{it} \geq 0, \quad \forall x_{t+1} \quad (2\text{-}17)$$

由遗赠动机得出最终条件:

$$V(W_{it}, z_{it}, J+1, P_t) = \frac{\psi}{1-\sigma}\left(\frac{W_{it}}{P_{Xt}}\right)^{1-\sigma} \quad (2\text{-}18)$$

可以证明,在没有调整成本的模型中,非持久消费对永久性房价冲击 $x_t$ 的个体反应为

$$\text{MPC}_{it} \times (1-\delta) P_{t-1} H_{it-1} \quad (2\text{-}19)$$

式中,$\text{MPC}_{it}$ 为个人在暂时收入冲击下的边际消费倾向。

### 五、讨论

本节通过对相关研究文献进行梳理,探讨了住房价格对消费的影响。虽然有文献提供经验证据证明了消费对于确定的房价变动会产生强烈反应,但同时也有大量的理论文献认为这种反应应该很小。

一个经过校准的不完全市场模型,其中包括收入不确定性、租赁市场、抵押借款和住房调整的固定成本,房价的变动是会对总消费产生影响的,检验结果与已有文献一致,且显著大于标准永久收入假说所预测的结果。当意外的和永久性的房价变化时,也会对消费产生影响,这一观点即使在复杂的模型环境中也具有较强的解释力。特别地,个人

消费反应等于短期收入乘以个人住房价值的 MPC（边际消费倾向）。这意味着总弹性是由消费者的 MPC 和住房的内生联合分布共同决定的。使用该经验法则，可以得到基准模型产生弹性较大的原因是借款约束和杠杆的存在使得 MPC 的值较大，并且与房屋的价值高度相关。相比之下，永久收入假说模型的弹性较小，因为该模型的 MPC 较小并且与住房无关。

同时，房价影响的大小在不同的房屋中存在显著差异。事实上，随着年龄、杠杆率、房屋所有权地位和财富的不同，消费弹性存在很大差异。此外，消费者的反应会随着信贷供给的变化或房价上涨而发生变化。房价上涨的程度取决于消费者的敏感性，也取决于房价上涨的时间长短和家庭对未来房价的预期。

## 第六节 案例讨论：中国"双十一"背景下消费者支出结构的变化

2009 年，首届"双十一"购物活动由阿里巴巴正式开启。该活动最初的目的是借助淘宝网络购物平台帮助商家去库存，利用打折促销活动吸引消费者，冲年底业绩。然而，"双十一"活动竟引爆了消费者的购物热情，成为年度购物狂欢节。2015 年，"双十一"网上成交额首次突破千亿规模，其后不仅活跃程度没有降低，反而体量还在持续增大。在 2016 年、2017 年、2018 年和 2019 年分别达到 1770 亿元、2540 亿元、3143 亿元和 4101 亿元的规模，远超西方国家的感恩节和"黑色星期五"等购物节日，成为亚洲最大的企业年度庆典和零售业的"中国式奇迹"，其影响力辐射全球。

从商品种类方面看，2019 年"双十一"当天销售排名前三的商品种类分别为手机数码、家用电器和个护美妆，消费偏好与 2018 年基本保持一致（表 2-3）。销售额排名靠前的各大类商品的消费均表现出较强的品牌效应，在大家电商品消费中，国货优势明显，而在美妆和服饰等品牌消费中，海外品牌处于优势地位。

表 2-3 2019 年"双十一"当天销售商品种类排名

| 排名 | 商品种类 |
| --- | --- |
| 1 | 手机数码 |
| 2 | 家用电器 |
| 3 | 个护美妆 |
| 4 | 服装 |
| 5 | 女鞋/男鞋/箱包 |
| 6 | 电脑办公 |
| 7 | 家具建材 |
| 8 | 食品饮料 |
| 9 | 母婴玩具 |
| 10 | 运动户外 |

数据来源：星图数据。

历年"双十一"销售数据表明，中国居民的消费结构正在不断地调整与升级。在改革开放初期，居民生活水平较低，这个阶段的消费者主要以食品和衣着消费为主，其他方面的消费支出受到抑制。在经济快速发展阶段，以家电设备消费为代表的耐用品消费、居住消费、教育文化娱乐消费和医疗保健消费等支出占比有所提高。消费者从青睐质次价低的商品向注重商品的品质和服务转变，消费支出领域逐渐倾向于多元化、高质量和体验感强的消费品，消费结构也由低层次向高层次进行了调整。中国的消费结构发生了深刻的变化，这将进一步推进国内大循环经济发展格局的形成。

第一，消费者收入水平提高，消费能力持续增强。在低收入时期，居民储蓄率高，边际消费倾向低，且大多为生存型消费；随着收入的提高，消费模式逐渐转变为享受型，即食品类消费支出占居民家庭或个人总支出的比重有所下降，其余各类消费支出占比均有所提高。据国家统计局数据所示，居民人均可支配收入和人均消费支出稳步提高，两者的增速基本保持在8%以上。截至2019年，居民人均可支配收入和人均消费支出分别达到了30 733元和21 559元，消费潜力随着可支配收入的增加正在逐步释放（见图2-4）。此外，中国城镇家庭和农村家庭的恩格尔系数由2000年的39%和49%，分别下降至2019年的28%和30%。

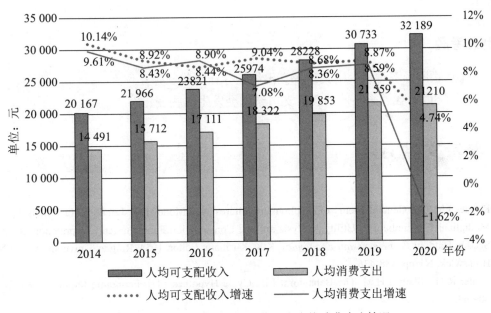

图2-4 中国居民人均可支配收入和人均消费支出情况

数据来源：国家统计局。

第二，现代信息技术的蓬勃发展促使互联网产业与经济的深度融合，互联网经济助力居民的消费结构升级。进入互联网经济时代，人们的生活方式和消费方式发生了深刻的变化。根据中国互联网络信息中心数据，网民规模和互联网普及率迅速增长，分别由2002年6月的0.46亿人和4%提升至2019年6月的8.54亿人和61%。一方面，消费者可通过淘宝、京东和拼多多等各大电商平台挑选商品，进行消费决策，实现由完全线下采购方式向线上消费的转变，不再受时空地域的限制，消费变得更加自由、便捷和实时。在互联网经济时代，消费者较为容易获得跟自己兴趣相关的消费信息，这些信息极大地激发了消费者的购买潜力。中国每年度的"双十一"购物狂欢节的成交金额，便是很好的例证。同时，网络支付技术的广泛应用，例如银联、阿里的支付宝及微信支付等，实现了商品的跨区域结算。消费者只需借助网络终端设备，便可灵活自由地消费。商品通过物流运输体系实现送货上门，有效降低了消费者的交易成本。另一方面，由于市场对质次价低商品的需求下降和供给侧改革的实施，企业的生产随之调整，产品的品质和服务得到明显提高。此外，企业积极利用消费者购物产生的大数据，深入分析消费者的购物习惯，扩大与消费者需求相匹配产品的供给，进一步刺激消费。

第三，消费者的支出观念发生了改变。在传统消费观念中，消费者关注更多的是商品的实用性，很少在意商品的其他附加属性。在互联网经济时代，这种情况已经彻底发生了改变。以年度性购物狂欢节"双十一"为例，消费者会置身于各种各样刺激消费的营销场景里，在满减优惠、购物津贴、百亿补贴和"即时低价"等一系列营销活动下，买卖双方的互动性得以增强。同时，一系列营销活动提升了消费者的体验感，并在消费中赋予消费者认同感。消费者对所购买商品附加意义的认同，将促使他们产生更高的消费需求。

## 案例思考题

1. 在互联网经济时代，中美消费支出结构存在哪些差异？
2. 随着 5G 时代的来临，消费者支出结构会发生哪些变化？

## 参考文献

[1] Keynes J M. The General Theory of Employment, Interest, and Money [M]. London: Macmillan, 1936.
[2] Modigliani F, Brumberg R. Utility Analysis and the Consumption Function: An Interpretation of Cross-Section Data, in *Post Keynesian Economics*, K.K. Kurihara, Editor. 1954, Rutgers University Press: New Brunswick, NJ. pp. 388-436.
[3] Thaler R H, Shefrin H.M. The Behavioral Life-Cycle Hypothesis [J]. Economic Inquiry, 1988, 26(4): 609-643.
[4] Angeletos G, Laibson D, Repetto A. The Hyperbolic Consumption Model: Calibration, Simulation, and Empirical Evaluation [J]. Journal of Economic Perspectives, 2001, 15(3): 47-68.
[5] Paulin G, Lee Y. Expenditures of Single Parents: How Does Gender Figure In? [J]. Monthly Labor Review, 2002, 125: 16-37.
[6] Griffith R, Leibtag E, Leicester A, et al. Consumer Shopping Behavior: How Much Do Consumers Save? [J]. Journal of Economic Perspectives, 2009, 23(2): 99-120.
[7] Beagan B L, Ristovski-Slijepcevic S, Chapman G E. People Are Just Becoming More Conscious of How Everything's Connected: "Ethical" Food Consumption in Two Regions of Canada [J]. Sociology, 2010, 44(4): 751-769.

[8] Witkowski T H, Reddy S. Antecedents of Ethical Consumption Activities in Germany and the United States [J]. Australasian Marketing Journal, 2010, 18(1): 8-14.
[9] Starr M A. The Social Economics of Ethical Consumption: Theoretical Considerations and Empirical Evidence [J]. The Journal of Socio-Economics, 2009, 38(6): 916-925.
[10] Baudrillard J. The Consumer Society: Myths and Structure. English Translation (Original Work in French Published 1970) [M]. Thousand Oaks, CA: Sage, 1998.
[11] Webber M. Economy and Society (English Translation) (Original Work in German Published 1956) [M]. Berkeley, CA: University of California Press, 1978.
[12] Bourdieu P. Distinction: A Social Critique of the Judgment of Taste. English Translation by Richard Nice (Original Work in French Published in 1979) [M]. Cambridge, MA: Harvard University Press, 1984.
[13] Wang Y, Griskevicius V. Conspicuous Consumption, Relationships, and Rivals: Women's Luxury Products as Signals to Other Women [J]. Journal of Consumer Research, 2014, 40(5): 834-854.
[14] Lau T C, K.L. Choe. Consumers' Acceptance of Unethical Consumption Activities: Implications for the Youth Market [J]. International Journal of Marketing Studies, 2009, 1(2): 1-17.
[15] O'Guinn, Thomas C, Faber, et al. Compulsive Buying: A Phenomenological Exploration [J]. Journal of Consumer Research, 1989, 16(2): 147-157.
[16] Hirschman E C. The Consciousness of Addiction: Toward a General Theory of Compulsive Consumption [J]. Journal of Consumer Research, 1992(2): 155-179.
[17] Roberts J A. Compulsive Buying among College Students: An Investigation of Its Antedecents, Consequences, and Implications for Public Policy [J]. Journal of Consumer Affairs, 1998, 32: 295-319.
[18] Alice H, Wilhelm M S. Compulsive Buying: An Exploration into Self-Esteem and Money Attitudes [J]. Journal of Economic Psychology, 1992, 13: 5-18.
[19] Rook D W. The Buying Impulse [J]. Journal of Consumer Research, 1987(2): 189-199.
[20] Berger D, Guerrieri V, Lorenzoni G, et al. House Prices and Consumer Spending [J]. The Review of Economic Studies, 2018, 85(3): 1502-1542.

## 课后思考题

1. 请阐述经济学中消费函数涉及的因素以及局限。
2. 什么是恩格尔定律？恩格尔系数的经济学含义是什么？
3. 请阐述生命周期假说的主要内容。
4. 请结合行为生命周期假说的基本原理，论述其在消费者支出决策中的应用。
5. 请阐述双曲线消费模型的主要内容，并说明符合双曲线贴现函数特点家庭的消费特征。
6. 什么是消费者支出结构？它的影响因素有哪些？
7. 请比较中国与其他主要发达国家消费者支出结构分类的异同，并说明原因。
8. 请列举理想的消费者支出行为，并说明它们各自对消费者幸福感的影响。
9. 消费者不理想的消费行为有哪些？它们各自有哪些特点？
10. 请比较我国的"双十一"与欧美等国家的"黑色星期五"产生和发展的异同。

# 第三章
## 消费者储蓄

### 引导案例 >>>

改革开放以来,中国的储蓄率一直居高不下。在20世纪80年代,我国储蓄占GDP的比重约为35%,到20世纪90年代超过40%,在2000年甚至高达63%,之后虽然有一定程度的回落,于2019年达到45%,但仍是世界高储蓄率国家之一。那么,为何中国的储蓄率水平会如此之高?近几年又为何会下降?消费者是如何做出储蓄决策的?哪些因素会影响消费者的储蓄倾向?消费者进行储蓄的动机和目的又是什么?

本章从微观角度研究了消费者储蓄的动机,探讨了消费者如何做出储蓄决策来达到效用最大化,分析了利率的变化对储蓄的作用究竟是正向还是负向等议题。同时,本章进一步对家庭储蓄的目的,以及影响消费者储蓄倾向的因素等展开了讨论。此外,本章还计量分析了储蓄与消费者主观幸福感之间的非线性关系,并根据结论提出了政策建议。最后,本章以美国个人退休账户为例进行案例讨论,深入分析了其在美国家庭储蓄中的地位。

## 第一节 基本概念

为了更好地理解本章后续关于消费者储蓄动机和消费者储蓄决策的讨论，本节首先介绍以下几个基本概念，而后简要分析世界主要经济体的储蓄情况。

### 一、储蓄与储蓄的测算

#### （一）储蓄

经济学意义上的储蓄，指当期收入超出当期消费的剩余部分。储蓄的多少会对当期消费产生直接作用，储蓄率过低或者过高都会对经济的健康发展产生显著影响。因此，关于消费者储蓄的研究，始终是消费金融学关注的重点内容。

消费者储蓄可分为两个层次，即广义和狭义的消费者储蓄。广义的消费者储蓄，指货币收入中未被消费的部分，即消费者可支配收入减去消费与转移支付后的差额，包括实物性储蓄和金融性储蓄。其中，实物性储蓄包括消费者个人固定资产投资、购置的耐用消费品和消费者购买的商品房等。金融性储蓄包括银行存款、手持现金、有价证券、保险费和外币储备等。狭义的消费者储蓄，仅指消费者在银行等金融机构的储蓄存款。消费与储蓄的平衡不仅对保持国民经济平稳发展具有重要意义，对于个人幸福感的提升同样意义重大。

#### （二）储蓄的测算

消费者储蓄，决定了消费者在未来改善生活的能力以及退休之后的购买力水平，是一种理想的理财行为，直接影响消费者的幸福感。因此，对消费者储蓄进行准确测算，具有极为重要的现实意义。对于消费者储蓄的测算，可从不同角度进行，一般有以下几种方式。

1. 收入与支出之差

这是消费者储蓄最常见的测算方式，即消费者所获得的可支配收入扣除掉最终消费支出后剩余的部分。这一测算方式反映了消费者储蓄的实质，即消费者储蓄指每个人或家庭，把节约的钱存到银行的经济活动，是消费者将暂时不用或结余的货币收入存入银行或其他金融机构的一种存款活动，亦即货币收入中没有被用于消费的部分。

2. 为了某一特定目标所需要的财富

基于目标储蓄理论，消费者储蓄可理解为人们出于退休以后仍能保持之前的生活水平、为应对紧急状况保持流动性、为了在未来进行消费、支付子女教育成本、维持家庭生活、购买住房和投资等动机而持有的财富。

3. 总资产与总负债之差

储蓄也可被定义为，总资产减去总负债的净值。此处的总资产，不仅仅指实物资产，还包括交易账户、定期存款、储蓄债券、债券、股票、基金、退休金账户和保险等金融资产。与此对应，总负债亦包括实物负债和金融负债两个部分。

## 二、世界主要经济体储蓄现状

2007年爆发的金融危机，给全球经济带来了巨大的负面冲击。在此后的十年里，全球主要国家经济发展疲软。储蓄率作为衡量国家或地区经济发展水平的重要指标，能够较为准确地反映经济体的经济结构、就业结构以及收入结构等情况。

在讨论中国储蓄率的变化趋势之前，本节首先讨论国际储蓄率变化的一般趋势，以便将中国的储蓄率与其他经济体进行对比。世界各国的平均储蓄率水平在国际金融危机爆发前达到高点，随后开始下降。不同收入水平的国家储蓄率水平存在明显差异：高收入国家的国民储蓄率水平较之世界平均水平低3~4个百分点；中上收入国家的储蓄率水平较高，2018年高出世界平均水平6.81个百分点。值得注意的是，东亚经济体普遍较其他经济体具有更高的储蓄率，2018年高出世界平均水平10.12个百分点。

### （一）美国

美国近年来的储蓄率始终低于世界平均水平。美国劳工统计局年报显示：2017年美国家庭户均税前年收入为73 573美元，全年户均消费支出为60 060美元；当年每个家庭消费后的平均结余所剩无几，仅为13 513美元（含税），税后收入略大于消费支出。这也正是美国人"低储蓄率"的原因之一，同时证明了美国人基本上"不存款"的结论。但是，自新冠肺炎疫情暴发以来，美国个人储蓄空前激增。2020年，美国消费者个人储蓄占个人可支配收入的比例激增至创纪录的33%，这对于70%的经济总产出都是由消费支出直接驱动的美国经济产生了巨大影响。

### （二）日本

日本曾是世界上储蓄率最高的国家之一，特别是2020年，日本消费者的储蓄欲望达到了20年以来的最高水平。值得一提的是，由于日本老龄化问题较为严重，民众的储蓄率一直都比较低，甚至在2013年时日本家庭储蓄率为-1%。但是受新冠肺炎疫情影响，据日本总务省公开数据，在2020年3—8月之间，消费者的人均储蓄达收入的44%，与2019年同期的33%相比上涨了11%。日本消费者储蓄率的明显提高，主要与当时日本政府发放的10万日元的补助金有关，包括高收入和低收入群体在内的日本民众都将其放入了个人银行账户。日本作为亚洲最发达的国家和世界第三大经济体，其储蓄率变动对东亚经济与世界经济发展产生的影响值得被广泛关注。

### （三）欧盟

欧盟的储蓄率一直低于世界平均水平，近30年较为稳定，均值为22%。据欧盟统计局公布的数据，受新冠肺炎疫情影响，2020年第二季度，欧盟家庭储蓄率创下有该统计以来的最高年增长率，达到11%。分析其原因，主要是家庭最终消费支出同比显著下降17%，环比也下降2%。与2019年第二季度相比，2020年第二季度，除瑞典下降1%外，其他欧盟成员国的家庭储蓄率都有所上升，同比增长最高的是爱尔兰（22%），其次是西班牙（14%）。家庭支出降幅最大的是西班牙（下降24%），而降幅最低的是捷克（下降4%）。

### （四）中国

据中国人民银行的统计，2020年第一季度末我国居民存款一共增加了6.47万亿元（上年同期为6.07万亿元）。截至2020年第一季度末，我国居民存款余额达到87.80万亿元，人均存款6.27万元，户均存款16.93万元。这意味着，中国仍旧是全球居民储蓄率最高的国家。一直以来，中国都是高储蓄率国家。尽管我国的年轻一代（90后和00后）已经不偏好储蓄，甚至比较喜欢透支消费。然而，从总体上来说，中国消费者喜欢把钱存到银行的习惯并没有改变。

根据国家统计局发布的数据，改革开放以来，我国储蓄率总体上呈现出波动上升的趋势，在2010年达到42%，随后开始下滑，并在2016年降至36%。整体来看，近二十年来，我国储蓄率基本维持在30%~40%的水平，变化相对平稳。作为这样一个迅速发展而又特殊的大国经济体，中国消费者储蓄率变化的特征尤为明显。具体来看，中国相较于世界其他经济体具有更高的储蓄率，尽管居民储蓄率在2010年达到高点后开始下降，但仍远远超过世界平均水平。需要说明的是，储蓄率上升是我国经济发展过程中的必然规律。回顾历史可以发现，几乎所有发达国家都经历过高储蓄率阶段。

居民收入增长速度是影响居民储蓄的重要因素，由于工资性收入在过去十年快速增长，且其增长速度快于劳动生产率，预期未来居民收入增长速度将会有所放缓，并引起储蓄率的下降。另一方面，居民收入差距也会影响储蓄率，如果未来收入差距再次呈现扩大趋势，鉴于高收入人群具有较低的消费倾向，居民储蓄率也存在升高的可能性。

作为世界第一储蓄大国，中国国民经济的短板是消费。中国消费者的高储蓄率，在一定程度上抑制了国内市场需求，不利于宏观经济的稳定增长。此外，高储蓄率还成为拉大社会收入差距的加速器。因此，本章将进一步解释消费者选择高储蓄的动机，并分析影响储蓄的决定因素，从而讨论消费者的储蓄决策。

## 第二节　消费者储蓄动机

储蓄动机可以定义为以帮助消费者改善经济福利为目的的储蓄目标。凯恩斯于1936年提出了八种储蓄动机，即预防性动机、平滑生命周期动机、跨期替代性动机、改善生活的动机、独立性动机、创业动机、遗赠性动机和贪婪性动机。[1] 经过80余年的发展，上述储蓄动机对解释消费者的经济行为，甚至是一个国家的宏观经济现象，仍然有着重要的理论和现实意义。

## 一、预防性动机

预防性动机，指消费者为不可预见的意外事件而留存的准备金。预防性动机的出现，基于人们未来的收入和支出存在不确定性的假设，因而消费者储蓄的目的是预防突发的意外事件对他们的福利造成损失。[2]当消费者遭受到预料之外的经济冲击或金融冲击时，就可以利用预防性储蓄减轻损失。因此，相比于没有预防性储蓄的消费者，具有预防性储蓄的消费者遭受的损失较少，福利水平也会更高，因而预防性储蓄与消费者福利是正相关的。[3]

预防性动机是凯恩斯在论述八种储蓄动机时最先提到的，其后的学者不断探索不确定性收入对人们储蓄行为的影响和收入不确定性状态的测量方法，因为预防性储蓄通常被解释为风险厌恶者为预防不确定性导致消费水平的下降而进行的储蓄。预防性储蓄理论认为，当消费者面临的收入不确定性越大的时候，他们越不可能按照随机游走来消费，更可能是依据当期收入来进行消费。通过对效用函数具体形式进行研究，可以发现当效用函数的三阶导数为正时，在不确定性条件下，预期未来消费的边际效用就会大于确定性情况下消费的边际效用。追求终生效用最大化的消费者就会采取比确定性状态下更加谨慎的消费行为，此时就会出现为了避免劳动收入的不确定性所带来的冲击而进行的预防性储蓄。[4]进一步地，常用的两类会出现预防性储蓄行为的消费者效用函数分别为常绝对风险厌恶效用（constant absolute risk aversion，CARA）函数和常相对风险厌恶效用（constant relativerisk aversion，CRRA）函数。

CARA 效用函数，可由微分方程表示为

$$a = -\frac{u''(x)}{u'(x)} \tag{3-1}$$

式中，$a>0$ 为绝对风险厌恶系数。根据式（3-1），通常将 CARA 效用函数的形式假定为

$$u(x) = -Ce^{-ax} + D \tag{3-2}$$

式中，$a$ 和 $C$ 为任意正数，$D$ 为任意常数。经计算，可发现：

$$u'''(x) = Ca^3 e^{-ax} > 0 \tag{3-3}$$

因此，具有 CARA 效用函数的消费者将进行预防性储蓄。

CRRA 效用函数，可由微分方程表示为

$$r = -\frac{u''(x)\ x}{u'(x)} \tag{3-4}$$

式中，$r>0$ 为相对风险厌恶系数。根据式（3-4），通常将 CRRA 效用函数的形式假定为

$$u(x) = \frac{Cx^{1-r}}{1-r} + D \tag{3-5}$$

式中，$r$ 和 $C$ 为任意正数，$D$ 为任意常数。经计算，可发现：

$$u'''(x) = Cr(r+1)\, x^{-r-2} > 0 \quad (3\text{-}6)$$

因此，具有 CRRA 效用函数的消费者也将进行预防性储蓄，并且风险厌恶系数和未来劳动收入变化量的方差越大，预防性储蓄也越大。[5]

## 二、平滑生命周期动机

通过储蓄来平滑整个生命周期的消费，是消费者储蓄的重要动机之一。该动机由诺贝尔经济学奖得主、美国麻省理工学院的莫迪利阿尼教授及其合作者于 1963 年提出，而后迅速成为西方各国分析其养老金制度的重要理论工具。[6]

生命周期假说（life cycle hypothesis，LCH）认为，在符合理性经济人假定的基础上，消费者总想将其一生的全部收入在消费上进行最佳的分配，使他们在一生的消费中所获得的总效用达到最大，从而得到一生的最大满足。因此，理性经济人将根据效用最大化的原则，使用其一生的收入来安排一生的消费或储蓄，使其终生收入等于终生消费，即在生命结束的时候没有任何储蓄。生命周期储蓄的重要特征是，假定消费者各期的消费都与其一生的预期收入相联系，而不仅仅是当期收入的函数。进一步地，消费者的当期消费也就取决于其所处的生命周期阶段。

典型消费者的生命周期可以分为三个阶段，即参加工作之前（有消费但没有收入）、参加工作时（有消费并且有收入）以及退休后（有消费但没有收入）。为了保证退休之后的消费水平与退休前大致持平，人们需要在工作期间进行储蓄，从而为退休后准备可供消费的资金。

假设典型消费者的预期寿命是 $N$ 年，其中要工作 $M$ 年，工作期间每年可以获得确定性的收入 $Y$。为便于分析，再假设储蓄不产生利息，该消费者从出生就开始工作且没有任何初始财富，并且在生命周期内的各年中价格水平都不变。在上述假定下，工作时间为 $M$ 年，每年的收入是 $Y$，则来自劳动的终生收入就是 $Y \times M$。这些终生收入要支持整个生命周期，即 $N$ 年的消费。进一步地，假定每年都消费相同的数量，那么每年的消费量可表示为

$$C = \frac{Y \times M}{N} = Y \times \frac{M}{N} \quad (3\text{-}7)$$

式中，比例系数 $\frac{M}{N}$ 为一生中用于工作的时间比重。以此为基础，收入减掉消费即得到储蓄，有

$$S = Y \times M - C = Y \times \frac{MN - M}{N} \quad (3\text{-}8)$$

式中，比例系数 $\frac{MN - M}{N}$ 为一生中用于退休的时间比重。图 3-1 是对该理论的一个简要描述，说明了一个典型消费者的资产总和、消费、储蓄与年龄之间的关系。

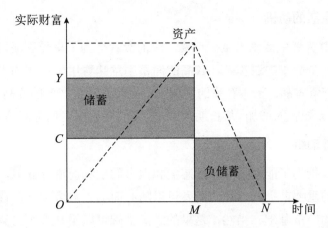

图 3-1　一个典型消费者的资产总和、消费、储蓄与年龄之间的关系

如图 3-1 所示，在工作期间（$M$ 年），消费者进行储蓄从而积累资产；退休后（$M$ 年至 $N$ 年），消费者以储蓄为生，即在此期间内进行负储蓄直到死亡。由于假定在死亡时消费者的资产为 0 以避免资源浪费，因而图 3-1 中两部分灰色面积相等。在工作期间，消费者的收入 $Y$ 高于消费 $C$，因而每年都有储蓄。这些储蓄就构成了消费者的资产，即资产总额在工作期间内从 0 持续上升，在退休时达到最大值，而在退休之后持续下降，最后重新回到 0。

生命周期储蓄理论有着极其重要的理论意义和政策含义。它将消费同一生的收入和财产相联系，解释了长期消费的稳定性和短期消费的波动性。根据生命周期储蓄理论，消费者根据一生的收入来安排各期的消费，因而当期的消费冲击将被平滑到生命的各期，从而使长期消费表现出稳定性而短期消费表现出波动性。此外，这一理论还可以用来分析政府宏观经济政策对消费者储蓄和消费活动的影响、不同阶层消费者家庭消费的差异、消费者支出的逐季变动，以及养老金的制度性安排等。当然，随着该理论的不断发展，也有一些学者提出了质疑，主要体现在其严苛的假设上，如储蓄不生息、完全确定的劳动收入以及理性经济人等方面。此外，生命周期假说也没有考虑到家庭的消费储蓄行为在生命周期层面的异质性。[7]

## 三、其他储蓄动机

### （一）跨期替代性动机

按照凯恩斯主义的观点，跨期替代性动机来源于对储蓄的利息支付，是以通过储蓄获取利息为目的的动机，也是消费者储蓄最直接的动机，即"能享受到利率和增值"。储蓄作为一种使消费得以跨期的手段，可以使消费者得到利息支付及由此带来的价值增值。随着消费者收入大幅度增加，其储蓄逐渐呈现出高增长的特征。在不降低原有生活水平的条件下，将多余的收入转化为储蓄是保证收入增加的最理想方式。一般而言，储蓄存款的利率越高，对储蓄的吸引力也越大，储蓄的拉力也越强。由这种储蓄动机形成的储蓄存款，一般具有金额较大、存期较长和存取频率低的特点。

### （二）改善生活的动机

储蓄对提高消费者生活水平至关重要，即消费者会为了享受逐渐增加的生活消费支出而进行储蓄。一个简单的逻辑是，较高的储蓄率意味着用于消费的支出减少，而将更多的支出用于生产资本品。资本存量的增加又会引起劳动生产率的提高和 GDP 的快速增长，进而人们的可支配收入增加。从长期来看，较高的储蓄率可以提高消费者的生活水平。

### （三）独立性动机

独立性动机，指为了能享受独立的感觉和做事的权利而进行储蓄。拥有一定数量的储蓄是财务独立的重要前提，这让消费者可以随心而动。财务独立，首先要拥有足够维持正常生活所需的经济基础。当然，这里的经济基础可以不是大额的储蓄，但是消费者至少要有稳定的收入，可以自己解决衣食住行等方面的生活必需。简言之，以自给自足为目的而进行的储蓄，就是独立性储蓄。

### （四）创业动机

创业动机，指为了确保能开展大规模的投机或商业项目而进行的储蓄。创业需要大量资金支持，尤其是大规模的创业项目。但是基于同样的原因，如此大规模的资金也不太可能靠储蓄来驱动，而更常见的情形是通过银行获得贷款。因此，储蓄的创业动机在现实生活中并不常见。

### （五）遗赠性动机

遗赠性动机，指的是为了能遗赠给子女或亲友一笔财富而进行储蓄，反映了家庭内部财富的代际转移。具有这种动机的消费者不是以自利为储蓄目的，而是以代际利他为储蓄目的。对遗赠性动机进行效用函数的刻画，发现从某种意义上讲，父代是利他的，他们不仅关心自己的效用，还关心子女的效用。因此，年长一代将自己的一部分收入和财富留给下一代的经济行为，反映的是年长一代对未来一代福利的关心和无私奉献，特别是对他们的后代。通常来讲，遗赠性动机越强，消费者在有能力工作的时期内进行的储蓄就越多。[8]

### （六）贪婪性动机

贪婪性动机，指的是为了"满足纯粹的吝啬心理"而进行的储蓄，如明知不合理但仍顽固反对支出消费的行为。尽管新古典经济学假定经济主体都是理性的，但是随着行为经济学的发展，越来越多的学者认识到理性经济人的假定并不符合现实，即有时消费者并不会按照最优路径做出决策。在这种情况下，就可能出现非理性的贪婪性储蓄。

在现实中，人们往往有可能会存在多个储蓄动机。[9] 根据 2016 年消费者金融调查（Survey of Consumer Finance，SCF）数据，受访者反馈的较为常见的储蓄原因是退休（33%）和预防性储蓄（24%）；其他的储蓄原因分别是为了在未来进行消费（7%）、支付子女教育成本（6%）、购买住房（4%）和支付日常花销（4%）等。

## 第三节　消费者储蓄的预算约束及影响因素

储蓄决策可以被定义为消费者决定把现阶段赚取的货币收入多少用于当前消费，多少用于未来消费，即消费者的货币收入将在当前消费和未来消费之间进行分配。消费者的储蓄决策可以通过消费者选择理论来进行分析，并且利率的变化是影响人们储蓄的重要因素之一。

### 一、消费者的预算约束

#### （一）两阶段的预算约束

如果将一个消费者的一生分为两个阶段，即工作阶段和退休阶段。该消费者在工作阶段获得收入 $m$，并且消费者将该笔收入分为工作阶段的消费和储蓄两个部分，储蓄部分可以获得以 $r$ 为利率的利息。在退休时，该消费者将使用其储蓄及由此产生的利息。

图 3-2 显示的是该消费者的预算约束线。点 $a$ 表示该消费者在工作阶段不储蓄，而将收入 $m$ 全部进行消费，退休后该消费者可消费额为 0；点 $b$ 表示该消费者在工作阶段不消费，而将收入全部进行储蓄，则消费者在退休阶段可消费额为

$$m \times (1+r) \tag{3-9}$$

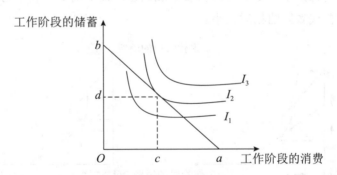

图 3-2　消费者储蓄决策

点 $a$ 和点 $b$ 表示的是两种极端情况，事实上预算约束线上的任意一点都有可能是该消费者的选择。图 3-2 中的无差异曲线表示消费者对工作和退休两个阶段消费的偏好。消费者对同一条无差异曲线上所有点的偏好是一致的，而由于该消费者会更加偏好在任意一阶段消费不变的情况下，另一阶段的消费更多，以及更加偏好在两个时期都进行更多消费，因此对较高的无差异曲线上的各点更加偏好。具体来看，消费者对无差异曲线 $I_3$ 上各点的偏好大于无差异曲线 $I_2$ 上的各点，对无差异曲线 $I_2$ 上各点的偏好大于无差异曲线 $I_1$ 上的各点。消费者在既定的偏好下选择工作和退休两个阶段消费的最优组合，该组合便是预算约束线和无差异曲线的切点。在该切点下，消费者工作阶段的消费为 $c$，储蓄为 $(m-c)$，在退休阶段的消费为

$$d = (m-c) \times (1+r) \tag{3-10}$$

### (二)利率的变化对储蓄的影响

利率的变化通过替代效应和收入效应来影响消费者的储蓄,最终结果取决于两者效应的相对大小。

替代效应:当利率上升时,工作阶段的消费变得相对昂贵,因为会增加机会成本,而退休阶段的消费变得相对便宜。替代效应使消费者倾向增加工作阶段的储蓄,减少工作阶段的消费,而使消费者退休阶段的可消费额增加。因此,在替代效应下,利率和储蓄呈同方向变动。

收入效应:当利率上升时,消费者工作阶段的储蓄部分的可获得利息增加,从而增加消费者的整体收入。如果两个阶段的消费品是正常品,消费者就会倾向于增加工作阶段的消费,减少工作阶段的储蓄。因此,如果两个阶段的消费品是正常品,在收入效应下,利率和储蓄呈反方向变动。

进一步地,以图形说明利率变动对储蓄的影响。当利率增加时,消费者在工作阶段相同的储蓄可获得更多的利息,在退休阶段的可消费额会增加,因此预算线会变得更加陡峭,由 $t_1$ 变为 $t_2$。图3-3刻画了消费者对更高利率的不同反应。在图3-3(a)中,利率上升的替代效应大于收入效应,因此消费者工作阶段的消费减少,储蓄增加;在图3-3(b)中,利率上升的替代效应小于收入效应,因此消费者工作阶段的消费增加,储蓄减少。由此可见,利率的上升不一定鼓励消费者增加储蓄,减少消费。利率与储蓄的关系,取决于收入效应和替代效应的相对大小。

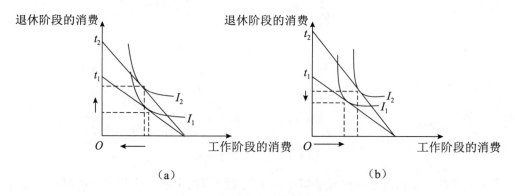

图3-3 利率上升对储蓄的影响

## 二、消费者储蓄的影响因素

除了利率,社会保障制度、资本市场以及税收制度也会对消费者储蓄产生重要影响。

### (一)社会保障制度

社会保障指国家依据一定的法律和规定,动用社会各方面资源,保证无收入、低收入和遭受各种意外风险的社会成员能够维持基本生活所需,保障劳动者在年老、失业、患病、工伤和生育时的基本生活不受影响,同时根据经济和社会发展状况,逐步增进公共福利水平,提高国民生活质量。社会保障作为一种国民收入再分配形式,是通过一定的制度实现的。由法律规定的，按照某种确定规则经常实施的社会保障政策和措施体系称之为社会保障制度，包括社会保险、社会救济、社会福利、社会优抚和社会互助等内容。一个国家的社会保障制度的完善程度，会直接影响消费者的储蓄倾向。限于篇幅，本节主要关注不同类型的养老金制度对消费者储蓄率的影响，分析现收现付制和基金累积制两种不同的养老金制度对储蓄的影响。

### 1. 现收现付制养老金制度对储蓄的影响

现收现付制养老金制度，指以同一时期正在工作的一代人的缴费来支付已经退休的一代人养老金的保险财务模式。它根据每年养老金的实际需要，从工资中提取相应比例的养老金，本期征收，本期使用，没有资金积累。现收现付的养老金制度对储蓄的影响，可以从其对私人储蓄和公共储蓄的影响来分析。

对私人储蓄的影响。社会保障制度对消费者储蓄的影响取决于两种效应的对比，即资产替代效应和退休效应。资产替代效应，指由于未来能够从社会保障体系中获得一部分消费所需要的资金，消费者为了未来消费的现期储蓄意愿会下降。因此，在资产替代效应下，社会保障制度会抑制消费者的储蓄。退休效应，指社会保障制度可能会诱使消费者提前退休。这意味着消费者的工作时长变短，反过来又会增加消费者的储蓄意愿。尽管被养老保险覆盖本身有利于刺激消费，减少预防性储蓄，但是在既定的收入下，养老保险缴费率的上升会对消费者的消费起到抑制作用。这是因为，一方面职工养老金缴费的预期收益率较低，另一方面居民有目标储蓄率。[10]

对公共储蓄的影响。从静态来看，现收现付制以近期的收支平衡为基础，因此若能保障收支平衡，则现收现付制的养老金计划不会对公共储蓄产生影响。从动态来看，由于在最初时制度赡养率较低，现收现付的公共养老金计划会有一部分盈余，公共储蓄增加，会部分抵消个人储蓄。然而，在后期，人口老龄化程度提高，制度赡养率上升。在其他条件不变的情况下，现收现付制的公共养老金计划会有一部分赤字，公共储蓄会下降。如果这部分赤字靠提高税率来弥补，就会进一步挤出私人储蓄。

### 2. 基金积累的养老金制度对储蓄的影响

基金积累的养老金制度要求劳动者或雇主在就业期间，采取储蓄方式筹集社会保障基金，建立个人账户，作为长期储存及保值增值积累的基金，所有权归个人，达到领取条件后一次性或按月领取。基金积累的养老金制度可以分为两种：固定收益的养老金计划和固定缴费的养老金计划。固定收益的养老金计划，指雇主每年向退休或失去劳动力的员工按工龄和职位等标准支付相应数额的养老金，因此雇主承担主要风险。固定缴费的养老金计划，指员工和雇主单独或共同向员工独立的退休账户定期缴纳固定的养老金费用，同时账户内的资金通过投资方式进行保值增值，员工退休后能够获得的资金取决于其账户内资金的多少，因此员工承担主要风险。

固定收益养老金计划的积累状态对储蓄的影响。固定收益的养老金计划，使企业形成未来固定的负债。一般情况下，企业会将该笔负债以设定的贴现率进行折现，再将该笔负债的现值与现在养老金资产的价值进行比较。贴现率越高，该笔负债的现值越低，规定收益的养老基金的净缴费（总缴费减总受益）越少；贴现率越低，该笔负债的现值越高，规定收益的养老基金的净缴费越多。养老金净缴费构成私人储蓄的主要组成部分，因此储蓄对利率具有负弹性。具体地，利率上升，储蓄下降；利率下降，储蓄上升。

固定缴费养老金计划对储蓄的影响。固定缴费的养老金计划，是一种强制性储蓄制度。如果不存在借贷约束和不确定性情形，私人储蓄和养老保险存在替代关系。当养老保险的收益和私人储蓄的收益相等时，私人储蓄的下降幅度等于养老保险缴费额，两者之间存在一对一的替代关系，此时消费不受现阶段养老保险缴费的影响。当养老保险收益小于私人储蓄收益时，现阶段消费下降，私人储蓄下降幅度小于养老保险缴费额；反之亦然。研究表明，中国的养老金资产对于家庭储蓄存在显著的替代效应，但这种替代效应在不同家庭有所差异，尤其对户主年龄为35~49岁的家庭作用最为明显。[11]

### （二）资本市场

资本市场又称长期资金市场，指期限在1年以上的各种融资活动组成的市场，其融通资金的主要目的是扩大再生产。成熟的资本市场能够有效地融通资金、配置资源、分散风险和期限转换，并进一步促进经济的发展。完善的资本市场使得投资者能够管理和分散风险，获得更多的投资收益。一方面，完善的资本市场可能会促使消费者增加现阶段的投资从而增加储蓄。但另一方面，根据生命周期理论，消费者的消费建立在终生收入的基础上，由于可预见的投资收入增加，并且未来获得投资收入的确定性增加，因此消费者可能会增加现阶段的消费而减少储蓄。具体地，资本市场通过增加居民的投资渠道、分流居民储蓄和增加居民财富来降低储蓄倾向。[12]

此外，资本市场发展对储蓄的影响，也可能会体现在存贷利差的缩小上。一般情况下，贷款利率会高于存款利率，存贷利差一般主要产生于银行的管理费用、交易成本、坏账损失和银行要求的利润回报。在这种情况下，消费者的预算线不再像上文提及的那样，是一条直线，而是有一个折点$H$的折线，如图3-4所示。

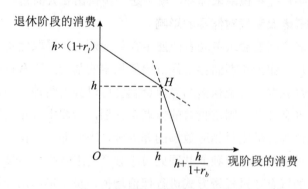

图3-4　消费者的折线预算约束

假设消费者现阶段的收入为$h$，退休阶段的收入也是$h$。折点$H$代表消费者现阶段的消费等于现阶段的收入$h$，消费者既不需要贷款消费，也没有存款或者储蓄。在$H$点左边预算线上的点，表示消费者现阶段的消费少于收入。假设消费者的现阶段消费为$g$，

则储蓄为 $(h-g)$，其在未来能获得：

$$(h-g)\times(1+r_l) \quad (3-11)$$

式中，$r_l$ 代表储蓄利率。在 $H$ 点右边预算约束线上的点，表示消费者现阶段的消费大于收入。假设消费者的现阶段消费为 $v$，则消费者的贷款为 $(v-h)$，其在未来需要偿还

$$(v-h)\times(1+r_b) \quad (3-12)$$

式中，$r_b$ 代表贷款利率。由于贷款利率 $r_b$ 大于储蓄利率 $r_l$，因此折点 $H$ 右方的预算线更加陡峭。当预算约束有折点时，即贷款利率大于储蓄利率时，消费者通常既不贷款，也不储蓄。因为储蓄利率太低而不足以吸引消费者储蓄，而贷款利率太高使得消费者贷款意愿下降。如果储蓄利率和贷款利率的差额缩小，比如贷款利率下降，则消费者的预算线会变得相对更加平滑。而对于贷款者而言，利率的下降带来的收入效应和替代效应均会使现阶段的消费增加。资本市场的发展与完善是存贷利差缩减的重要原因之一。随着资本市场的发展，流动性约束下降，交易成本下降，坏账的可能性也会下降。这些均会迫使银行降低要求回报率，从而使得存贷利差缩减。

### （三）税收制度

在众多税种中，所得税、利息税和商品税与消费者息息相关。因此，分析上述 3 个税种对消费者储蓄的影响就显得尤为重要。

**1. 所得税对消费者储蓄的影响**

所得税包括个人所得税和企业所得税。在不征收利息税的情况下，个人所得税可直接减少消费者的可支配收入从而减少消费者的储蓄。同时，高的边际税率会进一步降低消费者的储蓄倾向，因为拥有高收入的消费者往往边际储蓄倾向更高，边际消费倾向更低。高的边际税率不利于高收入者增加储蓄，并且边际税率越高，其抑制储蓄增长的作用愈加明显。此外，企业所得税亦可作用于消费者储蓄。企业所得税会通过企业的税后利润下降来影响企业对投资者的分红，从而减少消费者的可支配收入，进而间接地影响到家庭储蓄。因此，企业所得税也会抑制私人储蓄。

**2. 利息税对消费者储蓄的影响**

在征收利息税的情况下，其对家庭储蓄的影响可以通过收入效应和替代效应两个方面得到体现。一方面，利息税会减少消费者预期的未来可支配收入。这相当于提高了未来商品的价格，未来的货币购买力下降。因此，为了保持总体效用水平不变，消费者可能会增加现阶段消费并减少储蓄，即利息税的替代效应。另一方面，利息税会减少消费者预期的未来可支配收入。消费者可能减少现阶段的消费，增加储蓄以保证未来的生活质量和投资，即利息税的收入效应。总的来说，利息税对私人储蓄的影响，主要取决于替代效应和收入效应的相对大小。

**3. 商品税对消费者储蓄的影响**

商品税是一种间接税，其通过抬高商品价格来影响家庭储蓄。商品税虽然会减少消费者可支配收入，但主要减少的是消费支出，即商品税通过提高商品的价格从而减少消

费者的部分消费,其对储蓄的影响很小。进一步地,商品税一般实行比例税,缺乏累进性质。相对于低收入者而言,高收入者的消费在收入中所占比重较小。因此,商品税对高收入者影响更大,会明显提高他们的储蓄倾向。此外,商品税等间接税会给消费者带来"货币幻觉",即消费者对许多商品价格并不在意,敏感度较低。在这种情况下,即使消费者承担了全部间接税,其储蓄大体上也不会发生太大变化。

## 第四节　消费者储蓄与主观幸福感：理论与经验证据

### 一、引言

消费者储蓄作为将资金从现在转移到未来的一种手段,在消费者的日常生活中发挥着至关重要的作用,尤其是在不确定性条件下更会对消费者主观幸福感产生重要影响。对于消费者来说,家庭储蓄不仅可以被认为是家庭幸福的直接来源,而且可以被看作是在未来进行消费活动的经济资源储备。从全球范围来看,中国的储蓄率一直处于较高水平,如此高的储蓄率已经成为国内需求不足及阻碍中国经济高质量发展的重要因素之一。[13]

Martin 和 Hill（2015）认为,主观幸福感与家庭储蓄直接且显著相关,同时,在较为贫困的社会中,家庭储蓄的增加可以极大地提升主观幸福感。[14] 然而,在中国这样一个储蓄率很高的国家,消费者储蓄与主观幸福感之间的关系仍有待进一步探讨。在此基础上,本节将探讨消费者储蓄与主观幸福感之间的潜在关系,以期为决策者提供理论参考。①

虽然以往的研究涵盖了主观幸福感的诸多方面,但仍存在一定局限性。第一,很少有研究直接关注消费者储蓄率较高的国家,这削弱了相关研究的现实意义。第二,已有研究探讨了消费者储蓄与主观幸福感之间的关系,但并未得到一致结论,也很少有研究深入分析消费者储蓄与主观幸福感之间的非线性关系。第三,已有研究检验了年龄、性别和教育程度等不同人口统计学特征的异质性,但未进一步剖析风险态度等主观因素对幸福感可能带来的差异化影响。

### 二、理论与研究假设

目前,虽然还没有关于家庭储蓄和主观幸福感的正式理论分析框架,但效用函数可近似地用来刻画消费者主观幸福感。虽然主观幸福感与效用不同,但其与效用存在较为密切的联系。[15] 消费者储蓄中的交易账户可近似视为无风险资产,而股票和共同基金可认为是风险资产。因此,可以用投资组合理论来近似地解释消费者储蓄与主观幸福感之间的关系。[16]

在预期效用理论中,消费者效用函数为凹函数。[17] 因此,消费者可被认为是风险厌恶型的,其效用函数可表示如下：

---

① 本节部分内容已于 2021 年在期刊 *Journal of Consumer Affairs* 第 55 卷发表。

$$U = E(r_c) - kA\sigma_c^2 \qquad (3\text{-}13)$$

式中，$U$ 表示消费者的效用水平，$E(r_c)$ 代表投资组合的收益率，$k$ 为正系数，$A$ 是风险厌恶系数，$\sigma_c^2$ 为收益率的方差。当消费者为风险厌恶型时，$A$ 为正值。假设一个消费者风险资产投资占总资产的比重为 $y$，那么有

$$E(r_c) = (1-y)r_f + yE(r_p) = r_f + y[E(r_p) - r_f] \qquad (3\text{-}14)$$

$$\sigma_c^2 = (y\sigma_p)^2 = y^2\sigma_p^2 \qquad (3\text{-}15)$$

在式（3-14）和式（3-15）中，$r_f$ 为无风险资产收益率，$E(r_p)$ 为风险资产收益率，$\sigma_p^2$ 代表风险资产收益率的方差。将式（3-14）和式（3-15）代入式（3-13），可得

$$U = r_f + y[E(r_p) - r_f] - kAy^2\sigma_p^2 \qquad (3\text{-}16)$$

对于效用最大化的消费者，其一阶条件可表示为

$$\frac{\partial U}{\partial y} = E(r_p) - r_f - 2kAy\sigma_p^2 = 0 \qquad (3\text{-}17)$$

求解方程（3-17）可得

$$y^* = \frac{E(r_p) - r_f}{2kA\sigma_p^2} \qquad (3\text{-}18)$$

因此，对于消费者的二阶条件，可表示为

$$\frac{\partial^2 U}{\partial y^2} = -2kA\sigma_p^2 \qquad (3\text{-}19)$$

式中，$\frac{\partial^2 U}{\partial y^2}$ 为负。因此，$y^*$ 表示消费者的最优效用水平。根据投资组合理论可知，为使消费者效用最大化，无风险资产和风险资产之间存在一个最优比例。因此，本研究提出以下假设。

H1：消费者储蓄与主观幸福感呈倒 U 型的非线性关系。

此外，消费者储蓄可能存在异质性，进而以多种方式影响消费者主观幸福感。由于经济增长、收入和年龄的不同，不同消费者的储蓄行为也会表现出明显的差异。[18]因此，在不同的消费群体中，使主观幸福感最大化的储蓄可能有所不同。例如，在年龄方面，根据生命周期理论可知，消费者在年龄较大时会减少储蓄，这将对其主观幸福感带来影响。因此，假设较年轻群体的最优储蓄高于较年长群体。此外，态度的异质性也会显著影响消费者储蓄行为。[19]进一步地，Liu 等（2020）认为风险态度与主观幸福感相关。[20]因此，本研究提出以下假设。

H2：在地区、收入、年龄和风险态度等不同的群体中，消费者储蓄与主观幸福感间的关系存在差异。

## 三、数据、变量和计量方法

研究数据来自西南财经大学发布的中国家庭金融调查（China Household Finance survey，CHFS），该调查分别在 2011 年、2013 年、2015 年和 2017 年对全国代表性家

庭进行抽样调查。本研究所使用的样本仅包括对主观幸福感和风险态度等问题给出具体答案的户主，排除了存在数据缺失的样本。[21] 此外，为探讨消费者储蓄和主观幸福感之间的动态关系，本研究仅保留了四次调查均参与的家庭，故最终数据集为包含了 4752 个家庭的 19 008 个观测值的面板数据。同时，本研究采用 2011 年、2013 年、2015 年和 2017 年的多截面数据，故对收入和支出数据用居民消费价格指数（consumer price index，CPI）进行调整，从而计算出基于 2011 年的实际收入和支出。

本研究采用了 CHFS 中的相关问题来测度消费者的主观幸福感，该问题也被 Rao 等（2016）用于衡量消费者对生活的总体评价。[22] 具体问题如下："总体而言，你现在觉得幸福吗？"受访者的回答从"非常不幸福"（取值为 1）到"非常幸福"（取值为 5）。同时，本研究的核心自变量为家庭储蓄，通过受访家庭的储蓄总额来衡量，该变量不包括股票、债券、基金和其他金融资产。由式（3-20）和式（3-21）可知，家庭储蓄是从收入和支出而非资产和债务的角度来衡量的。

$$saving_i = total\ income_i - total\ expenditure_i \quad (3\text{-}20)$$

$$total\ expenditure_i = consumer\ expenditure_i + property\ expenditure_i$$
$$+ operating\ expenditure_i + transfer\ expenditure_i + other\ expenditure_i \quad (3\text{-}21)$$

在式（3-20）中，家庭储蓄包括工资收入、农业经营收入、工商经营收入、转移收入和投资收入等。此外，为分析消费者储蓄与主观幸福感之间的非线性关系，本研究还引入了居民储蓄的二次项（$saving_i^2$）。

本研究的控制变量包括收入水平[23]、家庭规模和户主的人口统计学特征，如性别、年龄、教育水平、居住登记类型、婚姻状况、健康状况、和工作状况等。[21] 所有控制变量都直接来源于 CHFS 中的相关问题，具体定义见表 3-1。

表 3-1 变量定义

| 类型 | 变量符号 | 含义 | 属性 |
|---|---|---|---|
| 因变量 | con_swb | 受访者主观幸福感的总体评价 | 从 1= 非常不幸福到 5= 非常幸福 |
| 自变量 | saving | 储蓄总额 | 单位为万元 |
| | $saving^2$ | 储蓄总额的平方 | 单位为亿元 |
| 控制变量 | gender | 性别 | 1= 男性，0= 女性 |
| | age | 年龄 | 单位为岁 |
| | college_ed | 受教育程度 | 1= 大学及以上，0= 其他 |
| | urban_hukou | 户口类型 | 1= 非农业户口，0= 其他 |
| | married | 婚姻状况 | 1= 已婚，0= 其他 |
| | health | 健康状况 | 从 1= 非常差到 5= 非常好 |
| | family_size | 家庭规模 | 单位为人 |
| | work | 是否有工作 | 1= 是，0= 否 |
| | total_income | 家庭总收入 | 单位为万元 |
| 工具变量 | national_saving | 国民储蓄 | 单位为亿元 |
| 稳健性检验变量 | saving_1 | 活期存款和定期存款之和 | 单位为万元 |

续表

| 类 型 | 变量符号 | 含 义 | 属 性 |
|---|---|---|---|
| 异质性检验相关变量 | east | 家庭所在地虚拟变量 | 1=东部地区，0=其他 |
| | central | 家庭所在地虚拟变量 | 1=中部地区，0=其他 |
| | highincome | 收入虚拟变量 | 1=高收入，0=其他（高低收入分界线为 54 171 元） |
| | younger | 年龄虚拟变量 | 1=中青年，0=其他（年龄分界线为 54 岁） |
| | riskattitude | 风险态度虚拟变量 | 1=风险厌恶型，0=其他 |

基于前文的理论分析，为分析消费者储蓄与主观幸福感之间的非线性关系，本研究使用了有序 logit 回归估计方法，计量模型设定如下：

$$\text{con\_swb}_{it}^{*} = \alpha_i + \beta_1 \text{saving}_{it} + \beta_2 \text{saving}_{it}^2 + \sum_{j=1}^{k} \gamma_j \text{CV}_{j,it} + \epsilon_{it} \quad (3\text{-}22)$$

$$\begin{cases} \text{con\_swb}_{it} = 1, & if \ \text{con\_swb}_{it}^{*} \leq \mu_1 \\ \text{con\_swb}_{it} = 2, & if \ \mu_1 < \text{con\_swb}_{it}^{*} \leq \mu_2 \\ \text{con\_swb}_{it} = 3, & if \ \mu_2 < \text{con\_swb}_{it}^{*} \leq \mu_3 \\ \text{con\_swb}_{it} = 4, & if \ \mu_3 < \text{con\_swb}_{it}^{*} \leq \mu_4 \\ \text{con\_swb}_{it} = 5, & if \ \text{con\_swb}_{it}^{*} \geq \mu_4 \end{cases} \quad (3\text{-}23)$$

在式（3-22）和式（3-23）中，con_swb* 为潜在主观幸福感，con_swb 为消费者报告的主观幸福感。saving 表示消费者储蓄，saving² 为其二次项，$CV_j$ 表示控制变量 $j$，$\varepsilon$ 为随机扰动项。变量下标 $i$ 表示第 $i$ 个受访消费者，$t$ 代表年份，$k$ 为控制变量的个数。

鉴于因变量离散且有序的特点，本研究采用有序 logit 回归方法进行估计。为了进行比较，本研究也报告了 OLS 估计结果。为解决异方差和内生性问题，本研究采用稳健标准误差和工具变量等方法改进估计结果。此外，本研究还对估计结果的稳健性进行了探讨。最后，本研究进一步讨论了消费者储蓄对主观幸福感影响的异质性。

## 四、计量结果分析

### （一）样本描述性统计及相关性分析

根据描述性统计分析结果①，因变量主观幸福感的平均得分为 2.91，这表明受访者主观幸福感程度较高（见表 3-2）。而消费者储蓄的均值为 2.56，标准差为 5.07，满足随机抽样的假设。此外，本研究还通过相关性分析来检验是否存在多重共线性。结果显示，几乎所有的相关系数都小于 0.30。这表明本研究所涵盖的任何两个变量间均不存在较强的相关性。

---

① 为了使样本更具代表性并排除异常值的影响，本研究将所有连续变量分别以 2.5% 和 97.5% 的比例进行缩尾处理。表 3-2 中的变量为缩尾后的结果，这些变量在标签后面加上"_w"。此外，尽管本研究根据通货膨胀调整了收入和支出数额，表 3-2 中给出的仍是原始数据的描述性统计结果。

表 3-2 样本的描述性统计

| 变 量 | 观测值 | 均 值 | 标准差 | 最小值 | 最大值 |
|---|---|---|---|---|---|
| con_swb | 18 993 | 2.91 | 0.83 | 1 | 5 |
| saving_w[①] | 18 429 | 2.56 | 5.07 | -7.61 | 19.43 |
| gender | 19 008 | 0.79 | 0.37 | 0 | 1 |
| age_w | 19 008 | 54.08 | 12.67 | 30 | 80 |
| college_ed | 18 959 | 0.05 | 0.22 | 0 | 1 |
| urban_hukou | 18 773 | 0.37 | 0.48 | 0 | 1 |
| married | 18 958 | 0.89 | 0.32 | 0 | 1 |
| health | 17 758 | 2.13 | 1.08 | 1 | 5 |
| family_size_w | 19 008 | 3.67 | 1.52 | 1 | 7 |
| work | 19 008 | 0.54 | 0.50 | 0 | 1 |
| total_income_w | 19 008 | 5.41 | 5.77 | 0 | 26.14 |
| national_saving | 19 008 | 48 613.05 | 9951.13 | 34 363.59 | 60 341.87 |
| saving_1_w | 18 332 | 2.48 | 5.02 | 0 | 23.05 |
| east | 19 008 | 0.42 | 0.49 | 0 | 1 |
| central | 19 008 | 0.43 | 0.50 | 0 | 1 |
| highincome | 19 008 | 0.31 | 0.46 | 0 | 1 |
| younger | 19 008 | 0.49 | 0.50 | 0 | 1 |
| riskattitude | 19 008 | 0.68 | 0.47 | 0 | 1 |

## （二）基准模型估计

根据表 3-3 所示估计结果：模型（1）为不含任何控制变量的 OLS 估计结果；模型（2）采用了有序 logit 回归方法进行估计。结果显示，消费者储蓄与主观幸福感之间存在非线性关系，但可能存在遗漏变量问题。模型（3）为包含所有控制变量的 OLS 估计结果；模型（4）报告了包含所有控制变量且采用有序 logit 回归方法的估计结果。在模型（3）和（4）中，消费者储蓄的系数均显著为正，其二次项系数均显著为负。这表明消费者储蓄与主观幸福感之间呈非线性相关关系，且具有倒 U 型特点，与假设 H1 相一致。

表 3-3 基准分析和两阶段估计

| 变 量 | （1） | （2） | （3） | （4） | （5） |
|---|---|---|---|---|---|
| saving_w | 0.03*** | 0.04*** | 0.03*** | 0.08** | 0.08*** |
|  | （0.01） | （0.01） | （0.01） | （0.04） | （0.02） |
| saving_w$^2$ | -0.03*** | -0.02** | -0.02** | -0.03*** | -0.01*** |
|  | （0.01） | （0.01） | （0.01） | （0.01） | （0.00） |
| gender |  |  | 0.00 | 0.00 | 0.01 |
|  |  |  | （0.02） | （0.05） | （0.04） |
| college_ed |  |  | -0.01 | -0.05** | -0.03*** |
|  |  |  | （0.01） | （0.02） | （0.01） |

---

① 缩尾变量在变量符号后添加了"w"。

续表

| 变量 | (1) | (2) | (3) | (4) | (5) |
|---|---|---|---|---|---|
| married | | | −0.04*** | −0.01 | −0.07*** |
| | | | (0.01) | (0.02) | (0.02) |
| health | | | 0.08*** | 0.12*** | 0.07*** |
| | | | (0.01) | (0.02) | (0.00) |
| work | | | 0.12*** | 0.09** | 0.07*** |
| | | | (0.01) | (0.04) | (0.01) |
| urban_hukou | | | 0.01 | 0.01 | −0.00 |
| | | | (0.01) | (0.04) | (0.01) |
| family_size_w | | | −0.02** | −0.04*** | −0.03*** |
| | | | (0.01) | (0.01) | (0.01) |
| total_income_w | | | 0.07*** | 0.19*** | 0.11*** |
| | | | (0.01) | (0.04) | (0.03) |
| 常数项 | 2.88*** | | 2.94*** | | |
| | (0.01) | | (0.03) | | |
| 观测值 | 17 674 | 17 674 | 17 099 | 17 099 | 12 922 |
| $R^2$ | 0.03 | | 0.06 | | |
| Wald's statistics | 845.37 | | 864.33 | | |
| Log Likelihood | | −19 894.21 | | −19 246.32 | −31 088.39 |
| 家庭数目 | 4752 | 4752 | 4752 | 4752 | 4752 |

注：括号中的数据为稳健标准误；***、** 和 * 分别表示在1%、5%和10%水平上显著。模型（1）和（3）使用 OLS 回归，故未报告对数似然统计量。模型（2）、（4）、（5）使用了有序 logit 回归的方法，故未报告 $R^2$、Wald 统计量和常数项。

## （三）工具变量和两阶段最小二乘法估计

在本研究中，消费者主观幸福感可能反过来会影响储蓄，即消费者储蓄与主观幸福感之间存在内生性。为了获得更加准确和稳健的估计结果，本研究采用工具变量的方法来减少估计偏误。具体地，本研究选取家庭储蓄的一阶滞后项和相应年度的国民储蓄（national_saving）作为工具变量。这两个变量都与家庭储蓄相关，其中家庭储蓄的一阶滞后项是由家庭储蓄生成的，而国民储蓄则部分取决于每个家庭的储蓄。此外，它们还满足了工具变量外生于因变量的要求。对于家庭储蓄的一阶滞后项而言，如果内生变量是平稳的，那么使用滞后项作为其工具变量可以产生一致的估计量。对于国民储蓄而言，作为一个反映国家总体储蓄水平的变量，它可以被近似看作消费者主观幸福感的外生变量。因此，本研究中使用的工具变量与家庭储蓄相关，与主观幸福感无关。在第一阶段回归结果中，$F$ 统计量的值为 226.64，大于 16.38，这表明不存在弱工具变量。估计结果如表 3-3 模型（5）所示。根据两阶段最小二乘法估计结果，saving_w 的系数显著为正，而 saving_w$^2$ 的系数显著为负。这表明消费者储蓄与主观幸福感之间的倒 U 型关系并没有发生变化，仍与假设 H1 保持一致。另外，消费者主观幸福感达到最高值时的转折点为 32 636 元。在 19 008 个观察值中，家庭储蓄超过转折点的有 3678 户，占样本家庭总数的 19%。

## （四）稳健性检验

为了验证估计结果的稳健性，本研究进一步对估计结果进行了检验（见表 3-4）。首先，将估计方法替换为泊松回归 [见模型（1）]。其次，本研究还采用有序 probit 回归方法进行重新估计 [见模型（2）]。最后，本研究将居民储蓄的度量方法改为活期存款和定期存款之和（saving_1），然后再分别采用 OLS 回归和有序 logit 回归方法进行估计 [见模型（3）和（4）]。根据表 3-4 所示，所有模型估计的结果均保持不变。因此，消费者储蓄与主观幸福感之间具有稳健的倒 U 型关系。

表 3-4 稳健性检验

| 变量 | （1） | （2） | （3） | （4） |
| --- | --- | --- | --- | --- |
| saving_w | 0.02 | 0.05*** | | |
| | (0.02) | (0.01) | | |
| saving_w$^2$ | −0.01*** | −0.01*** | | |
| | (0.00) | (0.00) | | |
| saving_1_w | | | 0.14*** | 0.20*** |
| | | | (0.02) | (0.03) |
| saving_1_w$^2$ | | | −0.04*** | −0.06*** |
| | | | (0.01) | (0.01) |
| gender | 0.00 | 0.01 | 0.00 | −0.00 |
| | (0.02) | (0.02) | (0.02) | (0.05) |
| college_ed | −0.01 | −0.02** | −0.02*** | −0.05*** |
| | (0.01) | (0.01) | (0.01) | (0.02) |
| married | −0.01*** | −0.06*** | −0.03*** | −0.08*** |
| | (0.00) | (0.01) | (0.01) | (0.02) |
| health | 0.05*** | 0.12*** | 0.14*** | 0.40*** |
| | (0.00) | (0.01) | (0.01) | (0.02) |
| work | 0.05*** | 0.11*** | 0.12*** | 0.37*** |
| | (0.01) | (0.02) | (0.01) | (0.07) |
| urban_hukou | −0.01 | 0.01 | 0.01 | 0.03 |
| | (0.01) | (0.02) | (0.01) | (0.03) |
| family_size_w | −0.01** | −0.03*** | −0.01*** | −0.04** |
| | (0.00) | (0.01) | (0.00) | (0.01) |
| total_income_w | 0.03** | 0.12*** | 0.04*** | 0.11*** |
| | (0.01) | (0.02) | (0.01) | (0.02) |
| 常数项 | 1.34*** | | 3.30*** | |
| | (0.03) | | (0.05) | |

续表

| 变 量 | (1) | (2) | (3) | (4) |
|---|---|---|---|---|
| 观测值 | 17 099 | 17 099 | 17 099 | 17 099 |
| Wald's statistics | | | 873.93 | |
| $R^2$/Pseudo $R^2$ | 0.05 | | 0.06 | |
| Log Likelihood | −26 513.31 | −19 234.13 | | −19 842.84 |
| 家庭数目 | 4752 | 4752 | 4752 | 4752 |

注：括号中的数据为稳健标准误，***、** 和 * 分别表示在1%、5%和10%的水平上显著。模型（2）和（4）采用有序 logit 或有序 probit 回归，故未报告 $R^2$、Wald 统计量和常数项。模型（3）采用 OLS 回归，故报告了 Wald 的统计量，未报告对数似然统计量。

### （五）异质性讨论

客观和主观因素都可能影响消费者储蓄与主观幸福感之间的非线性关系。为了检验家庭储蓄与消费者主观幸福感之间的关系在不同的消费者群体中是否存在差异，本研究选择了地区、收入、年龄和风险态度进行异质性分析。

#### 1. 地区异质性

本研究将样本分为东部、中部和西部地区[①]，结果如表 3-5 中的模型（1）~（3）所示。可见，三个地区的消费者储蓄和主观幸福感之间的倒 U 型关系仍保持不变。其中，东部省份的拐点最低，而西部省份的拐点则最高。具体地，东部省份、中部省份和西部省份的拐点分别为 16 924 元、27 341 元和 42 033 元。在中国东部省份，金融发展水平较高，消费者倾向于投资而非储蓄，故在该区域最大化消费者主观幸福感的家庭储蓄较少。同样，中国西部省份的金融发展水平较低，故消费者可能有更强的预防性储蓄动机，其最佳的家庭储蓄也就更高。

表 3-5 异质性讨论 I

| 变 量 | (1) 东部 | (2) 中部 | (3) 西部 | (4) 高收入 | (5) 低收入 |
|---|---|---|---|---|---|
| saving_w | 0.08*** | 0.08*** | 0.08** | 0.03 | 0.06** |
| | (0.01) | (0.02) | (0.03) | (0.02) | (0.03) |
| saving_w$^2$ | −0.03* | −0.02*** | −0.01** | −0.01** | −0.01*** |
| | (0.02) | (0.01) | (0.01) | (0.01) | (0.00) |
| gender | 0.05 | 0.03 | −0.02 | −0.09** | 0.03 |
| | (0.04) | (0.03) | (0.03) | (0.04) | (0.02) |
| college_ed | −0.02 | −0.02** | −0.01 | −0.02 | −0.02** |
| | (0.02) | (0.01) | (0.03) | (0.01) | (0.01) |

---

[①] 东部地区包括北京、天津、河北、辽宁、上海、江苏、浙江、福建、山东、广东和海南；中部地区包括山西、吉林、黑龙江、安徽、江西、河南、湖北和湖南；西部地区包括四川、重庆、贵州、云南、西藏、陕西、甘肃、青海、宁夏、新疆、广西和内蒙古。

续表

| 变量 | （1）东部 | （2）中部 | （3）西部 | （4）高收入 | （5）低收入 |
| --- | --- | --- | --- | --- | --- |
| married | −0.06*** | −0.05*** | −0.01 | −0.05** | −0.06*** |
|  | (0.02) | (0.01) | (0.01) | (0.02) | (0.01) |
| health | 0.13*** | 0.14*** | 0.18*** | 0.11*** | 0.13*** |
|  | (0.02) | (0.01) | (0.01) | (0.01) | (0.01) |
| work | 0.21*** | 0.14*** | 0.14*** | 0.12*** | 0.11*** |
|  | (0.04) | (0.02) | (0.02) | (0.03) | (0.01) |
| urban_hukou | 0.01 | 0.00 | 0.01 | −0.00 | 0.00 |
|  | (0.04) | (0.03) | (0.02) | (0.03) | (0.02) |
| family_size_w | −0.02 | −0.01 | −0.02** | −0.01** | −0.02*** |
|  | (0.01) | (0.01) | (0.01) | (0.01) | (0.01) |
| total_income_w | 0.11** | 0.09*** | 0.06*** |  |  |
|  | (0.05) | (0.03) | (0.02) |  |  |
| 观测值 | 7092 | 7391 | 2616 | 9096 | 8003 |
| Log Likelihood | −7854.67 | −8257.34 | −3137.88 | −10 037.06 | −8821.77 |
| 家庭数目 | 1975 | 2061 | 716 | 2782 | 2448 |

注：此表中所有模型均使用有序 logit 回归，故未报告常数项。括号中的数据为稳健标准误，***、** 和 * 分别表示在 1%、5% 和 10% 的水平上显著。由于家庭在不同年份可能由低收入转变为高收入，或相反方向变化，因此模型（4）和模型（5）的家庭数之和大于 4 752。模型（4）和模型（5）基于家庭的总收入进行分类，故 total_income_w 将不作为控制变量。

#### 2. 收入异质性

本研究将样本分为高收入组和低收入组，如果一个家庭的收入大于 54 171 元（经通货膨胀调整前的平均收入值），则该家庭属于高收入群体，否则属于低收入群体，结果如表 3-5 中的模型（4）和模型（5）所示。虽然高收入群体家庭储蓄的系数不显著，但仍为正。此外，家庭储蓄二次项的系数在高收入和低收入群体中显著为负。同时，高收入群体的拐点也低于低收入群体。对于高收入群体，拐点为 25 029 元；对于低收入群体，拐点为 35 523 元。

#### 3. 年龄异质性

根据生命周期理论可知，老年时期的负储蓄可能会影响主观幸福感。为了解决年龄造成的异质性，本研究依据年龄的均值将样本进行划分。若户主年龄小于 54 岁，则属于中青年群体，否则属于老年群体。根据表 3-6 模型（1）和模型（2）估计结果，消费者储蓄与主观幸福感之间的倒 U 型关系仍保持不变。同时，研究结果还表明，中青年消费者群体的转折点高于老年消费者群体，两组的拐点分别为 43 477 元和 18 723 元。这与生命周期理论的预测结果相一致。

表 3-6　异质性讨论 II

| 变量 | (1)<br>中青年群体 | (2)<br>老年群体 | (3)<br>风险厌恶型 | (4)<br>非风险厌恶型 |
|---|---|---|---|---|
| saving_w | 0.09*** | 0.03 | 0.09*** | 0.03** |
|  | (0.01) | (0.02) | (0.02) | (0.01) |
| saving_w$^2$ | −0.01* | −0.01* | −0.01* | −0.01* |
|  | (0.01) | (0.01) | (0.01) | (0.01) |
| gender | −0.06** | 0.07** | 0.02 | −0.03 |
|  | (0.03) | (0.03) | (0.02) | (0.04) |
| college_ed | 0.01 | −0.01 | −0.01 | −0.03** |
|  | (0.01) | (0.01) | (0.01) | (0.01) |
| married | −0.12*** | −0.01 | −0.04*** | −0.02 |
|  | (0.03) | (0.01) | (0.01) | (0.02) |
| health | 0.14*** | 0.16*** | 0.17*** | 0.19*** |
|  | (0.01) | (0.01) | (0.01) | (0.01) |
| work | 0.05** | 0.19*** | 0.17*** | 0.15*** |
|  | (0.02) | (0.04) | (0.02) | (0.03) |
| urban_hukou | 0.02 | −0.04* | −0.01 | 0.05 |
|  | (0.02) | (0.02) | (0.02) | (0.03) |
| family_size_w | 0.00 | −0.01** | −0.03*** | 0.00 |
|  | (0.01) | (0.01) | (0.01) | (0.01) |
| total_income_w | 0.10*** | 0.10*** | 0.08*** | 0.08*** |
|  | (0.02) | (0.02) | (0.02) | (0.03) |
| 观测值 | 10 083 | 7016 | 15 473 | 1626 |
| Log Likelihood | −11 333.54 | −7111.53 | −13 167.42 | −1345.74 |
| 家庭数目 | 2922 | 2033 | 4300 | 452 |

注：括号中数据为稳健标准误，***、** 和 * 分别表示在 1%、5% 和 10% 的水平上显著。该表中所有模型均使用有序 logit 回归，故未报告常数项。

#### 4. 风险态度的异质性

本研究引入了一个虚拟变量——风险态度（riskattitude），该变量依据被调查者对"如果你有一笔资金用于投资，你最想选择哪个投资项目？"的回答来测度。如果被调查者回答"风险小一点，回报少一点的项目"或"不愿意承担任何风险"，则该被调查者被认为是风险厌恶型的，将该虚拟变量定义为 1，否则为 0[见表 3-6 模型（3）和（4）]。研究结果表明，消费者储蓄与主观幸福感之间的非线性关系仍然保持不变，但风险厌恶组的转折点高于另一组，两个拐点分别为 35 090 元和 21 527 元。

### 五、研究结论和政策启示

本研究使用 2011 年、2013 年、2015 年和 2017 年的 CHFS 数据，采用有序 logit 回归、工具变量和两阶段最小二乘法等估计方法来分析消费者储蓄与主观幸福感的关系。结果表明，消费者储蓄与主观幸福感之间呈现倒 U 型关系，即当家庭储蓄较低时，消费者主观幸福感会随着储蓄的增长而提高，直到某一拐点之后，消费者主观幸福感开始随着储蓄的增加而下降。此外，消费者储蓄与主观幸福感之间的非线性关系在不同地区、收入、年龄和风险态度的消费者群体之间存在差异。

本研究的结论可为提高消费者主观幸福感提供以下战略性思考。第一，为消费者制定和提供相应的消费金融教育项目，有助于消费者合理安排家庭的投资组合，确定最优的无风险资产比重，进而提高消费者主观幸福感。第二，进一步关注消费者在地区、收入、年龄和风险态度方面的异质性，对于不同的消费者群体，消费者储蓄与主观幸福感之间的关系存在较大差异。因此，应根据不同的家庭情况采取差异化的措施，帮助消费者确定最优的储蓄水平，进一步提高生活满意度。

## 第五节　案例讨论：个人退休账户计划在美国家庭储蓄中的地位

美国的养老保障体系实行的是三支柱模式。第一支柱是强制实施的联邦公共养老金；第二支柱是由政府雇主或者企业雇主出资的带有福利性质的养老金计划；第三支柱是自愿性个人养老金，其中最主要的是个人退休账户计划（Individual Retirement Accounts，IRA）。根据美国投资公司研究所（Investment Company Institute，ICI）的统计：截至 2019 年第二季度末，有 4 640 万美国家庭拥有个人退休账户，占美国家庭总数的 36%；截至 2019 年第四季度末，IRA 资产规模超过 11 万亿美元，占美国养老金计划总规模的 34%（见图 3-5）。

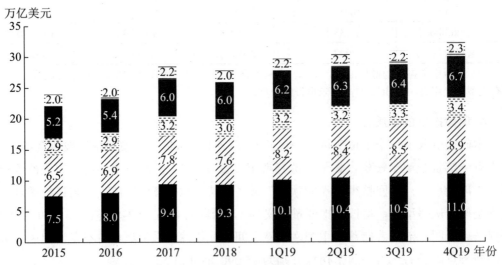

图 3-5　2015—2019 年美国退休市场资产总额

## 一、个人退休账户的类型

个人退休账户,是一种为美国居民退休储蓄提供税收优惠的退休账户。开设 IRA 完全基于个人意愿,其储蓄资金主要用于投资者退休后的养老用途。美国所有 70 岁以下且有收入的消费者,都可以开立 IRA。以下主要介绍三种类型:传统型 IRA(traditional IRA)、罗斯型 IRA(Roth IRA)和雇主支持型 IRA(employer-sponsored IRAs)。

### (一)传统型 IRA

1974 年,美国国会颁布《雇员退休收入保障法》(The Employee Retirement Income Security Act),并设立了传统型 IRA。消费者个人以税前收入缴纳费用,投资收益按规定采取递延纳税。如果个人要求在 59 岁前提前支取,除按规定缴纳税金外,还需支付 10% 的罚金,领取时消费者的本金和收益按其支取当时的税率进行合并缴税。

### (二)罗斯型 IRA

1997 年,《纳税人免税法》(Taxpayer Relief Act)颁布,仅支持税后缴费的罗斯型 IRA 由此诞生。如果本金和收益的分配在 59 岁以后,通常不需要缴纳联邦所得税。59 岁之前的本金分配无需缴税,但投资收益通常需缴税;如果在 59 岁之前领取,还需支付 10% 的罚金。

### (三)雇主支持型 IRA

简易型雇员退休金计划(simplified empleyee pension,SEP IRA)、减薪型简易雇员退休金计划(SAR-SEP IRA)、员工储蓄激励匹配计划(savings incentive match plan for emplyees,SIMPLE IRA)共同组成了雇主支持型 IRA。SEP IRA 要求雇主代替雇员缴费,这种缴费不是直接扣除工资,而是一种利润分享形式。SAR-SEP IRA 允许雇员向 IRA 缴纳自己的薪酬。SIMPLE IRA 弥补了 SEP IRA 的短板,允许雇主和雇员缴费。

根据 ICI 的统计,2019 年中期,拥有传统型 IRA 的美国家庭达到 3610 万,占比 28%。罗斯型 IRA 是美国家庭中第二大最常见的 IRA 类型,占比 19%(表 3-7)。

表 3-7 2019 年拥有不同类型 IRA 的美国家庭数量

| IRA 类型 | | 建立时间 | 2019 年按 IRA 类型划分的美国家庭数 / 百万 | 2019 年按 IRA 类型分的美国家庭百分比 |
| --- | --- | --- | --- | --- |
| 传统型 IRA | | 1974 | 36.10 | 28% |
| 雇主支持型 IRA | SEP IRA | 1978 | 7.80 | 6% |
| | SAR-SEP IRA | 1986 | | |
| | SIMPLE IRA | 1996 | | |
| 罗斯型 IRA | | 1997 | 24.90 | 19% |
| 总计 | | | 46.40 | 36% |

## 二、拥有IRA的美国家庭更有可能储蓄

采用总资产与总负债的差额方式定义储蓄，则拥有 IRA 的美国家庭储蓄更多，其原因是拥有 IRA 的美国家庭拥有较多的金融资产。如表 3-8 所示，拥有 IRA 家庭的金融资产中位数是没有 IRA 家庭的金融资产中位数的 10 倍。这些资产中包括养老金固定缴款计划（defined contribution plan），拥有 IRA 的家庭中有 75% 的家庭也拥有此类账户。拥有 IRA 的家庭通常会表现出与更高的储蓄倾向相关的特征：拥有 IRA 家庭的财务决策者比没有 IRA 家庭的财务决策者更年长、更可能结婚、更可能被雇佣并更可能拥有大学或研究生学历。

表 3-8  2019 年按是否拥有 IRA 划分的美国家庭特征

| 中 位 数 | 拥有 IRA 的家庭 | 没有 IRA 的家庭 |
| --- | --- | --- |
| 家庭收入 / 美元 | 99 100 | 45 000 |
| 家庭金融资产 / 美元 | 300 000 | 30 000 |
| 家庭储蓄和投资决策者的年龄 / 岁 | 54 | 51 |
| 传统型 IRA 或罗斯型 IRA 下的家庭金融资产 / 美元 | 87 500 | — |
| 家庭特征 | | |
| 家庭储蓄和投资决策者： | | |
| 已婚或同居的比例 | 66% | 50% |
| 大学或研究生学历的比例 | 52% | 28% |
| 有工作的比例 | 72% | 58% |
| 退休的比例 | 28% | 29% |
| 具有养老金固定缴款账户的比例 | 75% | 34% |

拥有 IRA 的大部分家庭，愿意承担一定投资风险以获取经济利益。在 2019 年中期拥有 IRA 的家庭中，有 35% 的受访家庭愿意承担平均水平以上的投资风险，从而获得均值以上的投资收益［见图 3-6（a）］；而所有美国家庭中，这一比例仅为 24%［见图 3-6（b）］。具体而言，在拥有 IRA 的家庭中，愿意承担平均风险以获取平均收益的家庭占比最高，达到 43%；有 22% 的家庭愿意为获得低于平均水平的收益而承担低于平均水平的风险，或者不愿意承担任何投资风险。此外，拥有 IRA 的家庭承担投资风险的意愿，通常会随着年龄的增长而降低。拥有 IRA 且财务决策者年龄在 65 岁或以上的家庭中，有 19% 的家庭表示愿意承担高于平均水平的投资风险。相较而言，拥有 IRA 且财务决策者年龄在 35 岁以下的家庭中，有 37% 的家庭表示愿意承担高于平均水平的投资风险。

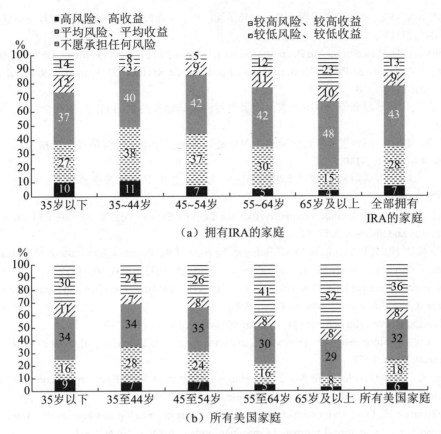

图 3-6  按年龄划分的承担投资风险的意愿百分比

## 案例思考题

1. 中国的消费者退休后的收入来源主要有哪些？
2. 美国 IRA 对于中国发展个人退休养老账户有何启示？

# 参考文献 >>>

[1] Keynes J M. The General Theory of Employment, Interest, and Money [M]. London: Macmillan, 1936.
[2] Carroll D C. A Theory of the Consumption Function, with and without Liquidity Constraints [J]. Journal of Economic Perspectives, 2001, 15(3): 23-45.
[3] Xiao, J.J., C. Tang, S. Shim. Acting for Happiness: Financial Behavior and Life Satisfaction of College Students [J]. Social Indicators Research, 2009, 92(1): 53-68.
[4] Leland, H.E. Saving and Uncertainty: The Precautionary Demand for Saving [J]. Quarterly Journal of Economics, 1968, 82(3): 465-473.
[5] Caballero R J. Consumption Puzzles and Precautionary Savings [J]. Journal of Monetary Economics, 1990, 25(1): 113-136.
[6] Ando A, Modigliani F. The "Life-Cycle" Hypothesis of Saving: A Correction [J]. American Economic Review, 1964, 54(2): 111-113.

[7] 杨继生，邹建文. 居民消费平滑及其结构异质性：基于生命周期模型的分析 [J]. 经济研究，2020，55(11)：121-137.
[8] Bernheim B D. How Strong Are Bequest Motives [J]. Journal of Political Economy, 1991, 99: 48-49.
[9] Gruber J, Yelowitz A. Public Health Insurance and Private Savings [J]. Journal of Political Economy, 1997, 107: 1249-1274.
[10] 白重恩，吴斌珍，金烨. 中国养老保险缴费对消费和储蓄的影响 [J]. 中国社会科学，2012(8)：48-71.
[11] 何立新，封进，佐藤宏. 养老保险改革对家庭储蓄率的影响：中国的经验证据 [J]. 经济研究，2008，43(10)：117-130.
[12] 杨玲玲. 资产市场对居民储蓄率影响的国际比较：兼论中美储蓄率差异 [J]. 世界经济研究，2010(8)：27-32.
[13] Chu T, Wen Q. Can Income Inequality Explain China's Saving Puzzle [J]. International Review of Economics and Finance, 2017, 52: 222-235.
[14] Martin K D, Hill R P. Saving and Well-Being at the Base of the Pyramid: Implications for Transformative Financial Services Delivery [J]. Journal of Service Research, 2015, 18(3): 405-421.
[15] Hammond P J. Interpersonal Comparisons of Utility: Why and How They Are and Should Be Made [M]. Princeton, N J: Princeton University Press, 1991.
[16] Markowitz, H. Portfolio Selection [J]. Journal of Finance, 1952, 7(1): 77-91.
[17] Neumann J V, Morgenstern O. Theory of Games and Economic Behavior [M]. Princeton, NJ: Princeton University Press, 1953.
[18] Kenny C. Does Development Make You Happy? Subjective Well-Being and Economic Growth in Developing Countries [J]. Social Indicators Research, 2005, 73: 199-219.
[19] Rószkiewicz M. Objective and Subjective Factors Shaping Saving Behaviours–the Case of Polish Households [J]. International Journal of Consumer Studies, 2014, 38(6): 602-611.
[20] Liu Z, Zhong X, Zhang T, et al. Household Debt and Happiness: Evidence from the China Household Finance Survey [J]. Applied Economics Letters, 2020, 27(3): 199-205.
[21] Chen F, Hsu C-L, Lin A, et al. Holding Risky Financial Assets and Subjective Wellbeing: Empirical Evidence from China [J]. North American Journal of Economics and Finance, 2020, 54: 101142.
[22] Rao Y, Mei L, Zhu R. Happiness and Stock-Market Participation: Empirical Evidence from China [J]. Journal of Happiness Studies, 2016, 17(1): 271-293.
[23] 肖经建. 消费者金融行为、消费者金融教育和消费者福利 [J]. 经济研究，2011，46(增刊1)：4-16.

## 课后思考题

1. 什么是消费者储蓄？如何对消费者储蓄进行测算？
2. 请比较中国和欧美主要国家消费者储蓄特点的异同。
3. 请阐述消费者储蓄的动机。
4. 请论述生命周期假说在消费者储蓄决策中的应用。
5. 请简述利率对消费者储蓄决策的影响。
6. 消费者储蓄决策的影响因素有哪些？它们是如何影响消费者的储蓄决策的？
7. 储蓄对消费者幸福感的影响是线性的吗？请说明原因。
8. 什么是个人退休账户？请说明它对于健全我国社会保障体系的意义。

# 第四章
## 消费者借贷

## 引导案例 >>>

2008年，一场起源于美国住房信贷市场的金融危机席卷全球。危机发生前，美国房地产市场持续繁荣，房价不断上涨。为吸引更多消费者投资房地产市场，金融机构发行了大量的住房抵押贷款。这些贷款利率低，借贷金额大，贷款条件宽松，信用水平低的消费者也可以进行大规模借贷活动。消费者借贷条件的放松，使得风险迅速累积，为次债危机的爆发埋下隐患。房地产泡沫破裂后，多数消费者资不抵债，无力偿付高额贷款，大量债务出现违约，进而通过各个市场的传导和关联迅速蔓延至全球。

在这场金融危机中，消费者过度借贷是引发危机的重要原因。通常而言，消费者借贷活动能够有效地平滑消费与收入，从而增加社会的总体消费并提升经济效益。然而，不合理的借贷行为，如过度负债或债务违约等，妨碍了资金链条的顺畅流动，加大了借款者的还款心理压力，对消费者的幸福感和经济社会的发展产生了消极的影响。因此，正确认识并合理管理消费者借贷活动，对政府决策和消费者个人经济福利的提升均发挥着至关重要的作用。

本章首先简单介绍消费者借贷的概念以及消费者借贷在中国和其他主要国家的发展现状，而后阐述收入、消费与借贷的关系，即消费者如何利用预算约束进行信贷决策。进一步地，本章对影响消费者借贷行为的因素进行分析，并对消费者借贷种类进行划分，从而分析不同借贷类型的特点及其适用情况。其次，本章对比各国的消费信贷管制情况，讨论中国消费信贷管制存在的问题并给出对策建议。再次，本章还分析了消费者借贷对食品支出的影响，并进一步探讨了其影响机制。最后，从中国建立个人破产制度的必要性和可行性的角度进行了案例讨论。

## 第一节 消费者借贷概述

### 一、消费者借贷的概念和度量

随着社会经济的迅速发展和金融市场的不断完善，人们的可支配收入和家庭财富日益增加，金融参与度也得到大幅度提升。在此背景下，消费者的理财观念逐渐发生转变，开始更加注重消费借贷的使用。消费者借贷（credit），也被称为消费者负债（debt）、借款（borrowing）、贷款（loan）和债务（liability）。通过借贷，消费者可以在整个生命周期中通过超前借贷达到平滑消费和收入的目的，以应对不同时期的需求，具有提升经济福利的作用。但是，过度的负债加大了消费者还款的经济和心理压力，严重时甚至会使消费者陷入债务危机，会对消费者的幸福感和社会稳定产生较大的负面影响。因此，为了提高幸福感和经济福利，消费者必须有效地进行借贷管理，以期最大化地发挥借贷的经济效益。

对于消费者借贷水平的衡量，通常可以使用两大类经济指标。第一类是从宏观的角度出发，采用一个国家的家庭部门负债水平与 GDP 的比率来衡量消费者的借贷水平，即居民部门杠杆率。第二类是从微观的角度出发，采用家庭债务与资产的比率或债务与收入水平的比率来衡量消费者的借贷水平，即家庭资产负债率或家庭债务收入比。相较于宏观经济指标而言，微观经济指标可以更好地反映一个家庭的负债能力和债务风险，在研究中使用也更为广泛。

### 二、消费者借贷的现状

近年来，中国的消费者借贷迅速增长。图 4-1 显示了中国 2007—2020 年居民部门宏观杠杆率的变动情况。据中国人民银行的统计，截至 2020 年 9 月，中国居民部门债务达到 67.90 万亿元人民币，居民部门的杠杆率由 2007 年的 19% 迅速上涨至 2020 年的 61%。

为了更清晰地进行说明，选取美国、英国、印尼、巴西和墨西哥等国家进行居民部门杠杆率的比较分析。如图 4-2 所示，整体来看，较美国和英国等发达国家而言，中国居民部门杠杆率相对低一些。然而，与其他发展中国家相比，虽然中国在 2006 年的居民部门杠杆率处于较低水平，但后来迅速上升，到 2019 年已经超过其他三个发展中国家。

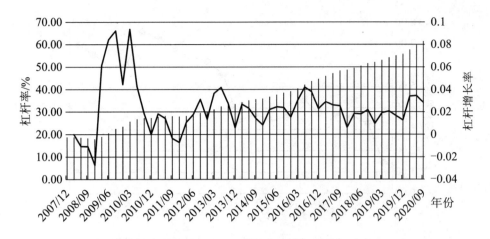

图 4-1 2007—2020 年中国居民部门宏观杠杆率变动情况

数据来源：中国人民银行。

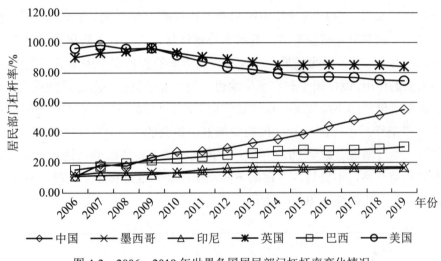

图 4-2 2006—2019 年世界各国居民部门杠杆率变化情况

数据来源：国际清算银行。

从微观的角度来看，中国家庭资产负债率自 2000 年的 1% 上涨至 2019 年的 7%（见图 4-3），债务收入比自 2004 年的 30% 上涨至 2018 年的 88%，整体呈现持续上涨的趋势。与世界其他国家相比，尽管中国家庭资产负债率和债务收入比增长相对较快，但整体仍处于较低水平，债务风险相对可控。中国消费者借贷迅速增加的原因：一方面是消费者观念的转变，对超前消费的接受程度不断提高；另一方面是信贷市场的迅速发展和信贷方式的日益多样化，可以为消费者提供更加便利、优惠且多样化的借贷途径。

中国家庭的信贷参与水平也在不断提高。根据中国家庭金融调查的数据，中国家庭的信贷参与率从 2013 年的 30% 上升至 2017 年的 32%，而 2019 年受住房贷款政策收紧的影响，信贷参与率略有下降。将家庭信贷参与率进行中美比较分析，发现美国家庭的信贷参与率处于 70%~80% 的区间，而中国仅为 30% 左右。中国家庭在信贷市场的参与上仍较美国存在较大差距。

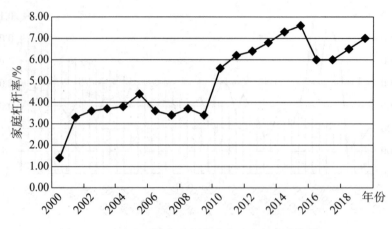

图4-3 2000—2019年中国家庭资产负债率变化情况

数据来源：经济合作与发展组织（Organisation for Economic Co-operation and Development，OECD，简称"经合组织"）官网。

从借贷结构来看，住房贷款是中国消费者借贷的主要形式。2019年，住房贷款参与率约为17%，远超其他借贷形式。其次为经营贷款、信用卡贷款和汽车贷款，参与率分别为5%、4%和4%。由此可见，对住房贷款市场的管控在中国消费者借贷管理中发挥着至关重要的作用，而信用卡和汽车贷款也成为家庭借贷中不可忽视的重要组成部分。

随着消费者借贷的不断发展，在通过借贷平滑和刺激消费的同时，债务延期偿还和违约等不良借贷行为也逐渐盛行。根据中国银保监会的统计，2007年以来中国消费者的不良贷款大幅度增加。截至2017年底，中国消费者不良贷款额已达到1914.20亿元。随着监管的日益严格，不良贷款率逐渐下降，现在基本维持在1%左右。不良贷款规模及不良贷款率的变化趋势如图4-4所示。

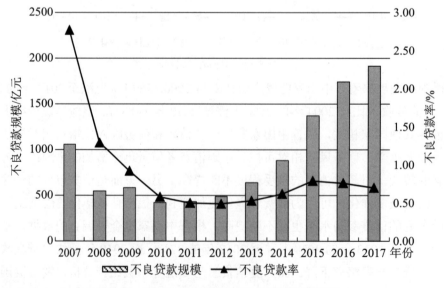

图4-4 2007—2017年中国个人不良贷款情况

数据来源：中国银保监会。

从不良贷款结构来看，中国消费者不良负债的构成在2007—2017年的十年间发生了巨大变化。在2007年中国消费者不良贷款构成中，因信用卡逾期等造成的不良贷款占比仅约为2%，其与汽车贷款和住房抵押贷款加总占比不足全部不良贷款的40%。随着居民消费习惯的不断转变以及房价的持续上涨，信用卡贷款和住房抵押贷款的普及率迅速上升，随之而来的不良借贷行为也逐渐增加。2017年，信用卡不良贷款已达851.30亿元，占全部不良贷款的比重接近45%，成为消费者不良债务的主要形式之一。同时，住房抵押贷款的违约问题也愈发突出，在2017年达619.30亿元，与信用卡共同构成消费者不良贷款的两大主要来源。

### 三、消费者借贷的影响

鉴于消费者借贷的重要性和复杂性，其产生的经济效应主要有以下两个方面。

第一，消费者借贷对微观消费和宏观经济的影响。消费者借贷可以提高资源利用效率，并与经济发展水平密切相关。微观层面，家庭债务的增加在平滑和刺激消费的同时，也会对家庭消费结构，尤其是家庭耐用品的消费量造成一定影响。[1] 宏观层面，家庭债务可以在短时期内刺激国内生产总值的增长，但是并不利于GDP的长期增长。[2]

第二，消费者借贷对消费者个人幸福感的影响。消费者借贷对其个人幸福感的影响，经由消费和健康状况两种途径来实现。一方面，家庭通过借贷可以平滑自身消费，满足当前的消费需求，特别是满足对于耐用品的消费需求，从而提高消费者的幸福感。[3] 另一方面，不合理的借贷行为增加了借款人的还贷压力，影响借款人的身心健康，从而降低消费者的幸福感。[4] 因此，当债务规模扩张时，还需要对不同效应进行综合考虑，才能对消费者借贷影响幸福感的效应进行较为准确的判断。

## 第二节　预算约束与消费者借贷决策

### 一、当期收入与预期收入

按照时间的不同，消费者收入可以划分为当期收入和预期收入。具体地，当期收入可定义为现阶段消费者已经获得的收入，而预期收入则可定义为在未来将要获得但现阶段尚未获得的收入。根据经济形势以及消费者的自我评价，预期收入通常可以根据当期收入的情况进行预测。一般而言，当期收入与预期收入并不相等时，消费者需要对两类收入进行合理配置来平滑生命周期中的消费。

预期收入与当期收入的关系具有一定规律。消费者生命周期内的收入曲线大致如图4-5所示，

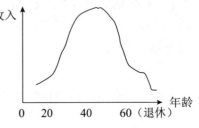

图4-5　消费者生命周期的收入水平

整体呈现倒 "U" 型。青年时期，消费者职业生涯刚刚起步，收入水平相对较低且不稳定；中年时期，随着工作的稳定、知识的积累和技术水平的提升，消费者收入逐渐上升至顶峰；到了老年时期，消费者的记忆水平、反应能力和体能均大幅度下滑，工薪收入开始降低，直至退休后收入进一步下降并趋近于零。

## 二、消费者的跨期消费决策理论

生命周期理论最早由莫迪利阿尼和理查德·布伦伯格（Richard Brumberg）提出，考察了消费者生命周期内消费支出的变动状况。该理论具有两个前提假设：第一，消费者均为理性人，能够合理规划自己的消费支出；第二，消费者的目标是追求整个生命周期内的效用最大化，因此会有效配置生命周期内各个阶段的消费和储蓄。[5]

生命周期理论认为，消费者在不同生命阶段的消费占收入的比例是不同的。消费者当期消费可以表示为

$$C = aY + bY' + cA \tag{4-1}$$

式中，$Y$ 表示消费者的当期收入，$Y'$ 表示消费者未来的预期收入，$A$ 表示当期的平均财产，$a$，$b$ 和 $c$ 分别表示当期收入、预期收入和当期财产的边际消费倾向。因此，消费者的当期消费不仅取决于当期收入，还取决于预期收入和当期财产。当预期收入较为可观或总财富积累到一定规模时，消费者当期消费超过当期收入，则可通过借贷将未来的部分收入提前透支，以平滑整个生命周期的消费，从而达到效用最大化。

在青年时期，消费者当期收入较低，往往需要通过借贷的方式提前透支部分未来收入以满足当前的消费需求。在中年时期，消费者的家庭财富逐渐积累，当期的收入足以满足消费需求，并产生了储蓄行为。在老年时期，消费者收入开始出现下降，但由于中年时期具有储蓄，消费在老年时期并不会出现较大幅度的变动。因此，通过借贷和储蓄等行为，消费者生命周期的消费和收入能够得到有效平衡。

## 三、预算约束与跨期消费

生命周期理论认为，一个理性的消费者会通过借贷和储蓄行为合理协调消费与收入，从而追求整个生命周期内的效用最大化。类似于第三章的分析方法，仍可用预算约束和无差异曲线来分析消费者的借贷抉择。

假设消费者需要在当期 $t_1$ 和未来 $t_2$ 两个时期进行消费决策。其中 $t_1$ 时期的消费额为 $c_1$，$t_2$ 时期的消费额为 $c_2$；$t_1$ 时期消费者收入为 $m_1$，$t_2$ 时期消费者收入为 $m_2$。进一步地，假设消费者能按照某种利率 $r$ 进行借贷活动。那么，在 $t_2$ 时期，消费者可以实现的消费额 $c_2$ 为

$$c_2 = m_2 + (1+r) \times (m_1 - c_1) \tag{4-2}$$

将上式变形，得到预算约束：

$$(1+r) \times c_1 + c_2 = (1+r) \times m_1 + m_2 \tag{4-3}$$

或

$$c_1 + \frac{c_2}{1+r} = m_1 + \frac{m_2}{1+r} \tag{4-4}$$

式（4-3）是用终值表示的预算约束，而式（4-4）是用现值表示的预算约束。如图4-6所示，预算约束表现为一条斜率为 $-(1+r)$ 且经过点（$m_1$, $m_2$）的直线，线上的任何一点都是消费者支付得起的消费集合。预算线的横截距度量的是消费者整个生命周期内所有收入的现值，为 $\left(m_1 + \frac{m_2}{1+r}\right)$ ；而纵截距度量的是所有收入的终值，为 $[(1+r) \times m_1 + m_2]$ 。

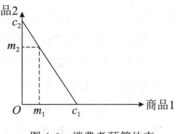

图 4-6　消费者预算约束

进一步地，考虑用无差异曲线表示的消费者偏好。无差异曲线的形状，反映了不同消费者的偏好情况。在大多数情况下，无差异曲线是凸的，消费者愿意用一部分当期的消费替代未来的消费，至于他们愿意替代的数量则取决于各自的消费模式。特别地，如果无差异曲线的斜率为 $-1$，表示消费者愿意用等量的当期消费来替代等量的未来消费，即对当期消费和未来消费的偏好无差异。

在给定消费者的预算约束和对两个时期消费的特定偏好后，预算线与无差异曲线相切，可得到消费者效用最大化的跨期消费选择。图4-7给出了切点位于（$m_1$, $m_2$）点之下的情形。此时，当期消费超过当期收入水平，消费者进行借贷活动以满足较高的消费需求。同时，切点距离（$m_1$, $m_2$）越远，消费者的负债水平也越高。当然，切点也可能位于

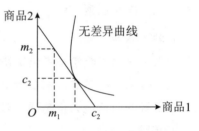

图 4-7　消费者借贷决策

（$m_1$, $m_2$）点之上，此时表示消费者在当期的消费低于收入，也就是在当期进行储蓄。

## 第三节　借贷决策的影响因素及风险

### 一、借贷决策的影响因素

借贷行为作为消费者的一类重要经济活动，受到诸多因素的影响。以下将从宏观和微观两个角度探讨不同因素对消费者是否借贷、借贷金额和借贷期限等决策的影响。

#### （一）宏观因素

**1. 经济发展水平**

经济发展水平，一般通过收入影响消费者的借贷行为。人均收入水平对债务增长具有显著正向影响。随着经济繁荣发展，收入稳步增长，未来预期收入水平提高，将刺激消费者增加消费并增强借贷意愿，最终可能扩大负债规模。

经济发展水平也影响着消费者从事经营活动的借贷需求。一方面，经济发展水平越高的地区消费者从事经营活动的可能性越高，相应的借贷需求也越高；另一方面，当经济形势明显向好时，从事生产经营的消费者扩大投资的需求增加，借贷需求也相应增加。

### 2. 利率水平及资产价格走势

消费者的信贷决策同时受到利率水平和资产价格变化趋势的影响。利率水平的高低，影响当期消费与未来消费的相对价格。当利率水平较高时，当期消费的价格提高，消费者更加倾向于增加储蓄来获得较高的利息收入，从而推迟消费。反之，当利率水平较低时，相当于提高了未来消费的贴现价格，消费者倾向于通过借贷来增加当期消费。因此，消费者借贷同利率呈负相关关系。利率越高，消费者借贷金额越低；利率越低，消费者借贷金额越高。

资产价格走势同消费者借贷呈现出正相关关系。当资产价格趋于上升时，提前消费不仅能够提升消费效用还能够减少未来的消费支出，消费者更加倾向于增加借贷来提高当期消费水平。反之，当资产价格趋于下降时，为了避免降价带来的损失，消费者会选择减少借贷而延期消费。

### （二）微观因素

### 1. 收入水平

收入水平是影响消费者借贷决策的一个重要因素，其对于借贷的影响方向较为复杂。一方面，收入水平越高，消费者借贷需求越低，借贷规模越小；另一方面，收入水平越高，消费者的负债能力也越强，可能使得借贷规模增加。

### 2. 年龄

消费者借贷规模同年龄呈现倒"U"型关系。年龄越大，越不愿意负债，并且贷款机构出于自身风险控制考虑，也不愿意将款项发放给年龄较大的借款者。因此，同中老年消费者相比，青年消费者更愿意也更容易进行借贷消费。一般地，年龄在30~40岁之间的消费者负债水平最高，因为这一年龄阶段多处于购置房产阶段；年龄在40~60岁之间的消费者教育负债的水平有所提高，可能因其子女正处于受教育阶段。

### 3. 风险厌恶程度

消费者的风险厌恶程度，同负债水平呈负相关关系。风险厌恶程度的提高，会降低消费者的负债水平，消费者会尽量避免通过借贷来进行当期消费。

### 4. 健康状况

消费者的健康状况，也影响着他们的借贷决策。若消费者的健康状况较差，未来可能会面临着更多的不确定性，因此当前会最大限度地避免借贷消费。

### 5. 婚姻状况

消费者的婚姻状况不同，对他们借贷决策的影响也存在明显差异。具体来看，相对于分居、离婚以及丧偶的家庭，未婚和已婚家庭的负债水平更高。这主要是由于未婚和已婚消费者可能处在家庭建立初期，需要更多的消费支出。

#### 6. 子女状况

是否有子女以及子女数量,都影响着消费者的借贷决策。子女处在教育阶段或者子女数量较多,会增加消费者的借贷意愿。拥有子女的家庭,因为更加关心子女的教育问题,可能会拥有更多的教育贷款。

#### 7. 教育水平

高学历者比低学历者更倾向于选择借贷消费。通常来讲,教育水平越高,信誉越好,负债能力越强。

## 二、借贷风险

消费者通过借贷平滑消费,可以提升自身的效用水平,但同时也面临着风险。2008年金融危机的爆发,就是借贷风险累积到一定程度的最好例子。

### (一)消费者面临的借贷风险

第一,收入和支出情况的变化。预期收入的稳定及未来消费需求稳定,是消费者借贷的基础。对于大额借贷而言,如果消费者的收入水平未能按照预期的水平变化,甚至由于降薪和失业等不可预见的原因而减少甚至失去收入,或是消费者由于疾病等原因突然需要大额的现金流出,那么消费者的还款能力就会减弱甚至无法还本付息。在延期还本付息的情况下,消费者的抵押物就有可能被执行或拍卖,以保证发放贷款机构的本金和利息安全。

第二,利率的变化。当消费者贷款的利率是固定利率时,就面临着利率变化所带来的风险。如果市场利率下降,就意味着消费者支付了更多的贷款利息,这是一种隐性的损失。对于某些中长期贷款来说,即使利率是可以调整的,贷款利率仍然滞后于市场利率的变化,因此消费者的损失依然是存在的。如果市场利率上升,对于浮动利率贷款,当借贷期限长于利率浮动期限时,消费者所需支付的资金成本就会增加。

第三,资产价格的下跌。关于资产价格下跌引起的风险,主要以住房和汽车等为例来进行说明。当住房和汽车等资产价格出现下跌时,消费者就会承担下跌部分的损失。如果资产价格持续下跌,还可能出现住房和汽车等资产价格低于本金的极端情况,此时消费者如果继续偿还贷款,就要承受巨大的损失,同时也给消费者的再融资造成困难。

### (二)金融体系面临的借贷风险

2008年金融危机爆发的主要原因,是次级贷款以及由次级贷款打包而成的资产支持证券的大量违约。[6] 在这场危机中,次级贷款主要指住房抵押贷款。

自2000年开始,美国房地产价格急速攀升,住房市场似乎一片繁荣。与此同时,美国按揭市场的次级按揭贷款数量激增,对于那些原本信用不好而没有资格取得贷款的家庭而言,由于贷款标准的放松使其购买住房成为现实。购买住房消费者数量的增加进一步促使房价上涨,营造出一种房地产市场会持续繁荣的假象。以次级贷款打包而成的证券化资产(asset-backed securities,ABS)因被评级机构认定为AAA级证券而受到追捧,更加促使贷款机构发放次级贷款来谋取利润。同时,贷款机构也相信由于房屋价格持续上涨,即使借款人无力偿还贷款,也能够拥有很好的抵押品来保证本金和利息的安全收回。为了吸引更多的家庭贷款购买房产,贷款机构同时以优惠利率来吸引新客户。

由于贷款标准的放松,获得贷款的客户可能并没有稳定的收入,在优惠利率期结束后,借款者无力偿还贷款,只能选择将抵押品交由贷款机构处置。大量作为抵押品的房产进入市场,导致房地产价格快速下降。房地产价格泡沫的破裂,使得资产价格低于贷款本金。人们纷纷选择放弃房产不再偿还贷款,进一步加速了房价的下跌,最终导致了席卷全球的金融危机。

## 第四节 消费者借贷的类型

### 一、住房抵押贷款

伴随着1998年《个人住房贷款管理办法》及1999年《关于开展个人消费信贷的指导意见》等法规的出台和不断完善,中国消费者"量入为出"的传统消费观念逐步被打破,住房抵押贷款逐渐被接受。住房抵押贷款期限较长,通常在10~30年之间,以住宅本身作为抵押,通常采取分期付款的方式还清贷款。作为消费信贷的一个主要种类,居民住房抵押贷款在促进住宅消费方面发挥了重要作用。自1998年以来,我国个人住房贷款迅速上升。截至2020年9月,全国主要金融机构个人购房贷款余额达到33.59万亿元。我国的住房抵押贷款占银行贷款余额的比重也较大,个人购房贷款与房地产贷款总额之比约为70%。

住房抵押贷款早期是固定利率且等额偿付的。这种形式使得借贷双方都面临着较大的利率风险。一方面,由于住房抵押贷款的贷款期限较长,期间利率水平很可能出现大幅度变化:若利率上升,则银行遭受损失;若利率下降,则借款人利益受损。另一方面,等额偿付的设计也会使得在借款期内借款人的实际负担不均衡。贷款前期借款人负担较重,后期由于收入水平随着工作年限的增长而增长,加之通货膨胀等因素的影响,同样的还款额占借款者收入的比重逐渐缩小,借款人负担降低。

中国自2019年开始着手对个人住房贷款利率进行改革,由原有的贷款基准利率定价模式调整为贷款市场报价利率(loan prime rate,LPR)定价。在原有模式下,个人房贷以贷款基准利率为基础而上下浮动,随着利率市场化的推进,贷款基准利率不复存在。与之相比,LPR变动更加及时。通过个人住房贷款利率改革,一方面可调整利率的抵押贷款反映了利率的波动,具有一定的稳定性,利率风险由双方共同承担;但另一方面,对于借款者来说,LPR不一定能够减轻他们的还款成本,因为房贷周期较长,存在加息的可能性,转换成LPR房贷利率就会随之上涨,提高借款者的贷款成本。因此,处在固定利率和可调整利率转换之间的借款者还需要根据自身的房贷周期、未来的财务状况，以及经济走势来判断选择采用何种住房抵押贷款利率。

## 二、汽车贷款

汽车贷款可以帮助消费者平滑消费并减少借贷限制，其在商业银行的信贷业务中也占有较为重要的地位。由于汽车属于高折旧率的耐用品，汽车贷款的期限必须符合汽车加速折旧的要求。因此，汽车贷款属于中短期贷款，一般期限最长不超过5年，比较常见的是3~5年。

汽车消费信贷市场已经形成了较为稳定的商业模式，可分为以下三种类型。第一，商业银行作为资金供给端模式。商业银行通常不直接面对消费者提供贷款，而是经由汽车经销商等中间方向消费者放贷。汽车消费者与经销商签订购车合同并提供相关贷款材料，经销商进行筛选后交由商业银行。银行通过审核后，贷款直接打入经销商账户，资金并不经过消费者这一环节。银行为控制自身风险，通常会要求经销商对贷款兜底，这种模式也变相提高了汽车经销商的行业门槛。也正因如此，商业银行等金融机构在汽车贷款市场上的份额呈下降趋势。第二，汽车金融公司模式。汽车制造商可以利用自身的有利条件，将汽车的贷款业务、销售业务以及市场开发等活动结合起来。为提高汽车市场消费者的购买力，也可以对某些促销车型提供较为优惠的贷款条件，使自身在市场竞争中处于有利地位。由于汽车金融公司背靠汽车企业，因此比商业银行更加了解汽车行业，更有能力甄别消费者的还款能力与贷款资质。但是，相比商业银行，汽车金融公司自身的资金成本较高，客户对象更加单一，可能面临较高的违约风险。第三，融资租赁模式。融资租赁公司可以直接面向消费者提供服务，通常有售后回租和直接租赁等操作方法。售后回租指消费者从经销商处选好车辆后支付首付款，然后再向租赁公司申请贷款，将汽车抵押至租赁公司名下。此时，汽车的所有权仍归属于消费者，表面上是消费者租车使用，但实际上仍是分期购车。直接租赁指融资租赁公司以自有资金或外部融资购车然后租给消费者。租赁期满后，消费者以汽车的残值或者折旧后的价格获得车辆的所有权，也可以将汽车退回给融资租赁公司。

中国的汽车消费贷款业务的发展可以分为四个阶段。第一阶段为萌芽阶段（1993—1998年）。分期付款买车的概念最早由北方兵工汽贸公司在1993年提出，分期付款方式主要有以汽车经销商自筹资金，向消费者提供分期付款购买汽车的服务以及厂家先提供车辆，经销商再向消费者提供分期付款服务两种。这两种方式当时在一定程度上缓解了消费者一次性付款购车所承受的沉重压力，刺激了汽车消费。然而，由于这种模式缺乏金融机构的支持，对经销商的资金实力有着较高的要求，因此总体规模有限。第二阶段为快速发展阶段（1998—2003年）。中国人民银行最早于1998年9月出台《汽车消费贷款管理办法》，此后汽车消费信贷正式得到监管部门的认可，消费者个人汽车市场逐渐升温。从1999年至2003年，我国汽车消费信贷从29亿元增加至1839亿元，在新增的私人汽车中近1/3通过分期付款的方式购得。但与此同时，由于银行不断降低贷款利率和首付比例，延长贷款还款年限，风险控制弱化，汽车信贷违约的潜在风险不断增大。第三阶段为调整阶段（2003—2004 年）。由于车价降低，征信体系不健全，汽车贷款出现了大量违约，银行出于控制风险的需要，提高了贷款首付的比例。因此，国内汽车信贷市场进入了短暂的低谷。第四阶段为稳定发展阶段（2004 年至今）。2004 年，第一家汽车金融公司，即上海通用汽车公司正式成立。该公司是《汽车金融公司管理办法》实施之后的首家汽车金融公司，标志着汽车金融公司的业务模式逐渐被消费者接受。2004 年 10 月，银监会又出台了《汽车贷款管理办法》，进一步规范了汽车消费信贷业务。中国的汽车消费信贷自此走向专业化与规模化。

### 三、信用卡贷款

信用卡由银行或非银行信用卡公司发行，持卡人因资信不同而获得不同级别的授信额度。在授信额度内，持卡人可以在任何接受此卡的零售商处购买商品或劳务及进行转账支付等。如果持卡人能够在规定期限内偿付透支的金额，即可获得免费的融资服务，但若未能在规定期限内偿付，则要为所借款项支付年利率高达 12%~18% 的利息。与住房抵押贷款及汽车贷款不同，信用卡贷款属于无担保贷款，贷款额度是根据消费者以往的信用记录来确定的，因而面临着一定的信用风险。

信用卡出现于 20 世纪 80 年代。因信用卡市场存在高额利润，许多公司开始进入该领域。我国的个人信用卡业务最早出现于 1985 年 6 月。中国银行珠海分行发行了中国首张具有购物消费、存取现金和透支功能的准贷记卡。1995 年，广东发展银行发行了国内第一张真正意义上的符合国际标准的人民币贷记卡。2003 年，全国新发行信用卡近 400 万张，超过了历年信用卡发卡数量的总和，因此这一年也被称为中国的信用卡元年。近年来，我国的信用卡发卡量迅猛增长。据《中国银行卡产业发展蓝皮书（2019）》的统计，2008—2018 年，我国信用卡发卡量从 1.86 亿张增长到 9.70 亿张，信用卡交易总额从 3.50 万亿元增长到 38.20 万亿元，信用卡活卡率达 73%，人均持卡量为 0.70 张。

随着信用卡规模的快速扩张，信用卡风险的防范水平也有所提升，防控体系不断升级，风险管控机制不断健全。应继续注重安全合规发展，优化迭代授信策略，提升贷前风险识别能力；创新贷后催收手段，提升智能化资产处置能力。

### 四、发薪日贷款

发薪日贷款（payday loan）起源于 20 世纪 80 年代的美国，目前已经成为美国消费金融领域增长最快的行业之一。[7] 发薪日贷款是一种无需抵押的小额短期贷款，以个人信用作担保，借款人承诺在下一个发薪日偿还贷款并支付一定的利息及费用，其信用依据是借款人的工作及薪资记录。发薪日贷款主要面向低收入群体，不计手续费和滞纳金等，但平均年息高达 400%。总的来说，发薪日贷款具有息费成本高、周期短、额度小以及无抵押等特点，但其本质是一类次级贷款或高利贷。

发薪日贷款在美国发展非常迅速。1992 年，全美仅有 300 处发薪日贷款网点，到 2005 年相应网点就已发展到超过 22 000 处。自 20 世纪 90 年代末到 21 世纪初，美国发薪日贷款总额增长了近 5 倍，达到近 500 亿美元。每年有近 1200 万个美国家庭借助发薪日贷款来解决短期的融资需求。但与此同时，发薪日贷款的高息费、信息不透明和多头借贷等问题也备受争议。为实施有效监管，美国联邦政府出台了一系列法律法规，但是美国各州对于发薪日贷款的态度并不统一。

中国的类似业务"现金贷"借助互联网迅速发展，但平台资质不清，经营不规范以及风控能力弱等问题给金融体系带来一定风险。[8] 第一，"现金贷"通常借贷利率较高，部分平台的产品利率能够达到 1000%。第二，信息不透明，一些平台在产品页面上不披露利息与费用。第三，恶意借贷现象存在，吸引没有偿还能力的学生群体进行非理性消费，使得学生陷入债务陷阱甚至做出不理智行为。第四，存在恶意催收的现象，造成较为恶劣的影响与后果。针对这些乱象，我国已于 2017 年 12 月下发《关于规范整顿"现金贷"业务的通知》，加强了对于现金贷的清理整顿工作。

## 五、教育贷款

教育贷款为消费者对自己及其子女的人力资本投资提供了重要的渠道。在美国，家庭教育贷款的持有率和规模增长较为迅速，其主要的客户群是户主比较年轻（40 岁及以下）的家庭。通过教育贷款，许多家庭能够负担得起自己或子女的高等教育费用支出。

在中国，教育贷款包括国家助学贷款和商业教育贷款。其中，国家助学贷款多采用政府贴息的模式，不需要担保人，目的在于资助家庭较为贫困的学生完成学业。商业教育贷款由商业银行提供，需提供贷款银行认可的财产抵押、质押或第三方担保，通常商业教育贷款利率较其他贷款利率有一定优惠，但贷款金额仅能用于支付学费和学杂费等与学习相关的费用。

## 六、互联网消费信贷

随着互联网的快速发展，传统信贷与互联网技术结合产生了互联网消费信贷产品，其产品包括蚂蚁集团旗下的"花呗"和"借呗"，京东集团旗下的"京东白条"，以及百度旗下的"有钱花"等。

互联网消费信贷模式主要包括助贷及联合贷两种模式。在助贷模式下，互联网平台并不出资，只是按一定的分成比例赚取利息收入。与助贷模式不同，联合贷模式需互联网平台和银行按一定比例共同出资，因而可以将联合贷简单视为互联网贷款平台的"杠杆"。

目前，互联网信贷规模迅速扩张。以"花呗"为例，截至 2020 年 6 月 30 日，平台促成的消费信贷余额达到 17 320 亿元。"花呗"采用的模式为联合贷，同时通过发行 ABS 的方式，实现了自身资本的快速扩张及利润的快速增长。"花呗"通过客户大数据计算授信额度，通过掌握客户的交易数据进行风险控制。[9]

## 第五节　消费者信用管制

### 一、中国消费者信用管制的现状

消费借贷可以有效刺激消费需求，进而拉动经济增长。然而，中国经济还处于转型过程中，相关制度仍有待完善。从法治建设视角看，中国消费者信用管制还存在一些不足。

#### （一）消费者借贷法规权威性不足

当前中国有关消费者借贷的规范性文件还处于较低水平，没有统一规范消费者借贷活动和协调消费者借贷关系的全国性法律。消费者借贷作为银行特有的业务之一，其业务规则有较强独立性，亟需权威的消费者借贷相关法律来规范消费者、销售商和金融机构三方的权利和义务。

#### （二）缺乏对消费者权益的有效保护

由于缺少专门的法律法规对消费者借贷领域予以规范，各商业银行在消费者的借贷利率和还款方式等方面的规定各有不同。此外，消费者自身专业知识方面的不足，使其在选择银行提供的金融服务时处于不利地位，进而损害了他们的知情权和选择权。目前，消费者借贷合同往往是由商业银行事先拟定好的格式合同，消费者在签订信贷合同时也由银行工作人员引导填写，这也就排除了双方进行协商的可能性。一旦出现合同纠纷，高昂的法律诉讼成本会迫使消费者按照商业银行的规定处理，从而损害消费者的合法权益。

#### （三）缺乏风险防范机制

银行在借贷活动中需要重点关注经营风险，但目前中国仍缺乏防范消费者借贷领域风险的机制。就抵押担保来看，在消费者借贷活动中，银行通常会要求消费者将一定的财产作为抵押。但是，由于消费者借贷的周期较长，抵押物的市场价值面临着较大的不确定性。同时，中国抵押物二级市场还有待进一步建立和完善，很多抵押物难以顺利变现。此外，消费者自身信用风险也是一个重要因素。在较长的偿还周期内，消费者可能面临一些突发情况而失去还款能力，比如失业和伤残等，甚至某些消费者在消费时往往缺乏理性，使用信用卡大量透支而不能偿还债务。更重要的是，中国个人信用制度还不完善，银行难以追踪消费者在获得贷款后的资信情况，从而加大银行从事消费信贷的风险。

### 二、发达国家消费者信用管制的制度比较

信用机构在向消费者提供消费者借贷时，承担着收不回贷款的风险。为解决这一问题，西方发达国家一方面健全个人消费信用报告制度，另一方面不断健全相关的法律法规体系。通过对消费者借贷的担保条款、借款人违约行为的处罚、贷款人贷款性质的限

定等方面进行规定，使消费者借贷市场健康运转。

### （一）美国消费者借贷法律制度的特点

美国在 1970 年出台了《公正信用公告法案》，用来减少信用信息的不真实和不准确性，并约束贷款双方信息披露行为的真实性和可靠性。贷款人提供贷款的依据往往来自消费者信用报告，不真实或不准确的信息会阻止消费者获得贷款。该法案要求信用报告机构发布准确的信用信息，违反法案的机构应赔偿受害人由于信息不准确而遭受的损失，从而减少和预防银行与消费者因不真实的信用报告而受到损害。

1980 年，美国又出台了《消费信贷限制计划法案》，通过提供无担保贷款组合的限制条件，特别是限制提供无担保贷款注入信用卡业务的银行来抑制消费信贷需求，目的在于减少银行因过度放贷而造成的风险，迫使银行修正其政策和贷款组合。

### （二）英国消费者借贷法律制度的特点

英国消费者借贷的担保条款在法律上有明确的规定，以保证贷款人按时收回贷款。住房信贷担保是英国消费领域中特有的担保。英国 1974 年颁布的《消费信贷法案》规定，一些特定机构需要为消费者购买房产提供长期抵押金融协助，比如建筑协会、专门的抵押公司、保险公司和当地政府，即购房抵押。购房抵押主要有两种方式。一种是偿还型抵押，即必须定期偿还本金，利息则于年末或个别结算或同本金一起支付。另一种是资助型抵押，这种方式一般由机构做担保。抵押者在取得资助保险单（保单于偿还之日到期）后，由建筑协会作为社会救济承担，从保险公司获得本金。抵押人支付保险费和利息，但并不偿还贷款。待保险单到期，保险金将支付给建筑协会以抵偿贷款本金。换言之，这种形式是以保险金作为贷款的担保。

英国的《消费信贷法案》有利于初级抵押，特别是本地政府抵押和建筑协会抵押。但该法案同时也规定，相当数量的融资在财产担保的基础上提供，且当没有明显的抵押时，可通过权利契据或土地许可证的扣押，或者如果财产已被浮动抵押时，可通过二级抵押实现。通过此种制度设计，一个现存的抵押就可通过新的出借人提前得到偿付，并且可能总额更高且利率更低。因此，该种方式也被称为非购买货币型融资担保。

### （三）法国消费者借贷法律制度的特点

法国在法律上对借款人的违约行为做出了明确规定，可以确保贷款人正当的赢利收益。当借款人提前偿还借款时，贷款人要求其进行赔偿，但赔偿金最高只能达到已还本金的 4%。同时，在贷款全部偿还的情况下，赔偿金不能超过未实现利息的数额。当借款人未履行债务时，其违约金的计算可以分成如下情况：一是贷款人被授权从具体日期起，按照相当于违规偿还本金的 8% 的数额要求赔偿金。二是贷款人可以将一些未到期的分期偿还额推迟，此时贷款人被授权得到的赔偿金最大可达到未付利息额的 4%。在上述状况下，贷款人除了有权要求赔偿金外，还可以要求借款人偿还因借款人造成的且特定情况下由有关机构进行鉴定的必要费用。

## 三、加强中国消费者信用管制的建议

### （一）加快制定消费者借贷相关法律的进程

美国在 1968 年颁布的《统一消费信贷法案》是世界上较早制定的综合性消费者借贷法律。随后，美国又在 1969 年颁布了《消费信贷保护法案》。其他各国的消费者借贷法律还包括英国在 1974 年制定的《消费信贷法案》以及德国在 1991 年实施的《消费信贷法案》等。西方发达国家的立法经验表明，大多数发达国家倾向于制定综合性的消费者借贷法律。用消费者借贷法律调整消费信贷，这是中国亟须完成的目标，也是现代法治国家通用的制度安排。

用法律手段调控消费者借贷是十分必要的。[10] 首先，消费者借贷相关法律对信贷保险的规定，对"冷却期"或撤回权的规定等，都有利于发挥消费者借贷的积极社会效应。其次，消费者借贷相关法律可以有效保护消费者权益，保护消费者免受不公平条款、欺骗性广告和非真实承诺的损害等。最后，消费者借贷相关法律可以有效减少消费信贷领域的非法行为，比如放贷人雇佣代理人上门兜售信贷，放贷人利用高压手段推销信贷等。

### （二）科学规范消费者借贷相关法律调整的对象

中国消费者借贷法是指调整在金融机构或商业机构等对有一定支付能力的消费者提供借贷过程中所形成的消费借贷关系的法律规范的总称。从上述消费者借贷法的概念中可以看出，消费者借贷主要调整以下三种信用关系：一是金融机构与消费者之间的贷款信用关系。这种信用关系是一种银行信用，具体表现为用于个人或家庭消费目的的个人贷款和透支信贷等。二是商业机构与消费者之间的销售信用关系。这种信用关系是一种商业信用，包括分期付款销售、非分期付款销售和耐用消费品租赁等。三是消费者、金融机构和授予机构（销售者）三者之间的信用关系。这种信用关系的运用范围广泛，具体表现为限制性贷款、循环费用账户、支票交易和信用卡等。

中国消费者借贷立法在确定其调整对象时，既要严格限制消费者借贷的范围，又要立足于制定综合性的和协调统一的消费者借贷相关法律，这是世界各国消费者借贷立法的基本趋势。中国消费者借贷立法的调整范围应涵盖以下内容：分期付款销售（或信贷）、非分期付款销售（或信贷）、限制性贷款、透支信贷、信用卡、用于个人或家庭目的的房地产交易和辅助信用业务等。

### （三）坚持符合市场经济规律的消费者借贷立法原则

消费者借贷立法原则，指反映消费者借贷活动和消费者借贷关系客观要求的、贯穿于消费者借贷法律制度安排之中的基本准则和规则。中国在制定消费者借贷相关法律时必须坚持以下准则和规则：一是充分保证消费者权益。大多数国家立法的内容都可以体现这一原则，比如运用广告作为消费者教育的手段、防止使用欺诈和高压手段签订消费者借贷合同、授予消费者对消费者借贷合同的撤回权等。二是引导消费者科学消费。国家应利用消费者借贷来引导居民的消费支出方向，即消费者借贷应有助于实现居民生活水平的提高。国家可以利用消费者借贷提高高档耐用品的消费比重，降低居民恩格尔系数，缩小与发达国家消费上的差距。三是促进产业结构优化发展。中国消费者借贷相关法律要规定使用消费者借贷商品的范围，其主要应面向高科技、高附加值的产品，逐渐减少传统加工制造业方面的消费者借贷，进而优化中国产业结构。四是确保消费者借贷的机会平等。消费者在同一借贷条件下应享有同等的获得消费者借贷的机会。提供消费贷款的金融机构不应考虑消费者偿还能力以外的因素，比如性别、学历和户籍等。同时，应促进消费者借贷条件的公开化，让公众监督金融机构是否存在歧视性条款。

### （四）完善个人联合征信与消费者借贷担保等配套制度

一是要加快完善个人信用制度。个人信用制度是商业金融机构评估借款人、实施信贷监管并防控风险的基本制度，因此中国亟须建立一个全国统一的、完善的个人信用制度。要建立个人信用调查和评估机构，协助银行对个人信用进行调查评估，包括自然人的身份、个人账户、收入来源、个人可支配用于抵押的资产及过去的信用状况等。银行根据这些综合信用情况决定是否放贷。

二是要制定信用评估相关的法律和法规。由于中国缺乏一套权威的个人信用评估机构和操作规范，各金融机构对个人信用的考察标准不一，各系统和部门间信息封闭，个人信用评估较为困难。因此，必须制定相应的信用评估法律和法规，对中国的信用评估机构、评估标准、操作程序等加以明确规定。在实践过程中，信用评估往往涉及个人隐私问题，因此也需进一步完善和明确隐私权的合理范围。

三是要试点和推行个人破产制度。个人破产，指有民事行为能力的自然人不能清偿到期债务时，按照破产程序，在保留本人及所供养人的生活必需费用和必要的生活用品情况下，将其财产拍卖，按一定比例分配给债权人的一项法律制度。从中国目前的情况来看，个人信贷监管还不完善，市场经济不够成熟，消费者很容易轻视自己的信用。个人破产制度则会促使消费者对自身行为负责，提高其信用水平。

四是要完善消费者借贷担保等配套制度。消费者往往利用消费信贷购买一些耐用消费品，相应的归还时期也较长。为减少未来的不确定性所带来的风险，金融机构会要求消费者做一些抵押担保。因此，完善抵押担保制度尤为重要。应培育规范的抵押品二级市场，使各种贷款抵押物能够尽快变现。同时，政府可以出面组建消费者借贷担保公司，为长期消费信贷提供担保。另外，中央银行应设定担保的贷款基数，商业银行可视各贷款品种的规定及申请人的资信状况，要求提供适当的担保方式，并对担保程序予以严格审查。

## 第六节 消费者借贷对食品支出的影响：经验证据

### 一、引言

恩格尔系数，指食品支出占总消费支出的比重，是用来衡量社会福利水平的重要指标。[11] 恩格尔系数下降，表明家庭收入水平上升。因为随着家庭生活必需品支出比例的降低，更多的资源将被分配用于其他更高层次的消费领域。

随着中国经济改革的不断推进，城乡消费者生活水平明显提高。自2012年以来，城市食品支出占比每年下降超过5%，2018年降至28%。然而，根据中国家庭追踪调查（China Family Panel Studies，CFPS）数据，城市低收入家庭的食品支出份额下降最快。已有研究经常从收入水平、收入差距、价格波动和社会福利政策等角度分析它们对食品支出的影响[12]，鲜有研究涉及家庭债务对食品支出份额的作用。本研究从中国消费者借贷的角度分析了其对食品支出的影响，丰富了恩格尔系数和发展中国家食品支出相关领域的研究文献。①

## 二、研究数据和计量设定

### （一）数据

本节利用面板数据模型检验了中国城市消费者借贷对食品支出份额的影响机制，数据来源于2012年、2014年和2016年中国家庭追踪调查数据。中国家庭追踪调查由北京大学中国社会科学调查中心于2010年发起，每两年开展一次，覆盖中国的25个省份②，收集的数据主要包括家庭收入、支出、资产、负债和人口统计学特征等信息。该数据不仅详细可靠，且具有以下三方面优势。首先，该数据集包括家庭食品支出（包括在家和离家）、借贷债务来源（包括正式和非正式债务）、债务使用、收入、资产和人口统计学特征等信息，有助于研究消费者借贷的债务和食品支出之间的关系。其次，该调查数据为可追踪数据，三次调查数据可构建面板数据模型，有利于避免由不可观测因素造成的估计偏差。最后，该数据集包括了中国消费者借贷债务快速积累的时期，以及该时期具有代表性的样本，可以更好地考察消费者借贷对食品支出的影响机制。

本研究所使用的数据样本依据以下标准进行选择。第一，本研究仅包括2012年、2014年和2016年调查，并不包含2010年数据，这是由于2010年调查并没有跟踪记录受访者外出就餐、香烟和酒精支出等信息，不能完全反映恩格尔系数对食品支出的界定。第二，该样本仅包括城市家庭，不包括农村家庭。这是因为中国不完善的金融体系和独特的房地产政策导致消费者借贷的债务主要集中在城市。第三，研究数据仅包括三次调查均参与的家庭以构建面板数据模型，因而仅包括2012年、2014年和2016年3062个家庭的9186个观察数据。为避免异常值引起的估计偏差，按照家庭借贷债务的最高和最低1%进行了缩尾处理。

### （二）模型

借鉴Banks等人（1997）的模型设定方法，本研究将中国城市家庭收入的平方项引

---

① 本节部分内容已于2021年在期刊Journal of Family and Economics Issues接受发表。
② 除去6个省和自治区，包括海南、西藏、青海、宁夏、新疆和内蒙古。

入到计量模型中。[13] 为了分析消费者借贷对食品支出的影响，本研究采用的面板数据模型设定如下：

$$FOOD_{i,t} = \alpha * DEBT_{i,t} + \beta_1 * INCOME_{i,t} + \beta_2 * INCOME2_{i,t} + \gamma * X_{i,t} + \mu_i + \nu_t + \varepsilon_{i,t} \quad (4-5)$$

式中，$FOOD_{i,t}$ 是 $t$ 年家庭食品实际支出的份额；FOOD 为省级层面由食物消费价格指数（2009 年为 100%）折算的实际食物支出与利用消费价格指数（2009 年为 100%）折算的实际家庭收入的比例。① 根据 Chai 和 Moneta（2010）对恩格尔系数的定义，本研究中的食品支出主要包括日常饮食、饮料、调味品、酒精、咖啡、烟草和偶尔外出就餐的支出之和。$\mu_i$ 为个体固定效应，$\nu_t$ 为时间固定效应，$\varepsilon_{i,t}$ 是家庭 $i$ 在 $t$ 年的随机误差项。本研究使用 Hausman 检验对模型适用随机效应还是固定效应进行了判定。

式（4-5）中的主要解释变量是 DEBT，该变量被定义为家庭借贷的债务与收入之比。[14] DEBT 是家庭在还款期间管理债务的能力，反映了家庭的债务负担和债务风险。在本研究中，家庭负债包含各种债务的总和。② 在微观层面，债务水平比债务变化包含更多关于消费者借贷决策的信息。[15] 借鉴 Fan 和 Yavas（2020）的做法，本研究假设消费者借贷的债务及其对食品支出的影响同时发生。[16] 然而，FOOD 和 DEBT 之间可能存在内生性问题，故本研究采用同年平均社区债务比率作为工具变量，该变量反映了当地的借贷环境和个人融资条件，符合外生要求，同时该工具变量也并不会影响个人的债务状况。进一步地，若偿还分期付款债务会挤占食品支出，那么 DEBT 会对 FOOD 产生负面影响。

此外，式（4-5）中的 INCOME 表示家庭在 $t$ 年的实际收入。根据生命周期永久收入理论，永久收入是影响支出的重要因素，且通常用总支出来表示。[17]③ 根据 Banks 等（1997）提出的收入与食品支出份额之间的倒 U 型关系，本研究预计 INCOME 系数为正，INCOME 平方项（INCOME2）的系数为负。

式（4-5）中的 $X_{i,t}$ 表示其他解释变量，包括家庭财富、人口统计学特征变量、户主特征变量和区域经济特征变量等。基于恩格尔定律，本研究预期 ASSET（家庭总资产）将对 FOOD 产生负面影响。Gould（2002）认为家庭构成会影响食品支出，故在回归中包含了三个描述家庭组成的变量。[18] 家庭规模（FSZ）表示家庭成员的数量，儿童比率（CHR）为 16 岁以下儿童人数与家庭成员总数之比。老年比率（EDR），即 65 岁及以上老年人数量与家庭成员总数之比。

户主的特征变量，主要包括年龄、教育程度、婚姻状况和参保情况等。年龄（AGE）会对消费模式、品位和偏好等产生影响。[19] 户主的教育程度（EDUC），即完成学业的年限④，户主的受教育程度越高，在消费行为上就越深思熟虑，从而更加关注食物之外

---

① 本研究选取 2009 年作为进行物价指数通缩的基期，主要基于两个方面的考虑：一是 2009 年我国总体价格水平和分项价格水平变化不大；二是本文各变量指标的定义都是基于 2010 年的调查数据。
② 包括住房、汽车、教育、信用卡债务和医疗债务等。
③ 在本研究中，家庭收入是通过总支出来衡量的，包括食品、服装、住房、生活必需品和服务、交通和通信、教育、文化和娱乐、卫生保健和其他用品和服务的支出。
④ 定义如下：3= 小学以下；6= 小学；9= 初中；12= 高中、中专、技校和职业高中；15= 专科；16= 本科；19= 研究生及以上。

的消费，因而教育程度会对食品支出产生负面影响。户主的婚姻状况（MARR）为虚拟变量，若已婚则记为1，否则为0。户主参保情况（INSURE）也为虚拟变量，参与了保险则记为1，否则为0。根据陈梦根（2019）的研究，城镇职工基本养老保险会降低预防性储蓄，进而增加了可支配收入，故恩格尔系数会降低。[20]

区域经济特征，主要由几个省级宏观经济因素来反映，包括人均GDP（PGDP）、教育消费价格指数（ECPI）和卫生消费价格指数（HCPI）。教育和医疗服务价格的快速上涨可能会限制家庭食品支出，进而降低恩格尔系数。[21]

此外，支出、收入、财产和债务等变量，均采用省级CPI（2009年为100%）调整为实际数值，从而消除通货膨胀可能带来的影响。本研究所涉及变量的定义，如表4-1所示。其中，各省份城市食品消费价格指数数据来源于《中国价格统计年鉴（2013—2018年）》《中国城市（镇）生活与价格年鉴（2010—2012年）》和《中国统计年鉴（2010—2017年）》。

表4-1 变量的定义和描述性统计

| 变量 | 定 义 | N | Mean | S.D. |
| --- | --- | --- | --- | --- |
| FOOD | 食品支出在总支出中的实际占比 | 9186 | 0.39 | 0.18 |
| DEBT | 家庭债务在收入中的占比 | 9186 | 1.13 | 4.37 |
| INCOME | 实际家庭消费总支出的对数 | 9186 | 10.4 | 0.85 |
| ASSET | 实际家庭总资产的对数 | 9186 | 12.34 | 1.73 |
| FSZ | 家庭成员数量 | 9186 | 3.5 | 1.64 |
| CHR | 16岁以下儿童人数与家庭规模之比 | 9186 | 0.11 | 0.15 |
| EDR | 65岁及以上老年人数量与家庭成员总数之比 | 9186 | 0.18 | 0.32 |
| AGE | 户主年龄 | 9186 | 54.54 | 12.53 |
| AGE2 | 户主年龄的平方/100 | 9186 | 31.31 | 14.07 |
| EDUC | 户主受教育程度 | 9186 | 7.93 | 3.81 |
| MARR | 虚拟变量，户主已婚则为1，否则为0 | 9186 | 0.87 | 0.34 |
| INSURE | 虚拟变量，户主参保则为1，否则为0 | 9186 | 0.15 | 0.36 |
| ECPI | 各省的教育消费价格指数（2009年为100%） | 9186 | 0.10 | 0.06 |
| HCPI | 各省的卫生消费价格指数（2009年为100%） | 9186 | 0.12 | 0.06 |
| PGDP | 各省实际人均GDP的对数 | 9186 | 10.65 | 0.42 |

本研究进一步对资产收益效应、流动性约束效应和债务困境效应三种影响机制进行了检验。为检验资产收益效应，本研究在式（4-5）模型的基础上加入了ASSET和DEBT的交互项。为检验流动性约束效应，本文借鉴Baron和Kenny（1986）的方法[22]，构建的中介效应模型如下：

$$\text{FOOD}_{i,t} = \alpha_1 \text{DEBT}_{i,t} + \beta_1' Z_{i,t} + \mu_{1,i} + v_{1,t} + \varepsilon_{1,it} \qquad (4\text{-}6)$$

$$\text{LC}_{i,t} = \alpha_2 \text{DEBT}_{i,t} + \beta_2' Z_{i,t} + \mu_{2,i} + v_{2,t} + \varepsilon_{2,it} \qquad (4\text{-}7)$$

$$\text{FOOD}_{i,t} = \alpha_3 \text{DEBT}_{i,t} + \gamma_3 \text{LC}_{i,t} + \beta_3' Z_{i,t} + \mu_{3,i} + \nu_{3,t} + \varepsilon_{3,it} \tag{4-8}$$

式（4-7）中，流动性约束（$\text{LC}_{i,t}$）表示家庭资产流动性。根据Zeldes（1989）[23]的度量方法，$\text{LC}_{i,t}$可被定义为二元虚拟变量：若家庭面临流动性约束（家庭的金融资产低于其两个月的永久收入）则定义为1，否则为0。检验中介效应的三个步骤如下：在式（4-6）中，若$\alpha_1$是显著的，那么DEBT会影响FOOD；在式（4-7）的中介回归中，若$\alpha_2$显著，那么DEBT对中介变量LC具有显著影响；此外，若式（4-8）中的$\gamma_3$显著，那么LC会作用于FOOD，且$\alpha_3$的绝对值应当小于$\alpha_1$。为检验债务困境效应，本研究借鉴Kukk（2016）的方法，将偿债比率（DEBT-S）纳入式（4-5）中。由于中国家庭追踪调查数据仅报告了年度住房债务服务支出，而该支出所占比例较高，因而采用年度住房债务与收入的比率来衡量偿债比率。

### 三、计量结果分析

为避免共线性问题，本研究进行了相关性分析和方差膨胀因子（variance inflation factor，VIF）检验，结果如表4-2所示。任意两变量间的相关系数均不超过0.60，最大VIF为2.24，远小于临界值10。研究结果表明，本研究所涉及变量间均不存在共线性问题。Hausman检验的统计值为57.15，这表明采用固定效应模型进行估计的结果更准确。式（4-5）基准回归以及考虑工具变量IV的估计结果如表4-3所示。

#### （一）基准回归结果

表4-3的第1列和第3列分别展示了方程（4-5）基准回归以及包含工具变量IV的估计结果。在IV模型的第一阶段估计中，工具变量（基层债务比率）的$t$值为9.24，在5%的水平下显著为正；同时，$F$统计量的值为85.46，这表明工具变量有效且不存在明显的弱工具变量问题。表4-3的第2列表明，在1%的水平下DEBT的系数显著为负，说明消费者借贷的债务显著地降低了食品支出份额。在固定效应模型中，使用IV来消除内生性问题时也得到同样的估计结果，这与Fan和Yavas（2020）的研究结论一致。

具体来看，INCOME的系数在1%的水平下显著为正。在两个模型中，INCOME2的系数均在1%的水平下显著为负。这表明在中国城市债务快速增长时期，恩格尔系数与收入间存在明显的倒U型关系。同时，这也与Banks等（1997）的研究结论相一致。在固定效应模型中，ASSET的系数在5%的水平下显著为负；在加入IV后，ASSET的系数在10%的水平下显著为负，这反映了资产收入对食品支出份额的直接负效应。在两个模型中，INSURE的系数在5%和1%的水平下显著为负，表明户主拥有保险会降低家庭的预防性储蓄，进而增加消费支出比例，最终降低了食品支出份额。各地区ECPI的系数在两模型中均显著为正，而PGDP的系数在两模型中均显著为负。这与陈梦根（2019）指出的省级人均GDP对食品支出份额有负面影响的结论相符。

表 4-2 相关性分析和方差膨胀因子检验

| 变量 | DEBT | INCOME | ASSET | FSZ | CHR | EDR | AGE | EDUC | MARR | INSURE | ECPI | HCPI | PGDP |
|---|---|---|---|---|---|---|---|---|---|---|---|---|---|
| DEBT | 1.00 | | | | | | | | | | | | |
| INCOME | 0.08 | 1.00 | | | | | | | | | | | |
| ASSET | 0.05 | 0.42 | 1.00 | | | | | | | | | | |
| FSZ | 0.05 | 0.25 | 0.18 | 1.00 | | | | | | | | | |
| CHR | 0.07 | 0.10 | 0.05 | 0.42 | 1.00 | | | | | | | | |
| EDR | −0.08 | −0.16 | −0.09 | −0.30 | −0.27 | 1.00 | | | | | | | |
| AGE | −0.11 | −0.13 | −0.05 | −0.15 | −0.38 | 0.55 | 1.00 | | | | | | |
| EDUC | 0.00 | 0.25 | 0.18 | −0.09 | 0.06 | −0.17 | −0.32 | 1.00 | | | | | |
| MARR | 0.01 | 0.19 | 0.18 | 0.25 | 0.08 | −0.15 | −0.20 | 0.09 | 1.00 | | | | |
| INSURE | 0.01 | 0.16 | 0.10 | −0.04 | 0.04 | −0.19 | −0.29 | 0.29 | 0.06 | 1.00 | | | |
| ECPI | 0.04 | 0.17 | 0.11 | 0.03 | −0.05 | 0.09 | 0.14 | −0.22 | −0.02 | −0.01 | 1.00 | | |
| HCPI | 0.03 | 0.06 | −0.08 | 0.07 | −0.01 | 0.01 | 0.04 | −0.26 | 0.00 | 0.03 | 0.47 | 1.00 | |
| PGDP | −0.06 | 0.19 | 0.23 | −0.16 | −0.16 | 0.14 | 0.17 | 0.02 | −0.04 | 0.00 | 0.12 | −0.19 | 1.00 |
| VIF | 1.45 | 1.47 | 1.32 | 1.57 | 1.42 | 1.88 | 2.24 | 1.43 | 1.14 | 1.18 | 1.44 | 1.47 | 1.27 |

注：表中内容经作者整理分析而来。

表 4-3 基准回归和含工具变量的估计结果

| 变量 | 固定效应模型 | | 含工具变量的固定效应模型 | |
|---|---|---|---|---|
| | 系数 | T值 | 系数 | T值 |
| DEBT | −0.001*** | −2.784 | −0.009*** | −3.653 |
| INCOME | 0.680*** | 16.225 | 0.666*** | 11.802 |
| INCOME2 | −0.036*** | −17.918 | −0.035*** | −13.033 |
| ASSET | −0.004** | −2.207 | −0.004* | −1.765 |
| FSZ | 0.003 | 0.979 | 0.002 | 0.699 |
| CHR | 0.020 | 0.849 | 0.023 | 0.924 |
| EDR | −0.008 | −0.508 | −0.009 | −0.548 |
| AGE | 0.012 | 0.880 | 0.016 | 1.118 |
| AGE2 | −0.004 | −1.122 | −0.006 | −1.355 |
| EDUC | −0.003 | −1.505 | −0.002 | −1.256 |
| MARR | −0.018 | −1.109 | −0.018 | −1.169 |
| INSURE | −0.015** | −2.336 | −0.015*** | −2.419 |
| ECPI | 0.245** | 2.162 | 0.300*** | 2.580 |
| HCPI | 0.142 | 1.094 | 0.104 | 0.803 |
| PGDP | −0.061** | −2.537 | −0.058*** | −2.578 |
| Constant | −2.702*** | −3.190 | | |
| Time fixed effect（时间固定效应） | Yes | | Yes | |
| Individual fixed effect（个体固定效应） | Yes | | Yes | |
| N | 9186 | | 9186 | |

续表

| 变量 | 固定效应模型 | | 含工具变量的固定效应模型 | |
|---|---|---|---|---|
| | 系 数 | T 值 | 系 数 | T 值 |
| $R^2$ | 0.125 | | 0.092 | |
| F-Statistic | 48.07*** | | 35.34*** | |
| Hausman Test | 57.15*** | | 100.09*** | |

注：*，** 和 *** 分别表示系数在 10%、5% 和 1% 的统计水平下显著；因部分系数过小，故此处保留小数点后 3 位有效数字。下同。

### （二）稳健性检验

为验证消费者借贷对食品支出份额有显著负面影响的结论是否会受到不同变量定义或衡量方法的影响，本研究从以下两方面进行稳健性检验，估计结果如表 4-4 所示。

表 4-4 稳健性检验

| 变 量 | 模型 1: FOOD | 模型 2: FOOD | 模型 3: FOOD-N | 模型 4: ΔFOOD | 模型 5: FOOD-H | 模型 6: FOOD-NH |
|---|---|---|---|---|---|---|
| DEBT | -0.002*** | | -0.002*** | | | |
| | (-4.177) | | (-2.800) | | | |
| DEBT-A | | -0.020*** | | | | |
| | | (-2.955) | | | | |
| ΔDEBT | | | | -0.003*** | | |
| | | | | (-3.945) | | |
| DEBT-F | | | | | -0.003 | -0.002 |
| | | | | | (-0.515) | (-0.766) |
| DEBT-INF | | | | | -0.002** | 0.000 |
| | | | | | (-1.936) | (0.484) |
| 控制变量 | Yes | Yes | Yes | Yes | Yes | Yes |
| N | 9186 | 9186 | 9186 | 5395 | 6151 | 6163 |
| $R^2$ | 0.022 | 0.126 | 0.120 | 0.150 | 0.164 | 0.014 |

注：*，** 和 *** 分别表示系数在 10%、5% 和 1% 的统计水平下显著。

本研究采用四个新的变量来代替食品支出（FOOD）。其中，FOOD-N 是名义食品支出份额，其与 FOOD 的定义相同，但未去除相应 CPI 对家庭食品支出和收入的影响。ΔFOOD 表示 FOOD 的增量，FOOD-H 和 FOOD-NH 分别为居家食品和外出就餐的支出份额。居家食品支出为收入弹性较小的生活必需品消费，外出就餐支出则具有较高的收入弹性。同时，本研究采用四个变量来代替消费者借贷的债务（DEBT）。DEBT-A 为债务与资产的比率，ΔDEBT 是 DEBT 的增量，DEBT-F 和 DEBT-INF 分别为正式和非正式债务与收入的比率。正式债务指从银行和其他金融机构获得的贷款。非正式债务指从银行和其他金融机构之外的替代性金融机构、私人贷款机构或影子银行获得的贷款。

在表 4-4 中，模型 1 将 FOOD 作为因变量，将 DEBT 作为主要解释变量。模型 1 使用了实际家庭收入的对数来对基准模型进行重新估计。结果表明，DEBT 在 1% 的水平下显著为负。[①] 此外，模型 2 将 DEBT 替换为 DEBT-A 来进行重新估计。结果显示，DEBT-A 的系数显著为负，这表明消费者借贷的债务大大减少了食品支出份额。模型 3 使用 FOOD-N 代替 FOOD 作为因变量来重新估计基准模型，DEBT 的系数在 1% 的水平上显著为负。为检验 DEBT 增量对 FOOD 增量的影响，本研究将 $\Delta$ DEBT 对 $\Delta$ FOOD 进行回归。在表 4-4 中，模型 4 表明家庭债务的增加显著降低了食品支出的份额。为检验不同形式债务对不同类型食品支出的异质性影响，模型 5 显示了正式和非正式借贷对离家食品支出份额的影响。结果表明，DEBT-INF 的系数在 5% 的水平下显著为负，这表明非正式借贷大大降低了居家食品支出份额。

综合以上分析，无论如何改变食品和债务变量的定义或衡量方法，结果仍表明消费者借贷的债务显著降低了食品支出份额。这说明基准回归结果稳健且与假设相符。

## 四、影响机制分析

上述分析表明，在消费者借贷显著降低食品支出份额的同时，非正式借贷显著降低了居家食品支出份额。本研究进一步对资产收益效应、流动性约束和债务困境效应三种影响机制进行了检验（见表 4-5）。对于资产收益效应的机制而言，将 ASSET 与 DEBT 的交互项加入到基准估计模型，结果表明：ASSET 和 DEBT 的系数均显著为负；交互项 ASSET×DEBT 的系数显著为正，这表明债务显著降低食品支出份额，但这种负面效应可能会由于债务的负资产特征而被削弱。

为检验流动性约束效应的影响机制，本研究采用中介效应模型进行了分析 [见表 4-5 的第（2）～（4）列]。第（2）列的结果表明，消费者借贷的债务显著降低了食品支出份额，即式（4-6）中的 $\alpha_1$ 显著；第（3）列表明消费者借贷的债务显著增强了流动性约束，即式（4-7）中的 $\alpha_2$ 显著；进一步地，第（4）列的结果表明家庭债务和流动性约束都显著降低了食品支出份额，其中 $\alpha_3$ 和 $\gamma_3$ 均显著，且 $\alpha_3$ 的绝对值小于 $\alpha_1$。上述结果说明，式（4-6）中 DEBT 系数 $\alpha_1$ 的强度降低，这表明流动性约束是降低食品支出份额的重要中介变量。这与 Fan（2010）得出的负债家庭在食品和其他收入弹性低的必需品上的支出较少的结论是一致的。

为研究债务困境效应的影响机制，本研究将住房债务占年收入的比率（DEBT-S）加入到基准回归模型中，估计结果如表 4-5 的第（5）列所示。DEBT 的系数显著为负，而 DEBT-S 的正向作用不显著。这与 Murphy（1998）的结论相一致，即偿债对非耐用品支出没有显著影响，但会影响耐用品和服务的支出。[24] 综合上述分析，消费者借贷的债务通过资产收入效应和流动性约束降低了食品支出份额，债务困境效应的作用并不显著。

---

① 收入的二次项的符号是负的，这也证明了 Banks 等（1997）研究结论的可靠性。

表 4-5 机 制 分 析

| 变量 | 资产收入效应 (1) | 流动性约束 (2) | (3) | (4) | 债务困境效应 (5) |
|---|---|---|---|---|---|
| DEBT | -0.012*** | -0.003*** | 0.006*** | -0.002*** | -0.002*** |
|  | (-3.581) | (6.392) | (5.152) | (-6.239) | (-3.040) |
| ASSET | -0.005** |  |  |  |  |
|  | (-2.344) |  |  |  |  |
| DEBT×ASSET | 0.001*** |  |  |  |  |
|  | (3.244) |  |  |  |  |
| LC |  |  |  | -0.010*** |  |
|  |  |  |  | (-2.719) |  |
| DEBT-S |  |  |  |  | 0.015 |
|  |  |  |  |  | (1.003) |
| 控制变量 | Yes | Yes | Yes | Yes | Yes |
| $N$ | 9186 | 9186 | 9186 | 9186 | 9186 |
| $R^2$ | 0.126 | 0.165 | 0.134 | 0.166 | 0.125 |
| Sobel test |  | -0.0001** |  |  |  |
|  |  | (-2.405) |  |  |  |

注：*，** 和 *** 表示系数分别在 10%、5% 和 1% 的统计水平下显著；括号中数值为 $T$ 值。

## 五、研究结论与政策建议

本研究采用 2012 年、2014 年和 2016 年的中国家庭追踪调查（CFPS）面板数据，分析了消费者借贷对食品支出的影响。研究发现，消费者借贷的债务对中国城市家庭的食品支出具有负面影响。在考虑了内生性问题，以及改变了因变量和自变量的定义和衡量方法之后，上述结果仍然保持不变。值得注意的是，非正式债务会显著地减少居家食品支出。进一步地，消费者借贷的债务对食品支出的影响主要是通过资产收入效应和流动性约束两种影响机制实现的。具体来看：消费者借贷的债务会显著地减少食品支出，但会受到资产收入效应的影响而被弱化；流动性约束在消费者借贷对食品支出的负面影响中发挥着重要作用。

对于中国这样的发展中大国而言，保障消费者足够的食品支出是非常重要的。与广大发达国家不同，中国家庭在教育、医疗和住房等方面的债务比例较高，高负债不利于改善一般家庭的消费和福利水平。政府部门应该通过推进教育、医疗和住房改革来改善公共服务，进而减少家庭债务，增加家庭食品消费，以期改善社会福利水平。以住房为例，城市低收入家庭不应依靠市场，而应依靠政府来提供住房、公共租赁和共有财产，故本研究对改善中国和其他发展中国家城市家庭的社会福利具有重要的现实意义。

## 第七节 案例讨论：中国建立个人破产制度的必要性和可行性

### 一、建立个人破产制度的必要性

随着市场经济的迅速发展，人们的消费观念逐步从"量入为出"向"超前消费"转变，出现了"月光族"和"房奴"等被打上了特殊标签的群体。很多人在追求高质量生活的同时，不自觉地陷入了大量举债的困境。近年来，居民杠杆率（居民部门债务／名义GDP）出现了持续快速上涨的趋势。如图4-8所示，2011年一季度居民部门杠杆率为28%，而到2020年一季度已上升至58%。当今社会处于经济快速转型阶段，个人能否顺利还款以及是否具有持续还款能力都存在极大的不确定性。若出现资不抵债及无法还款等情形，无疑会对国家经济安全和社会稳定带来威胁。此外，由于缺乏专门的个人破产制度，民间潜在的恶性追债所引发的暴力纠纷，以及债务人因债务压力自杀等事件也屡见不鲜。

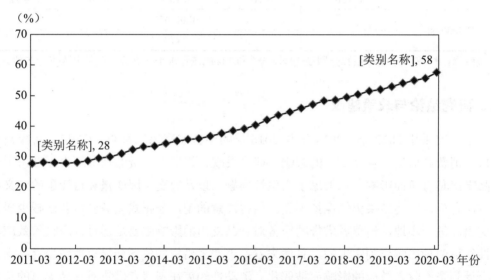

图4-8　2011—2020年居民部门杠杆率（季度）

资料来源：Wind数据库。

建立个人破产制度，是社会主义市场经济高质量发展的要求。随着改革开放的推进，以及"大众创业、万众创新"等一系列鼓励创业政策的出台，越来越多的消费者参与到市场经济中。根据国家工商总局的统计，截至2018年12月，累计市场主体实体户数已达1.10亿户，个体工商户占所有市场主体实体的比例高达67%，这充分说明个体工商户已在中国市场主体中占据了绝对的比重。消费者个人作为经济实体投资的参与者，其在社会主义市场经济建设中扮演着举足轻重的角色。为了保障社会主义市场经济的高质量发展，将消费者个人纳入破产主体范围势在必行。

近年来，中国在解决个人债权债务问题的司法实践中取得了一定的成果，但是"执行难"等问题依旧十分突出,其根本原因在于缺乏个人退出市场的法律机制。当诉讼程序结束后,大量的生效判决由于种种原因难以执行到位,造成了目前"执行难"等问题。现阶段,债权债务的司法处置有参与分配制度和限制高消费令等措施。参与分配的限制较多,难以完全实现债权人的公平受偿;限制高消费令能对隐匿财产的债务人产生一定的约束作用,但对于真正无法偿还债务的债务人来说,却是对其人身权利的限制。早在 2000 年,世界银行就曾建议中国将自然人纳入破产制度的主体范围。这表明,中国在破产制度中的主体缺失问题,已经受到了国际的关注。然而,如今已经过去了 20 多年,中国在个人破产立法上依旧存在着大量空白。

## 二、建立个人破产制度的可行性

### (一)个人财产登记制度的完善

与一般企业相比,个人财产具有更大的不确定性。商业自然人的投资财产具有很大的随意性,经营不善资不抵债时,很容易引发债务逃避等问题。普通自然人的财产亦是如此。目前,中国的个人财产登记制度已经日渐完善。2000 年,中国开始实行储蓄实名制,《物权法》规定了不动产登记制度。除此之外,中国的《公司法》修正案中对股权的登记与变更登记的规定,以及 2011 年《婚姻法(司法解释)》对于夫妻的婚前财产和家庭财产的规定等,对个人财产范围的界定都起到了重要的补充作用。

### (二)个人信用体系的完善

个人破产制度的建立,需要信用体系的支撑。1999 年至今,国家出台了一系列鼓励个人消费的信贷政策,推动了各种消费信贷的增长,其中具有代表性的就是住房贷款。为了减少还款能力的不确定性和维护金融市场的稳定,商业银行需要在放贷时对贷款人的个人信息进行充分了解,如借贷人的经济状况、工作情况、身体状况以及贷款用途等,从而根据充分的信息来确定是否进行放贷和选择贷款的金额。这就对建立完善的个人信用制度提出了新的要求。自从首个针对个人的信用制度试点以来,经过二十年的发展,个人信用体系已经得到不断完善,从而为建立个人破产制度奠定了重要基础(图 4-9)。

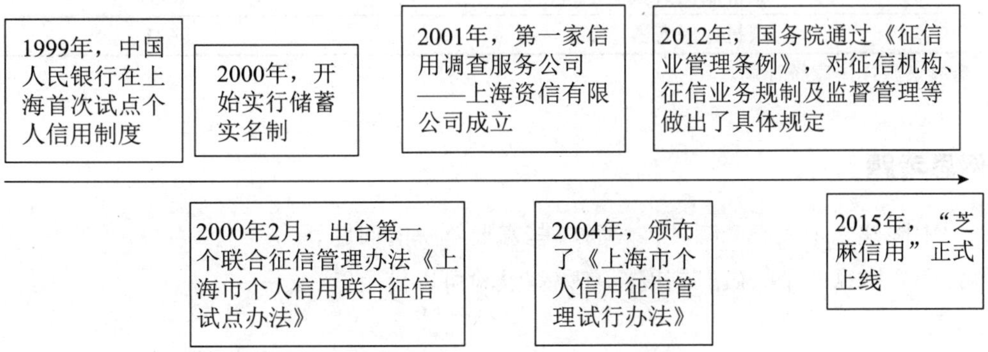

图 4-9 中国个人信用体系创建历程

### （三）社会保障制度的逐步建立

个人破产制度，就是许可自然人申请破产。个人破产制度最鲜明的特征，是通过立法的方式帮助自然人解除债务困境，为无力清偿债务的自然人设定偿债的"天花板"。被宣告破产的自然人，除了部分权利被限制之外，依然可以正常参与经济活动。如果自然人申请进入破产程序来清偿债务，个人破产制度可以使其保留必要的收入或财产以维持基本的生活。改革开放以来，中国社会保障制度得到迅速发展，目前已基本建成较为完善的社会保障体系（见表4-6）。

表4-6 我国社会保障制度的建立历程

| 时　间 | 制定部门 | 相关规定 |
| --- | --- | --- |
| 1994年 | 原劳动部 | 《企业职工生育保险试行办法》 |
| 1996年 | 原劳动部 | 《企业职工工伤保险试行办法》 |
| 1997年 | 国务院 | 《国务院关于建立统一的企业职工基本养老保险制度的决定》 |
| 1999年 | 国务院 | 《失业保险条例》 |
| 2005年 | 国务院 | 《国务院关于完善企业职工基本养老保险制度的决定》 |
| 2009年 | 国务院 | 《国务院关于开展新型农村社会养老保险试点的指导意见》 |
| 2009年 | 全国人大 | 《中华人民共和国劳动合同法》 |

国家统计局数据显示，2020年中国参加城镇基本医疗保险的人数已经突破13.60亿人，参加城镇基本养老保险的人数已经达到4.56亿人（见表4-7）。虽然中国的社会保障制度还未达到全民覆盖，但社会保障体系已全面形成并得到快速发展，能够为个人破产制度的建立提供强有力的支撑。

表4-7 2020年社会保障情况

| 类　别 | 人数/万人 |
| --- | --- |
| 参加城镇基本养老保险人数 | 45 638 |
| 城镇基本医疗保险参保人数 | 136 100 |
| 参加失业保险人数 | 21 689 |
| 参加工伤保险人数 | 26 770 |
| 参加生育保险人数 | 23 546 |
| 城市低保人数 | 805 |
| 农村低保人数 | 3621 |

资料来源：国家统计局。

## 案例思考题

1. 中国建立个人破产制度，还有哪些需要解决的问题？
2. 西方国家的个人破产制度，有哪些经验可以借鉴？

## 参考文献

[1] 李广子，王健. 消费信贷如何影响消费行为？——来自信用卡信用额度调整的证据 [J]. 国际金融研究，2017(10)：55-64.

[2] 田新民，夏诗园. 中国家庭债务、消费与经济增长的实证研究 [J]. 宏观经济研究，2016(1)：121-129.

[3] 李江一，李涵，甘犁. 家庭资产—负债与幸福感："幸福—收入"之谜的一个解释 [J]. 南开经济研究，2015(5)：3-23.

[4] Selenko E, Batinic B. A Moderator Analysis of the Relationship between Perceived Financial Strain and Mental Health [J]. Social Science & Medicine, 2011, 73(12): 1725-1732.

[5] Modigliani F, Brumberg R. Utility Analysis and the Consumption Function: An Interpretation of Cross-Section Data, in *Post Keynesian Economics*, K.K. Kurihara, Editor. 1954, New Brunswick, NJ:Rutgers University Press, 388-436.

[6] 吴宣恭. 美国次贷危机引发的经济危机的根本原因 [J]. 经济学动态，2009(1)：50-55.

[7] Lee, J., K.T. Kim. The Increase in Payday Loans and Damaged Credit after the Great Recession [J]. Journal of Family and Economic Issues, 2018, 39(6): 1-10.

[8] 张艳. 现金贷消费者保护的范式转换及制度构建 [J]. 法学，2019(6): 154-167.

[9] 江嘉骏，高铭，卢瑞昌. 网络借贷平台风险：宏观驱动因素与监管 [J]. 金融研究，2020(6)：152-170.

[10] 黄燕辉. 银行业管制放松与社会福利、信贷供给：基于进入管制放松视角 [J]. 经济评论，2013(6)：108-114.

[11] Deaton A, Paxson C. Economies of Scale, Household Size, and the Demand for Food [J]. Journal of Political Economy, 1998, 106(5): 897-930.

[12] Chai A, Moneta A. Retrospectives: Engel Curves [J]. Journal of Economic Perspectives, 2010, 24(1): 225-240.

[13] Banks J, Blundell R, Lewbel A. Quadratic Engel Curves and Consumer Demand [J]. Review of Economics and Statistics, 1997, 79(4): 527–539.

[14] Mian A, Sufi A. Household Leverage and the Recession of 2007—2009 [J]. IMF Economic Review, 2010, 58(1): 74-117.

[15] Kukk M. How Did Household Indebtedness Hamper Consumption During the Recession? Evidence from Micro Data [J]. Journal of Comparative Economics, 2016, 44(3): 764-786.

[16] Fan Y, Yavas A. How Does Mortgage Debt Affect Household Consumption? Micro Evidence from China [J]. Real Estate Economics, 2020, 48(1): 43-88.

[17] Fan J X. Linking Consumer Debt and Consumer Expenditures: Do Borrowers Spend Money Differently? [J]. Family and Consumer Sciences Research Journal, 2010, 28(3): 358-401.

[18] Gould B W. Household Composition and Food Expenditures in China [J]. Agribusiness, 2002, 18(3): 387-407.

[19] Twigg J, Majima S. Consumption and the Constitution of Age: Expenditure Patterns on Clothing, Hair and Cosmetics among Post-War "Baby Boomers" [J]. Journal of Aging Studies, 2014, 30: 23-32.

[20] 陈梦根. 地区收入、食品价格与恩格尔系数 [J]. 统计研究，2019, 36(6): 28-41.

[21] 杭斌，申春兰. 恩格尔系数为什么降的这么快 [J]. 统计研究，2005, 22(1): 33-37.

[22] Baron R M, Kenny D A. The Moderator–Mediator Variable Distinction in Social Psychological Research: Conceptual, Strategic, and Statistical Considerations [J]. Journal of Personality and Social Psychology, 1986, 51(6): 1173-1182.

[23] Zeldes. Consumption and Liquidity Constraints: An Empirical Investigation [J]. Journal of Political Economy, 1989, 97(2): 305-346.
[24] Murphy R G. Household Debt and Consumer Spending [J]. Business Economics, 1998, 33(3): 38-42.

## 课后思考题

1. 请简要说明消费者借贷的概念,并举例分析如何对消费者借贷进行度量。
2. 请阐述消费者借贷的经济效应。
3. 请论述预算约束对消费者借贷决策的影响。
4. 消费者借贷决策的影响因素有哪些?
5. 请阐述消费者借贷所面临的风险,并分别举例说明。
6. 请举例说明消费者借贷的类型以及特点。
7. 请比较中国和主要发达国家消费者信用管制的异同点。
8. 请结合实际情况,论述我国应如何构建完备的消费者信用管制体系。

# 第五章
# 互联网金融

## 引导案例 >>>

在中国经济快速增长的背景下,居民人均可支配收入日益提高,消费能力逐渐增强,这为互联网金融的发展奠定了良好的经济基础。中国互联网金融行业从起步至今已发展超过20年,目前已经拥有庞大的用户群。截至2020年12月:网络支付用户规模达8.54亿人,占网民整体数量的86%;手机网络支付用户规模达8.53亿人,占手机网民总数的87%。同时,投资互联网金融资产的网民规模也不断增加,购买互联网理财产品的用户达1.72亿人,网民使用率达17%。

相较于传统金融模式的封闭性、不透明性和工作流程的繁琐性,互联网金融融入了互联网"平等、开放、协作、分享"的理念,客户能自主参与资金的流通,因而可以更加灵活和方便地配置自己的金融资源。此外,互联网金融各方面的协作性也更强,可以减少一些不必要的繁琐步骤,降低中间成本,网络操作也更加便捷。那么,互联网金融的具体概念是什么?可为居民生活提供哪些方面的服务?又怎样提高消费者福利呢?

本章将介绍互联网金融的基本概念以及发展概况,并将其划分为互联网在线银行、电商金融服务、P2P借贷、互联网众筹和互联网理财等五个方面进行详细阐述,以帮助读者加深对互联网金融的认识,增进对生活中各类互联网金融服务的理解。

## 第一节 互联网金融及其在中国的发展

### 一、互联网金融的定义及核心要素

传统金融,指兼具存贷款及结算三大业务的金融活动,主要涉及银行、证券、保险和信托等金融机构。各类传统金融机构通常利用其自身深厚的实体服务基础而运转,进行资金的融通。与此相对,网络金融,也称作电子金融(e-finance),即金融的网络化,实现了互联网信息技术与传统金融行业的高度融合。狭义的网络金融,指依托信息技术手段在互联网上开展各项金融业务,如电子货币、电子账务支付与清算服务等相关业务活动。广义的网络金融,指能够在国际范围内以网络信息技术为基础和手段开展的所有金融服务的统称。1971 年,美国的纳斯达克(National Association of Securities Dealers Automated Quotations,NASDAQ)系统上线,标志着网络金融进入了实际运营阶段。

随着以互联网为代表的现代信息科技,尤其是移动支付、社交网络、搜索引擎和云计算等的广泛运用,金融模式也在逐渐发生变化,出现了既异于商业银行间接融资又异于资本市场直接融资的第三种金融融资模式,即互联网金融模式。[1] 相比于传统金融,互联网金融具有支付便捷、市场信息不对称程度低、资金供需双方直接交易和交易成本较低等优势。

互联网金融有三大核心要素。[2] 第一,信息处理。信息处理是互联网金融与资本市场直接融资和商业银行间接融资的最大区别,在云计算技术的保障下,它使得资金供需双方的信息通过社交网络呈现和传播,通过搜索引擎组织和标准化,形成时间连续且动态变化的信息序列。第二,资源配置。互联网金融模式对资源配置效率的提升是其存在的基础。资金供需双方直接通过互联网发布相应信息并进行匹配,不通过银行、券商以及交易所等中介机构即可实现双方直接联系和交易。第三,互联网金融支付系统。以移动支付为基础,所有个人和机构都在央行支付中心(超级网银)开立账户、存款和证券登记,从而实现支付清算的电子化。互联网金融通过提高资源配置效率并降低交易成本来促进经济增长,进而提升整体社会效益。[3]

### 二、互联网金融的分类

#### (一)互联网在线银行

互联网在线银行,指借助现代数字通信、互联网和物联网技术,通过云计算和大数据等方式,在线吸收存款、发放贷款并支付结算,从而为客户提供账户管理、汇转、电子票证、电子信用、投资理财、货币互换、P2P(peer to peer,点对点网络借款)金融以及金融信息等金融服务的互联网金融机构。互联网在线银行是对传统银行业的补充,将传统银行的功能转移到互联网上,实现银行各种业务的在线操作。

### （二）电商金融服务

电商金融服务，指电子商务与金融业相结合而产生的一种新的金融服务。从广义上讲，电商金融服务指借助电子商务平台，运用各类金融产品在其运营过程中开展的金融服务。从狭义来看，电商金融服务是基于电商平台大数据和互联网信息技术开展的为中小微电商企业提供融资等业务的金融增值服务。

### （三）P2P借贷

P2P借贷是网络借贷的一种，是随着互联网快速发展和民间借贷兴起而衍生出的新型金融模式。P2P借贷，指个体和个体之间通过互联网平台实现的小额信用借贷交易，一般需要借助专业网络平台帮助借贷双方建立借贷关系并完成相关交易手续。作为网络借贷的一种，P2P借贷允许贷款方通过互联网平台从传统金融机构之外的个体借出方获得贷款，进一步丰富了金融服务的类型。

### （四）互联网众筹

互联网众筹，通常指通过网络渠道进行推广宣传，通过汇集公众的闲散资金来支持个人和企业的营利或者非营利性质活动的一种融资模式。狭义上的互联网众筹，主要包括公益类众筹、产品服务类众筹和股权类众筹；而广义上的众筹，还包括债权类众筹等。因此，可将互联网众筹定义为：通过互联网平台以公开透明的宣传推广方式，采用无偿或者有偿的方式集中公众的小额资金来满足个人或小微企业特定融资需求的一种互联网金融服务，并将产品、服务、债权和股权等作为接受公众投资的回报。[4]

### （五）互联网理财

互联网理财，指投资者通过互联网对理财产品进行监测管理，从而获取一定的收益，亦即广大投资者通过互联网金融渠道获得理财产品和理财服务，从中获得收益的一种理财方式。从本质上来看，互联网理财是传统金融系统理财方式的一种延伸和拓展。

## 三、互联网金融的发展

### （一）互联网金融发展特点

互联网金融在中国发展迅速，其发展过程呈现出三大特点：一是整合垂直搜索，实现快速匹配；二是服务意识浓厚，注重用户体验；三是信息时效性强，有助于企业占据渠道。互联网金融优化资金资源配置，直接匹配供需，打破了传统银行原有的生存环境，并且联通了金融服务的各个领域。[5] 例如，通过"搜索＋比价"的模式，各金融机构可以将自己的金融产品放在平台上，用户采用垂直比价方式，结合自身情况对比挑选适合自己的金融产品。

根据中国互联网络信息中心（China Internet Network Information Center，CNNIC）发布的《中国互联网络发展状况统计报告》数据，中国互联网金融用户规模总体呈现上升趋势。如图5-1所示，2020年12月互联网理财的用户达16 988万人，是2014年6月

6383 万人的 2.66 倍。网上支付的用户规模则是从 2014 年 6 月的 26 020 万人增加到了 2020 年 12 月的 85 434 万人，占网民整体的 86%。网络支付通过聚合供应链服务和辅助商户精准推送信息，助力中国中小企业数字化转型并推动数字经济发展。移动支付与普惠金融的深度融合，还可通过普及化应用缩小中国东西部和城乡差距，促使数字红利普惠大众，从而提升金融服务便利性水平。

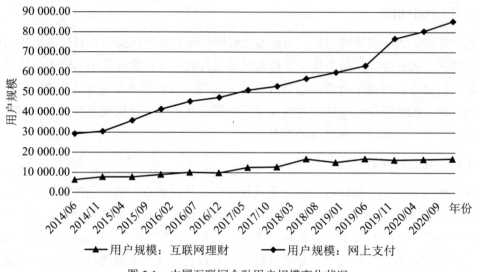

图 5-1　中国互联网金融用户规模变化状况

资料来源：中国互联网络信息中心。

**（二）中国互联网金融发展存在的问题**

在迅速发展的同时，中国互联网金融也面临着诸多风险，如网络安全风险，以及政策与监管问题等。[6] 具体而言，当前中国互联网金融发展主要存在以下 5 个方面的问题。

（1）持牌金融机构对小微企业和长尾群体的金融服务有待提升。小微企业和长尾群体服务成本较高、生存周期相对较短、风险较大、技术落后且信息缺失较为严重。这些问题导致金融机构难以获取小微企业和长尾用户的相关信息以进行风险防控。

（2）大数据风控和隐私保护面临两难局面。一方面，隐私保护呼声越来越高，消费者对个人的数据权利和个人数据主张的认识越来越深；但另一方面，进行大数据风控等需要这些数据作为基本参考，因而两者之间存在冲突。因此，如何平衡大数据的使用，充分保护隐私，也是当前中国互联网金融进一步发展面临的问题。

（3）金控集团模式存在潜在金融风险。金控集团旗下企业、平台和业务众多，支付、保险、理财和信贷等业务兼而有之，业务链相互缠绕。因此，金控集团可能会游离于监管之外，其进行的一些违规操作难以被发现，从而形成行业垄断风险。

（4）技术货币风险。技术货币风险，主要表现在以下三个方面。第一，随着区块链的迅速发展，一些利用区块链的融资服务模式引发了一系列金融风险。第二，稳定币等可能会对部分国家的货币、货币政策和金融安全造成冲击。第三，数字货币之间存在国际竞争，多国央行均在进行法定数字货币的研制。

（5）互联网金融监管亟待完善。网络金融诈骗、逃废债和灰黑产业链等问题的存在，会对金融安全造成威胁。例如，网络金融诈骗案件数量持续上升，电信诈骗等金融诈骗已成为消费者受害较为严重的领域。此外，逃废债问题已经威胁到社会稳定和金融安全，加大了不良资产处置的难度。因此，借助互联网、虚拟数字货币和暗网等各种技术形成的灰黑产业日益猖獗，相关监管法律法规亟待出台、完善和落实。

## 第二节 互联网在线银行

### 一、互联网在线银行的特点及其发展趋势

互联网在线银行，指消费者选择通过互联网办理个人相关银行业务，而不是到实体银行网点进行业务办理。对比传统银行业务，其优势在于更为便利，可以节约时间，因而可以在一定程度上提高消费者幸福感。然而，互联网在线银行也存在信息安全和个人隐私受到侵犯等潜在风险。[7] 互联网在线银行主要有以下几个方面的特点。

#### （一）成本低

互联网在线银行的顾客获取、风险控制和服务提供等都在线上完成，节省了传统银行建设网点和分支机构等各类通道的装修成本、租金成本、网点服务人员人工成本、维护成本，以及贷前和贷后的运营成本等。其中，传统银行的网点开设成本约占全部成本的 50%~65%，因而互联网在线银行大大降低了运营成本。

#### （二）效率高

互联网在线银行并没有实体网点与分支机构，因而消费者可以在线办理金融业务，不需要取号排队，不受时间和空间约束。同时，互联网在线银行通过网络化和程序化的交易设计，以及计算机自动化的处理来精简繁琐的手续，从而达到提高效率的目的。

#### （三）普惠性

互联网在线银行通常不区分普通消费者和 VIP 客户，各种业务按照设定的程序自动完成办理，提高了金融资源配置的公平性。此外，互联网在线银行的信息较为公开透明，资金需求方可以通过网络横向对比进行选择。

#### （四）数据量大

互联网在线银行具有大数据和流量优势，能够运用计算机技术分析大数据，综合各类数据进行较为准确的数据提取。相比传统银行，互联网在线银行可线上评定消费者信用，而不用上门调查实体担保，因此还可在一定程度上降低信息不对称所带来的风险。

随着互联网应用的快速发展和智能手机普及率的迅速增长,发达国家和新兴市场国家的数字包容性都得到了显著改善。在线银行、手机支付和电子钱包成为比传统支付模式更为便捷和对用户更为友好的替代方案。[8] 截至 2017 年,全球通过电子钱包进行交易的总金额达到 3500 亿美元,到 2022 年,交易总额已突破到 1.60 万亿美元以上。中国互联网在线银行的用户规模变化情况如图 5-2 所示,从 2013 年年底的 25 006 万人上升到 2018 年底的 41 980 万人,增加了 68%。在线银行业务的使用,有助于家庭更好地进行财务管理。[9]

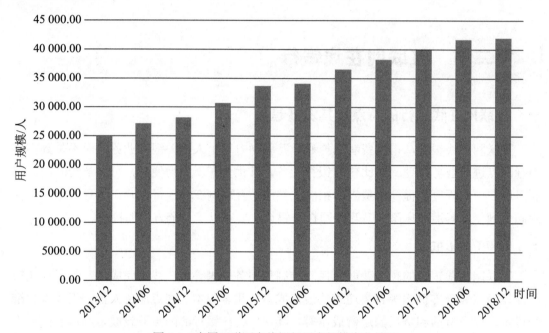

图 5-2　中国互联网在线银行用户规模变化情况

资料来源:中国互联网络信息中心。

## 二、互联网在线银行应用的理论基础

技术接受模型(technology acceptance model,TAM)及其相关理论,解释了互联网在线银行能够迅速发展并为消费者所接受的原因。接下来,本节将通过技术接受模型和创新扩散理论对互联网在线银行应用的理论基础进行深入探讨。

### (一)技术接受模型

技术接受模型是 Davis(1989)为解释计算机被广泛接受的决定性因素而提出的,该模型在应用环境中有助于预测和评估用户对信息技术的接受程度。[10] 以理性行为理论(theory of reasoned action)为基础,技术接受模型认为消费者的感知有用性(perceived usefulness)、感知易用性(perceived ease of use)、用户接受度和特定技术的实际使用之间存在重要的因果关系。Davis 提出了两种决定性因素:一是感知的有用性,反映消费者主观评价的使用一个具体系统使他们工作业绩提高的程度;二是感知的易用性,反映消费者感知到的使用一个具体系统的难易程度。

技术接受模型认为，信息系统的使用是由行为意向（behavioral intention）所决定的，而行为意向由使用态度（attitude toward using）和感知的有用性所共同决定。其中，使用态度指消费者在使用系统时主观上积极或消极的感受，可以用以预测行为。因为积极的态度会促进系统被消费者接受并使用，而消极的态度会导致消费者放弃对系统的使用。使用态度又由感知的有用性和易用性所共同决定。再进一步，感知的有用性是由感知的易用性和相关外部变量所共同决定的，而感知的易用性是由外部变量决定的。其中，外部变量有系统设计特征、用户特征（包括感知形式和其他个性特征）、任务特征、开发或执行过程的本质、政策影响和组织结构等，为模型中存在的内部信念、态度、意向与不同的个人之间的差异、环境约束和可控制的干扰因素之间建立起一种联系。

已有研究发现，营销人员应该关注那些能产生积极态度的关键特征，如感知到的网络有用性和易用性，以及其他影响这两种信念的变量。[11] 也就是说，互联网在线银行应关注意见领导者的特质、网络金融服务的兼容性、网络安全性和网站满意度，以确保整体感知有用性和易用性的提升。

### （二）创新扩散理论

埃弗雷特·罗杰斯（Everett M.Rogers）在 1965 年提出创新扩散理论（theory of diffusion of innovation，TDI），研究了信息在人与人之间或者组织内部传递的过程；创新被视为新颖的观念、实践或者事物，并在这一信息传递过程中得到应用。[12] 创新的扩散是一种基本社会过程，人们主观感受到的关于某个特定创新的信息得到传播，进一步体现创新的重要应用价值。当创新具有相对优势性、相容性、易懂性和可试性等特征时，更易被潜在采用者尝试或使用。进一步地，当采用者可以看到结果，即创新具有可观察性时，将以更快的速度被采用和扩散。

根据创新扩散理论，创新决策过程包含了五个阶段，即获知、说服、决策、实施和确认。在获知阶段，消费者意识到创新。此后，扩散过程又分为了五个阶段，即议程设置、匹配、重新定义或重组、清晰化和惯例化。在这个过程中，随着时间推移创新通过沟通渠道被传递，沟通涉及交换和创造信息，从而形成人们对创新的集体理解。沟通渠道包括面对面沟通、电子沟通等信息共享形式。有关创新的沟通往往是双向沟通，而非从信息源到信息接受者的单向沟通。罗杰斯提出了经典的"S型"创新扩散曲线，该曲线从左下到右上呈现出英文字母"S"的形状（见图 5-3）。初始创新扩散率较低，随着创新被迅速采用，曲线的斜率随之快速增长；在创新扩散达到一定水平后，曲线的斜率开始下降，创新的边际扩散率降低。

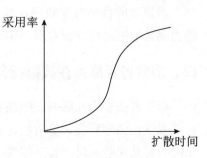

图 5-3　创新扩散曲线

### 三、消费者对互联网在线银行的接受度：以美国为例

以美国为例，消费者对互联网在线银行的接受与使用，主要受到下列人口统计学特征因素的影响。

#### （一）收入

消费者的收入越高，他们越可能接受在线银行技术。美国 2018 年国民理财能力调查（national financial capability study，NFCS）新增了对消费者在线银行和手机银行服务使用情况的调查。拥有支票或储蓄账户的受访者中绝大部分（85%）曾在计算机上使用过互联网在线银行服务，并且超过一半的人（60%）经常使用在线银行服务。以手机支付和汇款为例，随着收入水平的提高，使用该功能的消费者比重也呈现上升趋势。在年收入低于 25 000 美元的受访者中，仅有 16% 的受访者使用手机支付和汇款；在年收入 25 000~75 000 美元之间的受访者中，有 20% 的受访者使用该功能；而在年收入 75 000 美元以上的受访者中，这一比例上升为 26%。

#### （二）教育

消费者的受教育水平越高，越倾向于接受互联网在线银行技术。根据美国 2018 年的国民理财能力调查数据：在学校或工作单位接受过金融教育的受访者样本中，有 33% 的受访者经常使用互联网在线银行和手机银行服务，其中 16% 的受访者经常使用网站或 App 来帮助进行金融业务；而其余受访者样本中，仅有 24% 和 9% 的受访者经常使用上述服务。由此可见，接受过金融教育的消费者，使用互联网在线银行和手机银行的比例更高，且更经常使用网站或 App 来帮助处理一些金融业务。

#### （三）年龄

年轻的消费者相对更容易接受互联网在线技术，而超过 65 岁的老年消费者最不愿意接受互联网在线银行技术。美国 2018 年国民理财能力调查数据显示：在受访的年轻消费者（18~34 岁）中，有 75% 的受访者使用过互联网在线银行，且有 75% 的受访者使用过手机银行；而年龄较大（55 岁以上）的受访消费者中，虽然使用过互联网在线银行的比例有 80%，但其中仅有 40% 的受访者使用过手机银行。

#### （四）性别

消费者的性别对互联网在线银行的接受度也有影响。通过对美国 2018 年国民理财能力调查数据进行分析发现，相比于女性，男性对互联网在线银行的接受度更高。

### 四、消费者互联网在线银行使用的满意度

消费者在接受互联网在线银行并使用的过程中，其满意度也受多种因素的影响，如可进入性、信赖程度、易用性、有用性、服务质量和企业社会责任感等。此外，个人隐私能否得到保护、财产安全能否得到保护以及是否有足够的技术支持保障互联网在线银

行使用安全等，也会影响消费者对互联网在线银行使用的满意度。

## 第三节　电商金融服务

在国内多数小微企业面临着投资渠道欠缺和资金链断裂等问题的背景下，电商金融服务平台应运而生。电商金融服务，指依托于电子商务平台和互联网信息技术，将系统的服务融入企业经营的全过程，实现信息流、资金流和物流整合的新兴互联网金融模式。电商金融服务可以有效提高资金周转效率，为买方和卖方提供融资、结算、保险和信贷等金融服务。

自 2012 年以来，电商金融服务受到越来越广泛的关注，最近几年更是呈现出迅猛发展的趋势。随着互联网金融的发展与壮大，越来越多的电商企业加入到金融服务领域中来。根据中国电子商务研究中心发布的《2018 年度中国电子商务市场数据监测报告》，2018 年中国电子商务交易规模达到 32.55 万亿元，较上年增长 14%。其中，B2B 电商市场交易额达到 22.50 万亿元，零售电商交易额达到 8.56 万亿元，生活服务电商交易额达到 1.49 万亿元。整体来看，产业电商占据约七成，零售电商和生活服务电商占比总体有所提升，整体呈现稳步上升趋势。具体来看，电商金融服务主要分为以阿里小贷为代表的借贷金融平台和以京东白条为代表的供应链金融等模式。

### 一、阿里小贷平台模式

阿里小额贷款是凭借贷款人的信誉所发放的贷款，无需贷款人提供抵押担保，也不需要第三方担保，贷款人以自己的信用作为还款保证。阿里小贷的发展历程主要可以分为三个阶段。[13] 第一阶段为 2000—2007 年，阿里巴巴利用其电子商务平台和"诚信通"服务，通过收集商户的线上交易记录和交易评价，对其信用进行评级，为后续信贷风险管理奠定基础。第二阶段为 2007—2010 年，阿里巴巴先后与建行和工行签订了企业融资协议，建立起统一的信用评级体系，陆续推出了 E 贷通和易融通等产品，为中小电商企业提供低风险、低准入门槛、无抵押并且方便快捷的融资服务。这也是国内首次商业银行通过企业的网上信用平台发放贷款。2009 年 8 月，阿里巴巴集团在杭州和上海与当地政府和建设银行等陆续举办了风险池签约活动，这能够帮助阿里信贷进一步降低小额借贷的系统风险。第三阶段为 2010 年 4 月至今，阿里小贷正式获得经营牌照和营业许可。2010 年 6 月，阿里小额贷款公司由阿里集团、复兴和银泰集团等联合出资成立。

阿里小贷以网络销售平台的大量底层数据为支撑，通过大数据挖掘技术和专业计算能力，以商户的交易信息和交易数据为信用来源，利用自有的电商平台进行渠道拓展，为中小企业提供小额贷款融资服务。阿里小贷申请方便，并且审核快速，采用随借随还的模式。2013 年，阿里小微金融服务集团正式取代阿里小贷，为阿里集团旗下的中小企业和个体消费者提供金融服务，业务范围涵盖支付、保险担保和小额贷款等领域。

阿里小贷提供的金融服务,主要包括订单融资贷款、信用贷款、天猫供应链贷款、天猫运营服务商借款和聚划算保证金借款等。其中,最为主要的是订单融资贷款和信用贷款,其运营机制如图5-4所示。

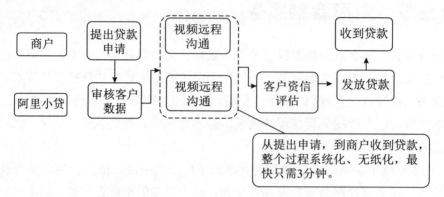

图5-4 阿里小贷平台模式

具体地,阿里小贷的运作流程如下:商户通过淘宝平台或阿里贷款平台提出贷款申请,阿里小贷平台根据商户提交的申请信息追踪并记录客户过往的交易数据,随后进行视频远程沟通,并评估商户的资信等级,合格后进行贷款的发放。阿里小贷成功将贷款公司与融资平台相结合,通过系统化和无纸化的业务流程,使贷款程序更加快速简便。

与传统的小额贷款相比,阿里小贷平台模式在目标客户选择、业务涵盖范围、借贷费用和操作风险等方面都有很大不同。一般线下小额贷款公司的目标客户主要是个体业主、农民和一般的小微企业,贷款金额较小,系统性风险较高,受到政府政策的限制而一般不能跨省经营。此外,由于需要人工审查客户信息,贷前的交易费用较高。在信用评级体系方面,中国尚未建立统一的信用评价体系,一些小额贷款公司也不能及时获取贷款申请人的信用信息,导致资信审查结果具有较强主观性。

相较而言,阿里小贷平台的目标客户多为具有互联网营销理念的小微企业,企业主的文化水平和个人素质更高,对互联网营销具有更加清楚的认识。线上平台使得贷款业务范围更广,订单贷款已经在全国开展,信用贷款在江苏、浙江(除温州外)、上海及广东开展。受益于阿里巴巴庞大的信息管理数据库和先进的信用评价体系,对贷款申请人的资信审查和操作更加便捷,贷前审查费用更低,系统风险也相对较小。综合来看,以阿里小贷平台为代表的网络融资贷款更具备灵活性、快捷高效性和信息无障碍传播等特点,更符合中小企业融资金额小、频率高、时间短的现实需求,能有效降低小微企业融资成本。表5-1归纳了传统小额贷款与阿里小贷平台的主要不同。

表5-1 传统小额贷款与阿里小贷平台的对比

| 对比项目 | 传统线下小额贷款公司 | 阿里小贷 |
|---|---|---|
| 目标客户群体 | 个体经营者、农民、小微企业 | 具有互联网营销理念的小微企业 |
| 业务范围 | 政策规定不得跨省经营 | 订单贷款已在全国范围内开展,信用贷款在江苏省、浙江省(除温州外)、上海市以及广东省开展 |

续表

| 对比项目 | 传统线下小额贷款公司 | 阿里小贷 |
|---|---|---|
| 融资费用 | 主要依靠人工审查，交易费用高 | 信息管理系统自动审核，成本较低 |
| 融资技术 | 根据企业财务信息、抵押担保信息和信用评级体系等"硬信息"综合技术 | 大多依靠关系型"软信息" |
| 操作风险 | 内部控制较弱，风险较高 | 依靠现代企业管理与信息化技术，操作风险较低 |
| 信用评级体系 | 主观性较强，缺乏科学性和合理性 | 庞大的数据库和先进的信用评价体系 |
| 系统风险 | 大 | 小 |
| 年利率 | 月息2分，合年息24% | 日利率0.05%，信用贷款最高利率为21.9%/年 |
| 违约率 | 1%~2% | 0.78% |

综上所述，阿里小贷平台具有传统小贷公司无法比拟的优势。但是，阿里小贷在其发展过程中仍存在一定缺陷。一方面，虽然阿里小贷背靠阿里巴巴平台的庞大数据库，但由于平台的相对封闭性，阿里小贷只能向同自身具有高度粘性的企业提供融资服务，而那些与阿里自身联系不够密切的企业就会受到限制而无法取得贷款。尤其是在一些尚未开展互联网金融服务的偏远和落后地区，网络融资借贷就不能很好地开展，一些线下企业的融资需求也不能得到满足。另一方面，阿里小贷平台贷款成交额的日益增加，也威胁到了阿里集团后续的资本金储备。

## 二、京东供应链金融模式

随着国内电商行业的不断发展，供应链金融服务成为电商金融服务中极为重要的一环。供应链金融，指以一家关键企业为核心，有效整合上下游企业资源，从而实现从上游原材料到生产再到最终销售端的统一的互联网金融模式。京东集团凭借其平台、资源和技术等优势，利用互联网技术和大数据技术，处理分析链条融资企业的财务和销售数据，为供应链条上的上下游企业提供金融服务，已经成为国内提供供应链金融服务的代表性企业之一。

京东供应链金融的发展，同样经历了三个阶段。第一阶段为2012—2013年，京东正式推出供应链金融平台，提出"平台+贷款+银行"模式的融资服务。供应链金融业务推出初期，由于自有资金不足，京东作为供应链核心企业，与银行等金融机构进行合作，提供的主要服务包括订单融资、入库单融资、应收账款融资和委托贷款融资。第二阶段为2013—2014年，为缩短放款时间，满足中小企业的贷款融资需求，京东在2013年10月建立起独立的互联网供应链融资产品——"京保贝"，将互联网、大数据和京东自身优势资源进行整合，为贷款企业提供更加快捷和方便的融资服务。"京保贝"业务均在线上完成，针对提交贷款申请的企业自主分析处理企业的交易和购销等数据信息，企业无需提供担保或抵押物，仅需1~3分钟就可完成从贷款申请到贷款发放的流程。"京保贝"模式放宽了对融资申请对象的限制，只要是和京东有超过三个月业务往来的企业都能在"京保贝"平台申请融资服务。可提供的贷款额度从一万元到数亿元不等，企业还可以灵活地选择还款期限，极大地满足了不同中小微企业的融资需求。和最初的银企合作相比，简化了贷前审核手续，加快了放款速度。第三阶段为 2014 年至今，为进一步拓宽目标客户，涵盖京东供应链上所有与京东长期合作的商家和供销商，2014 年 10 月京东推出了"京小贷"服务模式，平台只需商家的商铺相关信息就能自动计算处理授信额度，商户还可根据自身情况选择到期自动结算或提前还款。

经过快速发展，京东供应链金融服务已经完全转向了线上业务，服务的客户范围不断扩大。以京东平台为核心，将供应链平台上下游企业都联系在一起，为有融资需求的企业商户提供服务。但同时，京东供应链金融服务也存在风险。第一，若供应链的任意一个节点发生问题，整条供应链上的企业都会受到影响，从而阻碍融资服务继续运作，拉长放贷时间。第二，受制于电商平台的身份，京东供应链金融的服务对象均为违约风险较低的链条上的产品供应商。但是，随着供应链金融市场的发展，参与主体不断增加，京东平台未来会面临更大的竞争压力。这就要求京东不断扩大服务对象的范围，探索新的融资产品，以更低的利率和更快的贷款服务吸引客户。第三，相较于阿里集团的支付系统，京东自有支付系统发展较晚，支付方式相对单一，因此更有可能出现资金和流动性不足等问题。

### 三、阿里与京东融资模式比较

京东供应链金融和阿里小贷模式都是依靠自身电商平台庞大的交易经营信息数据库，利用旗下第三方支付平台建立起来的为有融资需求的中小微企业提供金融服务的电商金融服务模式，但因平台不同，融资服务也各有特点。

首先，在业务所需时间方面，阿里小贷从建立起就用自有资金来为企业提供贷款融资服务，而京东供应链金融平台建立初期与银行合作，由银行放款。直到"京保贝"产品上线，京东才开始使用自有资金进行放贷，贷款效率进一步提高。

其次，在业务发展方面，二者的贷款门槛和贷款利率都要低于线下的一般金融机构，而且贷款期限也更加灵活。但与京东相比，阿里电商的起步更早，因此阿里小贷平台能够掌握更充足的客户资本，贷款效率、频率、利率和放贷成本都要优于京东金融平台。

最后，在风险管控方面，阿里集团是中国最先建立的电商服务企业，大数据运营处理和云计算能力一直处于较为领先的地位，能对融资申请企业做出更合理的信用等级评定，风险管控能力更强，坏账率能降低到 1% 以下。尽管近几年京东金融也在快速发展，但云计算和风险控制能力仍略显不足。

## 第四节 P2P借贷

### 一、P2P借贷概念及运作模式

P2P 借贷模式是依托于互联网技术的民间点对点借贷模式，通过聚集民间闲置的小额资本，为有借贷需求的人群提供资金，也称"人人贷"。相较于其他互联网融资模式，P2P借贷融资模式是更为纯粹的融资中介平台。与提供金融服务的电商企业不同，平台自身并不具备掌握大量用户交易、借贷和订销等信息的能力，而是通过注册用户自身上传的综合信息，如收入、工作和房产信息等，对申请者进行综合信用评定和贷款额度决定。在 P2P 平台，注册用户可以随时发布资金需求信息和个人资金借出状况，借贷双方便通过这一平台在合法前提下协商融资金额、利息和归还时间等。在这一过程之中，P2P 平台通过收取手续费获得赢利。图 5-5 为 P2P 的运作模式。

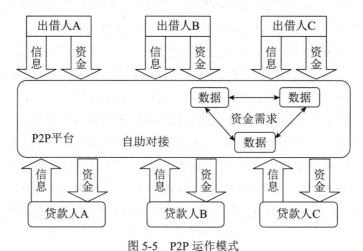

图 5-5　P2P 运作模式

## 二、国外P2P借贷市场发展历程及模式

P2P 网络借贷最早源自孟加拉国的小额信贷。1983 年，为解决贫困问题，穆罕默德·尤努斯（Muhammad Yunus）创立了格莱珉银行，又名孟加拉乡村银行。格莱珉银行的业务模式作为一种成熟的扶贫金融模式，为之后 P2P 模式的进一步发展奠定了基础。英国于 2005 年建立了全球第一家 P2P 网贷平台 Zopa，此后 P2P 网贷模式开始在英国盛行。2006 年，美国建立了 Prosper 网贷平台，注册会员众多，累计借贷额超过 2 亿美元。

国外的征信体系更为发达完善，因此 P2P 发展也更迅速。国外 P2P 发展模式可分为三种。第一，Prosper 模式。在这种模式下，借贷双方可以自行确定贷款额度和利息，平台只是作为中介发布相关需求信息并收取一定手续费作为赢利手段，除此之外再无其他额外费用。第二，Zopa 模式。此模式的借贷流程与 Prosper 模式类似，但是 Zopa 平台会对注册用户进行信用评级，随后将贷款申请人分为不同等级，并且为了进一步分散风险，Zopa 会分割借款资金，将其转换为多次等额的小额投资；当贷款申请人违约时，Zopa 会代替资金出借方进行追偿。第三，Kiva 非营利模式。Kiva 的运作方式，主要是与当地的小额借贷金融机构合作；由当地金融机构向 Kiva 提供资金需求方的相关信息，Kiva 将此类信息发布在自营平台上；出借方自行在平台上选择合适的贷款方，双方达成一致后由 P2P 平台 Kiva 将出借方的资金转给借贷金融机构，贷款方从相应金融机构获得资金。

### 三、国内P2P借贷发展状况

中国第一家P2P网贷平台——拍拍贷于2007年8月成立,而后宜信和陆金所等P2P平台相继出现。国内P2P借贷主要经历了四个发展阶段。第一,2007—2012年,起步阶段。在这一阶段,平台主要业务是小额信贷,社会普遍对P2P借贷认知度不高,市场活跃度低,P2P借贷发展较慢。第二,2012—2013年,初步发展阶段。在这一阶段,个人及企业融资需求增加,P2P借贷行业加速发展。2013年,P2P借贷平台达到572家,同比增长330%。第三,2014—2015年,加速扩张阶段。在这一阶段,平台数目从2013年的500多家一跃增加到了2015年的3464家,达到网贷平台数量的顶峰。第四,2016—2020年,行业"爆雷"、监管趋严和退出阶段。由于低资质网贷平台层出不穷,借贷风险频发,监管部门开始对P2P行业进行洗牌整顿。2016年国家出台了第一个P2P行业的监管政策——《网络借贷信息中介机构业务活动管理暂行办法》。随着监管体系逐步完善,相关文件对P2P行业的规范,地方政府也响应中央号召,出台了配套措施,保证行业发展标准化。由于行业整顿,网贷平台数量开始下降。2018年平台数目下降至1075家,到2019年底仅剩343家。2019年全年P2P借贷成交量达9 649.11亿元,相较上一年17 948.01亿元的成交额下降了46%。此后,全国实际运营的P2P网贷机构逐渐缩减,到2020年11月中旬完全归零。2010—2019年,P2P网贷运营平台数量走势见图5-6。

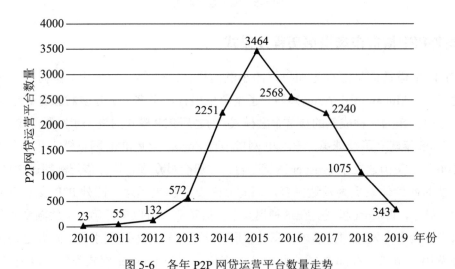

图5-6 各年P2P网贷运营平台数量走势

## 第五节 互联网众筹

### 一、互联网众筹的概念

在互联网技术日益发达的背景下,互联网金融对消费者生活的影响也越来越广泛。

其中，互联网众筹已经具备了广阔的发展空间，并进一步延伸到许多新的领域。互联网众筹起源于美国，是一种新兴的互联网融资模式，具有准入门槛低的特点，因此在"大众创业、万众创新"的时代背景下受到广泛欢迎。它不仅仅在电商渠道方面发展迅速，更是拓展了一系列理财产品以及信贷工具来提高金融服务的质量，改善金融服务体验并进一步提升了消费者的生活水平。

互联网众筹，指以互联网为载体，面向公众直接筹集所需资金的筹资方式。它利用了互联网信息受众面广泛、信息传播速度快和借贷成本较低等优势，为一些初创企业和个人进行某些营利或者非营利活动提供了机会。相比于金融市场中传统的直接和间接融资模式，该模式更为多元化和开放化，兼具低门槛和回报丰厚的特征。"多人"和"小额度"是互联网众筹融资模式较为突出的特征，也是平衡好保护中小投资者和便利中小企业融资的基础。

## 二、互联网众筹的主要类型

### （一）公益类众筹

公益类众筹，指通过互联网平台汇集众多投资者的资金，从而为个人或者某些领域的艺术家进行的某项活动，无担保并且无条件地提供一定量的资金进行援助。出资者乐于看到由自己资助的公益类项目、具有特定社会意义的项目，以及具有较大社会影响的项目获得发展，而不求任何回报。

### （二）产品服务类众筹

产品服务类众筹，也称为预购类众筹，指通过互联网平台集中大众的闲散资金来满足个人或小微企业的融资需求，同时在约定期限到来时，出资人可以获得融资者返还一定量的相关产品、服务、体验或其他形式的回馈作为对其资助回报的众筹模式。

### （三）股权类众筹

股权类众筹，指通过互联网平台进行宣传推广，从而集中公众资金来实现小微企业股权融资目的的一种众筹模式。出资方直接以项目股权作为投资对象，并且期望未来能够获得被投资项目股权的增值收益。融资方不仅能获得资金，还能使得项目全程处于网络推广状态，从而达到较好的营销结果。

### （四）债权类众筹

债权类众筹，即一对多的借贷模式，指通过互联网渠道实现个人与个人或个人与企业之间资金借贷的筹资模式。通过债权类众筹，债权人可以获得固定的利息作为收益。在该模式下，债权和债务关系仅仅存在于借贷双方之间，平台机构只作为中介提供相关服务，并不会参与到借贷双方的利益链条之中，仅为借贷双方提供交易信息和合作机会。

### 三、互联网众筹的发展历程

#### （一）互联网众筹的诞生

世界上最早建立的众筹网站是于2001年开始运营的ArtistShare，其被称为"众筹金融的先锋"，而后互联网众筹模式开始在美国逐渐得到发展。2012年，美国通过了乔布斯法案（Jumpstart Our Business Startups Act），同时设置相关众筹豁免条款，允许中小企业和个人通过众筹模式获得股权，并规定由证券交易委员会对众筹进行直接监管。此举极大地提升了众筹融资模式在美国小微企业中的影响力，并且有助于互联网股权众筹业务代替传统证券交易业务。

#### （二）中国互联网众筹的发展历程

国内的互联网众筹始于2011年，经过一段时间的调整与相关政策的推动，已在国内金融市场获得广泛认可。国内众筹网站平台不断涌现，呈现出爆发式的高速增长趋势。据人创咨询的统计，截至2019年2月，中国正常运营的众筹平台共计141家。其中，互联网非公开股权投资型（股权众筹）平台49家，权益众筹型平台46家，回馈众筹型（产品众筹）21家，综合众筹型平台16家，公益众筹型平台9家。中国互联网众筹平台的发展，尤其是股权众筹，与英美等国相比还处于探索发展期。中国股权众筹融资模式，主要涉及互联网金融、生产制造、文化娱乐、企业服务、智能科技和电子商务等30多个行业。

在政策支持方面，2014年12月，中国证券业协会发布了《私募股权众筹融资管理办法（试行）（征求意见稿）》。按照相关要求，股权众筹平台应当在证券业协会备案登记，并申请成为证券业协会会员。2015年年初，首批8家股权众筹平台成为证券业协会会员，分别为深圳4家（投行圈、云筹网、众筹帮和开心投），北京3家（原始会、天使街和人人投）和上海1家（筹道股权）。

为鼓励众筹平台发展，2015年9月23日，国务院印发《关于加快构建大众创业万众创新支撑平台的指导意见》（以下简称《指导意见》）。该《指导意见》是对大力推进"大众创业、万众创新"和推动实施"互联网+"行动的具体部署，是加快推动众创、众包、众扶和众筹等新模式和新业态发展的系统性指导文件。2016年3月16日，第十二届全国人民代表大会第四次会议上表决通过的《国民经济和社会发展第十三个五年规划纲要（草案）》，提出要深入推进"大众创业、万众创新"，将其融入各发展领域的各个环节，鼓励各类主体开发新技术、新产品、新业态和新模式，打造发展新引擎。同时，鼓励建设创业创新公共服务平台，全面推进众创、众包、众扶和众筹。

2017年1月，国务院支持中小微互联网企业发展壮大。积极扶持各类中小微企业发展移动互联网新技术、新应用和新业务，打造移动互联网协同创新平台和新型孵化器，发展众创、众包、众扶和众筹等新模式，拓展境内民间资本和风险资本融资渠道。2017年12月20日，北京市委办公厅关于明确支持股权众筹等科技创新发展的《北京市加快科技创新发展科技服务业的指导意见》颁布。2019年1月24日，《中共中央国务院关于支持河北雄安新区全面深化改革和扩大开放的指导意见》明确提出"支持股权众筹融资等创新业务先行先试"。随着相关政策和法规等的不断推出和完善，未来众筹行业在各种利好信号下会有更大的发展空间。

在互联网金融快速发展的浪潮下，众筹模式得到越来越多消费者的认可，其自身的平台价值和发展潜力也不断受到社会各界和资本市场的认可。世界银行预测，中国会在2025年成为世界上最大的众筹投资方，并为这个预计达960亿美元的市场贡献近一半的资金。这说明，众筹正在成为大众投资的重要平台。

## 四、互联网众筹存在的问题

### （一）中小企业获得融资较为困难

中小企业经营规模较小，各种风险隐患较大，因此在大多数情况下，中小型企业不能承受较高的借贷成本，从而银行会更加倾向于向大型企业提供贷款。进一步地，中小企业因为人力和财力有限，其产品技术含量和大型企业相比较低，因此需要小额但频繁的贷款。与之恰好相反，银行则更加希望获取大型企业而非中小企业借贷，因为大型企业的借贷能够给银行创造稳定的资金使用收益。此外，中小企业不能提供较为稳定的抵押资产作为贷款的担保，信用风险进一步增加，与银行之间的信息不对称现象加剧，从而不利于中小企业获得融资和发展。

### （二）互联网众筹风险较高

**1. 法律风险**

中国国内现存的众筹平台（不含债权众筹）为了规避相应的法律和法规，大多数采用"捐助后获得实物回报"的模式，如点名时间和众筹网等平台。这种模式为小微企业研发的创新类产品提供了销售试验的渠道，并且减少了生产前期的资金浪费，同时降低了产品销售不畅通导致的产品积压风险。但是，这种方式具有一定的局限性，即只适用于某些实物产业类企业。然而，对于高科技类企业而言，它们可能无法提供投资者愿意接受的实物回报。

股权类众筹对发起者资金成本的要求更低，压力也更小，可以更大程度地解决初创企业资金短缺的问题，但是中国相关的证券法律和法规对股权类融资有着较为严格的限制。如果股权类众筹融资行为被认定为"擅自公开发行证券"或"变相公开发行证券"，那么就会存在"非法吸收公众存款"的嫌疑。此外，如果股权类众筹融资的发起人所发起的项目或筹备的公司有虚假成分，还有可能会涉嫌集资诈骗。

**2. 信用风险**

在投资者信用意识偏低的背景下，某些众筹平台可能会为了牟取短期的利益而杜撰虚假项目，非法吸引公众资金，最终卷款潜逃。这给投资者带来了极大的损失，特别是对于股权众筹而言，其投资期限会更长，因而带来的风险也会更大。

**3. 信息及支付风险**

互联网众筹平台为了确保项目的真实性和投资者的合法权益，会要求项目发起人在发起项目之前或投资者进行投资之前填写详细的个人信息。一旦众筹平台监管不力或者存在漏洞，就可能泄露投资者或项目发起人的相关隐私。同时，互联网众筹平台为了保证资金的安全并规避相关法律和法规的监管，通常与第三方支付机构合作，进行资金的转移和支付。在此过程中，第三方支付可能存在管理隐患，从而加大了投资者的风险。

## 第六节 互联网理财

### 一、互联网理财的概念

近年来，中国经济社会的快速发展以及互联网技术的不断升级换代，使得越来越多的家庭和消费者产生了较为强烈的闲散资金理财需求。互联网金融的发展，也使人们更加充分地了解到互联网理财业务及其信息公开透明、交易成本较低和准入门槛较低的优点。互联网理财不仅仅在支付结算方面迅速发展，更是拓展了一系列理财产品以及信贷工具来提高金融服务的质量，改善人们的生活水平与服务体验。然而，在此过程中，互联网理财也会对商业银行的传统金融业务产生负面影响。[14]

互联网理财，指广大投资者在互联网金融渠道获得理财产品和理财服务，并从中获得收益的一种理财方式。从本质上来看，互联网理财是传统金融系统理财方式的一种延伸和拓展。通过互联网渠道，传统的线下理财产品得到更加快速和广泛的传播而被大众熟知。具体来看，股票、债券、基金和保险等产品或服务通过互联网平台进行销售，就可被称之为互联网理财。

### 二、互联网理财的特点

#### （一）交易成本较低

在互联网理财模式下，客户的需求很容易得到满足。与传统商业银行相比，互联网理财节省了消费者的中介费用与交易成本，也在一定程度上减少了商业银行开设众多线下网点所花费的人力和物力成本。

#### （二）覆盖范围较广

互联网理财运用其网络技术优势，使每一位客户都能及时享受相应的服务，并不会受到时间与地域的限制。特别地，互联网理财覆盖了很多传统金融无法涉足的领域，使金融服务的范围变得更加广泛，并且使得金融交易更加简单、快捷和直接。

#### （三）经营效率较高

互联网理财的不断完善提高了在线交易业务的服务质量，不仅使消费者的等待时间大大缩短，而且极大地提升了消费者的满意度。这使得消费者的理财观念得到不断地提升，进而吸引更多消费者通过互联网渠道进行理财，使社会资金流动速度增加，进一步推动国民经济更加稳健地发展。

### 三、互联网理财存在的问题

#### （一）理财产品趋于同质化

互联网金融平台的持续进步，推动着互联网理财产品种类的不断丰富。但是，大多数互联网理财产品的研发需要强大的技术作为支撑，只有攻克了相应的技术难关，互联网理财的发展和运作才会更加高效和便捷。当前，传统金融市场，尤其是银行理财产品市场，同质化问题较为严重。各家银行的理财产品在功能和运作模式方面相似度较高。在此基础上，互联网理财产品也存在此类问题，即理财产品趋于同质化。

#### （二）理财产品风险提示不足

金融机构或互联网金融平台在进行理财产品推广时，对于风险的隐蔽性及其不确定性并不会多做宣传，因此互联网理财产品并没有完善的风险披露机制。某些互联网金融平台仅仅强调预期收益高和投资体验好，这虽然能够在很大程度上提高投资参与率，但是一旦出现较大的风险，就会造成较大的损失，从而导致客户流失，进一步影响平台的形象和声誉。

### 四、互联网理财与传统理财的关系

在互联网迅速发展的大环境下，互联网理财凭借其自身的便利性、低成本性和高效性，受到众多消费者的青睐。随着互联网理财业务范围的不断拓展，线上理财和线下理财均可满足人们的投资需求，因而商业银行等传统金融机构将面临业务量减少和客户分流等困境，最终导致二者之间的竞争逐渐趋向白热化。[15]例如，由第三方支付平台开发的互联网理财产品——余额宝，属于货币基金范畴，被投资者用来投资国债等安全性较高的资产，其市场份额逐步上升，使商业银行存款大量外流。[16]

实际上，互联网理财与传统理财携手合作以求得共赢发展，是大势所趋。传统金融机构应充分利用互联网金融机构的优势，提高创新意识与创新能力来吸引更多的客户群体。随着社会经济的飞速发展，大众需求日益变化，金融环境和监管政策不断改变，因此互联网理财与传统理财的理念与合作方式也会随之发生变化。然而，不论市场环境如何变革发展，只有各金融机构之间进行诚信互利的深入合作，才能带动市场经济持续稳健发展，从而提高人们的理财能力，进一步提升消费者的幸福感和获得感。

## 第七节 案例讨论：走向没落的P2P

在美国，P2P平台的性质仅为单纯的信息中介，平台只负责撮合借贷双方，不存在挤兑风险。然而，P2P在中国的发展过程中却逐渐演变成为信用中介。在P2P刚进入中国市场时,国内并无相关监管机构,直至2015年当时的银监会才明确负责对其进行监管。

P2P在国内之所以充当信用中介,主要是因为国内金融市场的刚兑环境。中国传统的融资方式一直以银行为主,加之银行有实力进行刚兑,使得国内的投资者十分注重保本和保收益。同时,相关政府部门对P2P的监管跟进不及时,直至2015年才开始强调P2P平台的信息中介实质。在行业发展初期,P2P平台为了吸引客户,纷纷采用提供担保的方式,多数平台有自己的担保公司或者与担保和保险公司合作。然而,平台自身的风险控制与资金实力根本无法承担这些成本,这也是后期行业"爆雷"频发的重要原因之一。

在逐渐完善的监管体系下,P2P公司业绩开始严重下滑。2019年9月,湖南省正式宣布省内所有P2P平台均为非法平台。2019年10月16日,湖南省地方金融局发文,决定取缔24家P2P平台。此后,山东、河南、重庆和四川等省(或直辖市)纷纷发文取缔辖区内全部网贷平台。从中国P2P行业的发展历程来看,2016年为国内P2P行业的高速发展时期,其后大规模平台相继爆雷,多数P2P公司营业收入和利润总额出现大幅下降。例如:趣店在2016年的营业收入同比大幅增长了514%,但2019年该数值仅为15%;简普科技在2016年的营业收入同比增长了112%,而2019年却同比减少了19%。随着业绩的下滑,P2P公司的贷款规模和员工人数,也表现出急剧下降的趋势。

从P2P平台参与人数来看,投资者和借款人数均在下降。2017年,参与人数达到顶峰,投资人数最高达到454.10万人,借款人数最高达到520.77万人。此后,两者分别一路下降至2019年底的110.39万人和119.06万人,降幅超过75%(见图5-7)。此外,行业成交额也在持续下滑,从2017年最高点的2 536.76亿元降至2019年底的428.89亿元,降幅达到83%。到2020年11月,P2P借贷平台全部清零。

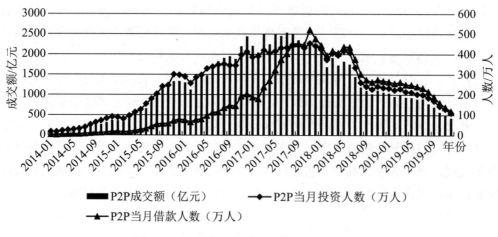

图5-7 P2P平台成交额及参与人数变化趋势

从行业规范来看,问题平台数量逐步攀升(见图5-8)。截至2019年12月,P2P累计问题平台数量达到2 924家。值得注意的是,P2P问题平台大多以"跑路"为主,也出现被立案侦查的情况,如积木盒子等。

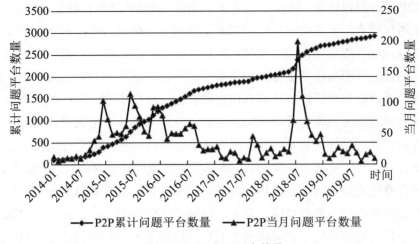

图 5-8 P2P 问题平台数量

P2P 频繁 "爆雷"，最根本的原因是风控模型不完善。与美国完善的信用体系和 FICO（美国个人信用评级法）评分不同，中国并没有建立完善的信用系统。国内的征信体系起步较晚，从而导致国内 P2P 平台的风控系统大多缺乏核心数据，风控模型不够完善。波士顿咨询公司（The Boston Consulting Group）发布的 2015 年《中国个人征信行业报告》相关数据显示，2015 年央行的个人信贷记录覆盖率仅为 35%，而同期美国的覆盖率高达 92%。国内的 P2P 平台风控模型，不仅没有类似于美国三大信用管理局的 FICO 得分数据，而且也很难获取借款人的收入、就业情况及信贷历史记录等重要信用数据，其所依赖的数据仅为个人的社交信息和交易信息等非信用数据。由于自身的资金实力薄弱，一些规模较小的 P2P 平台往往会选择购买第三方的风控模型，由此导致了严重的风控系统同质化。更有一些资质不足的 P2P 平台甚至没有构建自己的风控模型，仅对通过头部平台审核的借款人进行放款。由此可见，P2P 平台的风控系统缺乏足够的能力处理高风险等级客户的信息。

随着国内监管的逐步趋严，各大 P2P 平台开始寻求转型。国内 P2P 平台转型的方向主要有以下几类：小贷模式、助贷模式、消费金融模式和综合理财平台模式（见表 5-2）。其中，与传统的金融机构合作，利用互联网技术优势提供金融科技服务成为比较流行的转型方向。

表 5-2 国内 P2P 公司转型模式

| P2P 平台 | 转型目标 | 转型模式 |
| --- | --- | --- |
| 趣店 | 互联网开放平台 + 助贷服务 + 电商 | 开放平台提供助贷服务，转向汽车及电商等非 P2P 服务 |
| 宜人金科 | 综合理财 + 金融科技 | 理财业务包括 P2P 网贷、银行智能存款、基金代销及保险代销等 |
| 简普科技 | 金融科技 | 开展信用卡业务合作，为金融机构提供技术解决方案 |
| 小赢科技 | 综合理财 + 助贷服务 | 开展助贷，并与中信信托等金融机构合作 |
| 信而富 | 助贷服务 | 开展以机构资金为放贷主体的助贷业务 |
| 乐信 | 互联网理财 + 电商 | 与工商银行及西藏信托等合作 |

尽管 P2P 平台积极转型，以求更加稳健地发展，但是 P2P 平台转型仍存在一定困难。首先，存量消化较难。监管给出的转型期限是原则上不超过一年，而网贷平台要在转型期限内完成存量业务清零具有较高难度。其次，转型平台的准入门槛较高。对于小贷模式的转型，相关文件明确规定了全国性小贷公司的注册资本和首期实缴资本。对于助贷模式的转型，助贷机构向银行等持牌机构提供获客、授信审查、风控以及贷后管理等环节的服务，其主要服务对象为持牌机构。然而，持牌机构通常会通过评估助贷机构的资产质量、股东背景、品牌流量及经营情况等来选择合作机构。这意味着只有在资产端具备核心竞争力的平台才更适合转型助贷，然而满足转型助贷要求的只有少数平台。因此，只有少数平台有资质进行转型。最后，转型后的领域也面临着激烈竞争。例如，相关文件明确指出，网络小贷不得办理线下业务，原网贷平台线下网点需在 1 年内取消。这就导致了网络小贷只能依靠线上业务赢利，无形中加剧了各平台间的竞争。对于助贷，监管也日渐趋严，特别是部分地区要求银行审慎办理异地客户的授信业务，导致部分地方性银行对于助贷业务态度收紧。截止到 2020 年 11 月，P2P 借贷经过"七年之痒"，最终走向没落。

## 案例思考题

1. P2P 平台纷纷"爆雷"，暴露出哪些问题？
2. 互联网金融在中国如何能够得到更好的发展？

# 参考文献 >>>

[1] Dong J, Yin L, Liu X, et al. Impact of Internet Finance on the Performance of Commercial Banks in China [J]. International Review of Financial Analysis, 2020, 72: 101579.
[2] 谢平，邹传伟，刘海二. 互联网金融的基础理论 [J]. 金融研究，2015(8): 1-12.
[3] 谢平，邹传伟. 互联网金融模式研究 [J]. 金融研究，2012(12): 11-22.
[4] 徐洁，隗斌贤，揭筱纹. 互联网金融与小微企业融资模式创新研究 [J]. 商业经济与管理，2014(4): 92-96.
[5] Hou X, Gao Z, Wang Q. Internet Finance Development and Banking Market Discipline: Evidence from China [J]. Journal of Financial Stability, 2016, 22: 88-100.
[6] 胡光志，周强. 论我国互联网金融创新中的消费者权益保护 [J]. 法学评论，2014, 32(6): 135-143.
[7] Zhu C, Hua G. The Impact of China's Internet Finance on the Banking Systemic Risk – An Empirical Study based on the SCCA Model and Stepwise Regression [J]. Applied Economics Letters, 2019, 27(4): 1-8.
[8] Berman A, Cano-Kollmann M, Mudambi R. Innovation and Entrepreneurial Ecosystems: Fintech in the Financial Services Industry [J]. Review of Managerial Science, 2021(4): 2-17.
[9] Hogarth JM, Anguelov CE. Are Families Who Use E-Banking Better Financial Managers? [J]. Journal of Financial Counseling and Planning, 2004, 15(2): 61-77.
[10] Davis F D. Perceived Usefulness, Perceived Ease of Use, and User Acceptance of Information Technology [J]. MIS Quarterly, 1989, 13(3): 319-340.

[11] O'Cass A, Fenech T. Web Retailing Adoption: Exploring the Nature of Internet Users Web Retailing Behaviour [J]. Journal of Retailing and Consumer Services, 2003, 10(2): 81-94.

[12] Rogers E M. Diffusion of Innovations [M]. New York: The Free Press, 1965.

[13] 吴俊英. 中小微企业网络融资模式实验：以"阿里小贷"为例 [J]. 经济问题，2014(1): 43-48.

[14] 顾海峰，闫君. 互联网金融与商业银行盈利：冲击抑或助推——基于盈利能力与盈利结构的双重视角 [J]. 当代经济科学，2019, 41(4): 100-108.

[15] 刘澜飚，沈鑫，郭步超. 互联网金融发展及其对传统金融模式的影响探讨 [J]. 经济学动态，2013(8): 73-83.

[16] 王锦虹. 互联网金融对商业银行盈利影响测度研究：基于测度指标体系的构建与分析 [J]. 财经理论与实践，2015, 36(1): 7-12.

## 课后思考题

1. 什么是互联网金融？其核心要素有哪些？
2. 请简述互联网金融模式的分类。
3. 请分析互联网在线银行的特点，并论述其应用的理论基础。
4. 请举例分析电商金融服务。
5. 请分析比较国内外 P2P 发展模式的异同点。
6. 什么是互联网众筹？主要有哪些类型？
7. 请简述互联网理财的特点及其与传统理财的关系。
8. 请分析 P2P 在中国走向没落的原因。

# 第六章
## 消费者金融教育

### 引导案例 >>>

近年来,伴随着互联网理财的快速发展,年轻消费者的理财意识逐步增强。一方面,与中老年消费者相比,年轻一代的消费观念已经发生了深刻变化。他们习惯了超前消费,"月光族"更是在"80后"和"90后"中占有很大比例。另一方面,高昂的房价,加重了年轻一代消费者的生存和生活压力。在这样的背景下,一些所谓"财商教育机构"应运而生,推出一系列理财课程,声称可以通过内幕消息,帮助学员在不承担风险的情况下赚取高额收益。

然而,这些"财商教育机构"推出的理财课程却成为一场场骗局。据报道,"微淼商学院"利用9.9元的课程吸引年轻人购买,旋即利用他们急于赚钱的心态推出更加昂贵的课程,这些课程的费用高达几千元至几万元不等。但是,这些课程却只是涉及金融领域一些最基本的概念,对于提高理财能力并没有明显的帮助,"学费"反倒变成了"智商税"。

实际上,导致消费者被骗的最主要原因是消费者所受金融教育的不足和金融知识的匮乏。那么,如何定义金融教育?消费者金融教育的发展历程如何?消费者金融教育的影响因素是什么?在理财意识觉醒的今天,亟须对消费者金融教育展开深入讨论。本章将对消费者金融教育的相关内容进行较为系统的阐述。

## 第一节 消费者金融教育概述

### 一、消费者金融教育的基本概念

金融教育（financial education）包括多种类型。本章介绍的金融教育更偏向于公共金融教育。公共金融教育指面向全体社会成员开展的金融知识启蒙和普及教育。从受教育对象来看，金融教育的受众包括金融服务接受者、消费者、投资人和潜在的金融服务接受者等个人或群体。从教育内容来看，金融教育包括正确运用金融知识有效规避金融风险，提高金融意识和信用意识，以及转变理财观念等。

### 二、消费者金融教育的发展现状：发达国家和国际组织

作为保护消费者金融权益的有力措施，金融教育历来受到世界各国和国际组织的关注与重视，也被认为是一种危机来临前的预防性保护。在普及金融教育方面，美国、英国和日本等发达国家和一些国际组织走在了世界前列，这些国家在普及消费者金融教育方面已经取得了显著成效。本节内容将着重介绍这几个具有代表性国家的消费者金融教育的发展现状，进一步为我国推广消费者金融教育提供经验借鉴。

（一）美国

美国消费者金融教育体系的建设，大体分为成立专门政府部门、制定针对性国家战略、利用金融机构和非营利组织开发项目，以及完善学校课程体系等四个方面。

1. 成立专门政府部门

1995年，美国成立了全美储蓄教育委员会（American Savings Education Council，ASEC），其宗旨是帮助消费者解决缺乏储蓄意识和忽视制定退休计划等问题。2003年，美国通过了《公平和准确信贷交易法案》（Fair and Accurate Credit Transactions Act），并成立了金融素养和教育委员会（Financial Literacy and Education Commission，FLEC）。金融素养和教育委员会主要负责制定金融教育国家战略，推动政府和非公共部门共同参与，从而为美国所有个人和家庭带来可持续的金融福利。

金融危机后，奥巴马政府认为次贷危机得以蔓延的主要原因是对金融消费者的保护不足。2009年6月，时任美国总统奥巴马提议建立一个全新的金融机构来直接保护消费者。2010年7月，奥巴马签署了《多德—弗兰克华尔街改革与消费者保护法案》（Dodd-Frank Wall Street Reform and Consumer Protection Act，以下简称《多德—弗兰克法案》），并根据该法案创建了消费者金融保护局（Consumer Financial Protection Bureau，CFPB）。消费者金融保护局的主要使命是推广全国金融知识教育，并且已经开展了一系列项目来帮助消费者管理他们的金融事务，其主要研究任务如下：确定如何测量金融福利和如何识别与消费者理财能力相关的知识、技能和习惯；评估现有改善金

融决策和结果方法的有效性；开发和评价新的帮助消费者进行金融决策的方法。

### 2. 制定针对性国家战略

2006 年，金融素养和教育委员会发布了其第一个国家战略——"把握未来：国家金融素养战略"（Taking Ownership of the Future: The National Strategy for Financial Literacy），并提出了金融教育的四大关键领域：建立公众对可用资源的意识；编订针对性的材料和传播策略；建立公私合作伙伴关系；研究和评估金融教育计划。2011 年，金融素养与教育委员会发布了"促进美国金融成功：国家金融素养战略"（Promoting Financial Success in the United States: National Strategy for Financial Literacy），进一步构建了美国金融教育战略的基础性框架。该框架的关注点在于：提高消费者金融知识水平和满足消费者形成理性金融决策的需求，以及为实现这些教育目标而需付诸的努力。在 2006 年战略的基础上，该战略重点提出了四个目标：提高人们对有效金融教育的认识和获取；确定并整合核心理财能力；完善金融教育基础设施；确认、加强和分享有效的实践。为了实现上述四个方面的大目标，该战略在每个大目标下提出了更具有针对性的小目标，例如，为了让国民更加有效地获取金融教育，可以在日常进行财务决策时（如在购房和为子女大学教育筹资时）提供公正且易理解的金融教育资源，并将其作为学校、职业技术中心和工作场所共享的教育战略的一部分。

2016 年，金融素养与教育委员会对 2011 年的战略进行了更新和完善，强调了金融教育对提升大学入学率、学业成就以及消费者终身财务健康的重要性。2018 年，该委员会的最新报告"高校金融素养和教育的最佳实践"（Best Practices for Financial Literacy and Education at Institutions of Higher Education），针对高等教育机构开展金融教育和消费者债务管理工作，提出了指导性建议。

### 3. 金融机构和非营利组织开发项目

位于丹佛（Deuver）的非营利性金融规划学院成立于 1972 年，是美国第一家为职业人士提供金融规划课程的金融教育机构。美国国家金融教育基金会（National Endowment for Financial Education, NEFE）由该学院演变而来，是一个独立的非营利性基金会，致力于向消费者提供有关个人理财知识的咨询服务。1984 年，该基金会启动了首个金融教育项目，即高中理财教育计划（High School Financial Planning Program, HSFPP），旨在帮助青少年提高个人理财技能。

大量金融机构也在积极参与推进消费者的金融教育。美国联邦存款保险公司（Federal Deposit Insurance Corporation, FDIC）在 2001 年创建了"精明理财"（Money Smart）金融教育项目，其宗旨是帮助各个年龄段的消费者提高理财技能并建立起积极的银行业务关系。联邦存款保险公司也邀请其他组织成为合作伙伴，定期更新这一项目。2002 年，美国消费者银行家协会（Consumer Bankers Association, CBA）的一项调查显示，接受调查的 68 家零售银行中有约 66% 开展了相关金融教育项目。[1] 在一项对美国 576 个信用合作社的调查中，约 61% 的信用合作社表示提供了个人金融教育的相关课程；通过 8000 个信用社所提供的金融教育课程，约 15 万成年人受到了教育。美国独立社区银行家（Independent Community Bankers of America）的数据显示，2003年美国约98%的社区银行参与了金融扫盲项目，近72%的社区银行拥有独立的金融教育项目。

位于马萨诸塞州布罗克顿的HarborOne银行拥有40亿美元资产，从2008年次贷危机后发展成为美国首批致力于金融教育的机构之一，提供金融教育近12年。HarborOne银行专门设有HarborOne U计划，通过课程、研讨会和相关咨询活动等为消费者提供金融教育、生活和职业规划服务。美国青年银行（Young Americans Bank）是世界上唯一一家专注于为21岁及以下客户提供服务和金融教育的银行。该银行与非营利组织"青年美国人金融教育中心"（Young Americans Center for Financial Education）一起合作，它们的三个金融教育项目已成为科罗拉多州和某些邻近州的许多学校的固定课程。

**4. 完善学校课程体系**

自20世纪90年代以来，美国中小学校及高等院校对金融教育的兴趣显著上升。[2] 美国经济教育委员会（Council for Economic Education，CEE）是致力于为中小学生提供个人金融和经济学知识教育和服务的非营利性组织。自1998年起，该委员会每隔两年对美国中小学生的经济和金融教育状况进行一次全面调查。其最新发布的报告显示，2020年美国有45个州要求在中小学课程中加入个人金融知识等相关内容。同时，该调查报告还显示，有24个州要求在高中课程中加入个人金融知识等相关内容，有6个州要求在高中实施个人金融教育。

2007年，非营利组织JumpStart个人金融素养联盟（JumpStart Coalition for Personal Financial Literacy）修订了K-12个人金融教育的国家课程标准。这一标准建立了全面的个人金融教育课程框架，将金融教育分为支出和储蓄、信贷和债务、就业和收入、投资、风险管理和保险，以及财务决策六个部分，描述了从幼儿园至12年级（K-12）期间受教育者应具备的个人理财知识和能力，为之后做出明智的财务决策打下坚实基础。2018年，该联盟发起了"Groundswell"项目，计划到2025年接受有效金融教育课程的美国中小学生数量将增加25%。

### （二）英国

英国消费者金融教育体系，大体上从成立相关机构与有针对性地开展金融教育等两个方面加以建设。

**1. 成立相关机构**

2008年的金融危机使得英国蒙受巨大损失，故英国一直致力于推行金融改革。在2010年前，英国金融服务管理局（Financial Services Authority，FSA）是履行普及金融教育职责的主要承担者。2006年，英国金融服务管理局制定了英国首个金融教育国家战略，英国将普及消费者金融教育提升到了国家战略的高度。该战略分两阶段进行，在第一阶段（2006—2011年）结束后英国修正和完善了该战略，而后在2011年开始继续实施第二阶段的金融教育国家战略。

2010年4月，英国依据《2010年金融服务法案》成立消费者金融教育局（Consumer Financial Education Body，CFEB），成立一年后更名为货币咨询服务司（The Money

Advice Service，MAS），该机构专门从事消费者金融教育工作。MAS 通过两个途径来改变英国金融消费者不良的理财观念和消费习惯。一方面，MAS 在宏观层面制定了详细的金融教育服务与推广计划；另一方面，MAS 从微观层面着手，使英国的每一个家庭都可以通过电话、网络和当面咨询辅导等方式向 MAS 咨询金融知识，从而做出理性的消费决策。此外，MAS 也在 2013 年展开全国调查，调查内容主要涉及英国民众的消费者金融素养，该调查实施的频率为每季度一次。

**2. 有针对性地开展金融教育**

英国的消费者金融教育以 16 岁为界限，对不同年龄组采取了不同的金融教育政策，特别是将金融教育普及的重点放在 16 岁以下的青少年身上，因而较有针对性。2008 年，英国教育部制定了《学校金融能力课程指导》，积极推动中学开设金融知识教育课程，其内容涉及个人预算、金融风险和财务管理等。与此同时，英国政府也开展一系列以金融教育为主题的金融教育项目，包括"金钱意味着什么"和"我的资金计划周"等。这些项目以寓教于乐的方式将理财知识教授给青少年学生。2013 年 10 月，MAS 发布了《15~17 岁青少年金融能力调查报告》，同时还开展了相关活动以及设计相应软件来引导青少年正确管理自身的金融事务。

对于 16 岁以上的民众，英国政府通过两种方式来推进继续金融教育。第一种方式是设置各种机构来对金融教育的开展进行辅助。例如，成人金融扫盲咨询小组、公民咨询部门和金融服务业等。第二种方式是针对该群体推出各项计划。例如，政府制定的社会金融普惠议程、金融普及计划以及成人金融能力计划等。

在此过程中，作为英国中央银行的英格兰银行一直致力于推行金融教育。英格兰银行的员工积极进入校园普及金融知识。英格兰银行在高中开设《货币制造》等课程，旨在帮助学生了解基础的经济知识，使其具备基本的金融素养。同时，英格兰银行还向高校师生免费开放。高校师生可以通过银行内的多媒体设备了解到货币的诞生与发展等金融知识。

### （三）日本

日本的消费者金融教育是政府主导的，政府通过制定相关法律、设置专门的机构负责金融教育、制定金融教育战略和在学校推行消费者金融教育 4 个方面的措施构建国民的金融教育体系。

**1. 政府制定消费者金融教育相关法律**

日本的老龄化问题在进入 21 世纪之后逐步凸显，民众将大部分资金都用于储蓄导致日本需求不足。日本当局为刺激需求和提高民众理财意识一直致力于推行消费者金融教育，将其作为金融机构改革的基本政策。2000 年，日本发布了《21 世纪新金融构建》，该报告强调了金融教育的重要性，同时要求中央和地方储蓄信息委员会、消费者以及地方政府等相关部门均参与到消费者金融教育的普及活动中去。2004 年，日本内阁又发布《未来金融改革项目》致力于通过增加消费者金融教育资金投入进一步刺激日本公民的投资意愿。2006 年，日本颁布《金融商品交易法案》，规定日本证券业协会有责任向投资者普及金融知识。

### 2. 政府设置专门的机构负责金融教育

日本有众多机构开展消费者金融教育。作为日本金融监管的最高行政部门的日本金融厅和作为日本央行下辖机构的中央金融服务信息委员会是日本专门负责金融教育的机构。这些专门机构和行业协会、相关团体以及民间机构等联合起来共同开展消费者金融教育普及工作，旨在提高日本全民的金融素养。

### 3. 制定金融教育战略

2005年，日本金融厅发布了《金融和经济教育议程》，该报告提出了日本第一个金融教育国家战略。2012年11月，金融厅召集相关学者和部门等成立了金融教育研究小组。2013年4月，金融教育研究小组发布了《金融教育报告（2013年）》，该报告提出面对日本全民的未来金融教育行动方案，新的行动方案被认为是对原有议程的修订。2007年，中央金融服务信息委员会发布《金融教育规划：如何培养社会生存能力》，该报告确定了小学和初高中学生金融教育课程的相关内容，同时也提供了学校引入金融教育的方案和模范教学方法，其被认为是在实施阶段的第二个金融教育国家战略。

### 4. 在学校推行消费者金融教育

中央金融服务信息委员会确立2005年为"金融素养教育促进元年"，将金融教育重点放在学校，旨在加强青少年学生的金融素养，帮助青少年掌握正确的方法以识别金融风险。21世纪初，日本学校正式引入金融教育课程。2008年和2009年，日本文部科学省修订了中小学和高中的课程指南，要求将金融教育的相关内容引入到学生的课程中，而后指导方针陆续在中小学和高中予以实施，使得各学习阶段的学生都能接受正规的金融教育。同时，中央金融服务信息委员会和地方委员会给相关金融教育学校提供教育经费、派遣教师和发放免费金融教育资料等，旨在全力推进学校的金融教育普及工作。

## （四）国际组织

国际组织在全球消费者金融教育普及工作中也扮演着越来越重要的角色。2008年金融危机爆发后，二十国集团（Group of 20，G20）开始重点关注消费者金融教育议题，在陆续召开的多次峰会上均把该议题作为讨论的焦点，而后G20也一直号召成员国制定《金融教育国家战略》。此外，世界银行和经合组织（OECD）在金融教育方面也作出了巨大努力。早在2002年，经合组织便推出金融教育项目以提高消费者识别金融风险的能力。2008年，经合组织成立了专门机构——国际金融教育网络（International Network on Financial Education，INFE），旨在为全球各国金融教育提供指导。2012年，INFE发布《学校金融教育指引》，为各国政府普及金融教育提供了方向性纲领。2013年，世界银行开展全球消费者保护和金融教育调查，该调查有利于清晰认识世界范围内大多数国家的金融素养现状和制定针对性的金融教育普及措施。2015年，INFE制定了《金融教育国家战略的政策手册》和《青年金融教育的核心能力框架》，将实施了金融教育国家战略的国家经验予以分享，为其他国家制定金融教育国家战略和将金融教育纳入国民教育体系提供了重要的参考。

## 第二节 中国消费者金融教育的发展

消费者具备良好的金融素养是防范金融危机的重要前提，而做好消费者金融教育是全面提升金融素养的重要途径之一。有效的金融教育可以帮助消费者做出理性的决策，降低消费者进入金融市场的风险并提高消费者对金融机构的信任度。提供良好的金融教育可以有效维护金融市场稳定，拓宽金融服务受众范围，最终使整个社会都能共享金融发展带来的好处。[3] 我国消费者金融教育的发展和建设，主要涵盖注重顶层设计、金融机构成立相关部门、组织金融知识的普及活动以及开展消费者金融素养问卷调查等四个方面。

### 一、注重顶层设计

2013 年，中国人民银行同中国银行保险监督管理委员会（银保监会）和中国证券监督管理委员会（证监会）颁布了《中国金融教育国家战略》，指出了中国推行消费者金融教育的监管机制、运营目标和具体实施方案。该战略于 2013 年 5 月提交给经合组织，并于 2013 年 9 月 5 日在圣彼得堡举行 G20 峰会期间正式发布。2015 年 11 月，国务院办公厅发布了《关于加强金融消费者权益保护工作的指导意见》（以下简称《意见》）。该文件明确定义了金融消费者享有的权益，着重指出接受金融教育是消费者的主要权益。《意见》指出：为建立和完善金融教育保障机制，金融机构应在原有的基础上深化消费者金融教育，协助消费者正确认识自身财务状况，进而做出理性决策。我国将普及金融教育制定为发展目标，可以有效地提升消费者的金融素养。

### 二、金融机构成立相关部门负责金融教育

金融机构是推广消费者金融教育的主要实施者。由于我国各项金融制度尚未完善和消费者金融知识相对匮乏，因而消费者遭受金融欺诈的案例屡见不鲜。在此背景下，各大金融机构理所当然地承担起向消费者普及金融知识的重任。中国人民银行、原银保监会和证监会等金融监管部门均在内部设置消费者权益保护局作为保护消费者权益的专门机构，在其职责范围内组织消费者金融教育工作，已经取得了良好成效。2023 年 5 月，国家金融监督管理总局在中国银行保险监督管理委员会基础上组建成立，将中国人民银行对金融控股公司等金融集团的日常监管职责、有关金融消费者保护职责，中国证券监督管理委员会的投资者保护职责划入国家金融监督管理总局，进一步强化了对消费者的金融教育和保护。

### 三、组织金融知识普及活动

近年来，我国金融监管机构多次开展教育活动来提高人们对现代金融的认识，中国人民银行在推进我国消费者金融教育方面发挥了重要作用。2007 年，中国人民银行组织并出版了普及性金融教育书籍《金融知识国民读本》。2008 年，中国人民

银行和共青团中央开展了名为"金融知识进社区,青春共建促和谐"的主题活动。2014年,中国人民银行金融消费权益保护局(以下简称"消保局")组织编写了《金融知识普及读本》。2020年,为提高青少年金融素养,消保局编写并出版了金融知识普及读物《金融诚信伴我行》(小学高年级版)和《金融诚信伴我行》(初中版)。此外,消保局于2020年设计了四个系列的高质量金融教育在线课程(小学生高年级版本和初中版本)以满足数字时代传播金融知识的需求,该在线课程可在中国人民银行网站下载和学习。

除中国人民银行外,其他金融机构也一直致力于开展消费者金融教育普及工作。原中国银行业监督管理委员会是首家设立公共教育网站和服务区的金融机构,每年9月都会组织全国银行开展"金融知识进万家"活动。该活动设计的宣传资料收录实时金融热点,旨在帮助消费者选择合适的金融服务与产品,提高识别金融骗局的能力和增强合法维权的意识。中国证监会建立了100多家教育服务基地来宣传普及证券期货和金融风险等方面的知识,这些教育服务基地向社会公众开放,消费者可通过线上或线下的方式获取所需的金融知识,从而有效地增强消费者的自我风险防范意识。此外,各个金融机构也相互联合起来共同推进金融知识普及。2019年9月,中国银保监会、中国人民银行、中国证监会和中华人民共和国国家互联网信息办公室共同开展了"金融知识普及月金融知识进万家争做理性投资者争做金融好网民"的教育活动。这种线上与线下结合的宣传方式有效地扩大了活动覆盖面,最终受众高达9亿人次,成功地实现了提升公众金融素养和普及金融知识的目标。

## 四、开展消费者金融素养问卷调查

为了正确认识中国消费者金融素养水平和合理评估推行金融教育的成果,消保局分别在2013年和2015年在全国范围内对消费者金融素养情况展开了两次试点调查,均获得了较好的反馈。基于消费者的积极态度,2016年1月11日,中国人民银行办公厅发布了《关于建立消费者金融素养问卷调查制度(试行)的通知》,由此我国建立了消费者金融素养调查制度。2017年开始在全国31个省级行政区划单位(不包括香港、澳门和台湾)展开调查,每两年进行一次,全面调查消费者的态度、行为、知识和技能等,以便综合多种因素来分析中国消费者对金融知识的掌握程度。

消费者金融素养调查制度,有助于查找我国金融教育普及工作的薄弱点,可以为推进金融教育普及工作奠定基础。2019年的调查分析报告显示,全国消费者金融素养指数平均分为64.77分,属于中等偏上水平。同时,消费者金融素养呈现出异质性,教育程度、收入水平和户籍等因素都会影响消费者的金融素养。这表明中国消费者金融教育普及工作任重而道远,应当有针对性地展开金融知识普及工作,将低净值人群作为重点宣传对象,从而扩大金融教育普及工作的覆盖面。

## 第三节 消费者金融教育的影响因素

### 一、家庭人口结构特征

#### （一）性别

男性消费者更愿意在金融教育上花费时间。对这个结果可能的解释是：男性相比于女性有一些不同的内在特质，如男性更加偏好风险等。[4] 因此，男性消费者更有参与金融市场的动机，从而会增加对金融教育的需求。

#### （二）受教育程度

学历高的消费者有更强的学习能力，学习同样的金融知识花费的时间更少。因此，受教育程度较高的消费者，时间成本更低，会增加对金融教育的需求。[5]

#### （三）家庭人口数和子女数

消费者的家庭人口规模和子女数量上升，都对他们接受金融教育具有促进作用。[6] 消费者家庭成员较多，往往会承担更大的抚养压力，因而更需要在金融市场上赚取财产性收入，也就更有动机学习更多的金融知识。

### 二、社会分层结构特征

#### （一）职业

消费者的职业，是社会分层重要的影响因素之一。已有研究表明，消费者的职业对于金融教育的时间投入没有产生显著影响。[7] 一个可能的解释是我国的金融教育具有"普惠性"，并没有在社会各阶层之间形成显著差异。因此，开展大众化的金融教育将是我国未来发展普惠金融的有效手段。

#### （二）收入与住房拥有

收入水平高的家庭以及拥有自有住房的家庭，更有意愿增加金融教育投入。消费者收入水平高，意味着有多余的资金投入金融市场赚取财产性收入。在我国高房价的背景下，拥有自有住房的居民不必背负房贷还款的压力，有一定的储蓄来参与金融市场的投资活动。因此，上述两类消费者更有动力增加金融教育的投入。[8]

#### （三）金融知识的学习途径

报刊、理财顾问和金融机构提供的咨询类服务这三类教育途径，能够显著增加消费者在金融教育上投入的时间，即消费者更愿意在上述三类途径上花费时间来接受金融教育。

#### （四）学习金融知识的目的

消费者不愿在提供基础金融知识的金融教育项目上花费太多时间，而愿意把时间投入到学习和了解金融产品的相关知识上,同样的情况也发生在学习金融权益保护和金融规划知识等方面。一方面,基础金融知识的学习相对于其他内容更加花费时间,而一旦学习效果达不到预期,消费者就可能会降低学习兴趣,因此这类知识更适合那些认知能力强和受教育水平较高的消费者。[9] 另一方面,中国消费者对许多新颖的金融产品了解不多,亟需与实践相关的金融教育来丰富他们对金融产品的认识。[10]

## 第四节　消费者金融教育与理财能力:基于城乡差异的视角

### 一、引言

近年来,随着中国金融市场的加速发展,可供个人和家庭投资的金融产品种类和数量逐渐增加,越来越多的消费者开始积极参与理财投资和财富管理。一方面,众多消费者需要通过投资理财去管理家庭财产,预防生命周期中的各类风险,提高家庭的抗风险能力。另一方面,提高家庭的财产性收入,使家庭财富得到保值增值是大多数消费者的迫切愿望。然而,目前中国消费者的理财能力相较于发达国家还较为落后。从消费者的理财行为来看,当前中国家庭总资产中绝大多数为非金融资产,拥有的房产挤占了家庭的大部分资金,在金融市场、保险市场及信贷市场的投入不足,不利于家庭财富的保值和增值。[11]《中国家庭财富调查报告 2019》数据显示,中国家庭金融资产结构持续单一,投资渠道狭窄,现金和存款占家庭资产的近九成。以风险金融资产为例,根据中国家庭金融调查数据,有 48% 的受访者因为"没有炒股相关知识"或"不知道如何购买"而没有持有股票,所以缺乏相关的金融知识可能是消费者参与投资理财不足的主要原因之一。此外,金融素养匮乏,也可能使消费者遭受更多的融资成本损失。例如,Lusardi 和 Mitchell(2014)就发现,如果投资者缺少专业的金融知识,那么就会在信贷市场承受更高的借贷利率。[12]

中国存在城乡消费者理财能力差距过大的问题,农村消费者面临着更加严峻的投融资环境。首先,中国农村地区金融市场开放程度非常低,处于开放初期阶段,无论从新型农村金融机构的覆盖面和服务能力,还是从金融机构的正规化程度来看,农村地区都远落后于城市。[13] 金融资源向城市群体的倾斜,使得农村消费者难以获得专业的金融知识,也不利于其参与多样化的金融市场。其次,农村消费者固有的"投资有风险"的理念难以改变,投资理财行为十分谨慎。农村消费者的大部分资产均用于储蓄,在其他理财产品上的投资意愿较低,尤其在信用、保险和金融市场的投资几乎为零。对于这部分群体,在面临突发的经济衰退和家庭危机时,缺乏理财能力往往使他们更容易陷入财务困境。

相较于发达国家,中国的金融教育研究存在起步晚、发展时间短及缺乏相关的调查数据等问题,因而鲜有文献深入探讨金融教育对消费者理财能力的作用机制。以往的研究较多关注金融教育对金融素养的影响,或者金融素养对消费者配置风险金融资产的作用。而本研究着重分析金融教育对消费者理财能力的作用效果,并区分了金融知识和多项理财行为,对金融教育的作用进行了较为详细和深入的分析。同时,本研究还区分了城镇和农村样本,探讨金融教育影响消费者理财能力的城乡异质性。从微观角度来说,本研究对提高消费者的理财能力,进而改善相关投资理财行为具有重要的现实意义;从宏观角度来说,本研究的结论对政府相关部门制定一系列金融教育政策,进一步缩小城乡理财能力差距具有深远的战略意义。

## 二、研究假设

随着消费者收入水平的上升及金融市场的不断发展,消费者对投资理财的参与无论是从参与广度还是参与深度来说,都会不断增强。消费者是否接受过金融教育成为消费者理财能力的关键影响因素。[14] 一方面,金融教育有助于消费者理解金融产品,从而增强风险意识;专业的金融教育能够提升消费者的金融知识,促进其进行更理性的理财规划和投资。另一方面,金融教育会提高消费者参与理财的意愿,通过储蓄、借贷、投资以及保险等多个方面来管理家庭财产,提升自身的综合理财能力。[15] 同时,正确的理财观念和风险意识会帮助消费者在金融市场获得更稳定和更高的收益。[16] 根据以上分析,本研究提出如下假设。

假设1:金融教育对提升消费者理财能力具有促进作用。

由于政策导向和市场自发带动,金融发展在城乡间出现了较大差异,大量金融资源都流向了城市[17-18]。城乡间金融机构质量和效率的差异,也阻碍了城乡金融的均衡发展。[19] 农村消费者在进行理财投资时,一方面由于资源的局限存在较为严重的信息不对称;另一方面,自身观念保守和风险厌恶也使农村消费者缺乏金融需求,难以主动参与金融市场的投资活动[20-21]。在此背景下,加强对农村消费者的金融教育,能够直接使农村消费者获取专业的金融知识,进一步加深对金融产品和金融市场的认识,有助于改善其投资决策水平,进而提高理财能力。而对于城镇消费者来说,利用自身的资金优势和丰富的金融资源就能获取到金融知识并参与到金融市场中,所以对金融教育的需求不如农村消费者迫切。基于此,本研究提出假设如下。

假设2:金融教育对消费者理财能力的影响存在着城乡异质性,且对农村消费者具有更强的促进作用。

## 三、数据、变量与模型设定

### (一)数据来源

本研究数据来源于西南财经大学中国家庭金融调查与研究中心2015年的中国家庭金融调查数据。由于解释变量——金融教育在2017年和2019年的中国家庭金融调查中没有相关问题体现,即没有对受访者进行与金融教育相关的问题调查,所以本研究选择

2015年中国家庭金融调查数据进行分析。该调查包含了37 289户家庭的人口特征、收入消费情况、金融知识、理财行为和社会保障等大量详细的微观数据，数据具有很好的代表性。为保证研究的有效性和可靠性，在处理数据时，选取家庭为研究对象，研究中的个人数据选取家庭中的户主为代表。剔除了各个变量的缺失值和异常值，只保留总收入和总资产为正数的家庭，限制户主年龄在18~90岁之间，最终保留了34 857个有效家庭样本。

### （二）变量选择

理财能力是一种应用恰当的金融知识开展一系列理想的理财行为，进而实现并提升理财满意度的能力。[22] 在对已有文献进行梳理的基础上，本研究采用金融知识和理财行为两类变量来衡量消费者的理财能力。其中，金融知识变量选取了中国家庭金融调查2015中关于金融知识的三个问题，即利率、通胀和投资风险的调查数据。Van Rooij等（2011）认为，受访者直接选择不知道或者算不出来所代表的金融知识水平与回答错误所代表的金融知识水平并不相同。[23] 因此，本研究将回答正确的计为2分，错误计为1分，不知道计为0分，将3个问题得分进行加总代表受访者的金融知识水平，得分越高表明受访者的金融知识水平越高。对于理财行为变量，本研究参考了已有文献的做法并结合实际调查数据，选取了8个基本覆盖了消费者日常理财行为的变量，分别为退休规划行为、金融市场参与行为、投资分散行为、借贷行为、所得支出行为、储蓄行为、信用行为和保险行为。各个理财行为变量采用中国家庭金融调查2015中的相关问题进行测量，具体问题和计分规则见表6-1。进一步地，将各变量的得分加总代表消费者的理财行为水平，即若消费者的理财行为得分越高，说明消费者的理财行为越理性，理财能力越强。

表6-1 理财能力的具体指标和计分标准

| | | | |
|---|---|---|---|
| 金融知识 | 利率 | 假设银行的年利率是4%，如果把100元钱存1年定期，1年后获得的本金和利息是多少？ | 正确=2；错误=1；不知道=0 |
| | 通货膨胀 | 假设银行的年利率是5%，通货膨胀率每年是3%，把100元钱存银行一年之后能够买到的东西将怎样？ | 正确=2；错误=1；不知道=0 |
| | 投资风险 | 一般而言，您认为股票和基金哪个风险更大？ | 正确=2；错误=1；不知道=0 |
| 理财行为 | 退休规划行为 | 您有计划过养老吗？ | 有=1；没有=0 |
| | 金融市场参与行为 | 您是否参与金融市场投资？ | 是=1；否=0 |
| | 投资分散行为 | 投资风险分散化水平 | 分散=1；不分散=0 |
| | 借贷行为 | 您家是否因为其他原因有尚未还清的欠款？ | 是=1；否=0 |
| | 所得支出行为 | 您家庭的可支配收入是否能覆盖消费性支出？ | 是=1；否=0 |
| | 储蓄行为 | 您家是否有人民币活期存款账户？ | 是=1；否=0 |
| | 信用行为 | 您家是否使用信用卡？ | 是=1；否=0 |
| | 保险行为 | 您家是否持有商业保险类产品？ | 是=1；否=0 |

注：在金融市场参与行为指标中，持有股票、基金、债券、金融理财产品、衍生品中的任何一种或多种记为1分，一种都没有记为0分。投资分散行为指标采用Guiso和Jappelli（2009）的方法构造

"考虑资产间相关性"的"有效分散化"指标[24]，评估投资组合的有限分散程度；范围在 0~1 之间，越接近 1，分散化程度越高。

金融教育变量，选取中国家庭金融调查 2015 中的是否接受过经济金融类课程来衡量。若受访家庭接受过经济金融类课程，则该变量编码为"1"，反之编码为"0"。理财能力的影响因素包含多个方面，参考已有研究的做法[14,22]，本研究选取以户主为代表的人口统计学特征变量和家庭特征变量作为控制变量。人口统计学特征变量，主要包含户主年龄、性别、健康状况、文化程度、婚姻状况、风险态度和信息关注度等。根据前文的文献讨论，户主的风险态度和对金融经济类信息的关注程度会显著影响户主的理财行为。家庭特征变量，主要包含家庭资产、家庭收入、家庭规模和房产数量等，能够较为全面地反映受访家庭的经济情况。各个变量的定义和描述性统计结果见表 6-2。

表 6-2 变量说明与描述性统计

| 变量名称 | 变量说明 | 全体样本 | | 城镇样本 | | 农村样本 | |
|---|---|---|---|---|---|---|---|
| | | 均值 | 标准差 | 均值 | 标准差 | 均值 | 标准差 |
| 理财能力 | 金融知识和理财行为的得分总和 | 4.79 | 2.83 | 5.49 | 2.79 | 3.22 | 2.23 |
| 金融知识 | 根据前文选取的变量加总计算得分 | 2.65 | 1.95 | 3.09 | 1.87 | 1.70 | 1.75 |
| 理财行为 | 根据前文选取的变量加总计算得分 | 2.13 | 1.38 | 2.40 | 1.43 | 1.53 | 1.01 |
| 金融教育 | 接受过金融教育 =1；未接受过金融教育 =0 | 0.07 | 0.25 | 0.09 | 0.28 | 0.02 | 0.13 |
| 年龄 | 2015 年减去户主的出生年份 | 59.85 | 13.82 | 58.65 | 14.37 | 62.50 | 12.10 |
| 性别 | 男 =1；女 =0 | 0.76 | 0.43 | 0.70 | 0.46 | 0.88 | 0.33 |
| 健康状况 | 1~5 表示健康状况由非常不好到非常好 | 2.63 | 0.95 | 2.54 | 0.91 | 2.83 | 0.99 |
| 文化程度 | 1~9 依次表示未上过学、小学、初中、高中、中专/职高、大专/高职、大学本科、硕士、博士 | 3.44 | 1.68 | 3.87 | 1.76 | 2.50 | 0.97 |
| 婚姻状况 | 同居或结婚 =1；其他 =0 | 0.87 | 0.34 | 0.86 | 0.35 | 0.89 | 0.31 |
| 风险态度 | 1~5 表示风险态度由非常厌恶到非常偏好 | 1.74 | 1.25 | 1.85 | 1.26 | 1.48 | 1.19 |
| 信息关注度 | 0~5 表示对财经信息由不关注到非常关注 | 2.10 | 1.09 | 2.21 | 1.09 | 1.86 | 1.05 |
| 家庭资产 | 家庭总资产的对数 | 12.66 | 1.67 | 13.04 | 1.60 | 11.82 | 1.43 |
| 家庭收入 | 家庭总收入的对数 | 10.31 | 2.03 | 10.53 | 2.07 | 9.81 | 1.83 |
| 家庭规模 | 家庭总人口数 | 2.07 | 1.78 | 1.87 | 1.60 | 2.50 | 2.04 |
| 房产数量 | 家庭房产数量 | 1.28 | 13.19 | 1.20 | 9.31 | 1.46 | 19.18 |

从表 6-2 的描述性统计中可以发现，消费者理财能力平均值为 4.79 分，满分为 14 分，金融知识和理财行为平均值分别为 2.65 分和 2.13 分。总体来看，中国消费者的理财能力还较为落后，无论是金融知识还是理财行为得分都偏低。同时，从消费者受金融教育比例来看，接受过金融教育的家庭仅为 7%。在城乡之间各个变量也存在着显著差距，无论是理财能力还是金融知识和理财行为，农村家庭的得分都低于城市家庭。此外，从消费者受金融教育率来看，城镇家庭是农村家庭的差不多 5 倍。

### （三）模型设定

本研究探讨城乡差异背景下金融教育对消费者理财能力的影响，以是否接受过金融教育作为解释变量，理财能力总得分作为被解释变量。考虑到衡量理财能力的变量具有离散排序的特点，本研究采用有序 Probit（Ordered Probit）估计方法，用可观测的有序数据建立模型来反映不可观测的潜在变量的变化规律。因此，本研究计量模型设定如下：

$$y_i = F(\beta X_i + \partial C_i + \epsilon_i) \tag{6-1}$$

式中：$y_i$ 为被解释变量，代表消费者的理财能力；$X_i$ 为解释变量，表示是否接受过金融教育；$C_i$ 为控制变量；$\epsilon_i$ 为随机干扰项。$F(\cdot)$ 为理财能力的非线性函数：

$$F(y_i^*) = f(x) = \begin{cases} 1, & y_i^* < \gamma_1 \\ 2, & \gamma_1 < y_i^* < \gamma_2 \\ \vdots & \vdots \\ J, & y_i^* > \gamma_{J-1} \end{cases} \tag{6-2}$$

式中，$y^*$ 为潜在变量；$y$ 为不可观测连续变量，且有 $y_i^* = \beta X_i + \partial C_i + \epsilon_i$。

## 四、计量分析结果

### （一）金融教育对消费者理财能力的影响

在表 6-3 中，第（1）列为控制了家庭和人口统计学特征等变量后，金融教育对消费者理财能力影响的估计结果。具体地，金融教育对消费者理财能力的提升具有显著的促进作用，估计系数为 0.30，且在 1% 的水平下显著，假设 1 得到验证。同时，表 6-3 的第（2）和（3）列是对理财能力中包含的金融知识和理财行为分别进行估计的结果。具体来看，金融教育对消费者金融知识的提高有显著的促进作用，估计系数为 0.14，且在 1% 的水平下显著。此外，根据第（3）列估计结果，金融教育也改善了消费者的理财行为，对应的系数为 0.31，在 1% 的水平下显著。因此，金融教育可以从知识水平和行为能力两方面综合提高消费者的理财能力。

表 6-3　金融教育对消费者理财能力影响的估计结果

|  | 理财能力 | 金融知识 | 理财行为 |
|---|---|---|---|
| 金融教育 | 0.30*** | 0.14*** | 0.31*** |
|  | (0.02) | (0.02) | (0.02) |
| 年龄 | −0.01*** | −0.01*** | −0.001* |
|  | (0.00) | (0.00) | (0.00) |
| 性别 | −0.16*** | −0.09*** | −0.15*** |
|  | (0.013) | (0.014) | (0.014) |
| 健康状况 | −0.04*** | −0.02*** | −0.04*** |
|  | (0.01) | (0.01) | (0.01) |

续表

|  | 理财能力 | 金融知识 | 理财行为 |
|---|---|---|---|
| 文化程度 | 0.21*** | 0.17*** | 0.15*** |
|  | (0.01) | (0.01) | (0.01) |
| 婚姻状况 | 0.04** | 0.05*** | −0.004 |
|  | (0.02) | (0.02) | (0.02) |
| 风险态度 | 0.18*** | 0.17*** | 0.10*** |
|  | (0.01) | (0.01) | (0.01) |
| 信息关注度 | 0.24*** | 0.22*** | 0.13*** |
|  | (0.01) | (0.01) | (0.01) |
| 家庭资产 | 0.18*** | 0.12*** | 0.16*** |
|  | (0.00) | (0.00) | (0.00) |
| 家庭收入 | 0.15*** | 0.06*** | 0.21*** |
|  | (0.00) | (0.00) | (0.00) |
| 家庭规模 | −0.05*** | −0.05*** | −0.02*** |
|  | (0.00) | (0.00) | (0.00) |
| 房产数量 | 0.00 | 0.00 | 0.00 |
|  | (0.00) | (0.00) | (0.00) |
| Pseudo $R^2$ | 0.13 | 0.12 | 0.13 |
| 样本量 | 34 875 | 34 875 | 34 875 |

注：① *$p$< 0.1, **$p$< 0.05, ***$p$< 0.01；②括号内数据表示回归系数的标准误。下同。

从表 6-3 的控制变量估计系数来看，户主的文化程度、风险态度和信息关注度都与被解释变量显著正相关。户主的文化程度越高，理财能力越强。户主的风险偏好程度上升，理财能力越强，其原因在于理财能力中的部分理财行为（如投资分散行为和信用行为等）都存在一定的风险。户主对金融经济类的信息关注度越高，也更加有助于提高理财能力。其次，户主的年龄、性别与健康状况也会影响消费者的理财能力。从家庭特征相关变量来看，家庭资产和家庭收入都对消费者的理财能力具有显著的积极影响。户主的婚姻状况和家庭房产数量对消费者理财能力的影响，不具有统计学意义上的显著性。

### （二）金融教育对消费者理财能力影响的城乡差异

表 6-4 将研究对象分为城镇样本和农村样本分别进行回归，进而探讨金融教育对城乡消费者理财能力影响的差异情况。从金融教育对消费者理财能力的影响来看，城镇和农村样本均在 1% 的水平上显著，金融教育对应于农村消费者的估计系数 0.41，高于城镇消费者的 0.28，说明农村消费者接受金融教育能够更大程度地提升其理财能力。从金融知识和理财行为的分类来看，对于农村消费者，金融教育变量的回归系数都大于城镇消费者对应变量的系数，说明金融教育对农村消费者的金融知识和理财行为的促进作用都更加明显。综上所述，假设 2 得到了验证。

表 6-4 金融教育对城乡消费者理财能力影响的估计结果

| 变量名称 | 城镇样本 | | | 农村样本 | | |
|---|---|---|---|---|---|---|
| | 理财能力 | 金融知识 | 理财行为 | 理财能力 | 金融知识 | 理财行为 |
| 金融教育 | 0.28*** | 0.14*** | 0.27*** | 0.41*** | 0.28*** | 0.34*** |
| | (0.03) | (0.03) | (0.03) | (0.08) | (0.08) | (0.08) |
| 年龄 | −0.01*** | −0.01*** | −0.00*** | −0.01*** | −0.01*** | 0.00 |
| | (0.00) | (0.00) | (0.00) | (0.00) | (0.00) | (0.00) |
| 性别 | −0.11*** | −0.04** | −0.12*** | −0.04 | −0.02 | −0.04 |
| | (0.02) | (0.02) | (0.02) | (0.03) | (0.04) | (0.03) |
| 健康状况 | −0.01* | 0.00 | −0.03*** | −0.06*** | −0.03*** | −0.07*** |
| | (0.01) | (0.01) | (0.01) | (0.01) | (0.01) | (0.01) |
| 文化程度 | 0.18*** | 0.15*** | 0.13*** | 0.18*** | 0.18*** | 0.0980*** |
| | (0.01) | (0.01) | (0.01) | (0.01) | (0.01) | (0.01) |
| 婚姻状况 | 0.08*** | 0.06*** | 0.04* | −0.01 | 0.04 | −0.07* |
| | (0.02) | (0.02) | (0.02) | (0.03) | (0.04) | (0.04) |
| 风险态度 | 0.19*** | 0.16*** | 0.12*** | 0.16*** | 0.18*** | 0.04*** |
| | (0.01) | (0.01) | (0.01) | (0.01) | (0.01) | (0.01) |
| 信息关注度 | 0.26*** | 0.22*** | 0.16*** | 0.22*** | 0.22*** | 0.08*** |
| | (0.01) | (0.01) | (0.01) | (0.01) | (0.01) | (0.01) |
| 家庭资产 | 0.16*** | 0.10*** | 0.16*** | 0.14*** | 0.12*** | 0.12*** |
| | (0.01) | (0.01) | (0.01) | (0.01) | (0.01) | (0.01) |
| 家庭收入 | 0.14*** | 0.05*** | 0.19*** | 0.17*** | 0.06*** | 0.25*** |
| | (0.01) | (0.01) | (0.01) | (0.01) | (0.01) | (0.01) |
| 家庭规模 | −0.05*** | −0.04*** | −0.03*** | −0.03*** | −0.04*** | −0.01 |
| | (0.00) | (0.00) | (0.00) | (0.01) | (0.01) | (0.01) |
| 房产数量 | 0.00 | 0.00 | 0.00 | 0.00 | 0.00 | 0.00 |
| | (0.00) | (0.00) | (0.00) | (0.00) | (0.00) | (0.00) |
| Pseudo $R^2$ | 0.12 | 0.10 | 0.12 | 0.09 | 0.08 | 0.10 |
| 样本量 | 24 044 | 24 044 | 24 044 | 10 831 | 10 831 | 10 831 |

### （三）稳健性检验

#### 1. 内生性检验

由于金融教育与消费者理财能力可能存在一定的反向因果关系，即拥有较强理财能力的消费者更可能选择接受金融教育，由此导致内生性问题。此外，虽然本研究已经选择了较多的控制变量，但还是可能遗漏一些不可观测的影响因素，这些因素很可能会影响消费者的理财能力。所以，本研究对可能存在的内生性问题进行了讨论。首先，将前文的回归进行 DWH 内生性检验，检验的 $p$ 值小于 0.05，说明金融教育的确与消费者理财能力存在内生性。其次，本研究参考尹志超等（2015）的做法[25]，采用工具变量法来降低内生性对估计结果的影响，将受访者所处城市的家庭受金融教育率作为金融教育的工具变量。本研究将前文模型进行了 2SLS 估计，其中第一阶段回归结果的 $F$ 值都大于 10，说明工具变量有效。根据表 6-5 所示估计结果，对全部样本进行估计，金融教育对消费者理财能力具有正向作用，对金融知识和理财行为的估计系数均显著。对城镇样本和农村样本分别估计表明，金融教育对消费者理财能力影响存在异质性，金融教育对农村样本的估计系数大于城市样本。在考虑了内生性问题对结果的干扰后,本研究结论保持不变。

表 6-5 工具变量回归

|  | 全部样本 | | | 城镇样本 | 农村样本 |
| --- | --- | --- | --- | --- | --- |
|  | 理财能力 | 金融知识 | 理财行为 | 理财能力 | 理财能力 |
| 金融教育 | 14.78*** | 8.35*** | 6.43*** | 10.82*** | 14.90*** |
|  | (1.61) | (1.01) | (0.73) | (1.46) | (5.49) |
| 控制变量 | 是 | 是 | 是 | 是 | 是 |
| 样本量 | 34 875 | 34 875 | 34 875 | 24 044 | 10 831 |

**2. 替换变量测算方法**

为了确保研究结论的稳健性,本研究还通过替换变量的测算方法进行了再一次检验。前文的金融知识变量采用的是直接加总法,这里将加总法替换为因子分析法,采用迭代主因子法构建新的金融知识变量。通过表 6-6 可以看出,样本总体 KMO(Kaiser-Meyer-Olkin)值为 0.64,通过了 Bartlett 球形度检验,大于 Kaiser 提出的 0.60,适合做因子分析。由于因子 1 的特征值大于 1,方差贡献率为 62%,可以对变量组合方差进行解释,所以采用因子 1 载荷构造金融知识变量。

表 6-6 金融知识因子分析结果

| 因子 | 特征值 | 方差贡献率 | 累计方差贡献率 | KMO 检验 | 因子 1 载荷 |
| --- | --- | --- | --- | --- | --- |
| 因子 1 | 1.86 | 0.62 | 0.62 | 0.61 | 0.84 |
| 因子 2 | 0.69 | 0.23 | 0.85 | 0.62 | 0.81 |
| 因子 3 | 0.46 | 0.15 | 1.00 | 0.73 | 0.71 |

将因子分析法计算出的金融知识变量重新进行回归,由于被解释变量理财能力不再是有序离散变量,而是连续变量,因此本研究采用 OLS 法进行估计。根据表 6-7 中所示估计结果,金融教育对消费者理财能力影响的结论保持不变,假设 1 依然成立。同时,根据对城乡样本进行分别估计的结果,金融教育促进消费者理财能力提升的差异仍存在,且对农村消费者的促进作用更强。这与前文结论一致,假设 2 仍成立。

表 6-7 变量替换法回归

|  | 总样本 | | 城镇样本 | | 农村样本 | |
| --- | --- | --- | --- | --- | --- | --- |
|  | 理财能力 | 金融知识 | 理财能力 | 金融知识 | 理财能力 | 金融知识 |
| 金融教育 | 0.57*** | 0.16*** | 0.50*** | 0.15*** | 0.77*** | 0.43*** |
|  | (0.04) | (0.03) | (0.04) | (0.03) | (0.14) | (0.10) |
| 控制变量 | 是 | 是 | 是 | 是 | 是 | 是 |
| 调整 $R^2$ | 0.51 | 0.36 | 0.49 | 0.32 | 0.32 | 0.23 |
| 样本量 | 34 875 | 34 875 | 24 044 | 24 044 | 10 831 | 10 831 |

## 五、研究结论与启示

本研究使用 2015 年中国家庭金融调查数据,通过构建计量模型分析了金融教育对城乡消费者理财能力的影响。研究发现,金融教育可以显著提高消费者的理财能力,对于提升金融知识和改善理财行为也有积极作用。其次,金融教育对消费者理财能力的影响存在显著的城乡差异;对农村消费者,金融教育的正面影响更为显著。

根据上述研究结论,本研究提出以下政策建议。

第一,积极发展金融教育,尤其是加大在农村地区的普及力度。由于农村消费者较少有机会能接触到与金融相关的知识,政府可以通过金融机构向消费者开展免费的金融知识讲座和培训。同时,政府也应积极开展金融调查,了解农村消费者的金融需求和知识盲区,进行有针对性的金融教育人力和物力上的投入。

第二,重视城乡区域差异,积极推进农村地区的金融体系构建。着重提供多样化和有针对性的金融机构和金融产品,在完善金融教育的基础上,提供差异化的投资、理财和保险产品。同时,也要在传统业务上进行宣传和创新,例如,在退休规划、储蓄和信用等方面,可以针对农村群体提供特定的产品,使其拥有更多选择。

第三,关注区域间经济金融发展水平的不同,加大西部农村地区的金融教育推进力度。对于西部金融发展滞后的地区,应率先推进金融机构和金融基础设施建设,根据当地经济情况提供具有针对性的金融教育服务。

## 第五节 案例讨论:中国香港普及金融教育的实践

随着金融创新的不断推进,各类金融产品愈加丰富。与此同时,金融市场的复杂性对金融市场参与者的金融素养也提出了更高的要求。具有较高金融素养的消费者往往对金融市场和金融产品的收益和风险等更为了解,从而可以减少在投资理财时的信息搜集和信息处理成本,做出更为理性的金融决策。[26] 因此,积极进行金融知识的学习和参与理财投资实践,是消费者提高理财能力的重要途径。

加大金融教育力度,对提升消费者金融素养和理财能力具有重要的作用。在全民金融教育方面,中国香港已经设立了全面推行金融教育的政府机构。香港投资者教育机构于 2012 年成立,在 2019 年更名为香港投资者及金融教育委员会(Investor and Financial Education Council,IFEC)。该委员会设立的目的,主要是提升香港居民的金融素养,通过金融知识和技能等专业化的介绍来提升香港居民的金融理财效率。

在目标人群范围上,IFEC 制定的金融知识年度教育计划参与人群的年龄跨度从小学生到退休老人,基本涵盖所有居民(见表 6-8)。其中,特别针对学生群体,制定了多种理财计划教育项目。在内容上,从小学生的零用钱管理到学生阶段的贷款及信用卡管理,再到就业时期的财务规划,最后到退休后的理财管理均有涉及。在形式上也非常丰富,包括交流讨论课程、虚拟交易游戏、专业讲座以及案例研讨等。

表 6-8　IFEC 制定的金融知识年度教育计划

| 教育计划名称 | 教学目的 | 对象 | 教学流程 |
| --- | --- | --- | --- |
| 亲子理财教育 | 通过对家长的培训，即如何引导孩子分配零用钱及制定储蓄计划等，让家长带动孩子学习金融知识，而孩子也能从游戏中掌握基础金融知识 | 初中生、小学生及其家长 | 包含两个阶段：第一，为家长安排理财知识讲座并为孩子提供有趣的模拟活动及卡片游戏；第二，一个月后，家长可相互交流经验，分享课程收获及指导孩子学习金融知识的方法 |
| 小学理财大使计划 | 加强小学生对资金管理的正确认识，提高学生的学习积极性 | 高年级和低年级小学生 | 包括两个阶段：第一，高年级小学生通过游戏学习基本理财知识和技能，成为理财大使；第二，一个月后，理财大使将担任小组组长，引导低年级小学生建立正确的理财态度和习惯 |
| 理财工作坊 | 让学生亲自体验做出财务决定后所带来的结果，明白理财和储蓄的重要性 | 现代年轻人 | 每位学生会被分配一个虚拟的身份，并拥有特定的学历、职位、薪金、债务状况、每月固定开支以及财务目标，学生可以根据各类活动自由分配时间及金钱，并在活动中面对各种模拟的困局 |
| 生涯才智策划家计划 | 教导学生如何通过合理的时间和财务管理去实现他们人生的短期和中期目标 | 高中生 | 让学生扮演一个刚踏入职场的青年人，学习如何设定财务目标、制定预算、储蓄及投资方法，并进行风险和债务管理 |
| 实用理财教育计划 | 将实用的个人理财教育计划植入高校个人理财选修课程内 | 高校学生 | 通过讲座的形式传授实用的理财技巧、金钱与信贷管理、财务策划、保险及投资等金融知识 |
| 个人理财大使计划 | 加强大专学生的理财能力，并通过这些学生在校园中传播金融知识 | 大专学生 | 大专学生可自由组织队伍参与并提交申请表，各队伍需要在大专院校内举办多元化且有创意的理财教育活动，向其他学生推广个人理财教育知识。各队伍成功举办理财教育活动后，表现最好的六支队伍将获邀参与颁奖典礼并在颁奖典礼上进行经验分享 |
| 职场前途工作计划 | 教授学生进入职场时必要的个人理财技巧 | 毕业班的大专学生 | 由理财讲师及业界专业人士共同教授，并提供免费的《职场钱途》小册子，内容包含重要的理财知识及职场小贴士 |
| 学习理财教育计划 | 帮助初入职场的年轻人解决问题，例如偿还学生贷款及管理信用卡还款等 | 初入职场新人 | 主要以案例研究及讨论的形式，涵盖日常金钱管理、财务策划的基本步骤、信贷管理、保险及投资等内容 |
| 退休计划 | 协助在职人士为退休做出更周全的财务策划 | 在职临退休人士 | 开展培训活动，内容包括影响退休的财务因素、退休财务策划的基本步骤以及退休后常见的财务问题等 |
| 退休理财大师计划 | 帮助老人了解退休后如何理财 | 退休老人 | 为退休人士提供退休理财教育的同时，培训他们成为退休理财大使，使他们可以在社区内为其他老人免费提供简单的理财知识教育 |

数据来源：IFEC 官方网站。

总体上，IFEC 通过因材施教、体验式教学及联合高校等方式进行理财知识教育活动，为全体香港居民普及金融教育与投资者理财知识提供了极大的帮助。内地政策制定者应学习和借鉴 IFEC 经验和方法，进而提高消费者的金融素养水平，从而为其进行更有效的金融市场投资和理财奠定基础。

**案例思考题**

1. 中国消费者为何更加偏好通过储蓄和银行理财产品进行理财？
2. 香港的金融教育体系有何可借鉴之处？

## 参考文献

[1] Fox J J, Bartholomae S. Financial Education and Program Evaluation[M]//Xiao J J In Handbook of Consumer Finance Research. New York:Springer, 2008：47-68.

[2] Supon V. Helping Students to Become Money Smart [J]. Journal of Instructional Psychology, 2012, 39(1): 68-72.

[3] 余文建. 推进金融知识纳入国民教育体系的几点思考 [J]. 清华金融评论，2017(6): 16-19.

[4] 周弘. 风险态度、消费者金融教育与家庭金融市场参与 [J]. 经济科学，2015(1): 79-88.

[5] Hastings J S, Madrian B C, Skimmyhorn W L. Financial Literacy, Financial Education, and Economic Outcomes [J]. Annual Review of Economics, 2013, 5: 347-373.

[6] 周弘. 金融教育需求、闲暇时间配置与消费者金融教育选择 [J]. 上海财经大学学报，2016，18(4): 40-51.

[7] 肖经建. 消费者金融行为、消费者金融教育和消费者福利 [J]. 经济研究，2011，46(增刊): 4-16.

[8] 刘国强. 我国消费者金融素养现状研究：基于 2017 年消费者金融素养问卷调查 [J]. 金融研究，2018(3): 1-20.

[9] 江静琳，王正位，向虹宇，廖理等. 金融知识与基金投资收益：委托投资能否替代金融知识 [J]. 世界经济，2019, 42(8): 170-192.

[10] 廖理，初众，张伟强. 中国居民金融素养与活动的定量测度分析 [J]. 数量经济技术经济研究，2021, 38(7): 43-64.

[11] 甘犁，尹志超，贾男等. 中国家庭资产状况及住房需求分析 [J]. 金融研究，2013(4): 1-14.

[12] Lusardi A, Mitchell O S. The Economic Importance of Financial Literacy: Theory and Evidence [J]. Journal of Economic Literature, 2014, 52(1): 5-44.

[13] 武晓明，罗剑朝. 农村金融市场开放度测度与演化：基于新型农村金融机构省际数据的实证分析 [J]. 华东经济管理，2015, 29(4): 94-101.

[14] Chen F, Lu J, Li J, et al. Sustainable Financial Education and Consumer Life Satisfaction [J]. Sustainability, 2020, 12(3): 1150.

[15] 彭倩，李建勇，宋明莎. 金融教育、金融素养与投资组合的分散化行为：基于一项投资者金融教育调查的实证分析 [J]. 财经科学，2019(6): 14-27.

[16] 陈曦明，黄伟. 金融教育对家庭金融风险资产投资的影响效果研究 [J]. 学习与探索，2020(12): 145-153.

[17] 鲁钊阳，冉光和，王建洪等. 城乡金融发展非均等化的形成机理及对策：基于自组织理论的分析 [J]. 管理世界，2012(3): 172-173.

[18] 周少甫，亓寿伟，卢忠宝. 地区差异、城市化与城乡收入差距 [J]. 中国人口·资源与环境，2010, 20(8): 115-120.

[19] 王婷. 区域发展的非均衡性与金融资源配置差异研究：基于 2000—2008 年中国省际面板数据 [J].

经济问题，2010(10): 22-28.

[20] 王恒，秦国庆，王博，朱玉春等. 社会资本、金融借贷与农户多维贫困：基于秦巴山区 3 省的微观调查数据 [J]. 中国人口·资源与环境，2019, 29(11): 167-176.

[21] Chen F, Jiang G, Gu M. Household Savings and Subjective Wellbeing: Evidence from China [J]. Journal of Consumer Affairs, 2021, 55(4): 1489-1504.

[22] Xiao J J, Chen C, Chen F. Consumer Financial Capability and Financial Satisfaction [J]. Social Indicators Research, 2014, 118(1): 415-432.

[23] Van Rooij M, Lusardi A, Alessie R. Financial Literacy and Stock Market Participation [J]. Journal of Financial Economics, 2011, 101(2): 449-472.

[24] Guiso L, Jappelli T. Financial Literacy and Portfolio Diversification [J]. CSEF Working Papers, 2009, 10(5): 515-528.

[25] 尹志超，宋全云，吴雨，等. 金融知识、创业决策和创业动机 [J]. 管理世界，2015(1): 87-98.

[26] 胡振，臧日宏. 金融素养对家庭理财规划影响研究：中国城镇家庭的微观证据 [J]. 中央财经大学学报，2017(2): 72-83.

## 课后思考题

1. 什么是消费者金融教育？其发展现状如何？
2. 请简述消费者金融教育在中国的发展。
3. 请分析消费者金融教育的影响因素。
4. 请论述社会分层结构特征是如何影响消费者金融教育的。
5. 请简述金融教育对消费者理财能力的影响。

# 第七章
## 消费者金融素养

### 引导案例 〉〉〉

根据标准的经济学理论，消费者通常掌握着充分的信息，并且能够在长期的金融规划中做出理性决策，从而实现整个生命周期的效用最大化。然而，消费者在现实中并不能获得完全的信息，甚至在信息可得的情况下也很难做出理性决策。20世纪80年代以来，各种金融工具和金融服务推陈出新，全球各地的金融市场对普通消费者逐步开放，家庭资产配置决策也变得更为复杂，对消费者的金融决策能力提出了更高要求。消费者的金融素养匮乏，将导致行为主体做出非理性的金融决策；反之，金融素养较高的消费者会有更高的金融市场参与度和更合理的资产配置结构，并最终通过家庭财富的稳健增长对消费起到促进作用。

在中国，几乎所有家庭都拥有金融资产，类似于学生贷款、抵押贷款、信用卡和养老金账户等复杂的金融产品迅速普及千家万户。但是，与发达国家的金融市场不同，我国的金融咨询行业尚不发达，加之消费者的金融素养较低，很多金融产品很难被合理运用从而达到优化资产配置的目的。因此，借助金融素养这个概念框架来分析和研究其对消费者金融决策能力的影响，就显得尤为重要。

本章探讨消费者金融素养的有关议题，就如何界定金融素养、金融素养对于理财行为的影响，以及消费者金融素养的影响因素等展开讨论。此外，本章还梳理了美国消费者金融素养现状，以期能够与中国消费者金融素养水平进行比较，从而为我国消费者金融素养的提升提供政策建议。

## 第一节 消费者金融素养概述

### 一、金融素养的概念

对于金融素养的概念，已有研究并没有形成一致看法，但是大体上从三个角度加以界定，即知识角度、能力角度以及二者相结合的角度。

第一，从知识角度，金融素养可被直接定义为金融知识[1]，亦可被定义为对基本金融概念的了解，如复利的计算、货币的名义价值和实际价值的差别以及风险分散等。[2] 概括起来，金融素养是做出明智的储蓄和投资决策所需的最基本的金融知识。

第二，从能力角度，金融素养可被定义为就债务合同做出简单决策的能力，特别是如何在日常财务决策的背景下应用有关复利的基本知识。[3] 简言之，金融素养是依据短期和长期最优利益做出财务决策的能力，或是一种获取经济信息的能力，并据以做出相应的金融决策。[4]

第三，从知识和能力相结合的角度，金融素养是运用知识和技能有效管理财务资源的能力，以获得最优的经济福利。进一步地，金融素养可分为主观的金融素养与客观的金融素养。主观的金融素养与消费者应用金融知识做出正确理财决策的能力有关；[5] 客观金融素养则为金融知识和其他方面的知识提供了基础，是可以通过实践经验和知识的积极整合而获得的。[6]

目前，从知识和能力的角度界定的金融素养的概念，被多数学者认可。消费者金融素养的培养和提高，既需要考虑基本的金融知识和概念，还需要涉及提供相应金融产品或服务的技术，同时与消费者自身对金融知识和行为的意识也密切相关，并且上述因素最终都会作用于消费者具体的金融行为。因此，从知识和能力的角度去考察金融素养，可以更加清晰地厘清其对消费者金融行为和理财满意度的影响。

### 二、金融素养的度量

金融素养可划分为主观金融素养与客观金融素养两类。主观金融素养是由消费者自己报告的，是对金融素养的主观评价；而客观金融素养是通过对所提出的金融知识相关问题的理解和认识来衡量的。[7] 实际上，主客观金融素养往往存在巨大的不对称，消费者往往会高估自己的金融知识水平。例如，在美国、荷兰和德国通常用以下问题来衡量金融素养水平："你如何评估自己的整体财务水平？"回答可在1~7分的范围内打分，1分意味着极低，7分意味着极高。调查发现，尽管受访消费者实际金融素养水平很低，但总体来说，他们却认为自己的金融素养很高，而显示出较高的主观金融素养。

正因主观金融素养具有过高自我评估的倾向，因此其并不能很好地评估消费者的金融素养水平。本书参照国际上对金融素养的理解，倾向于从客观金融素养和主观金融素养综合的角度来评价消费者的金融素养。客观金融素养涉及一系列金融知识和概念的相关问题，要求受访消费者根据自己的理解做出回答，根据回答情况来度量他们的客观金融素养。尽管把这些问题转换为容易测量的客观金融素养度量是十分困难的，但是已有研究已经设计了一套标准的问题，并在美国和其他发达国家进行了较为成功的调查实践。[8] 以下是关于客观金融素养的几个测试题目。

（1）假设您的储蓄账户中有100美元，每年利息为2%。如果这笔钱未取出，您认为5年以后您将拥有多少美元？

  A. 超过110美元  B. 110美元  C. 少于110美元  D. 拒绝回答

（2）假设您通过储蓄账户每年能够获得1%的利息，通货膨胀率为2%。一年以后，您能够购买的东西：

  A. 比当前要多  B. 和当前一样  C. 比当前要少  D. 拒绝回答

（3）如果利率上涨，一般来说股票价格将会发生什么变化？

  A. 上涨  B. 下降  C. 相同  D. 股票价格和利率无关

（4）您认为下列说法是否正确？"与30年抵押贷款相比，15年抵押贷款通常要求更高的月供，但是在整个贷款周期内，所需支付的利息更少。"

  A. 正确  B. 错误  C. 不知道  D. 拒绝回答

（5）你认为下列陈述正确与否？"比起投资基金，购买单个公司的股票能够获得更安全的回报。"

  A. 正确  B. 错误  C. 不知道  D. 拒绝回答

## 三、全球消费者的金融素养水平对比

### （一）发达国家消费者的金融素养水平

Lusardi 和 Mitchell（2011）以八个具有代表性的发达国家（美国、意大利、德国、荷兰、瑞典、日本、新西兰和俄罗斯）为样本，探讨了在全球化背景下消费者金融素养的发展状况。[9]

第一，即使在金融市场发展水平较高的国家，金融文盲的现象依然普遍存在。大多数美国消费者，甚至都无法理解基本的金融概念，尤其是涉及债券、股票以及共同基金等方面的概念。在对华盛顿州居民的研究中发现，人们通常不能很好地理解消费者贷款和按揭的具体条款和条件。缺乏金融素养不仅是美国消费者所面临的问题，在对其他一些国家进行研究时，也得到了消费者金融素养水平较低的结论。英国的调查结果显示，借款人对按揭贷款和利率的理解水平也较差。与此相类似，在欧洲开展的大规模调查中，受访消费者在金融计算能力和金融素养得分方面，表现也较差。[10] 由此可见，金融素养匮乏并不是某个特定的国家或经济发展所处阶段的特殊现象。

第二，消费者的金融素养水平与国家政策和经济形势紧密相关。如果受访消费者的国家最近经历过通胀，消费者对通胀的了解就会更多。例如，意大利人更有可能正确回答关于通货膨胀的问题。相反，在日本这样经历过通货紧缩的国家，就很少有人能正确回答通货膨胀的问题。如果某国最近实施了养老金私有化政策，那么消费者对风险分散则会有更深的了解，比如瑞典等。相比之下，俄罗斯人和出生在东德的人对风险分散了解较少。然而，值得注意的是，即使在金融市场非常发达的国家，许多消费者也表示他们并不了解如何进行风险分散。例如，在美国，多达 1/3 的消费者表示，他们不能够正确回答风险分散的相关问题。

### （二）发展中国家消费者的金融素养水平

Kamer 等（2019）利用世界银行数据，探讨了墨西哥、黎巴嫩、乌拉圭、土耳其和哥伦比亚等五个发展中国家消费者的金融素养水平。[11] 结果表明，土耳其的金融素养得分最低，而乌拉圭最高。在黎巴嫩、乌拉圭和哥伦比亚，超过 2/3 的消费者了解金钱的时间价值。此外，经历过通货膨胀的中东和非洲国家对于金融市场有更好的理解。然而，令人惊讶的是，墨西哥和土耳其于 2017 年面临高通胀危机，但只有约 56% 的墨西哥人和近 47% 的土耳其人能正确回答与通胀相关的问题。对这些发展中国家的居民来说，几乎只有 1/3 的受访消费者能够计算基本利息并能理解（但不一定能计算）复利。

显然，不管在发达国家还是在发展中国家，只有少部分消费者能够正确回答全部问题。因此，无论金融市场的发展水平和政府提供的社会福利如何，目前多数国家消费者的金融素养都较低，这表明消费者从自己的金融实践活动中学到的知识可能是非常有限的。即使在金融市场非常发达的国家，消费者也不应过高估计自己的金融素养水平。尽管如此，在发达国家与发展中国家的对比中，发达国家的金融知识水平的确或多或少领先于发展中国家。因此，在提高金融素养方面，教育是一个不可或缺的关键因素，同时政府还应考虑大多数消费者金融资源的可得性和公平性等重要议题。

## 第二节 消费者金融素养度量框架

金融知识和技能是影响消费者金融行为最重要的因素，而金融知识和技能就是所谓的金融素养。[12] 因此，为准确把握消费者金融素养水平及强化金融教育中存在的薄弱环节，并进一步评估消费者金融教育的有效性，各国大量学者和政府相关部门都在致力于构建一个较为准确的度量框架，以对消费者金融素养进行准确测算。尽管各国因国情不同，关注消费者金融素养的侧重点也存在较大差异，但是大都从消费者金融知识、金融行为以及自我认知的主观金融素养等多个角度综合度量消费者的金融素养水平。以此为基础，本研究对消费者金融素养的度量框架进行了较为系统的梳理和归纳。

### 一、消费者金融知识

消费者金融知识是学术界长期关注的问题，也是衡量消费者金融素养的主要方面之一。概括起来，金融知识是在管理和配置金融资源时做出正确判断和明智决策所需要的知识和概念。[13] 研究表明，金融知识是影响家庭金融行为的重要因素之一。[14] 金融知识的缺乏将会导致消费者储蓄不足、股市参与不足和养老计划缺失，并可能会导致非正规信贷和不合理的负债行为等。[15]

在消费者金融知识衡量上，多数文献采用客观金融知识水平，即通过一系列问题和指标反映消费者对相关金融知识的了解和运用水平。其中，应用较为广泛的客观金融知识的度量框架是 Lusardi 和 Mitchell（2011）开发的两类题项：第一类题项以测量消费者对货币时间价值和购买力的认知及计算能力为主；第二类题项在第一类的基础上增加了对消费者投资风险和金融产品等的认知测量。[9] 另一个较为权威的测量体系，是经合组织（OECD）在 2012 年和 2015 年开展的国际学生评估项目（Program for International Student Assessment，PISA）涉及的金融素养测算量表，主要包括对金融知识内容的认知、应用及应用的情景三个维度。

通过对大量文献进行梳理，已有研究对消费者金融知识的测度主要包括基础金融概念、借贷、投资和风险防范等四方面。[16] 例如，西南财经大学发起的中国家庭金融调查中就包含了相应调查访问题目。

（1）高收益项目通常伴随着高风险，您认为该说法是否正确？

A. 是　　　　　　B. 否

（2）假设银行的年利率是 4%，如果把 100 元钱存 1 年定期，1 年后获得的本金和利息是多少？

A. 小于 104 元　　B. 大于 104 元　　C. 等于 104 元　　D. 算不出来

（3）假设银行的年利率是 5%，通货膨胀率每年是 8%，把 100 元钱存银行一年之后能够买到的东西将_____。

A. 比一年前多　　B. 比一年前少　　C. 跟一年前一样多　　D. 算不出来

（4）您认为一般而言，股票和基金哪个风险更大？

A. 股票　　　　　B. 基金　　　　　C. 没有听说过股票

D. 没有听说过基金　　E. 两者都没有听说过　　F. 一样大

（5）您认为一般而言，主板股票和创业板股票哪个风险更大？

A. 主板　　　　　B. 创业板　　　　C. 没有听说过主板股票

D. 没有听说过创业板股票　　E. 两者都没有听说过　　F. 一样大

（6）您认为一般而言，偏股型基金和偏债型基金哪个风险更大？

A. 偏股型基金　　B. 偏债型基金　　C. 没有听说过偏股型基金

D. 没有听说过偏债型基金　　E. 两者都没有听说过　　F. 一样大

（7）您认为一般而言，国债和公司债哪个风险更大？

A. 国债　　　　　B. 公司债　　　　C. 没有听说过国债

D. 没有听说过公司债　　E. 两者都没有听说过　　F. 一样大

（8）投资多种金融资产要比投资一种金融资产的风险小。您认为该说法是否正确？

A. 是　　　　　　B. 否

北京大学中国社会科学调查中心发起的中国家庭追踪调查中也涉及银行1年期定期利率、单期存款的利率计算、存款的两期复利计算、货币购买力、资金的时间价值比较、投资风险属性的认知及股票投资风险等问题。

## 二、消费者金融行为

消费者金融是一个涉及多个学科的研究领域，已有研究主要从经济学、市场营销学、行为学和金融学等多学科视角来进行探讨。消费者金融是从消费者个体的角度来考虑其所面临的金融问题，认为消费者金融问题是利用所掌握的资产，在给定的情境下最大化满足消费者需求，是消费者选择使用金融产品或接受金融服务的过程。[17] 该议题将研究对象限定在金融领域，认为消费者金融行为是任何与金融管理有关的人类行为，并提出从定义、描述、理解和预测、改变、发展以及比较等六个方面对消费者金融行为进行研究。[18] 此外，关于消费者金融行为的研究，还包括消费者的资产配置问题，承认消费者普通商品购买者和投资者的双重角色，同时也强调家庭的金融行为和资产配置。[19]

对消费者金融行为的构成及测量，主要考察消费者对金融资产和负债的综合管理，包括了借贷、储蓄、资产组合和投资决策等。例如，奥尔多投资咨询中心在2012年进行的中国城镇居民经济状况与心态调查中，涉及是否参与股票投资、是否参与基金投资、是否参与金融理财产品投资、股票投资份额、基金投资份额和金融理财产品投资份额等关于投资的调查。此外，在中国家庭金融调查中，主要涉及"您家计划从下列哪个渠道借入所需资金？"和"欠款的主要来源是什么？"等关于借贷的调查；"活期存款、定期存款、理财产品、债券、基金、股票、投资性房产、衍生品、外汇、贵金属等各类资产在家庭持有的资产总额中的比重"等关于资产组合的调查；"目前，您家所有活期账户的存款余额大概有多少元？"和"目前，您家所有定期存款的余额是多少元？"等关于储蓄的调查。最后，在中国家庭追踪调查中，涉及"是否参与信贷市场"和"借贷渠道"等关于借贷的调查。

## 三、消费者主观金融素养

相比于客观金融素养，自我感知的主观金融素养更强调消费者的金融知识与技能的主观方面，即关注消费者对自身金融知识水平的自我评价，抑或是考察消费者对自身金融能力的信心。[20] 概括起来，主观金融素养是消费者对自身为实现金融福祉而做出的合理金融决策所具备的金融能力的主观评价。

将主观金融素养分离开来进行研究，具有很强的现实意义。主观金融素养可能比客观金融素养更能预测经济主体的金融行为，且控制客观金融素养不变，单独地分析主观金融素养更有助于捕捉到心理因素对消费者金融决策过程的影响。自我效能理论指出，自我效能感，即人们对自身完成特定领域行为目标的能力的主观评估，会影响人们对行为的选择、影响行为的持续时间、影响人们的努力程度以及面对困难时的态度等。在某方面自我效能感高的人，更倾向于从事相关专业领域的活动，投入的努力程度更高，持续该活动的时间也更长。与此相反，人们往往倾向于规避那些他们认为自己能力做不到的事情。此外，自我效能感亦会影响人们的情感反应模式与思维模式。低自我效能的人在面对困难与挑战时往往不够自信，易将注意力放在自己的无能和可能的不利后果上，不能更好地应对困难与挑战。因而，主观的金融素养也是评估消费者金融素养的重要内容。

在实践中，消费者主观金融素养的衡量通常通过问卷调查直接询问消费者，让他们对自己的金融素养做出主观评价。例如：2017年中国家庭金融调查中的"您平时对经济、金融方面的信息关注程度如何？"和"您对股票、债券、基金的整体了解程度如何？"等相关问题；2012年清华大学中国金融研究中心（China Center for Financial Research，CCFR）开展的中国城市居民消费金融调查中的"您或您的家庭对下列金融产品投资方式了解吗？"等相关问题；2014年中国家庭追踪调查中的"您认为您的金融知识水平如何？"等相关问题。

## 第三节  美国消费者金融素养现状

自2009年起，美国金融业监管局的投资教育基金会（Investor Education Foundation）每三年对美国国民进行一次国民理财能力调查（National Financial Capability Study，NFCS），已分别于2009年、2012年、2015年以及2018年进行了四轮。调查涉及收支平衡管理（making ends meet）、提前规划（planning ahead）、管理理财产品（managing financial products）以及理财知识和决策（financial knowledge and decision-making）等四个方面的内容。该调查旨在统计和分析美国消费者的金融素养，找出理财能力的关键指标，并识别影响相关指标的因素，以提升美国国民的理财满意度。

随着调查的持续开展，相关问卷设计逐步优化，目前国民理财能力调查已成为消费金融领域最为权威的全国性调查之一。2009年的第一轮调查，分为军事人员调查、州级调查和全国调查三个层次，是极具代表性的专业调查。2012年的调查在2009年的基础上，随着被调查人员年龄的推移，提供受访消费者的理财能力随时间变化的追踪调查。自2015年起，该调查增加了投资者调查，提供了更多的有关投资决策的建议。2018年的调查则更加注重地区异质性，不同于每个州500人的样本容量，哥伦比亚特区、俄勒冈州和华盛顿三个地区被赋予了更大的样本容量。

除了美国国民理财能力调查，较为典型的消费者金融素养调查，还包括英国金融服务管理局委托个人理财研究中心（Personal Finance Research Centre，PFRC）发起的英国理财能力基线调查（Financial Capability Baseline Survey，FCBS）以及加拿大统计局发布的加拿大理财能力调查（Canadian Financial Capability Survey，CFCS）。在以上三个调查中，英国理财能力基线调查只进行过一次，无法进行纵向对比，而加拿大理财能力调查的最新数据仅到2014年，缺乏足够的时效性。因此，本节采用2018年美国国民理财能力调查数据,分析美国消费者金融素养的现状。[21]

## 一、客观金融素养

国民理财能力调查通过向受访消费者询问一系列与金融相关的问题来判断受访消费者的客观金融素养。该调查涉及了关于复利、通货膨胀、债券价格与利率的关系、债务偿还、抵押贷款期限与回报率的关系以及股票与共同基金的风险比较等的六个问题。调查结果显示:关于复利方面的问题,有74%的受访消费者回答正确;关于通货膨胀方面的问题,有58%的受访消费者回答正确;关于债券价格与利率之间的联系问题,仅有27%的受访消费者回答正确;关于债务偿还问题,有31%的受访消费者回答正确;关于抵押贷款期限与回报率之间的联系问题,有76%的受访消费者回答正确;关于股票与共同基金的风险对比问题,有46%的受访消费者回答正确。

对样本中受访消费者的回答情况进行深入分析,可以得到如下结论。第一,样本中的受访消费者对于基本的金融常识,如期限越长要求的回报率越高、复利计息下货币的时间价值以及通货膨胀等问题有着较为深入的了解,超过一半的受访消费者都能回答正确。但是对于债券、股票和基金等金融产品的了解较少,相关题目的回答正确率较低。第二,样本中受访消费者的客观金融素养呈现出分化的特征,受访消费者的客观金融素养参差不齐,波动性较大且极端值较多。样本中所有受访消费者人均回答正确3.12个题目,但得分的标准差较大,达到1.69。此外,有8%的受访消费者的六个题目全部回答错误;仅有8%的受访消费者的六个题目全部回答正确。这说明受访消费者的金融素养显示出了分化的特征。第三,客观金融素养与性别显著相关,男性的客观金融素养显著高于女性,即出现了所谓的"性别屏障"。设置性别变量(男性赋值为1,女性赋值为2)和每个问题回答正确与否的虚拟变量(回答正确赋值为1,否则赋值为0),将二者进行相关性分析,发现每个问题回答正确与否和性别呈现出显著的负相关关系,即男性的客观金融素养高于女性,并且这种相关关系在统计上十分显著。此外,男性人均回答正确3.53个题目,女性人均仅回答正确2.78个题目,男性回答问题正确的数目明显高于女性。第四,收入水平越高,客观金融素养越高。将收入水平区间作为分类标准,发现每个问题回答正确与否和收入呈现出显著的正相关关系。同时:年收入在25 000美元以下的受访消费者,人均回答正确2.27个题目;年收入在25 000美元到75 000美元之间的受访消费者,人均回答正确3.06个题目;年收入在75 000美元以上的受访消费者,人均回答正确题目的数量达到3.73个。

## 二、自我感知的金融知识

自我感知的金融知识,通常被认为是衡量主观金融素养的重要标准之一。该调查要求受访消费者评价自我金融知识的掌握程度,并在1~7分之间打分,其中1分代表非常低,7分代表非常高。除去回答"不知道"或者"不方便说"的受访消费者样本,其余受访消费者的均值为5.13分,标准差为1.35分。通过对调查数据进行分析,本研究有如下发现。第一，样本中的受访消费者对于自我金融素养评估表现出明显"过度自信"的状态。对自我感知的金融素养，大多数受访消费者对自我的评价过高，均值高达 5.13 分。然而，客观的金融素养相应的均值则仅为 3.12 分。此外，对自我金融素养给出高分（5 分及其以上）的受访消费者占全部受访消费者的 73%，这与 2009 年、2012 年和 2015 年这三年的情况有所不同。从上述三年的调查来看，对自我金融素养给出高分的受访消费者占全部受访消费者的比重逐年上升，但是在 2018 年出现了下滑。但无论如何，受访消费者对自我金融素养的评价，总是高于他们的客观金融素养。第二，主观金融素养与性别显著相关，男性的主观金融素养显著高于女性。男性人均主观金融素养为 5.36 分，女性人均主观金融素养为 4.94 分。第三，收入水平越高，主观金融素养越高。具体来说：年收入在 25 000 美元以下的受访消费者，人均主观金融素养为 4.52 分；年收入在 25 000 美元到 75 000 美元之间的受访消费者，人均主观金融素养为 5.09 分；年收入在 75 000 美元以上的受访消费者，人均主观金融素养为 5.55 分。此外，主观金融素养的波动性，随着收入水平的增加而减小，说明收入水平越高的阶层，越能对自我金融素养进行高度和准确的评价。

### 三、自我感知与理财行为的比较

自我感知与理财行为的比较（self perceptions vs. financial behavior），也可以作为衡量主观金融素养的指标之一，其反映出受访消费者是否存在"过度自信"的情况。该调查需要受访消费者对"我善于处理每日的金融事务，比如检查银行账户、信用卡、借记卡和追踪消费记录"这一陈述，进行与自身符合程度（不同意到完全同意取值范围从低到高为 1~7 分）的评价。调查结果显示，受访消费者的均值为 5.76 分，标准差为 1.52 分。通过对受访消费者自我感知的金融素养和实际的理财行为表现进行比较分析，可以得到如下结论。第一，样本中的受访消费者对于自我金融素养评估，仍旧表现出了"过度自信"的特点。结果显示，有 79% 的受访消费者给出了 5 分及以上的回答。此外，该调查中另一些问题的回答情况，同样也证明了受访消费者存在"过度自信"的情形。例如：在对"在过去的 12 个月中，您是否有因信用卡的不当使用而被罚款的情形"的回答中，有 33% 的受访消费者存在支付了滞纳金或者支付了超额费用等情况；在对"您是否透支过支票账户"的回答中，有 19% 的受访消费者承认自己有过这种行为。因此，受访消费者的"过度自信"现象较为严重。第二，以"自我感知与理财行为的比较"衡量的主观金融素养，依旧表现出了显著的性别差异，即男性的主观金融素养高于女性。对于男性，该变量的均值为 5.85 分；对于女性，该变量的均值为 5.70 分。第三，收入水平越高，以"自我感知与理财行为的比较"衡量的主观金融素养也越高。具体来看：年收入在 25 000 美元以下的受访消费者，人均主观金融素养为 5.19 分；年收入在 25 000 美元到 75 000 美元之间的受访消费者，人均主观金融素养为 5.75 分；年收入在 75 000 美元以上的受访消费者，人均主观金融素养为 6.14 分。此外，此变量的波动性，仍旧随着收入水平的增加而减小。

## 四、金融教育

提高金融素养，最直接的手段就是接受金融教育。因此，接受金融教育时间的长短，可以间接反映出金融素养水平的高低。在对"您是否被要求过接受金融教育"的回答中，仅有 16% 的受访消费者表示自己曾被要求过接受金融教育。此外，在对"您的学校或工作单位是否提供金融教育"的回答中，仅有 33% 的受访消费者表示他们的学校或工作单位提供过金融教育，但其中 9% 的受访消费者并没有参与，仅有 24% 的受访消费者参与过金融教育，有 67% 的受访消费者明确表示他们的学校或工作单位不提供金融教育。

通过分析，不难得到如下结论。第一，美国的金融教育并不普遍，但是接受过金融教育的受访消费者认为接受金融教育的质量较高。在对"您认为你接受的金融教育质量如何"的回答中，受访消费者回答给出的均值为 5.34 分，有超过 75% 的受访消费者给出了 5 分及以上的评价。第二，是否被要求接受金融教育，与性别之间并不存在显著的相关关系。但是，接受金融教育的时间长短则呈现出性别差异，即男性接受金融教育的时间显著长于女性。第三，收入水平越高，被要求过接受金融教育的受访消费者所占比例越高。具体来看：年收入在 25 000 美元以下的受访消费者，有 15% 表示自己曾被要求过接受金融教育；年收入在 25 000 美元到 75 000 美元之间的受访消费者，有 16% 表示自己曾被要求过接受金融教育；年收入在 75 000 美元以上的受访消费者，有 19% 表示自己曾被要求过接受金融教育。第四，接受金融教育越多，受访消费者客观金融素养和主观金融素养均越高。客观金融素养方面：在学校或工作单位提供金融教育并且参加了的受访消费者样本中，在六个客观金融素养问题中，人均回答正确 3.52 个题目；而在其余受访消费者样本中，人均仅回答正确 3.04 个题目。主观金融素养方面：在学校或工作单位提供金融教育并且有参与的样本中，受访消费者对金融知识掌握程度的平均评价为 6.36 分；而在其余样本中，受访消费者对金融知识掌握程度的平均评价为 6.33 分。

上述分析表明：受访消费者对客观金融知识，如利率和通货膨胀等具有较为深入的了解，但是对于涉及金融产品等较为专业的金融知识的了解不足；客观金融素养呈现出两极分化的特征；人们普遍存在着"过度自信"的情况，即过高地估计了自己的金融知识，对金融知识掌握的主观评价与实际的理财表现并不相符；金融教育并不普遍，但是接受过金融教育的居民对自己接受的教育质量基本表示满意；接受的金融教育越多，主观金融素养和客观金融素养水平都越高；客观金融素养和主观金融素养均与性别和收入水平有着显著的相关关系，相比于女性，男性的主观金融素养和客观金融素养均较高，即出现了所谓的"性别屏障"；年收入越高的群体，金融素养越高；接受金融教育时间的长短也与性别呈现出显著的相关关系，男性接受金融教育的时间显著长于女性，然而是否被要求接受过金融教育，与性别之间并不存在显著的相关关系。

美国消费者的金融素养现状，为提升我国的金融素养提供了经验借鉴。对于如何提升我国消费者金融素养水平，降低非系统性金融风险并进而提高理财绩效和理财幸福感，有以下启示。

第一，加快构建个人金融素养评估体系的步伐。随着个人和家庭越来越多地参与金融市场投融资活动，培养和提高理财能力就显得尤为重要，而金融素养又是决定理财能力最为重要的因素。美国较为成熟的金融素养评估体系，主要包含客观金融素养、自我感知的理财知识、自我感知与理财行为的比较以及金融教育等四个方面。我国在借鉴的同时，还要注意中美两国的国情差异，从而构建出具有中国特色的个人金融素养评估体系。

第二，提高金融教育水平，尤其要普及与金融产品相关的金融知识教育。金融教育的普及，对提升主客观金融素养具有重要作用。金融机构对投资者的理财知识教育有待进一步加强，尤其是在目前我国金融市场发展并不完善的背景下，专业金融知识的匮乏不利于投资者利用市场合理有效地配置金融资源。因此，应该进一步普及金融教育，切实提高居民的金融素养。

第三，重视女性金融素养的提升。较低的金融素养，可能导致女性在金融市场上处于不利地位。为了帮助女性正确认识金融市场上的各种风险，并有针对性地提高女性的金融素养，政府和社会培训机构应加强相关宣传与培训，提供多种学习渠道，帮助女性加强对金融知识的学习，提高自我应对财务危机的预判能力。

第四，重视低收入群体金融素养的提升。低收入群体，在客观上就具有理财的必要性。然而，较低的金融素养使之无法正确认识理财，无法找到合适的理财途径和手段；金融素养缺乏导致理财能力不足，又进一步引致收入水平的缓慢增长甚至下降。因此，重视低收入群体金融素养的提升就显得尤为重要，例如，针对贫困山区和外出务工人员等低收入群体开展面对面的金融知识普及教育等，将有助于相关人群金融素养的形成和培养。

## 第四节 消费者金融素养的影响因素

消费者金融素养的影响因素，包括消费者个人的金融教育水平、家庭的金融教育水平、人口统计特征因素以及所处的宏观经济状况等。

### 一、消费者个人的金融教育水平

一方面，接受过金融教育的消费者，金融素养往往更高。消费者可以通过金融教育获取更多和更成体系的金融知识，更有可能对金融相关问题形成正确的认识和理解，从而获得更高的金融素养，即金融教育对消费者金融素养具有促进作用。[22]但另一方面，接受金融教育需要付出金钱、时间和精力等成本，在选择为提升金融素养而投资多少时，消费者会在成本和收益之间进行权衡。进一步地，如果消费者金融素养是内生决定的，那么金融素养的最优水平就与财富和储蓄正相关，并且社会保障的引入也可能会降低个人参与金融教育的动机。[23]

## 二、家庭的金融教育水平

年轻消费者对金融知识的接受和理解，以及他们的金融行为，往往会受到父母的影响。父母通过各种方式帮助或影响子女学习金融知识，提升金融素养并做出理性的金融决策。一般来说，那些父母受过高等教育、家庭拥有股票，或父母退休储蓄的财务知识更丰富的消费者，他们的金融素养也更高。但是，也有研究发现，消费者感知到的父母金融知识，对消费者自身的金融知识并没有直接影响。[24]

## 三、人口统计学特征

消费者的年龄、性别、收入和职业等人口统计学特征，都会不同程度地影响他们的金融素养水平。

关于年龄对金融素养的影响，成年消费者往往能接触到更多的金融信息，同时也能够更好地吸收各种金融知识，因此成年消费者的金融素养水平往往更高。已有研究发现，消费者的金融素养水平在生命周期上呈现驼峰状，即处在中年阶段的消费者金融素养较高，而处在青年阶段和老年阶段的消费者金融素养较低。[25]

关于性别对金融素养的影响，有研究表明男性消费者的金融素养水平比女性高，但也有研究表明男性消费者与女性消费者的金融素养水平差别并不显著；同时，男性消费者和女性消费者金融素养水平的不同，可能是因为两个群体在特定的金融实践活动中存在差异所导致的。[24]

关于职业和收入对金融素养的影响，有金融相关从业经历的消费者，往往也具有更高的金融素养水平，并且金融素养与个人收入或财富呈现正相关关系。[26]

关于家庭成员特点对金融素养的影响，配偶的学历和风险偏好也会直接显著地影响消费者的金融素养水平。具体来看，配偶学历越高或风险承受能力越强，则消费者个人的金融素养水平也越高。[27]

## 四、宏观经济状况

消费者个人的金融素养还会受到所处国家或地区的金融市场和金融工具发展水平的影响。已有研究认为，意大利消费者比美国消费者的金融素养水平低的一个原因，是在意大利使用养老基金作为退休保障的消费者数量有限，且金融市场也不像美国那么发达。许多意大利家庭在传统上又倾向于投资短期政府债券，因此市场对消费者参与投资活动所需的金融素养水平要求本身就比较低。[28]

# 第五节　消费者金融素养与理财行为：理论与经验证据

## 一、金融素养与消费者理财行为

### （一）理论模型

消费者的理财行为，指消费者参与资本（或财富）管理相关的一系列行为，具体包括退休规划行为、金融市场参与行为、投资行为、借贷行为和储蓄行为等。已有研究认为，消费者不仅可以选择资本市场投资，也可以选择金融知识的投资。基于此，Lusardi 等（2017）在对已有理论模型进行扩展的基础上，构建了一个多期的动态生命周期模型。[29] 该模型考虑了两种投资方式，即无风险的储蓄投资和有风险的股票投资。无风险的储蓄投资是一种简单的投资方式，该投资方式提供给消费者一个低利率的回报：

$$\bar{R} = 1 + \bar{r} \tag{7-1}$$

式（7-1）表明，无风险储蓄投资的每一期能获得的回报是固定的，类似于一个银行账户。有风险的股票投资是一种复杂的投资方式，该投资方式提供给消费者一个更高的随机预期回报 $\tilde{R}(f_t)$。其中，$f_t$ 表示金融知识的累积水平，表明上述预期回报与金融知识积累水平有关。这一复杂投资方式的回报过程可以表示为

$$\tilde{R}(f_{t+1}) = \bar{R} + r(f_{t+1}) + \sigma_\epsilon \epsilon_{t+1} \tag{7-2}$$

式中，$\epsilon_{t+1}$ 服从标准正态分布；而 $\sigma_\epsilon$ 表示复杂的投资方式回报率的标准差；$f_{t+1}$ 表示消费者下一期的金融知识的积累水平。假定每一期的股票知识等于消费者上一期的股票知识乘以一个知识折旧系数 $\delta$，再加上金融知识的总投资 $i_t$，即给出如式（7-3）所示的金融知识增长路径：

$$f_{t+1} = \delta f_t + i_t \tag{7-3}$$

为了获得更高的预期回报，即不断积累金融知识，消费者必须支付获取金融知识的成本。这些成本包括获取金融教育的资金投入等直接成本 $C$ 和获取知识的时间、精力和体力等间接成本 $\pi$。在退休前，消费者获得有风险的劳动收入 $y$，他们可以用这些收入消费或投资。通过复杂的投资方式，消费者可以提高他们的投资回报 $R$。退休后，消费者获得社会保障福利，一般情况下这是退休前收入的一个百分比。因此，每个时期，消费者的决策变量主要涵盖消费、在资本市场上的投资和是否投资于金融知识等方面。

令 $\beta$ 表示折现率，$\eta_o$ 表示意外的医疗支出，$\eta_y$ 表示劳动收入，$\epsilon$ 表示回报率，只要消费者生命一直存续，即 $p_{e,t} > 0$，每一期的价值方程式就形成了一系列的贝尔曼方程：

$$V_d(s_t) = \max n_{e,t} u(c_t / n_{e,t}) + \beta p_{e,t} \int_\epsilon \int_{\eta_y} \int_{\eta_0} V(s_{t+1}) dF_e(\eta_0) dF_e(\eta_y) dF_\epsilon \tag{7-4}$$

约束条件来自于资产，期末资产 $a_{t+1}$ 等于 $t$ 期资产 $a_t$，加上劳动收入 $y_{e,t}$，加上转移支付 $\text{tr}_t$，减去消费 $c_t$，再减去获取金融知识的投资成本 $\pi(i_t)$ 和货币成本 $c_d I$（只要投资为正，即 $k_t > 0$），即

$$a_{t+1} = \bar{R}(f_{t+1})\ (a_t + y_{e,t} + \text{tr}_t - c_t - \pi(i_t) - c_d I(k_t > 0)\ ) \tag{7-5}$$

上述理论模型，展现了金融素养影响金融决策的逻辑思路。同时，这一理论分析思路已在经验研究中得到较为广泛的应用，不同学者开始探寻金融素养与储蓄和投资等理财行为之间的关系。

### （二）金融素养对理财行为的影响

#### 1. 金融素养与消费者养老规划行为

有关金融素养与消费者储蓄行为的研究，主要集中于金融素养通过养老规划来影响消费者的财富积累这一方面。以美国为例，自我评估和客观的金融素养水平与消费者为退休计划所做的努力有关。具体来看，拥有更多金融知识的消费者，更有可能为退休做好提前准备。同时，也有学者基于其他一些国家的数据，得出了金融素养与消费者养老规划行为存在正相关关系的结论，即金融素养水平更高的消费者，更有可能为退休做准备。[30]

#### 2. 金融素养与消费者储蓄行为

Jappelli 和 Padula（2013）提出了一个消费者投资金融知识的跨期消费模型。[23] 该模型假设消费者从投资金融知识中受益，但获取金融知识需要付出时间、精力和金钱等成本。该模型表明，消费者的金融素养和储蓄是内生的，并且这两个变量在生命周期内具有很强的正相关性，但这种正相关性还取决于社会保障体系的完善程度等。

#### 3. 金融素养与消费者金融市场参与行为

Rooij 等（2013）研究发现，随着金融素养的增加，消费者持有的股票会相应增加，并且即使是基于最基本的金融知识，金融素养得分高的消费者也更有可能参与股票投资。[31] 当考虑到更高级的金融知识时，这种关系变得更加明显。因此，缺乏金融素养的消费者持有更少股票的一种解释是，股票是需要掌握复杂的金融知识才能进行投资的资产，许多家庭不知道或不了解股票和股票市场，而金融素养的提高有助于消费者去了解股票和股票市场的运作方式。进一步地，消费者早年积累的金融素养与晚年的财富和投资组合配置呈正相关关系。

#### 4. 金融素养和消费者投资分散化行为

投资者的受教育程度和金融知识水平对投资多元化具有积极作用，那些既不求助于外部帮助进行投资，也不具备良好的基本金融概念和技能的消费者往往会因为多元化不足而造成损失。[32] 对这种现象的一个合理解释，是消费者的过度自信。沿用过度自信的思路，已有研究还发现投资经验与投资组合的多样化和分散化之间的关系为倒"U"型。[33] 具体地，投资年限超过 4.80 年的投资者，可能由于过度自信导致投资组合有效分散化不足。

**5. 金融素养与消费者借贷行为**

通过对美国消费者的债务素养、金融经验以及他们对债务水平的判断进行分析，Lusardi 和 Tufano（2015）发现虽然缺乏金融素养的消费者只占信用卡持有者的 29%，但却覆盖了信用卡滞纳金或罚息费用的 42%，因此缺乏金融素养的消费者要比一般的消费者支付高出 50% 的信用卡使用费用。[34] 进一步地，那些无法正确计算利率及对支付的现金流进行折现的消费者，即金融素养较低的消费者，其融资成本会更高，进而影响财富积累，因而这类消费者往往具有财富积累规模较小的特征。[32]

此外，金融素养对消费者的借贷概率和借贷渠道也有显著的影响。已有研究利用 2013 年中国家庭金融调查数据，通过构建 Probit 模型，分析了金融素养对家庭借贷决策的影响。[35] 研究发现，金融素养是影响家庭借贷决策的重要因素，金融素养水平的提升有助于家庭充分表达其借贷需求，从而提高有资金需求的家庭借贷行为发生的概率，同时也有助于增加家庭从正规渠道获得借贷资金的可能性，降低家庭对非正规借贷渠道的依赖程度。

## 二、金融素养与消费者理财满意度

已有文献表明，金融素养对财务能力、金融行为和经济决策均有影响，这些影响又会进一步作用于消费者的理财满意度。[36] 消费者的金融素养水平越高，其更有可能做出理性的投资决策，拥有更理性的借贷行为，拥有更加积极的市场参与行为，并更可能事先实施养老规划行为等，从而提高其理财满意度；金融素养水平更高的消费会通过比较利率和还款方式等来选择更适合自己的信贷产品，具有更好的适配性，从而在参与信贷后可能会有更高的满意度。[37]

然而，金融素养水平更高的投资者拥有更多相关信息，更可能倾向于集中持有少数几只股票的投资组合，这也会在一定程度上增加投资者的风险。此外，还有研究表明，金融素养越高的消费者对自己的信息判断越有信心，导致风险资产过度交易，从而降低了投资组合对风险的分散效应。[38] 因此，金融素养亦可能会由于投资组合的集中和风险的增加而降低消费者的理财满意度。

# 第六节 案例讨论：金融素养与金融行为

近几年，中国金融市场迅速发展，金融产品种类不断丰富。对于消费者来说，具备良好的金融素养是积极有效参与金融市场的关键。具备较高金融素养的消费者，往往具有更为规范的金融行为，能够有效识别复杂的金融产品，可以分散金融风险并维护自身合法权益，进一步通过金融市场的参与来增加家庭财富。

为客观有效地评估消费者的金融素养水平，中国人民银行从 2016 年开始进行消费者金融素养调查。以 2019 年的调查数据为例，本案例深入探讨了金融素养对消费者金融行为的影响。该调查覆盖31个省、区、市，受访样本数达到18 600个。通过主成分分析法对公共因子进行打分，从而计算得出金融素养指数。结果显示，中国居民金融素养状况位于"一般"和"不太好"水平的占比接近55%（见表7-1）。这说明中国居民金融素养相对较低，进一步提升的空间较大。

表 7-1 金融素养的评价情况 单位：%

| 金融素养情况 | 非常好或比较好 | 一般 | 不太好 | 一点也不好 | 总计 |
| --- | --- | --- | --- | --- | --- |
| 所占比例 | 39 | 41 | 14 | 6 | 100 |

通过对2017年与2019年不同消费群体之间金融素养进行比较分析，发现城市居民的金融素养水平高于农村居民，但该差距存在缩小的趋势（见图7-1）。从职业状况来看，全职工作者具有最高的金融素养水平，其次为学生群体，且两者均在2019年出现了较大程度的提升。然而，其他职业金融素养的增长不明显，甚至出现一定程度的下降。从收入情况来看，金融素养会随着居民收入的增加而提高，两者具有一定相关性。从学历来看，金融素养随学历的逐步提升呈现阶梯状上升的趋势，且差距较为明显。从年龄结构看，60岁以下消费者的金融素养明显高于60岁以上的消费者，这说明青年和中年消费者人群的金融素养水平相对较高。

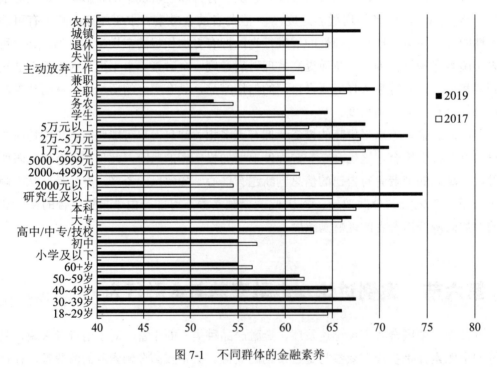

图 7-1 不同群体的金融素养

## 一、金融素养与消费者退休规划

随着社会老龄化程度的不断加剧，中国传统的养老模式开始出现转变。越来越多的消费者倾向于从中青年时期通过合理地购买养老保险和养老基金等金融产品，为自己的退休生活做好规划。

金融素养在养老规划方面发挥了重要作用，较高的金融素养水平意味着对金融产品和金融资产的配置有着更深入的了解，为获得更加稳定和更高的收益奠定了基础。根据 2019 年中国消费者金融素养调查报告，随着居民金融素养的提高，中青年时期没有养老计划的消费者比例在不断下降。此外，金融素养的提高有利于实现退休后养老资产的合理配置，从而提升老年时期的生活质量。因此，金融素养与养老决策之间存在一定的正相关关系。此外，金融教育和金融产品的标准化，是提升消费者金融素养的重要渠道。因此，加强金融教育和进一步完善金融市场，对消费者养老也发挥着至关重要的作用。

## 二、金融素养与消费者金融资产投资

近年来，越来越多的中国家庭开始参与资本市场并进行相应的投资活动。截至 2018 年年底，开通 A 股、B 股和基金的自然人账户资金总额已经达到 14 552.09 万元，金融资产在家庭资产中的占比逐年提升。在众多影响家庭金融资产投资决策的因素中，金融素养发挥着非常重要的作用。较低的金融素养水平意味着投资者在进行投资决策时容易缺乏自己的独立判断，导致投资风险大大增加。

金融素养对投资收益的影响主要通过两种渠道实现。第一种是直接渠道，即金融素养越高，居民进入资本市场获得收益的可能性越高。第二种是间接渠道，即金融素养的提高会改变投资者的风险偏好，从而调整资产的配置计划，进一步影响投资收益。

值得注意的是，金融素养对全样本收益增加的影响并不显著。这主要是因为金融知识和金融实践对赢利变动的影响呈相反的趋势，金融知识的提升会通过降低投资者的风险偏好，使得其赢利不增反降；而金融实践的提升，则可以在很大程度上增加赢利的可能。此外，金融素养对风险偏好不同的投资者的作用不同。对于高风险偏好的投资者而言，金融素养尤其是金融实践的提升，可以在很大程度上增加投资收益；但对于低风险偏好者和不愿意承担风险的投资者效果不明显。因此，金融素养对投资收益的提升作用，只有在风险偏好程度较高的投资者身上才能得以体现。

## 三、金融素养与消费者借贷行为

家庭负债收入比，指居民的负债总额占可支配收入的比例。该指标直接反映了家庭偿还债务的能力。中国家庭平均负债收入比，从 2013 年的 80%（不超过收入）持续上升至 2018 年的 122%（图 7-2）。这说明中国消费者的消费观念正在发生变化，超前消费被越来越多的人接受。同时，负债端的管理在家庭财富管理中，也显得越来越重要。与其他国家相比，国内的家庭负债收入比并不高。例如，韩国在 2016 年的家庭负债收入比就达到了 154%，大多数经合组织国家的家庭负债收入比都维持在 150% 以上。

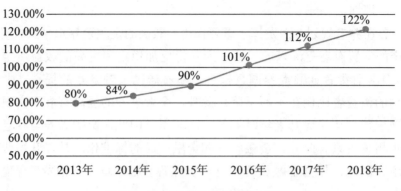

图 7-2 中国家庭平均负债收入比

金融素养会对家庭的借贷行为产生一定影响，金融素养越低的家庭越容易出现不规范的借贷行为。较高的金融素养可以帮助家庭进行更有效的融资，同时还可以降低家庭综合贷款利率，从而大大缓解家庭的金融负债压力。对于占家庭负债比例较大的购房贷款，金融素养越高的家庭越倾向于从银行渠道进行贷款，从而保障贷款的安全性。

**案例思考题**

1. 对于高风险偏好的消费者，为什么随着金融素养的提升，投资收益的增加体现得更加明显？
2. 金融素养主要影响哪些金融行为？如何产生影响？

# 参考文献 >>>

[1] Beverly S G, Hilgert M A, Hogarth J M. Household Financial Management: The Connection between Knowledge and Behavior [J]. Federal Reserve Bulletin, 2003, 89(7): 309-322.

[2] Lusardi A, Mitchell O S, Curto V. Financial Literacy among the Young [J]. Journal of Consumer Affairs, 2010, 44(2): 358–380.

[3] Lusardi A, Tufano P. Debt Literacy, Financial Experiences, and over Indebtedness [J]. Journal of Pension Economics and Finance, 2015, 14(4): 332-368.

[4] Behrman J R, Mitchell O S, Soo C K, et al. How Financial Literacy Affects Household Wealth Accumulation [J]. American Economic Review, 2012, 102(3): 300-304.

[5] Xiao J J, Porto N. Financial Education and Financial Satisfaction Financial Literacy, Behavior, and Capability as Mediators [J]. International Journal of Bank Marketing, 2017, 35(5):805-817.

[6] Amagir A, Groot W, Maassen V, et al. Financial Literacy of High School Students in the Netherlands: Knowledge, Attitudes, Self-Efficacy, and Behavior [J]. International Review of Economics Education, 2020, 34: 100185.

[7] 李波，朱太辉. 债务杠杆、金融素养与家庭金融脆弱性——基于中国家庭追踪调查 CFPS 2014 的实证分析 [J]. 国际金融研究，2020(7): 25-34.

[8] Lusardi A, Mitchell O S. The Economic Importance of Financial Literacy: Theory and Evidence [J]. Journal of Economic Literature, 2014, 52(1): 5-44.

[9] Lusardi A, Mitchell O S. Financial Literacy around the World: An Overview [J]. Journal of Pension Economics and Finance, 2011, 10(4): 497-508.

[10] Christelis D, Jappelli T, Padula M. Cognitive Abilities and Portfolio Choice [J]. European Economic Review, 2008, 54(1): 18-38.

[11] Kamer, K.O., K. Melike, U. Gokce. Financial Literacy in Developing Countries [J]. Social Indicators Research, 2019, 143: 325-353.

[12] Alhenawi Y, Elkhal K. Financial Literacy of U.S. Households: Knowledge Vs. Long-Term Financial Planning [J]. Financial Services Review, 2014, 22(3): 211-244.

[13] 尹志超，仇化. 金融知识对互联网金融参与重要吗 [J]. 财贸经济，2019, 40(6): 70-84.

[14] 宋全云，肖静娜，尹志超. 金融知识视角下中国居民消费问题研究 [J]. 经济评论，2019(1): 135-149.

[15] Stango V, Zinman J. Exponential Growth Bias and Household Finance [J]. Journal of Finance, 2009, 64(6): 2807-2849.

[16] Huston S J. Measuring Financial Literacy [J]. Journal of Consumer Affairs, 2010, 44(2): 296-316.

[17] 王江，廖理，张金宝. 消费金融研究综述 [J]. 经济研究，2010( 增刊 ): 5-29.

[18] 肖经建. 消费者金融行为、消费者金融教育和消费者福利 [J]. 经济研究，2011( 增刊 ): 4-16.

[19] 廖理，张学勇. 首届中国消费金融研讨会综述 [J]. 经济研究，2010( 增刊 ): 155-162.

[20] Allgood S, Walstad WB. The Effects of Perceived and Actual Financial Literacy on Financial Behaviors [J]. Economic Inquiry, 2016, 54(1): 675-697.

[21] 陈福中，蒋国海. 美国个人金融素养现状分析及对中国的启示 [J]. 清华金融评论，2019(10): 109-112.

[22] Walstad W B, Rebeck K, Macdonald RA. The Effects of Financial Education on the Financial Knowledge of High School Students [J]. Journal of Consumer Affairs, 2010, 44(2): 336-357.

[23] Jappelli T, Padula M. Investment in Financial Literacy and Saving Decisions [J]. Journal of Banking and Finance, 2013, 37(8): 2779-2792.

[24] Jorgensen B L, Savla J. Financial Literacy of Young Adults: The Importance of Parental Socialization [J]. Family Relations, 2010, 59(4): 465-478.

[25] 刘国强. 我国消费者金融素养现状研究：基于 2017 年消费者金融素养问卷调查 [J]. 金融研究，2018(3): 1-20.

[26] Hastings J S, Mitchell O. How Financial Literacy and Impatience Shape Retirement Wealth and Investment Behaviors [J]. Journal of Pension Economics and Finance, 2020, 19(1): 1-20.

[27] 何昇轩. 家庭成员对个人金融素养影响的研究 [J]. 中国软科学，2020(5): 68-76.

[28] Monticone C. How Much Does Wealth Matter in the Acquisition of Financial Literacy? [J]. Journal of Consumer Affairs, 2010, 44(2): 403-422.

[29] Lusardi A, Michaud PC, Mitchell O S. Optimal Financial Knowledge and Wealth Inequality [J]. Journal of Political Economy, 2017, 125(2): 431-477.

[30] Klapper L, Lusardi A, Panos G A. Financial Literacy and Its Consequences: Evidence from Russia During the Financial Crisis [J]. Journal of Banking and Finance, 2013, 37(10): 3904-3923.

[31] Van Rooij M, Alessie R, Lusardi A. Financial Literacy and Retirement Preparation in the Netherlands [J]. Journal of Pension Economics and Finance, 2011, 10(4): 527-545.

[32] Victor M. Financial Literacy and Portfolio Diversification [J]. Quantitative Finance, 2010, 10(5): 515-528.

[33] 彭倩，李建勇，宋明莎. 金融教育、金融素养与投资组合的分散化行为：基于一项投资者金融教育调查的实证分析 [J]. 财经科学，2019(6): 14-27.

[34] Lusardi A, Tufano PDebt Literacy, Financial Experiences, and Overindebtedness [J]. Journal of Pension Economics and Finance, 2015, 14(4): 332-368.

[35] 董晓林，戴月，朱晨露. 金融素养对家庭借贷决策的影响——基于 CHFS 2013 的实证分析 [J]. 东南大学学报 ( 哲学社会科学版 )，2019, 21(3): 44-52.
[36] Robb CA, Woodyard AS. Financial Knowledge and Best Practice Behavior [J]. Journal of Financial Counseling and Planning, 2011, 22(1): 60-70.
[37] 胡振，臧日宏. 金融素养对家庭理财规划影响研究——中国城镇家庭的微观证据 [J]. 中央财经大学学报，2017(2): 72-83.
[38] Grinblatt M, Keloharju M. Sensation Seeking, Overconfidence, and Trading Activity [J]. Journal of Finance, 2010, 64(2): 549-578.

## 课后思考题

1. 什么是金融素养？它与金融知识有什么区别和联系？
2. 请比较主要发达国家消费者金融素养水平的差异。
3. 请论述消费者金融素养的度量框架。
4. 什么是消费者的金融行为？如何度量？
5. 什么是消费者的主观金融素养？如何度量？
6. 影响消费者金融素养的因素有哪些？
7. 请比较我国与主要发达国家消费者金融素养水平的差异和特点。
8. 请简述金融素养是如何影响消费者的金融行为和理财满意度的。

# 第八章
# 消费者理财能力

## 引导案例 >>>

一个16岁的年轻女孩安娜在一家快餐连锁店开始了她的第一份工作。同时,她在高中参加了一门金融教育课程,学习如何开立和管理一个有担保的支票账户,以及如何进行储蓄存款。当她去银行开立支票账户时,她还了解到一种特殊的免费青年储蓄账户,只需要少量的初始存款以及资金即可达到储蓄目标。因此,她开立了一个这样的储蓄账户,银行每月自动把20美元从支票里划到她的储蓄账户上。在学校里,她还在金融教育课堂上了解到其他收益更高的储蓄型理财工具。她一直想买一套房子,所以她在心里设定了一个转移存款的目标期限。当她高中毕业进入社区大学后,她找到了一份薪水稍高一些的工作。几年之后,她参加了一门免费的购房规划课程,继而在她最终达到了储蓄目标的时候,把钱转到一个更高收益的储蓄工具上,并继续储蓄。尽管她有时不得不从自己的储蓄中借钱,但在她28岁的时候,经过12年的储蓄,她已经攒够了房子的首付和维修费用,还剩下一部分资金作为应急备用金。

在这个例子中,安娜利用从学校获得的知识,与金融机构较早地建立了积极关系,从而在资金管理和理财满意度方面获得了有益的反馈,逐步培养起了较强的理财能力。此外,她可能会对理财更有信心,对自己未来的生活更憧憬,这在一定程度上进一步提高了她的理财幸福感。

本章主要探讨消费者的理财能力，首先对理财能力的概念进行界定，而后探讨理财能力的评估和测量，并给出基本的理财能力评估体系框架，接下来结合美国消费者的理财能力现状进行深入分析，同时为提升中国消费者的理财幸福感并建立有中国特色的理财能力评估体系提出建议。最后，本章进一步对消费者的理财行为、理财能力与理财满意度的关系进行了阐述，并以此为基础探讨消费者理财能力对理财满意度的影响。

## 第一节 消费者理财能力概述

### 一、消费者理财能力的概念和内涵

不同学者对消费者理财能力的界定存在较大差异。英国和加拿大的学者率先使用"理财能力"（financial capability）这个术语，来描述消费者管理个人财务的金融知识、信心和动机。英国学者对于理财能力的定义较为正式，认为理财能力是一个广泛的概念，包括消费者了解自己财务状况的知识、技能、信心，以及管理财务的能力。理财能力高的消费者会提前规划，寻找和使用相关金融信息，懂得适时进行财务咨询，并理解和采纳咨询建议，从而能够更加积极和有效地参与金融市场投资活动。[1]

理财能力这一概念的内涵较为丰富，一般认为其主要涵盖以下几个方面的内容：第一，管理财务，即在某种预算系统和满足经济生活定期支出的能力下，保持对消费者财务的跟踪和关注。第二，提前规划，即有能力为将来的消费和意外支出而储蓄。第三，了解和选择合适的金融理财产品，即甄别和比较理财产品和提供理财产品金融机构的能力。第四，寻求帮助，即搜集信息和咨询建议以获得充分信息的能力，另外还包括具有一定财务实力的消费者关注宏观经济形势并了解其对个人财务潜在影响的能力。Johnson 和 Sherraden（2007）将理财能力理解为理财知识技能、金融政策和金融工具（或金融产品）的可获得性以及最优化个人财务利益进行决策的机会等要素的综合。[2] Taylor（2011）认为，理财能力指人们管理和控制自己财务的能力，可以通过一定水平的金融素养和理想理财行为表现来判定，因此金融素养和理财行为与理财能力密切相关。[3] Xiao 等（2014）认为，理财能力是应用恰当的金融知识开展一系列理想理财行为，进而实现并提升理财满意度的能力。[4]

近年来，帮助消费者提升理财能力的社会运动，相继出现在发达国家和发展中国家。在美国，该运动由总统理财能力咨询委员会（President's Advisory Council on Financial Capability，PACFC）积极推动，并由许多政府和非政府组织共同努力，致力于提高美国消费者的金融知识和理财能力。在欧洲，许多国家都有测度和改善消费者理财能力的政策举措。2006 年，英国发起了全国理财能力调查，[1] 这是世界上第一次关于理财能力的调查。后来，澳大利亚、爱尔兰、美国和加拿大等国纷纷效仿，也进行了类似的调查。在中国，由西南财经大学发起的中国家庭金融调查和北京大学发起的中国家庭追踪调查都涉及对受访者理财能力的相关问题。中国人民银行和国家金融监管总局也积极开展旨在提升消费者理财能力的活动，如宣传理性投资与合理借贷教育活动，以及理财知识普及月等。

在疫情背景下，政府管理的社会经济安全保障网被极大地削弱，亟需消费者提升自己的理财能力。普通消费者应该对个人长期经济安全未雨绸缪，同时对个人退休规划等长期经济保障承担更多责任，并在职业生涯早期就开始对他们的退休进行规划和进行相应的储蓄安排。尽管金融教育有其局限性，但仍有可能帮助改变消费者的金融行为，从而提升理财能力并增强消费者的理财幸福感。

## 二、理财能力的要素

理财能力是应用恰当的金融知识开展一系列理想理财行为，进而实现并提升理财满意度的能力。这一概念涵盖了金融知识和理财行为等两个方面的内容。消费者金融知识的增加可以增强理财能力，理财行为在一定程度上反映消费者的理财能力，而消费者理财能力的提升可提高理财满意度。

金融素养被定义为关于金融概念的知识与技能的理解，以及实际应用的能力。理财能力既需要金融知识，又需要有获得适当金融产品的客观条件来参与理财投资，从而实施理财行为。换句话说，理财能力既需要相关的理财知识（知识、技能、信心和动力），又需要得以进行理财决策的机会（依托金融机构获取具有较高投资收益的金融产品）。[2]知识和机会共同促进并提高理财能力，进一步提升消费者的理财满意度。

此外，金融产品和金融机构的可得性及其所提供的理财机会，指消费者利用理财机会选择恰当的金融产品或服务所进行的与财富（或资本）管理相关的行为，如信用卡使用、抵押贷款、购买财产或健康保险产品、为子女的大学教育进行储蓄、退休储蓄计划和税收筹划等。实质上，上述理财行为及其绩效，也是理财能力相关研究所重点关注的内容。

## 三、理财能力的影响因素

理财能力涵盖了金融知识和理财行为两方面内容，因而影响金融知识和理财行为的因素也会作用于消费者的理财能力。理财能力的影响因素主要包括年龄、金融教育水平、收入水平和其他家庭因素等。

### （一）年龄

在消费金融领域，理财自我效能（即理财信心）是衡量消费者理财能力的重要指标。随着年龄的增长，消费者的实际理财能力应该随着理财活动复杂程度的增加而增加，从而提高他们对理财的自我效能或信心。如果客观的金融素养、主观的金融素养、理想的或非理想理财行为和感知的理财能力有助于描述真实的理财能力，那么将上述变量的分数相加的综合度量——理财能力指标（financial capability index）应该与年龄正相关。因此，理财能力水平将随着消费者年龄的增长而提高。这一论断，也得到了相关计量研究的验证。[5]

### （二）金融教育水平

已有研究发现，加强金融教育，可以提升消费者的理财能力。Danes 和 Huddleston-Casas（2017）在评估美国国家金融教育基金会高中规划项目时发现，此项目有助于学生掌握金融知识、提升自我效能和提高储蓄率等。[6] 另外，大学和职场的金融教育也有助于消费者金融素养和理财能力的提高，参加金融教育研讨会对于员工家庭参与退休储蓄计划也可起到正向的激励作用。类似地，Walstad 等（2010）调查了金融教育项目对高中生个人金融知识的影响，发现金融教育相关课程使得学生的理财能力评估得分提高，具体可由更高的信用评分和更低的财务拖欠率来体现。[7]

### （三）收入水平

消费者理财能力与收入水平正相关。考虑到收益和安全性，金融产品或服务较少向低收入群体开放，因而低收入消费者常常无法利用合适的金融产品或服务来实施理想理财行为，从而无法获得亲身的理财行为体验，自然也难以获得提高理财能力的机会。例如，低收入青年消费者不太可能拥有专门的储蓄账户，他们的雇主也不太可能鼓励直接存款，他们的父母也不太可能在金融投资活动中涉及较多种类的金融产品或服务，因此也无法给自己的子女提供相应的帮助。近年来，宽松的信贷条件、较低的收入和低下的资金管理能力以及其他宏观经济因素，进一步恶化了中低收入家庭的财务状况。

### （四）其他家庭因素

父母是年轻人金融财务信息的重要来源，也是年轻人依赖的对象之一，尽管在很多情况下父母的能力可能也是非常有限的。[8] 因此，由于家庭的影响，社会经济地位较低的年轻人往往在金融素养和理财能力测试中得分较低。[9] 父母对于年轻人理解金融知识和理财行为具有重要的示范作用，在青少年金融知识学习、风险态度和理财行为方面，父母的影响甚至比高中教育和工作实践的作用更大。

## 第二节　消费者理财能力评估体系

### 一、理财能力的测量

#### （一）理财能力的衡量方法

因为理财能力这一概念涵盖的范围较为广泛，对它的测度也可从不同角度进行。概括起来，目前对消费者理财能力的衡量，主要基于以下 4 个维度：①采用一系列理想理财行为进行衡量；②采用整合理财行为和绩效的指标进行衡量；③采用涵盖客观和主观金融素养、理想和非理想理财行为,以及理财能力评价等的多个方面因素进行衡量;④采用综合考虑客观和主观金融素养以及理财行为的指标进行衡量。基于以上测量方法,可主要将之分为基于行为的理财能力测量方法和综合的理财能力测量方法。

### (二)基于行为的理财能力测量方法

2005年,英国金融服务管理局(Financial Services Authority,FSA)委托个人理财研究中心(Personal Finance Research Centre,PFRC)进行了一项探索性的和方法论的研究,设计了一份基准调查问卷,用于测量英国消费者的理财能力水平。这一测量主要是基于一系列行为的理财能力度量(见表8-1)。

表8-1 英国金融服务管理局理财能力衡量指标

| 理财能力的测量指标 | 具体评估和量化 |
| --- | --- |
| 资金管理能力 | 量入为出、如期支付账单并能较好处理债务问题;计划日常开支并跟踪自身的财务状况 |
| 提前规划能力 | 知悉未来必要开支项目以及对于未来规划的态度:重视未雨绸缪 |
| 选择金融产品能力 | 对于金融产品的理解、购买金融产品的行为与信心,以及对待风险的态度 |
| 寻求帮助能力 | 了解关键理财事项的频率、处理理财问题和投诉的意识 |

### (三)综合的理财能力测量方法

在将理财能力理解为金融知识和理财行为的综合情况下,Xiao和O'Neill(2016)[10]在研究消费者金融教育和理财能力的关系中采用四个变量来衡量消费者理财能力的高低。这四个变量分别是客观金融素养、主观金融素养、理想理财行为和感知的理财能力,见表8-2。

表8-2 综合的理财能力衡量指标

| 理财能力的衡量指标 | 具体评估和量化 |
| --- | --- |
| 客观金融素养 | 5道选择题的金融测试得分 |
| 主观金融素养 | 对自己的理财知识进行评估,满分为7分 |
| 理想理财行为 | 20种理财行为的满意程度,包括量入为出和预防性储蓄等 |
| 感知的理财能力 | 对资金管理能力的自我评估,满分为7分 |

## 二、理财能力调查

### (一)英国消费者理财能力基线调查

2005年,英国金融服务管理局委托个人理财研究中心开展了消费者理财能力基线调查。该项调查涉及四个维度,即资金管理能力(managing money)、提前规划能力(planning ahead)、选择金融产品能力(making choice)以及获取帮助能力(getting help)。同时,该调查被公认为在测量消费者理财能力方面具有开创性意义,特别是问卷中包含了消费者金融素养的相关问题。该调查在2005年6月到9月期间开展,是全球范围内同类调查中最为全面的,受访者包括来自英国全国的5 328位居民。这项调查涉及了消费者理财能力的诸多方面,特别是对个人金融素养的分析与研究,为后续学术研究以及实践领域的应用奠定了基础。

### （二）美国国民理财能力调查

自 2009 年起，美国金融业监管局所属的投资教育基金会每 3 年进行一次国民理财能力调查，已分别于 2009 年、2012 年、2015 年和 2018 年进行了四轮。调查涉及收支平衡管理能力（making ends meet）、提前规划能力（planning ahead）、管理金融产品能力（managing financial products）以及金融知识学习和决策能力（financial knowledge and decision-making）等四个方面的内容。该调查旨在统计和分析美国消费者的金融素养，对理财能力的关键指标进行基准测试，并评估这些指标如人口、行为、态度和金融素养特征的动态变化。庞大的样本量使研究者不仅可以研究消费者的理财能力，而且可以按不同标准对消费者进行细分研究。

### （三）加拿大理财能力调查

2009 年，加拿大统计局发布了加拿大理财能力调查（Canadian Financial Capability Survey，CFCS），旨在收集有关受访消费者日常资金管理和预算、长期资金管理，以及一般财务规划方法的信息。目前，加拿大统计局已分别于 2009 年和 2014 年进行过两轮调查。该调查除特别关注金融知识、理财能力和理财行为外，还对退休储蓄、教育储蓄和学生贷款等相关领域进行了深入调查，为相关研究提供了良好的微观数据支持。

## 三、理财能力评估体系：以美国为例

美国国民理财能力调查的内容全面、持续时间长，并且调查问卷设计较为成熟，目前已成为消费金融领域最为权威的全国性调查之一。美国国民理财能力评估体系主要包括以下四个方面。

第一，收支平衡管理能力。该部分主要评估 8 项内容：①消费和储蓄；②对个人财务状况是否满意；③财务压力的表现（如拖欠抵押贷款，以及支取退休账户资金等）；④医疗支出；⑤金融脆弱性（如应对非预期事件，如买车和房屋维修而出现流动性短缺等的能力）；⑥收入波动；⑦是否从事兼职工作；⑧政府福利补贴。

第二，提前规划能力。该部分主要评估 8 项内容：①是否持有应急备用金；②退休储蓄计划；③教育储蓄计划；④投资（证券、股票、基金等）；⑤对待风险的态度；⑥理财自我效能（即实现财务目标的信心）；⑦个人金融科技使用情况；⑧遗产规划。

第三，管理金融产品能力。该部分主要评估 7 项内容：①是否拥有银行账户以及支付方式选择；②房屋产权和抵押贷款；③信用卡使用；④学生教育贷款；⑤非银行借贷（或者民间借贷）；⑥个人总负债状况；⑦信用评分。

第四，金融知识学习和决策能力。该部分主要评估 4 项内容：①金融素养（如通过回答经济学和金融方面基本问题的得分进行评估）；②金融知识的自我认知情况（即是否存在夸大自我认知问题等）；③自我认知和理财行为是否相悖；④接受金融教育情况（包括从家庭、学校、私人部门、公共部门和公益机构所接受的金融教育状况等）。

制定合适的理财目标是理财行为的出发点，是与财务状况相关的关键技能和行为，对于评估理财目标的最终完成情况极为重要。这是反映消费者理财能力的一个重要方面，但目前并未包括在该评估体系中。美国国家金融教育委员会（National Financial Educators Council，NFEC）对超过 40 000 人进行的"国民理财能力测试"（National Financial Capability Test）调查表明，70% 的受访者不了解如何设定个人金融目标，对实现金融目标更有信心的消费者会拥有更高水平的理财满意度。

然而，目前中国尚未建立完善的消费者理财能力评估体系，无法对个人理财能力培养和金融教育提供很好的参考依据。对此，中国应当借鉴国外经验，结合本国实际国情，加快构建理财能力评估体系步伐，为研究中国消费者的理财能力进而提升理财满意度和生活幸福感做出贡献。

## 第三节　美国消费者理财能力现状

美国消费者理财能力评估体系主要包含收支平衡管理、提前规划、管理金融产品，以及金融知识和决策等四个方面。本节针对该体系下各个维度所涉及的内容以及国民理财能力调查的相关情况进行深入讨论，分析美国消费者理财能力现状，进而为提升中国消费者的理财能力和生活满意度提供政策性思考。

### 一、收支平衡管理能力

作为反映理财能力的一个非常重要的方面，收支平衡管理能力涵盖了人们如何平衡月度收入和支出，以及如何处理日常的金融事务等方面。在国民理财能力调查中，收支平衡管理能力的衡量指标主要包括支出和储蓄、财务压力、医疗支出、金融脆弱性以及收入来源等方面。如表 8-3 所示，美国消费者收支平衡管理的能力受到总体经济情况的影响较为显著。2009 年国际金融危机期间失业率较高，随后美国经济开始缓慢恢复，美国消费者的收支平衡管理能力随着整体经济的复苏和增长同步提高。然而，最近一次调查结果表明，提高的速度正在逐步放缓。四次调查结果显示，受访消费者表示支付每月开支和账单没有困难的比重从 2009 年的 36% 上升到 2018 年的 50%，而表示在过去一年中经历过意外导致收入大幅下降的比重从 2009 年的 40% 下降至 2018 年的 20%。

表 8-3　2009—2018 年美国消费者收支平衡情况

| 年　　份 | 2009 | 2012 | 2015 | 2018 |
| --- | --- | --- | --- | --- |
| 支付当月开支没有困难的受访消费者比例 | 36% | 40% | 48% | 50% |
| 收入大幅下降的受访消费者比例 | 40% | 29% | 22% | 20% |

值得注意的是，性别、收入、教育程度、年龄和种族等均会影响到消费者个人的收支平衡管理能力。如表 8-4 所示，相对于女性，男性消费者收支平衡的管理能力明显更强。在 2018 年的调查中，表示支付当月开支和账单没有困难的比重，男性比女性高出 9%。

同时，接受过大学及以上教育的受访消费者中，表示支付当月开支和账单没有困难的比重高达 64%。对不同年龄组的研究表明，年轻消费者的收支平衡管理能力较年长者更弱，且最年轻和最年长的受访消费者群体在收支平衡方面的差距越来越大，表示支付当月开支和账单没有困难的比重差距从 2009 年的 17% 上涨至 2018 年的 25%，同时表示在过去一年中经历过意外导致收入大幅下降的比重差距从 2009 年的 7% 上涨至 2018 年的 17%。此外，研究发现白人消费者的收支平衡管理能力强于亚裔和非裔消费者。自 2009 年以来，白人受访消费者维持收支平衡的能力提高了 16 个百分点，亚裔美国消费者提高了 15 个百分点，而非裔美国消费者仅提高了 9 个百分点。

表 8-4　2018 年美国消费者收支平衡情况：人口差异

| | 性别 | | 收入 | | | 教育水平 | | |
|---|---|---|---|---|---|---|---|---|
| | 男 | 女 | 2.5 万美元以下 | 2.5 万美元~7.5 万美元 | 7.5 万美元以上 | 高中 | 大专及社区大学 | 大学以上 |
| 表示支付每月账单没有困难的受访消费者比例 | 55% | 46% | 26% | 48% | 71% | 44% | 46% | 64% |

接下来，对收支平衡管理能力的各个指标进行分析。首先，对支出和储蓄的调查显示，受访消费者储蓄倾向与 2009 年相比并没有显著增长，其中约 41% 的消费者回答支出小于收入，36% 的消费者回答基本收支平衡，19% 的消费者回答收入小于支出。特别地，收入水平越高或所受教育程度越高的消费者，收支平衡管理能力越强。在回答收入大于支出的受访消费者中，收入大于 75 000 美元的受访消费者占 54%，而接受过大学及以上教育的受访消费者占 50%（见表 8-5）。

表 8-5　2009—2018 年美国消费者收支状况

| 年份 | 2009 | 2012 | 2015 | 2018 |
|---|---|---|---|---|
| 支出大于收入的受访消费者比例 | 20% | 19% | 18% | 19% |
| 收支相抵的受访消费者比例 | 35% | 36% | 38% | 36% |
| 收入大于支出的受访消费者比例 | 42% | 41% | 40% | 41% |

其次，对财务压力的测量主要包含三个方面，即是否从退休账户中获得了贷款、是否因遇到困难而从退休账户中提现，以及是否按时偿还按揭贷款。2018 年的调查数据显示，从退休账户中贷款和提现的受访消费者占比分别为 16% 和 13%，未能按时偿还按揭贷款的比例为 19%；与 2009 年相比，三种情况的占比均有所增加（见表 8-6）。这显示了财务压力的潜在增加趋势。此外，年轻的美国消费者和非裔美国消费者，可能面临着更严重的财务压力。

表 8-6　2009—2018 年美国消费者应对财务压力情况

| 年份 | 2009 | 2012 | 2015 | 2018 |
|---|---|---|---|---|
| 未按时偿还按揭贷款的受访消费者比例 | — | — | 16% | 19% |
| 从退休账户中获得了贷款的受访消费者比例 | 10% | 14% | 13% | 16% |
| 因遇到困难而从退休账户中提现的受访消费者比例 | 8% | 10% | 10% | 13% |

关于医疗支出，有医疗保险的受访消费者所占比重从 2009 年的 79% 上升到 2018 年的 87%，未及时支付医疗费用的受访消费者比重从 2012 年的 26% 下降至 2018 年的 23%（见表 8-7）。其中，年轻消费者比年长消费者更有可能欠有未支付的医疗账单，女性比男性消费者更有可能欠下医疗债务。

表 8-7　2009—2018 年美国消费者医疗支出情况

| 年　　份 | 2009 | 2012 | 2015 | 2018 |
| --- | --- | --- | --- | --- |
| 拥有医疗保险的受访消费者比例 | 79% | 78% | 87% | 87% |
| 有医疗债务欠款的受访消费者比例 | — | 26% | 21% | 23% |

金融脆弱性，度量了消费者遭受突发事件时的支付能力和资产流动性水平。以遭受突发事件时的支付能力为例，国民理财能力调查设计了一个测量问题，即"如果在下月有一笔意想不到的 2000 美元的支出，你是否有信心支付？"答案包括"肯定有信心""可能有信心""可能没信心"以及"肯定没信心"四个选项。与 2012 年相比，回答"肯定有信心"和"可能有信心"的受访消费者占比分别提高 8% 和 1%（见表 8-8）。这显示出美国消费者的金融脆弱性在逐年递减。此外，消费者金融脆弱性存在相当大的人口统计学特征差异。女性和年轻消费者都更容易在支付意外开支方面遇到困难。同样，从收入、教育和种族来看，那些收入和教育水平较低以及非裔的美国消费者，更难以应对短期的意外支出。

表 8-8　2012—2018 年美国消费者金融脆弱性情况

| 年　　份 | 2012 | 2015 | 2018 |
| --- | --- | --- | --- |
| 完全有信心的受访消费者比例 | 35% | 39% | 43% |
| 可能有信心的受访消费者比例 | 21% | 23% | 22% |
| 可能没信心的受访消费者比例 | 15% | 14% | 12% |
| 完全没信心的受访消费者比例 | 25% | 20% | 18% |

收入稳定性是影响家庭收支平衡的另一个因素。如果没有稳定与可预测的收入，消费者对收支平衡的管理可能会比较困难。调查发现，大多数美国消费者（61%）的收入相对稳定，但仍然有超过 1/3 的美国消费者（36%）的收入存在较大波动。

## 二、提前规划能力

提前规划能力指对确定的和可预测的人生即将经历的事件做出提前安排，如为退休和子女教育进行储蓄等的能力。同时，对于未来不确定的金融突发事件或冲击，应同样给予考虑以增强消费者个人或家庭的金融稳定性。消费者的提前规划能力，在国民理财能力调查中主要反映在以下几个方面：应急储蓄、退休储蓄计划、教育储蓄计划，以及投资等。

应急储蓄，又被称作是困窘期基金（rainy day funds），是消费者个人提前规划未来的重要方式之一，可以缓解疾病、失业以及经济下滑等突发性事件对消费者个人和家庭生活带来的冲击。调查结果显示，美国消费者个人和家庭的应急储蓄基金增长迅速，从 2009 年的 35% 上升至 2018 年的 49%（见表 8-9）。然而，仍然存在近一半的美国消费者（46%）没有留出足够的资金来支付三个月的应急费用。同时，调查发现收入水平和接受教育水平越高，消费者具有应急储蓄的可能性也越高。

表 8-9　2009—2018 年美国消费者提前规划情况

| 年份 | | 2009 | 2012 | 2015 | 2018 |
| --- | --- | --- | --- | --- | --- |
| 应急储蓄 | 留出足够的资金来支付三个月的应急费用的受访消费者比例 | 35% | 40% | 46% | 49% |
| 退休储蓄计划 | 进行退休规划的受访消费者比例 | 37% | 37% | 39% | 41% |
| | 拥有退休账户的受访消费者比例 | 57% | 54% | 58% | 58% |
| 教育储蓄计划 | 进行教育储蓄规划的受访消费者比例 | 31% | 34% | 41% | 38% |
| 投资 | 进行非退休型投资的受访消费者比例 | 34% | 32% | 30% | 32% |

退休储蓄计划，指消费者个人为确保退休之后的财务安全而进行的提前理财安排。大多数美国消费者并没有进行退休规划，有相应退休规划的仅占到 41%，具有退休账户的也不足 60%。研究发现，进行退休规划和拥有退休账户的可能性会随着消费者收入的增加而显著提高，只有少部分收入低于 25 000 美元的受访消费者拥有退休账户（19%），而绝大多数收入在 75 000 美元或以上的受访消费者都拥有退休账户（87%）。

教育储蓄计划，指消费者为子女四年公立大学的学杂费进行储蓄的理财安排。调查结果显示，2009 年至 2015 年，有教育储蓄规划的美国消费者不断增加，其比重从 2009 年的 31% 上升到 2015 年的 41%，但随后有教育储蓄规划家庭的占比出现下降，这一比重在 2018 年下降至 38%。

是否拥有投资，也被看作消费者是否对未来进行规划的具体指标。2018 年调查数据显示，仅 32% 的受访消费者持有股票、债券以及共同基金等退休账户之外的金融产品。同时，教育水平和收入水平越高，消费者将更趋向于进行非退休型投资。

### 三、管理金融产品能力

金融产品的管理，指消费者个人对在一生中可能涉及的一系列金融产品进行的管理活动，例如通过储蓄和投资工具、支付工具以及信贷产品等方式进行的理财安排。通过理财产品的管理并在信息充分的情况下做出恰当的理财决定，可以提高消费者个人理财的成功率并有效应对财务压力。消费者管理金融产品的能力，在国民理财能力调查中主要涉及以下几个方面：银行和支付方法、房屋所有权和按揭贷款、信用卡使用，以及非银行借贷等。

银行和支付方法，指消费者个人是否拥有银行账户及采用何种方式进行支付。调查数据显示，91% 的美国消费者拥有银行账户，在对这些受访消费者的调查中，超过 4/5 的消费者（84%）会使用网上银行业务，近 2/3（65%）的消费者会使用手机银行，并且年龄较小、收入和受教育程度高的消费者倾向于更频繁地使用网上银行和手机银行。

房屋所有权和按揭贷款，指是否拥有住房以及是否通过借贷或按揭贷款方式购买住房。调查发现，大多数美国消费者都拥有自己的住房，所占比重在58%左右，其中较年轻的、收入较低的和非裔受访消费者拥有住房占比较低。此外，受到金融危机的影响，按揭贷款购房的消费者比重持续下降，从2009年的71%下降到2018年的61%（见表8-10）。

表8-10　2009—2018年美国消费者房屋所有权和按揭贷款情况

| 年　　份 | 2009 | 2012 | 2015 | 2018 |
| --- | --- | --- | --- | --- |
| 拥有住房的受访消费者比例 | 58% | 58% | 60% | 58% |
| 通过借贷或按揭贷款方式购买住房的受访消费者比例 | 71% | 65% | 62% | 61% |

信用卡在美国消费者的日常生活中扮演着非常重要的角色，大多数美国消费者都是通过信用卡来消费的。调查数据显示，79%的美国消费者至少拥有1张信用卡，29%的美国消费者拥有4张及以上的信用卡。从信用卡使用行为来看，合理使用信用卡的美国消费者比例呈逐年上升趋势。2018年国民理财能力调查数据显示，拥有信用卡的美国消费者中，54%的人会按时全额还款，46%的人会透支并支付利息，35%的人会选择分期还款，16%的人会因晚还款而缴滞纳金，13%的人会用信用卡提现（见表8-11）。此外，在选择新的信用卡时，消费者倾向于比较来自多家公司的不同信用卡的信息。这类消费者所占比重从2009年的32%上升至2018年的38%。

表8-11　2009—2018年美国消费者信用卡使用情况

| 年　　份 | 2009 | 2012 | 2015 | 2018 |
| --- | --- | --- | --- | --- |
| 按时全额还款的受访消费者比例 | 41% | 49% | 52% | 54% |
| 透支并支付利息的受访消费者比例 | 56% | 49% | 47% | 46% |
| 分期还款的受访消费者比例 | 40% | 34% | 32% | 35% |
| 因晚还款而缴滞纳金的受访消费者比例 | 26% | 16% | 14% | 16% |
| 超出信用卡限额而缴滞纳金的受访消费者比例 | 15% | 8% | 8% | 10% |
| 信用卡提现的受访消费者比例 | 13% | 11% | 11% | 13% |

非银行借贷，指部分消费者从银行等金融机构之外的非正规渠道获得的贷款，如发薪日贷款、典当贷款（pawn shop loan）和以租代买（rent to own）等。这些获得贷款融资方式的一个共同特点是，贷款成本较高。2018年国民理财能力调查数据表明，在过去5年中，使用过典当贷款、发薪日贷款以及以租代买的受访消费者各占18%、14%和12%，有29%的受访消费者至少使用了上述非银行贷款工具中的一种。同时，随着收入水平和教育水平的提高，消费者使用非银行贷款的比重下降。

## 四、金融知识学习和决策能力

为了做出更为理性的理财决策，除了需要掌握必备的金融知识外，还需要对当前的经济和金融发展的基本情况和趋势具有一定的了解。在国民理财能力调查中，关于金融知识学习和决策能力，主要涉及客观金融知识、主观金融知识、自我感知与理财行为的比较，以及金融教育等四个方面。

客观金融知识在国民理财能力调查中由一系列经济与金融问题来体现,主要包含利率、通胀、债券价格、按揭贷款,以及风险等方面的内容。调查发现,仅有7%的受访消费者能够正确回答所有与金融知识相关的五个问题,40%的受访消费者能够正确回答至少四个问题,并且金融知识水平呈现逐年下降的趋势。具体而言:关于利率和按揭贷款方面的问题,3/4的受访消费者能回答正确;关于通胀和风险方面的问题,约有一半的受访消费者能回答正确;然而,对于债券价格的问题,则仅有26%的受访消费者能回答正确(见表8-12)。值得注意的是,金融知识水平存在显著的人口差异,男性、年龄较大的、受教育程度高的受访消费者以及白人和亚裔受访消费者,更有可能正确回答测验问题。

表8-12 2018年美国消费者客观金融知识情况

| 问 题 | 正 确 | 错 误 | 不知道 |
| --- | --- | --- | --- |
| 按揭贷款 | 73% | 9% | 17% |
| 利率 | 72% | 13% | 13% |
| 通货膨胀 | 55% | 22% | 21% |
| 风险 | 43% | 11% | 45% |
| 利率计算 | 30% | 42% | 26% |
| 债券价格 | 26% | 37% | 36% |

主观金融知识,指消费者对自己具有的金融素养高低的评价。研究显示,虽然美国消费者的客观金融知识水平较低,但他们对自己的主观金融知识的认知却过分夸大。大多数受访消费者对自己的评价过高,在2018年调查中有71%的受访消费者在1~7分的量表中给了自己5分及以上分数的评价。

消费者实际日常金融事务的表现,并不一定与其自身感知到的情况相一致。当被问及是否能处理好日常金融事务时,77%的受访消费者认为自己完全能胜任。然而,在对自己做出了7分高度评价的43%的受访消费者中,有31%的受访消费者出现了与信用卡使用相关的高成本行为,如支付滞纳金或透支罚息等;有21%的受访消费者出现了非银行借贷行为,甚至有13%的受访消费者会有透支支票储蓄账户的行为。

金融教育是提升个人金融素养,进而提高理财能力的重要手段。调查数据显示,约1/5的美国消费者接受过金融教育。数据显示,接受过更长时间或更高质量金融教育的受访消费者,透支信用卡或使用非银行借贷的可能性较低。

## 五、美国消费者理财能力现状对中国的启示

通过对美国消费者理财能力进行分析与讨论,本节对于如何提升中国消费者的个人理财能力,降低非系统性金融风险从而提高理财绩效和生活满意度,提出以下政策性建议。

第一,加快构建个人理财能力评估体系步伐。随着消费金融越来越多地融入消费者的个人和家庭生活中,培养和提高理财能力就显得尤为重要。美国的理财能力评估体系

较为系统全面，尽管中美两国国情有所差异，但也可以为我国构建有中国特色的理财能力评估体系提供重要的经验借鉴。

第二，大力培养为未来进行理财规划的意识，提高消费者个人生活满意度。国民理财能力调查显示，越来越多的美国消费者开始为子女教育、退休以及购房等进行储蓄，提前规划作为反映理财能力的一个重要方面，在一定程度上可以提升消费者个人的生活满意度。

第三，强化正式金融教育，提升消费者个人理财能力以规避理财过程中可能遭受的非系统性风险。国民理财能力调查发现，接受过正式金融教育的受访消费者在理财绩效上的表现明显更好。与美国相比，中国高等教育缺乏较为规范的金融通识教育，政府部门组织金融教育培训的力度不够，金融机构对投资者的金融知识教育也有待进一步加强。因此，加强正式金融教育，在当前中国金融体制不健全的背景下，可以在一定程度上帮助消费者规避非系统性金融风险。

## 第四节　消费者理财行为、理财能力与理财满意度

### 一、理财行为概述

#### （一）理财行为的定义及其类型

理财行为（financial behavior），又被称为金融行为，指与人们对财富（或资本）进行管理相关的一系列行为，具体包括收入、支出、借贷、消费、信用和投资等。消费者理财行为，可以划分为理想理财行为（desirable financial behavior）和非理想理财行为（undesirable financial behavior）两大类。理想理财行为，指风险较低并且可以避免消费者出现损失的一系列理财行为，如维持收支平衡、提前还款和为未来进行储蓄等，通常反映消费者较高的理财能力，有助于提升消费者的理财满意度和生活幸福感。非理想理财行为，指风险较高并且可能对消费者的经济福利造成损失的一系列行为，如透支信用卡和入不敷出等。较低的理财能力往往会导致非理想理财行为，但非理想理财行为未必意味着理财能力不高，因为理财行为还会受到客观因素的影响和制约。例如，低收入人群无法按期偿还信用卡，可能并非因其理财能力欠缺，而是因为本身较低的收入水平难以维持正常生活，进而导致了非主动性非理想理财行为的出现。

#### （二）理财行为、金融素养与理财满意度

金融素养与消费者理想理财行为呈正相关关系，与消费者非理想理财行为呈负相关关系，因而较高的金融素养意味着消费者更可能实施较为理想的理财行为。此外，消费者金融素养的提高，往往伴随着理财满意度的提升。消费者的理财行为与理财满意度，也存在紧密的联系。理想理财行为，往往会提升消费者的理财满意度和经济福利；而非

理想理财行为，则会降低消费者的理财满意度。三者间的关系，如图 8-1 所示。

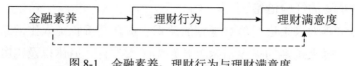

图 8-1　金融素养、理财行为与理财满意度

### （三）理财行为测量框架

理财行为的测量框架主要有两种，即 Dew 和 Xiao（2011）[11] 提出的四维度测量框架，以及 Perry 和 Morris（2005）[12] 提出的有责任心的理财行为（responsible financial behavior）测量框架。

#### 1. 四维度理财行为测量框架

Dew 和 Xiao（2011）[11] 采用来自美国具有代表性的成年人样本数据，开发出一套理财管理行为测度量表。该量表包含了四个方面，分别为储蓄与投资、财务管理、信用管理，以及保险等，每个子量表的理财行为类型分别包括不同的问题。测量结果表明，储蓄和投资行为是美国消费者最不常见的理财行为，财务管理和信用管理行为处于大致相同的中等水平，而保险行为则是最为常见的理财行为（见表 8-13）。

表 8-13　四维度理财管理行为测度量表

| 理财行为 | 均值 | 标准差 | 取值范围 | 通常及以上进行该行为的受访消费者比例 /% |
| --- | --- | --- | --- | --- |
| 储蓄与投资行为 | 2.66 | 1.09 | 1.00~5.00 | 11.00 |
| 财务管理行为 | 3.73 | 0.83 | 1.00~5.00 | 48.10 |
| 信用管理行为 | 3.73 | 0.95 | 1.00~5.00 | 47.20 |
| 保险行为 | 3.81 | 1.24 | 1.00~5.00 | 53.70 |

#### 2. 有责任心的理财行为测量框架

Perry 和 Morris（2005）[12] 采用来自房地美（Freddie Mac）的消费者信用调查数据，设计了五个问题来对消费者的理财行为进行衡量，即能否控制支出、能否按时偿还贷款、能否规划自己的未来财务、能否合理管理个人和家人财务，以及能否进行有效储蓄等。对五个问题进行打分，最终得分较高的消费者意味着他们实施了较为理想的理财行为。

## 二、理财行为理论模型

用于理解消费者理财行为并帮助消费者实施理想理财行为的理论较多，但其中有两个理论最为重要，即计划行为理论模型（theory of planned behavior，TPB）和跨理论行为改变模型（transtheoretical model of behavior change，TTM）。

### （一）计划行为理论模型

#### 1. 基本内容

计划行为理论是 Ajzen（1991）[13] 在理性行动理论（theory of reasoned action，

TRA）的基础上进行的深入扩展的用于预测和帮助理解人们行为的理论，主要关注影响个体实际行为决策的因素（图8-2）。该理论的内容包括五部分，分别为对目标行为的态度、主观规范、感知的行为控制、行为意图，以及实施具体行为。行为意图是理论的核心因素，反映了人们计划付出多大的努力来完成某一行为。一般来说，参与行为的意图越强，行为越可能表现出来。行为态度、主观规范以及感知的行为控制均会对行为意图产生影响。值得注意的是，为了反映行为的非自主性，计划行为理论包含了一个附加变量——感知的行为控制，该变量是对传统的理性行动模型进行的改进。感知的行为控制，即对行为表现的感知困难水平，反映了过去的经历及预期的障碍。作为一个普遍的法则，对行为的态度越支持，获得的感知性社会认可越强；同时，感知的行为表现越简单，行为意图将越强烈，而行为意图越强烈，该行为越可能被实施。此外，感知的行为控制可能会对行为产生直接影响。

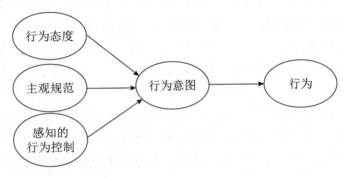

图 8-2　计划行为理论基本内容

**2. 计划行为理论在消费金融领域的应用**

计划行为理论及其之前的理性行动理论，已经被广泛应用于许多领域，如减肥、职业定位、家庭规划、选举、技术应用、消费者申诉以及在线调查等。在消费金融领域，计划行为理论被广泛应用于消费者在金融服务领域的具体行为方面，如投资决策、按揭贷款的使用和信贷控制等。例如，East（1993）[14]使用英国消费者的样本数据研究了消费者投资决策的影响因素，结果表明拥有相关投资决策经验的朋友和亲人，以及很容易获得资金的消费者，会致力于投资决策。Bansal 和 Taylor（2002）[15]使用抵押贷款客户的样本数据分析了消费者服务转换行为，发现感知控制和意图、感知控制和态度，以及态度和主观规范之间的相互作用会强烈地影响行为意图。Xiao 和 Wu（2008）[16]分析了在完成债务管理计划过程中与消费者行为相关的影响因素。他们发现，对行为的态度及感知的控制会影响实际行为，但是主观规范却不会；此外，一个并未在理论中予以明确的因素——对于债务管理项目服务的满足感，同样也会影响实际行为。

**3. 计划行为理论的有效性问题**

通过对应用计划行为理论的一系列研究进行分析，发现计划行为理论模型在一般意义上来讲是有效的，但同样也存在着一定不足。[17] 第一，受访者的回答不一定可靠。如果条件允许，研究者应该使用更加客观的和可观察到的变量来测度行为。第二，感知控制与自我效能（self-efficacy）的概念是不同的。与感知控制相比，自我效能是更好的行为预测变量。第三，行为意图有可替代的测量指标，如欲望和自我预测等。其中，行为意图和自我预测比欲望能更好地进行行为预测。第四，主观规范相比于其他两种变量——态度和感知控制而言，是较弱的预测指标。因此，需要对其他更具体的变量进行测度，如道德规范和描述性规范等。

### （二）跨理论行为改变模型

#### 1. 基本内容

跨理论行为改变模型，是由 Prochaska（1979）[18] 提出的。该模型在一个统一的框架下，用于帮助人们改变其不良行为。该模型被广泛应用到与健康相关的行为上，主要包括酗酒、药物滥用、高热量饮食与体重控制、心理压抑，以及阳光曝晒等。模型的主要框架包括四部分，分别为改变的阶段（stage of change）、改变的过程（process of change）、自我效能（self-efficacy）和决策权衡（decisional balance）。

跨理论行为改变模型定义了行为改变的五个阶段：意向前期、意向期、准备期、行动期和保持期。如果一个人打算在六个月内进行改变，说明其处于意向期；如果一个人打算在三十天内进行改变，说明其处于准备期；如果一个人已经开始改变，且时间少于六个月，说明其处于行动期；如果一个人改变行为超过六个月，且少于十八个月，说明其处于保持期；如果一个人改变行为超过十八个月，就认为其行为已经改变。当然，部分人也有可能再次回到原来的阶段。此外，跨理论行为改变模型还定义了行为改变的十个过程，并且在每个过程中都有相应的策略或干预手段来帮助人们改变不良行为（见表 8-14）。

表 8-14 行为改变的十个过程

| 过程 | 策略 |
| --- | --- |
| 意识提升（onsciousness raising） | 提供行为改变的相关信息 |
| 痛苦减轻（dramatic relief） | 经历情感上的冲击 |
| 环境性重新评估（environmental reevaluation） | 改变行为对环境的影响 |
| 自我重新评估（self-reevaluation） | 让人们想象行为改变后的新状态 |
| 自我解放（self-liberation） | 让人们对行为改变做出坚定的承诺 |
| 帮助性社会关系（helping relationships） | 为行为改变提供社会支持 |
| 刺激控制（stimulus control） | 进行积极暗示，杜绝消极暗示 |
| 强化管理（reinforcement management） | 对积极的行为改变进行奖励 |
| 对抗条件反射作用（counterconditioning） | 用好的行为代替不好的行为 |
| 社会解放（social liberation） | 实现可用的社会支持机制 |

最后，衡量行为改变成功的两个指标是决策权衡和自我效能。当人们越接近行为改变的后期，行为改变的投入会越少，而获得的回报将会越多。同时，当人们再次面对困境时，会更有信心避免实施之前的相应不良行为。

## 2. 跨理论行为改变模型在消费金融领域的应用

跨理论行为改变模型在消费金融领域的应用起始于20世纪90年代后期。Kerkmann（1998）率先通过案例探讨了如何在金融咨询领域使用跨理论行为改变模型[19]。Bristow（1997）认为跨理论行为改变模型可以应用到一个美元的扩展项目中，从而改变人们的理财行为。[20] 此外，还有研究将跨理论行为改变模型应用于信贷咨询领域并设计出帮助消费者改变理财行为的方法，进而消除其不良的信用卡债务。[21] 跨理论行为改变模型同样可以被应用到金融教育项目中帮助低收入消费者，并为他们制定了特定的教育策略。[22] 此外，跨理论行为改变模型也可以用于为女性提供建议，从而帮助她们成为更好的投资者。[23]

## 3. 跨理论行为改变模型的理论贡献

同其他行为改变模型相比，跨理论行为改变模型有其独到之处。[24] 第一，该模型将主要的心理学理论整合到一个框架中，从而可以为消费者改变不良行为提供更为有效的干预措施。第二，与行为规范不同，该模型定义了多个行为改变的阶段，具备更强的适用性。第三，该模型将干预策略与行为改变的不同阶段进行匹配。第四，该模型更强调个体的自我控制。

# 三、消费者理财能力与理财满意度：经验证据

## （一）研究背景与假设

理财满意度是消费者主观幸福感的重要衡量指标之一，同时也是收入与主观幸福感之间的重要中介因素。以往研究主要集中于收入对消费者理财满意度的影响，但Xiao等（2014）从消费者理财能力出发探究其对理财满意度的影响，这与各国政府逐步重视提升消费者理财能力的趋势相一致。[5] 理财能力可以被定义为，管理消费者个人财务以实现理想的财务目标和维持满意的财务状况的能力。已有文献认为，消费者金融素养、理财行为与理财能力密切相关。基于此，Xiao等（2014）使用自我感知理财能力、金融素养和理财行为来测度消费者的理财能力，以期更加全面地分析不同因素对消费者理财满意度的影响。

基于上述理论分析，Xiao等（2014）提出了如下假设：消费者感知理财能力与理财满意度正相关。在金融知识方面，主观金融知识和客观金融知识都与消费者理财满意度正相关；在理财行为方面，理想理财行为与消费者理财满意度正相关，非理想理财行为与消费者理财满意度负相关。

## （二）研究方法

### 1. 数据和变量

美国国民理财能力调查，主要包括以下3个方面内容。①全国调查：针对1 488名美国成年人的全国电话调查；②州级调查：各州对大约2.7万名美国成年人进行的在线调查（每个州约500人，包括哥伦比亚特区）；③现役人员调查：对800名现役军人及其

配偶的在线调查。这些调查询问了受访消费者的理财满意度、感知的理财能力、金融素养、理财行为和人口统计学特征等。调查数据及代码可从美国金融业监管局投资者教育基金会的网站上获得。在样本选择方面，Xiao 等（2014）仅保留了对理财满意度、理财能力和金融知识等问题提供具体答案的受访消费者样本数据，最终的样本量为 26 900。

因变量理财满意度的度量如下：当受访消费者被问到"将您的资产、债务和储蓄考虑在内，您对目前的个人财务状况有多满意？"后，受访消费者将基于量表作答。其中，1 表示"完全不满意"，10 表示"非常满意"。

自变量包括感知的理财能力、金融素养、理财行为和控制变量。感知的理财能力的度量问题为"您对以下陈述：'我擅长处理日常理财事务，如支票账户，信用卡和借记卡，费用跟踪。'的观点如何？"其中，1 表示"非常不同意"，7 表示"非常同意"。金融素养由主观金融知识和客观金融知识两组变量来衡量。主观金融知识为 7 分制变量，问题为"在 1 到 7 分中，1 表示非常低，7 表示非常高，你如何评估自己的整体金融知识？"客观金融知识来自于调查中的 5 个具体的金融相关知识问题，分别涉及利率、通货膨胀、债券价格、抵押贷款和股票。若受访消费者回答正确，则变量编码为 1，否则为 0。将正确答案数相加可得客观金融知识指标，其取值范围为 0~5。理财行为也由两组变量来衡量，即理想理财行为和非理想理财行为。在调查中，理想理财行为包括 14 个行为变量，包括持有应急资金、教育基金、529 计划（避税教育储蓄计划）、计算退休所需、索取信用报告、索取信用评分、比较专业人士的财务建议、向专业人士咨询理财建议、向 401k 账户（避税退休储蓄计划）存款、对抵押贷款进行比较、对不同机构发放的信用卡进行比较、对不同种汽车贷款进行比较、重新平衡 401k 账户和阅读财经新闻。其中，除阅读财经新闻外，所有变量均为二元变量，1 表示有过该行为，否则为 0。阅读财经新闻的初始变量为 7 分制变量。当答案为 5、6 或 7（即强烈同意经常阅读财经新闻）时，该变量记为 1，否则为 0。将已有理财行为的数量相加可得理想理财行为指标，其取值范围为 0~14。

美国国民理财能力调查包括 9 个非理想理财行为变量，将它们重新定义为二元变量，1 表示有过该行为，否则为 0。这些变量包括：收入小于支出、透支支票账户、获得 401k 贷款、信用卡有未还款额、进行最低信用卡还款、延迟信用卡还款、使用信用卡透支、使用信用卡提现和延迟抵押贷款还款。将已有行为的数量相加进而构建非理想理财行为指标，其范围为 0~9。

此外，采用受访消费者的人口统计学和社会经济特征变量作为控制变量，包括性别、年龄（18~34 岁、35~64 岁和 65 岁以上）、种族（白人和非白人）、是否已婚、是否有孩子需要抚养、教育（高中毕业或以下、大专及社区大学，以及大学毕业或更高）、是否有工作、家庭收入 34 999 美元及以下、3 500 美元至 74 999 美元和 75 000 美元及以上）、是否经历收入下降，以及拥有房产等。此外，控制变量还包括是否有过投资、开设 401k 账户、抵押贷款、汽车贷款和信用卡等分类变量，以及感知数学能力这一个 7 分制变量。

## 2. 研究策略

为检验假设，Xiao 等（2014）首先对消费者理财能力和理财满意度进行了相关性分析。其次，以理财满意度为因变量，理财能力相关变量和控制变量为自变量，进行多元 OLS 回归估计。

### （三）研究结果

#### 1. 样本描述性统计

在受访消费者中，53% 是男性，57% 年龄在 35~64 岁之间，76% 是白人，57% 已婚，60% 没有孩子需要抚养，39% 具有大学学历，57% 拥有工作，36% 收入低于 3.50 万美元，61% 在去年收入下降。在资产相关特征方面，63% 有投资，47% 有 401k 计划，63% 拥有房产。在债务相关特征方面，43% 有住房抵押贷款，36% 有汽车贷款，78% 持有信用卡。样本数据描述性统计结果，如表 8-15 所示。

表 8-15  分类变量的描述性统计（N=26 900）

| 变 量 | 百分比 /% | 变 量 | 百分比 /% |
|---|---|---|---|
| 性别 | | 受教育程度 | |
| 男性 | 53 | 高中毕业或以下 | 26 |
| 女性 | 47 | 大专或社区大学 | 35 |
| 年龄 / 岁 | | 大学毕业或更高 | 39 |
| 18~34 | 29 | 工作状态 | |
| 35~64 | 57 | 工作 | 57 |
| 65+ | 14 | 不工作 | 43 |
| 种族 | | 收入 | |
| 白人 | 76 | 34 999 美元及以下 | 36 |
| 非白人 | 24 | 35 000 美元至 74 999 美元 | 36 |
| 婚姻状态 | | 75 000 美元及以上 | 28 |
| 已婚 | 57 | 经历收入下降 | 61 |
| 未婚 | 43 | 有过投资行为 | 63 |
| 有孩子需要抚养 | | 有 401k 账户 | 47 |
| 是 | 40 | 拥有房产 | 63 |
| 否 | 60 | 有抵押贷款 | 43 |
| 持有信用卡 | 78 | 有汽车贷款 | 36 |

根据连续变量的描述性统计结果：在 10 分制变量中，理财满意度的平均得分为 4.55 分；在 7 分制变量中，感知理财能力的平均得分为 5.65 分，主观金融知识平均得分为 5.00 分，感知数学能力平均得分为 5.64 分（见表 8-16）。在金融素养相关变量中，关于利率问题的正确率最高，为 81%，其次是关于抵押贷款的问题（80%），再次是关于通货膨胀的问题（69%）和关于股票的问题（58%）。关于债券价格问题的正确率最低，仅为 30%。客观金融知识指标的平均分为 3.18 分（满分 5 分）。此外，对于理想和非理

想理财行为,仅有极少数消费者实施过理想理财行为。例如,样本中仅 4% 的消费者拥有 529 计划,8% 的消费者向专业人士咨询过理财建议。然而,却有大量消费者曾有过非理想理财行为,其中 43% 的消费者信用卡有未还款余额,30% 的消费者进行过最低信用卡还款。理想理财行为指标平均为 3.70 分(满分 14 分),非理想理财行为的平均值为 1.69 分(满分 9 分)。

表 8-16 连续变量的描述性统计  单位:分

| 变量 | 平均值 | 标准差 | 最小值 | 最大值 |
| --- | --- | --- | --- | --- |
| 理财满意度 | 4.55 | 2.72 | 1 | 10 |
| 感知数学能力 | 5.64 | 1.67 | 1 | 7 |
| 感知理财能力 | 5.65 | 1.61 | 1 | 7 |
| 主观金融知识 | 5.00 | 1.28 | 1 | 7 |
| 客观金融知识 | 3.18 | 1.38 | 0 | 5 |
| 理想理财行为 | 3.70 | 2.60 | 0 | 14 |
| 非理想理财行为 | 1.69 | 1.88 | 0 | 9 |
| **金融素养** | | | | |
| 问题 1:关于利率 | 0.81 | 0.39 | 0 | 1 |
| 问题 2:关于通货膨胀率 | 0.69 | 0.46 | 0 | 1 |
| 问题 3:关于债券 | 0.30 | 0.46 | 0 | 1 |
| 问题 4:关于抵押贷款 | 0.80 | 0.40 | 0 | 1 |
| 问题 5:关于股票 | 0.58 | 0.49 | 0 | 1 |
| **理想理财行为** | | | | |
| 持有应急资金 | 0.37 | 0.48 | 0 | 1 |
| 持有教育基金 | 0.13 | 0.34 | 0 | 1 |
| 持有 529 计划 | 0.04 | 0.21 | 0 | 1 |
| 计算退休所需 | 0.34 | 0.47 | 0 | 1 |
| 索取信用报告 | 0.45 | 0.50 | 0 | 1 |
| 索取信用评分 | 0.43 | 0.50 | 0 | 1 |
| 比较专业人士的财务建议 | 0.26 | 0.44 | 0 | 1 |
| 向专业人士咨询理财建议 | 0.08 | 0.27 | 0 | 1 |
| 向 401k 账户存款 | 0.31 | 0.46 | 0 | 1 |
| 对抵押贷款进行比较 | 0.11 | 0.31 | 0 | 1 |
| 对不同机构发放的信用卡进行比较 | 0.25 | 0.43 | 0 | 1 |
| 对不同汽车贷款进行比较 | 0.16 | 0.37 | 0 | 1 |
| 重新平衡 401k 账户 | 0.14 | 0.35 | 0 | 1 |
| 阅读财经新闻 | 0.60 | 0.49 | 0 | 1 |
| **非理想理财** | | | | |
| 收入小于支出 | 0.20 | 0.40 | 0 | 1 |
| 透支支票账户 | 0.24 | 0.43 | 0 | 1 |
| 获得 401k 贷款 | 0.04 | 0.20 | 0 | 1 |

| 变量 | 平均值 | 标准差 | 最小值 | 最大值 |
|---|---|---|---|---|
| 信用卡有未还款余额 | 0.43 | 0.50 | 0 | 1 |
| 进行最低信用卡还款 | 0.30 | 0.46 | 0 | 1 |
| 延迟信用卡还款 | 0.19 | 0.40 | 0 | 1 |
| 使用信用卡透支 | 0.11 | 0.32 | 0 | 1 |
| 使用信用卡提现 | 0.09 | 0.29 | 0 | 1 |
| 延迟抵押贷款还款 | 0.08 | 0.28 | 0 | 1 |

### 2. 双变量分析结果

根据相关性分析的结果，除理想和非理想理财行为间的相关关系外，大多均符合预期。理想和非理想理财行为间的相关性为负，但结果显示两者正相关，即两类理财行为数量将呈现同方向变动关系。理财满意度与个人金融知识和行为变量间的单因素方差分析结果符合预期。在金融知识方面，回答正确的次数与较高的财务满意度有关。理想理财行为与较高的理财满意度相关，而非理想理财行为则与较低的理财满意度相关（见表8-17）。

表 8-17 理财满意度和理财能力相关变量间的相关分析

|  | 理财满意度 | 感知理财能力 | 主观金融知识 | 客观金融知识 | 理想理财行为 |
|---|---|---|---|---|---|
| 感知理财能力 | 0.22 | | | | |
| 主观金融知识 | 0.35 | 0.39 | | | |
| 客观金融知识 | 0.12 | 0.199 | 0.25 | | |
| 理想理财行为 | 0.29 | 0.24 | 0.35 | 0.35 | |
| 非理想理财行为 | −0.31 | −0.17 | −0.10 | −0.03 | 0.02 |

注：所有系数均在1%的统计水平下显著。

进一步地，Xiao 等（2014）探讨了消费者理财满意度与理财能力相关变量之间的关系（见图 8-3 至图 8-7）。在图 8-3 中，两者呈 U 型关系。当感知理财能力为 3 时，被调查消费者的理财满意度最低，但两者基本呈现正相关关系，即感知理财能力越高，理财满意度越高。

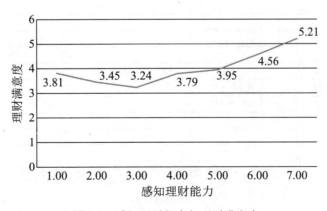

图 8-3 感知理财能力与理财满意度

根据图 8-4 和图 8-5 可知，主观金融知识曲线比客观金融知识曲线陡峭，故主观金融知识对理财满意度的影响大于客观金融知识。

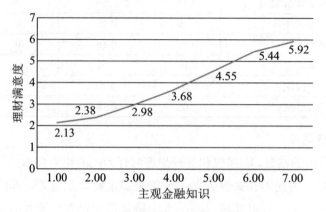

图 8-4　主观金融知识与理财满意度

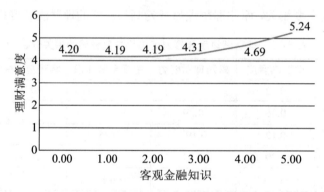

图 8-5　客观金融知识与理财满意度

由图 8-6 和图 8-7 可知，理想理财行为会增加消费者理财满意度，而非理想理财行为则会降低消费者的理财满意度。尽管其曲线末端呈现稍微扭转趋势，这可能是由子样本组的规模较小导致的。在理想理财行为方面，仅 1 个观测值为 14 分；在非理想理财行为方面，仅 22 个观测值为 9 分。

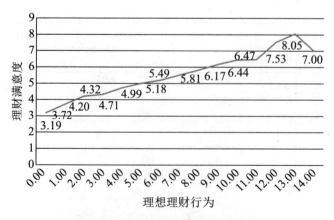

图 8-6　理想理财行为与理财满意度

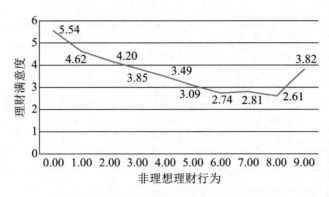

图 8-7 非理想理财行为与理财满意度

### 3. 多元回归结果

进一步地,对消费者理财能力与理财满意度进行多元 OLS 线性回归分析(见表 8-18)。模型 1 中仅包括控制变量,模型 2 中增加了感知理财能力变量,模型 3 中增加了客观和主观金融知识变量,模型 4 中增加了理想和非理想理财行为变量,大多数估计系数的结果符合预期。在模型 2 中,$R^2$ 变化显著,感知理财能力对消费者理财满意度表现出显著的正效应,与假设一致;在模型 3 中,当加入客观和主观金融知识变量时,$R^2$ 变化依旧显著,主观金融知识对消费者理财满意度的影响符合预期,与假设一致;但客观金融知识对消费者理财满意度的影响是负向的,与假设不符;在模型 4 中加入理想和非理想理财行为变量时,$R^2$ 变化显著,它们对消费者理财满意度的影响均为正,与假设一致。

表 8-18 理财满意度相关多元回归分析结果

| 变　　量 | 模型 1 | 模型 2 | 模型 3 | 模型 4 |
|---|---|---|---|---|
| 常数项 | 3.56*** | 2.99*** | 1.87*** | 2.59*** |
| 年龄(<35 岁) | 0.53*** | 0.55*** | 0.51*** | 0.46*** |
| 年龄(>64 岁) | 0.54*** | 0.51*** | 0.45*** | 0.41*** |
| 男性 | 0.18*** | 0.24*** | 0.21*** | 0.16*** |
| 白人 | -0.09*** | -0.11*** | -0.02*** | -0.09*** |
| 已婚 | 0.24*** | 0.22*** | 0.20*** | 0.15*** |
| 有孩子需要抚养 | -0.27*** | -0.24*** | -0.26*** | -0.18*** |
| ≤高中学历 | 0.22*** | 0.21*** | 0.18*** | 0.17*** |
| ≥大学毕业 | 0.14*** | 0.15*** | 0.15*** | 0.05*** |
| 有工作 | -0.04 | -0.03 | -0.03 | 0.00 |
| 收入≤35 000 美元 | -0.60*** | -0.59*** | -0.58*** | -0.52*** |
| 收入≥74 999 美元 | 0.62*** | 0.62*** | 0.59*** | 0.38*** |
| 经历过收入下降 | -1.46*** | -1.42*** | -1.40*** | -1.20*** |
| 拥有投资 | 0.88*** | 0.85*** | 0.76*** | 0.50*** |
| 拥有 401k 计划 | -0.03 | -0.04 | 0.00 | -0.09 |

续表

| 变量 | 模型 1 | 模型 2 | 模型 3 | 模型 4 |
| --- | --- | --- | --- | --- |
| 持有房产 | 0.99*** | 0.95*** | 0.83*** | 0.65*** |
| 有抵押贷款 | −0.72*** | −0.70*** | −0.65*** | −0.43*** |
| 有汽车贷款 | −0.43*** | −0.42*** | −0.41*** | −0.25*** |
| 持有信用卡 | 0.48*** | 0.42*** | 0.36*** | 0.93*** |
| 数学能力 | 0.07*** | −0.04*** | −0.07*** | −0.05*** |
| 感知理财能力 | | 0.21*** | 0.12*** | 0.03*** |
| 主观金融知识 | | | 0.49*** | 0.41*** |
| 客观金融知识 | | | −0.15*** | −0.18*** |
| 理想理财行为 | | | | 0.12*** |
| 非理想理财行为 | | | | −0.37*** |
| $F$ | 523 | 525 | 582 | 684 |
| $P$ | 0.00 | 0.00 | 0.00 | 0.00 |
| $R^2$ | 0.27 | 0.28 | 0.32 | 0.38 |
| $R^2$ change | 0.27 | 0.01 | 0.04 | 0.06 |
| $P$ of $R^2$ change | 0.00 | 0.00 | 0.00 | 0.00 |

说明：参照组为年龄（35~64 岁）、大专及社区大学，以及收入（35 000~74 999 美元）的受访消费者样本；在估计时，对非加权的样本进行了回归；***、** 和 * 分别表示 1%、5% 和 10% 显著性水平。

为分析客观金融知识对理财满意度产生负面影响的原因，进一步在回归模型中加入感知理财能力、主观金融知识和客观金融知识三个变量，结果显示三个变量均对消费者理财满意度具有正向促进效应，然后再加入其他变量来进一步探讨。经过一系列的回归分析可知，当收入、受教育程度、理想理财行为指标、拥有投资、拥有房产和持有信用卡等几个变量加入模型后，客观金融知识的系数由正数变为负数。这可能与满意度研究中的"鉴赏家效应"（connoisseur effect）有关，即人们知道得越多则满意度越低，需要进一步深入研究来探讨其影响机制。

### （四）研究结论与启示

Xiao 等（2014）利用美国州级层面的调查数据，计量分析了消费者理财能力和理财满意度间的关系。理财能力由感知理财能力、金融知识和理财行为三组变量构成。结果表明：首先，消费者感知理财能力与理财满意度呈正相关关系，理想理财行为可以提高理财满意度，但非理想的理财行为却会降低理财满意度。其次，主观金融知识与消费者理财满意度正相关，但客观金融知识与消费者理财满意度的关系较为复杂；相关性分析的结果表明，两者呈正相关关系，但在多元回归模型中，当加入其他理财能力和控制变量时，客观金融知识与消费者理财满意度呈现负相关关系。与以往研究相比，该研究填补了理财满意度相关领域的研究空白，考察了理财能力对消费者理财满意度的潜在影响，可以为相关政策的制定提供理论依据。

## 第五节 案例讨论：中美消费者资产配置的差异

受经济发展水平及文化差异等因素的影响，中美两国消费者在家庭资产配置上存在较大差异。2018年，在中国消费者的家庭资产配置中，房地产占比最高且超过70%，而金融资产、工商业资产及其他资产占比相对较少。而在美国消费者家庭资产配置中，对金融资产的投资占比超过40%，是中国的3倍之多，其次为房地产投资和工商业投资，各类资产配置相对平均。总体来看，中美两国消费者的家庭资产结构明显不同。

### 一、股票与基金市场差异

在股票市场上，中美两国消费者对股票资产持有时间的选择是不同的。中国消费者更偏好进行短线交易，一年的换手率超过200%。同时，由于无须缴纳资本利得税，各个热点板块和题材股等都成为中国消费者青睐的对象，长期投资的现金分红对消费者的吸引力远不如短期的资本利得。而在美国，因为市场短线操作成本较高，投资者更关注长期投资。美国消费者可以通过退休计划账户和个人退休账户进行股票投资，这类账户无须缴税，并且可以长期持有，直到退休再领取收益。

在基金市场上，中美两国消费者对基金种类的选择存在不同偏好。在中国消费者持有的基金类资产中，超过50%的基金属于货币型基金，股票类基金仅占9%，而在美国消费者持有的基金类资产中，超过50%的基金属于股票型基金，而货币型基金仅占18%。造成美国投资股票型基金的比重较中国高这一现象的原因：一方面是美国的股票市场相对成熟，投资风险的可控性较强；另一方面是美国大多数个人投资者更为理性，金融素养相对较高且具有一定的风险承受能力。

在美国家庭选择投资的基金类资产中，最为普遍的是共同基金，即通过公开募集的方式筹集资金并由专业人士管理的证券投资基金。截至2018年，9 950万美国人（5 600万户美国家庭）持有共同基金。自2000年以来，美国家庭中持有共同基金的比例一直维持在40%以上（见图8-8）。此外，美国的共同基金品种也非常丰富，包含不同产品、不同地区及不同风险系数的产品。此外，持有共同基金的家庭中，有近一半的家庭收入处于中等或者更低水平。这说明共同基金在绝大多数家庭的理财活动中，扮演着十分重要的角色。

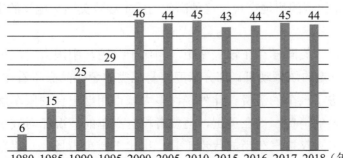

图8-8 美国家庭中持有共同基金比例（%）

## 二、养老金市场差异

美国消费者的"私人养老金"主要由三部分组成：一是由政府强制规定的养老金计划；二是由雇主和雇员共同设立的补充养老金账户；三是根据个人储蓄设立的个人退休账户（Individual Retirement Account，IRA），可以通过个人或家庭缴费（见图8-9）。第一类养老金计划，主要是政府为退休人员和低收入群体提供的最基本生活保障，包含基本的退休生活开支和医疗保障。第二类养老金计划，一般交给投资机构，由投资机构购买多种基金类产品。第三类个人缴费制度的养老金账户，属于自愿参与型，账户资金主要投资于共同基金。由此可见，美国的退休养老体系较为健全，养老金投入在美国家庭资产配置中占有较大的比例。

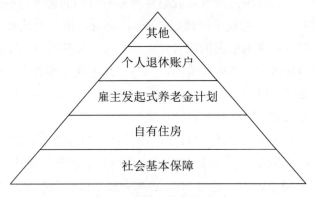

图8-9 美国退休保障体系

而在中国，养老金储备的观念远远落后于美国。多数消费者除了参加国家的强制性社保以外，并没有自己的养老理财规划。自1991年引入年金到2019年，中国企业年金基金仅为1.80万亿元，占GDP的比重不足2%，而美国的养老金规模一直与其GDP总额相当。由此可见，中国的养老金市场仍存在较大的发展空间。

## 三、房地产与汽车市场差异

在中国家庭资产配置中，房地产占比过高，严重挤占了其他资产的空间，但这种对房地产的投资并非全部实际投入使用。据《2018年中国城市家庭财富健康报告》，在中国有超过30%的空置房，主要源于消费者的投机行为。而在美国，消费者在购房后每年都需要缴纳一定比例的房地产税，这种高额的成本导致美国房地产的空置率持续低于10%。

在汽车市场上，中美同样存在较大差距。相比于美国，中国人对汽车的需求除了代步目的，还存在一定的炫耀动机。部分家庭将易耗类的奢侈品豪车看作身份的象征，这在一定程度上促进了汽车的消费。此外，许多大城市相继出台的限车牌政策，也进一步刺激了汽车市场的消费。而在美国，消费者投资汽车的情况相对较少，因为汽车的折旧率极高，更多人仅把汽车当成代步工具。相比于新车市场，二手车交易市场的规模在美国更为庞大。据《2018—2024 年中国二手车行业投资分析与投资决策咨询报告》，2017 年美国共有 16 802 家汽车经销商，总收入达 10 026.22 亿美元，其中 30%来自二手车销售及其带来的金融保险业务收入。相比于中国，美国二手车市场的信息对称且价格合理，采取薄利多销的模式，并且有非常规范的合同和售后服务，发展相对成熟。

### 四、信用卡市场差异

自 20 世纪七八十年代信用卡出现以来，中国的信用卡业务发展迅速。各大银行通过推出办卡免年费、送积分及附带多种增值功能等活动，吸引越来越多的消费者办理信用卡。对于信用卡，中国消费者更看重便捷度与增值服务。例如，对于常常附带汽车加油优惠的提供第三方支付平台还款服务的信用卡以及有美食购物折扣等增值服务的信用卡，消费者都会更加青睐。此外，相比于美国，国内消费者的信用卡使用行为相对规范，大部分持卡人会在还款期内全额还清，透支和欠费不还等不规范的信用卡使用行为相对较少。

而在美国，信用卡是最基本和最普遍的支付手段之一，过半数的美国人都会在日常生活中使用信用卡。据中国人民银行的统计数据，2017 年底，中国信用卡应偿信贷总额占金融机构总贷款的 5%，而美国则高达 11%。同时，美国信用卡的使用，存在较多不规范的情形。美国四大零售银行的数据显示，2017 年美国信用卡坏账损失较上年上升了 20%，不良信用卡借贷数额增加了 20 亿美元。综合来看，由于中美两国存在一定的消费观念差异，美国信用卡市场规模更大，但坏账率也相对更高。

**案例思考题**

1. 美国家庭金融资产的分布特点有哪些？为什么会呈现出这样的特点？
2. 为什么美国信用卡坏账率会高于中国？

## 参考文献 >>>

[1] Atkinson A, et al. Levels of Financial Capability in the UK [J]. Public Money and Management, 2007, 27(1): 29-36.
[2] Johnson E, Sherraden M S. From financial Literacy to Financial Capability among Youth [J]. Journal of Sociology and Social Welfare, 2007, 34: 119-145.
[3] Taylor M. Measuring Financial Capability and Its Determinants Using Survey Data [J]. Social Indicators Research, 2011, 102(2): 297-314.
[4] Xiao J J, Chen C, Chen F. Consumer Financial Capability and Financial Satisfaction [J]. Social Indicators Research, 2014, 118(1): 415-432.
[5] Finke MS, Howe J S, Huston S J. Old Age and the Decline in Financial Literacy [J]. Management

Science, 2017, 63(1): 213-230.
[6] Danes SM, Huddleston-Casas C, Boyce L. Financial Planning Curriculum for Teens: Impact Evaluation [J]. Journal of Financial Counseling and Planning, 1999, 10(1): 26-39.
[7] Walstad W B, Rebeck K, MacDonald R A. The Effects of Financial Education on the Financial Knowledge of High School Students [J]. Journal of Consumer Affairs, 2010, 44(2): 336-357.
[8] Lusardi A, Mitchell O S, Curto V. Financial Literacy among the Young [J]. Journal of Consumer Affairs, 2010, 44(2): 358-380.
[9] Lusardi A. Financial Literacy Skills for the 21st Century: Evidence from Pisa [J]. Journal of Consumer Affairs, 2015, 49(3): 639-659.
[10] Xiao J J, O'Neill B. Consumer Financial Education and Financial Capability [J]. International Journal of Consumer Studies, 2016, 40(6): 712-721.
[11] Dew J, Xiao JJ. The Financial Management Behavior Scale: Development and Validation [J]. Journal of Financial Counseling and Planning, 2011, 22(1): 43-59.
[12] Perry V G, Morris M D. Who is in Control? The Role of Self-perception, Knowledge, and Income in Explaining Consumer Financial Behavior [J]. Journal of Consumer Affairs, 2005, 39(2): 299-313.
[13] Ajzen I. The Theory of Planned Behavior [J]. Organizational Behavior and Human Decision Processes, 1991, 50(2): 179-211.
[14] East R. Investment Decisions and the Theory of Planned Behaviour [J]. Journal of Economic Psychology, 1993, 14(2): 337-375.
[15] Bansal H S, Taylor S F. Investigating Interactive Effects in the Theory of Planned Behavior in a Service-provider Switching Context [J]. Psychology and Marketing, 2002, 19(5): 407-425.
[16] Xiao J J, Wu G. Completing Debt Management Plans in Credit Counseling: An Application of the Theory of Planned Behavior [J]. Journal of Financial Counseling and Planning, 2008, 19(2): 29-45.
[17] Armitage C J, Conner M. Efficacy of the Theory of Planned Behaviour: A Meta-analytic Review [J]. British Journal of Social Psychology, 2001, 40(4): 471-499.
[18] Prochaska, J.O. Systems of Psychotherapy: A Transtheoretical Analysis [J]. Journal of Computational and Theoretical Nanoscience, 1979, 12(9): 2732-2739.
[19] Kerkmann B C. Motivation and Stages of Change in Financial Counseling: An Application of A Transtheoretical Model from Counseling Psychology [J]. Journal of Financial Counseling and Planning, 1998, 9(1): 13-20.
[20] Bristow B J. Promoting Financial Well-being: Running a Successful MONEY 2000 Campaign [M]. Ithaca, NY: Cornell Cooperative Extension, 1997.
[21] Xiao J, et al. Voice of Consumers in Credit Card Debts: A Qualitative Approach [J]. Journal of Personal Finance, 2004, 3(2): 56-74.
[22] Shockey S S, Seiling SB. Moving into Action: Application of the Transtheoretical Model of Behavior Change to Financial Education [J]. Journal of Financial Counseling and Planning, 2004, 15(1): 41-52.
[23] Loibl, C.,T.K. Hira. New Insights into Advising Female Clients on Investment Decisions [J]. Journal of Financial Planning, 2007, 20(3): 68-75.
[24] Prochaska, J.O., C.A. Redding, K.E. Evers. The Transtheoretical Model and Stages of Change, in *Health behavior: Theory, Research, and Practice*, K. Glanz, Barbara K. Rimer, and Kasisomayajula Viswanath, Editor. 2015, John Wiley & Sons: Jossey-Bass, San Francisco. pp. 125-148.

## 课后思考题

1. 请界定消费者理财能力的概念,并指出其内涵。
2. 请分析消费者理财能力的影响因素。
3. 请论述消费者理财能力的评估体系。
4. 请举例说明发达国家消费者理财能力度量涉及的方面。
5. 请阐述计划行为理论的主要内容。
6. 请论述跨理论行为改变模型的基本原理及其在消费金融学领域的应用。
7. 请分析理财能力如何作用于消费者的理财满意度。
8. 请分析我国和主要发达国家消费者资产配置的不同及可能的原因。

# 第九章
# 消费者金融保护

## 引导案例 >>>

在市场经济条件下,消费者和金融机构扮演着非常重要且相互依赖的角色。尽管消费者可以持有能力范围内的任何金融资产,但由于作为卖方的金融机构和作为买方的消费者之间存在信息不对称和议价能力的不对等,消费者普遍缺乏对金融产品或服务的了解,并且他们也没有足够的资源来采取法律行动。例如,银行在出售一些理财产品时,可能并未就该产品的具体细节向消费者进行必要的提示,导致消费者并不能完全掌握该理财产品的成本和收益等信息,这对于消费者而言是不公平的。毋庸置疑的是,消费者的利益是至关重要的,特别是在印度、尼日利亚和南非等发展中经济体。在一些国家的法律体系中,消费者金融保护已不再是可选项,而是强制性的要求。

本章以消费者金融保护为主题,对主要概念的内涵进行了界定,同时分析了消费者金融保护的相关重要议题。本章旨在探讨消费者金融保护的国际现状,以期深化消费者对自身权利和义务的理解,提升其理财能力和幸福感。

## 第一节　消费者金融保护概述

### 一、消费者金融保护的基本内涵

消费者保护，指通过一系列监管和非监管措施，来解决市场经济自由竞争存在的问题，以防消费者遭受财务损失。随着消费者金融保护的发展，从现代社会出发，消费者保护可被视为实现或完善消费者权益的行为，以便于消费者在进行交易时能清楚识别商品质量好坏以及是否合适。同时，消费者保护还需确保服务提供者和产品经销商不会做出有损于消费者权益的行为。

消费者金融保护，是确保消费者免受各种不公平金融行为而进行的保护。这种保护的目的，是为了避免消费者在金融市场上受到剥削，并消除各种商业不法行为。在一个完全开放和自由的市场中，金融机构可能会故意夸大或扭曲金融产品的风险和收益，甚至向投资者销售低收益的和高风险的金融产品，因此在金融市场上，保护消费者的合法权益是十分必要的。从这个角度来说，消费者金融保护通过保护金融交易中较弱一方的权益，从而达到弥补金融市场失灵的目的。

消费者金融保护意味着消费者有权利获得与金融产品相关的所有信息，以便他们在购买金融产品和相应服务时能够做出理想的抉择。虽然消费者金融保护政策可在一定程度上使消费者免受损失，但消费者也应该意识到，这些政策并不总是能够体现他们的意志。因为法律在为那些真正利益受到损害的消费者提供了合理补偿的同时，也需要保护金融产品或服务的提供者，这在现实生活中是很难平衡的。也就是说，虽然消费者金融保护的相关法律和法规，在一定程度上提供了在特定情况下对消费者的救济办法，但它们并不适用于解决所有争议。总而言之，消费者金融保护的主要目标就是通过制定相关法规，确保金融市场的公平和正义。[1]

### 二、消费者保护的发展历史

消费者保护出现较晚，直到20世纪初消费者维权团体成立，消费者保护运动才开始具体化。在当时，市场急需外力的帮助来达到强者（商业企业）和弱者（普通消费者）之间的平衡。在过去的50年里，消费者权益的概念已经成为商业伦理和行业实践的基本组成部分。消费者保护相关法律和法规在所有国家的社会和经济发展中都发挥着重要作用，并且在印度、尼日利亚和南非等发展中国家尤其重要。虽然美国和英国等发达国家很早就开始倡导消费者保护，但许多非洲和亚洲国家在消费者保护领域仍然较为落后。

通常来讲，消费者保护鼓励消费者勇于揭发卖方欺诈或发布虚假产品或服务信息的行为，从而督促企业在交易时变得更严谨。事实上，美国很早就有社会组织为消费者发声，但直到1960年，肯尼迪总统才正式承认消费者权益。肯尼迪总统大力提倡消费者保护主义，不仅为消费者权益的推广奠定了基础，而且制定了专门的法律来保护受到企业不公平待遇的消费者，如广受赞誉的《消费者权益法案》等。该法案确立了消费者的四项基本权益，即选择权、知情权、被倾听权和安全权。

21世纪初，消费者保护相关法律和法规的发展，取得了长足的进步。部分国家逐步制定了相关的消费者保护法律和法规，来平衡卖方和消费者之间的利益冲突关系。然而，消费者被盘剥这一现象，仍然暗藏在市场交易活动中。事实上，真正的挑战在于相关法律的实施过程。在全球范围内，并没有良好的机制来确保这些法律和法规产生预期的实际影响。以利润为经营导向，很容易导致制造商、零售商和经销商等忽视消费者的基本权益。因此，保护消费者权益应该成为企业社会责任的一个重要组成部分，企业既要扮演好经济角色，也要扮演好社会角色。[2]

1985年，《国际消费者法》及《联合国消费者保护指南》（United Nations Guidelines for Consumer Protection，UNGCP）正式发布，对世界各地法律制度的转变产生了深远影响。[3] 联合国的指导方针规定，消费政策必须考虑到各个国家的经济、社会和环境情况，以及人口需求，同时也倡导从道德层面推动制造商和零售商的良好商业行为。

进一步地，全球非营利组织将消费者权益公约归纳为八项基本权利，即基本需要的满足权、安全权、被告知的权利、选择的权利、发表意见的权利、纠正的权利、消费者受教育的权利和享有健康环境的权利。该组织还明确了消费者基本权益的愿景，即确保世界各地的人们"能够对安全和可持续的商品和服务做出明智的选择，并确保个人和集体消费者的权益得到保障和尊重"。当今，广泛的行业监管和消费者法律有助于鼓励市场公平竞争，当前的消费者权益倡导者正努力实现20世纪消费者保护先驱们设定的目标，即建立高质量、可靠、安全和公平的市场环境。

### 三、消费者金融保护的框架

金融消费者权益保护框架一般包括：在金融产品或服务领域引入更大的透明度和正确的消费意识、促进市场竞争、防止欺诈、教育消费者和消除不公平的做法。实践中，不同的国家使用不同的框架，具体的框架性质取决于相应国家的法律环境，以及经济制度、文化水平和竞争环境等因素。

通常来讲，基本的消费者金融保护框架涉及四个基本要素。第一，必须包含确立金融产品或服务交易双方关系的法律和法规。第二，必须提供保护金融消费者免受不公平、不公正和欺骗的行为或不规范金融产品或服务损害的机制。第三，必须明确相关的法律和法规如何在市场上被执行，例如如何解决金融消费者和金融机构之间的纠纷以及受害方将获得哪些补救措施等。第四，必须提供向金融消费者普及他们在金融市场上的权利和义务的具体机制。

### 四、消费者金融保护的必要性

在一个消费驱动的社会中，保护消费者是尊重人类意愿的基础。世界各国政府不断出台法律和法规保护消费者,主要是因为在某种程度上,消费者是消费市场的弱势群体,且市场中存在信息不对称等问题。随着金融市场上的理财产品范围逐步扩大,消费者金融保护立法的制定变得越来越不可或缺。

消费者金融保护,在一些经济发展落后的国家显得尤其重要。这些国家的居民收入水平低、贫富差距大并且居民金融素养低。上述因素都极大地推动了当地政府制定消费者金融保护法,因为消费者越脆弱,就越需要保护。

消费者金融保护通过法律手段赋予消费者在利益受损时可获得救济的权利,改变了过去消费者没有发言权的状况,确保了消费者和金融机构之间信息的相对透明。立法迫使卖方以可理解的语言提供明确的合同,从而保证消费者不会签订他们并不理解的合同。目前,金融创新方兴未艾,各类新兴金融产品或服务层出不穷。金融产品条款复杂,收益率波动大,尤其需要对金融消费者进行保护。金融消费者是金融市场的重要参与者,也是金融业持续健康发展的推动者。加强金融消费者权益的保护工作,是防范和化解金融风险的重要手段,对提升金融消费者信心、维护金融安全与稳定、促进社会公平正义和社会和谐具有极为重要的现实意义。[4]

## 第二节　消费者金融保护措施的分类

### 一、按保护体系分类

在消费者的知情权、公平交易权、财产安全权和求偿权等合法权益极易遭到侵害的情况下,对分散的消费者进行金融保护十分必要。[5] 这种对消费者进行的金融保护形成了法律保护、行政保护、社会公众保护和消费者权益的自我保护"四位一体"的保护体系。在该保护体系下,消费者保护措施分为四大类,即选择限制、选择扩大、个人赋权(individual empowerment)和集体赋权(collective empowerment)。[6]

#### (一)选择限制

选择限制类措施属于事前监管范畴,即通过加强事前监管和建立前瞻式干预机制,对消费者选择不安全或不合规的金融产品进行限制。这种政府干预政策的合理性主要体现在两个方面。一是出于对公共利益的考虑,即通过法律形式与经济工具战胜市场在自治过程中产生的效率损失。新古典金融经济理论中的信息不对称、公共产品和外部性等因素制约了市场效率的实现,而消费金融市场提供了市场失灵的典型实例。二是出于对增进个人福利的"父爱主义"的考虑。根据法与经济学的观点,"父爱主义"意味着通过不同程度的强制性限制自由与权利以满足或者增进公民的福利,并在客观上有利于公共利益,这恰恰与选择限制类措施所强调的"限制"手段相对应。[7] 前瞻式干预机制的优势在于,在金融平台运行早期就将风险扼杀在摇篮中,拒绝消费者投资超出其承受范围的金融产品,以此可以减少系统性风险的产生。[8] 因此,选择限制类措施不仅要求消费者对自己的理财能力有明确的认知，同时要求具备完善的和公平有效的金融体系，更要求金融机构能及时发现并解决金融产品或服务中可能损害金融消费者合法权益的问题。

具体来看，商业银行的消费者权益保护部门进行事前审查的范围和事项主要包括以下五个方面：一是金融产品和服务的定价管理；二是金融产品和服务的章程、合约和协议的制定和变更；三是金融机构向个人消费者推送的有关业务和产品信息变更的告知短信、网站公告和公示栏公告等材料；四是各类信息系统和操作平台；五是上述内容未包含但与个人消费者有关，并可能存在损害消费者权益瑕疵的其他内容和事项。

尽管选择限制类事前监管如此重要，并且中国人民银行于2019年出台的《中国人民银行金融消费者权益保护实施办法（征求意见稿）》也指出"金融机构应当实行金融消费者权益保护事前审查，及时发现并更正金融产品和服务中可能损害金融消费者合法权益的问题，有效督办落实金融消费者权益保护审查意见"，但是在具体的实践方面，我国金融消费者保护体系尤其是互联网金融消费者权益保护体系构建的侧重点还是事中监管，侧重于以规范平台行为的方式降低互联网金融平台违约比例以保护消费者权益，而缺乏事前监管。[9] 对此，监管机构应该主动监管，而避免采取当前产生问题再解决的被动监管模式。通过选择限制类政策限制金融知识不足的消费者因过于激进而购买风险过高的金融产品是十分必要的。

**（二）选择扩大**

选择扩大类措施，主要是利用强制性指令为消费者提供所需要的金融产品信息和服务信息，使消费者做出更为理性和科学的投资决策，从而对消费者进行金融保护。随着金融产品走向多样化和专业化，消费者在金融交易中的信息弱势地位日益凸显。[10] 特别地，金融机构与金融消费者之间的信息不对称越来越严重。这种不对称使金融消费者极易受到金融机构的误导和欺骗，以致遭受较为严重的损失。[11] 在此情况下，为了补偿金融消费者的信息弱势地位并维护金融稳定，部分发达国家统合了金融监管以赋予金融消费者充分的知情权。这也是选择扩大类消费者金融保护政策的由来。简而言之，该类消费者金融保护政策的核心是保障消费者对金融产品或服务充分的知情权，其中最为典型的法规是国务院2015年11月出台的《关于加强金融消费者权益保护工作的指导意见》。该意见特别强调"金融机构应当以通俗易懂的语言，及时、真实、准确、全面地向金融消费者披露可能影响其决策的信息，充分提示风险，不得发布夸大产品收益、掩饰产品风险等欺诈信息，不得作虚假或引人误解的宣传"。

但是，选择扩大类措施，在司法实践中还存在落实不到位的问题。从目前我国市场上消费金融产品或服务信息披露的现状来看，消费者的知情权并未真正得到体现。尤其是在当前互联网时代的大背景下，信息爆炸对消费者信息处理能力形成了更为严峻的挑战，信息冗余取代信息贫乏成为消费者面临的首要问题。例如，由于理财产品和自动投标的复杂性和债务的动态性，在认购成功前，大部分互联网金融机构并未准确披露借款人的信用情况，这就无法充分保障消费者知情权。[12] 因此，为切实维护消费者的知情权，选择扩大类的消费者金融保护措施对金融机构和金融消费者都提出了更高的要求。对于金融机构而言，需要披露基本运营状况和财务状况，以便消费者进行自由投资抉择；对于消费者而言，需要准确披露个人财务信息。为了防止信息造假，可将消费者个人信息与我国社会征信系统对接，对于故意具有隐瞒或者欺骗行为的消费者进行征信处罚。

### （三）个人赋权

个人赋权，指通过教育提高消费者的金融素养水平。金融素养有助于消费者个体做出更明智的金融决策[13]，较高的金融素养能够显著地缓解家庭金融脆弱性所带来的负面影响[14]，从而在一定程度上对消费者进行金融保护，使其显示出较高的理财满意度[15]。

然而，就中国而言，消费者的金融素养水平还有待进一步提高。因此，个人赋权类消费者金融保护措施就显得尤为重要。为加强对社会公众金融安全防范知识的宣传与普及，进一步提升消费者的风险识别能力、自我保护意识和责任承担意识，有效保护金融消费者的合法权益并构建安全和谐有序的金融消费环境，应该积极引导商业银行和其他金融机构开展诸如"金融知识普及月"和"金融知识进万家"等金融知识普及活动，进一步加大宣传力度，扩大宣传范围，全方位并多维度地开展金融知识宣传活动。

### （四）集体赋权

集体赋权，指为消费者权益保护组织提供资源，从而将消费者的意见纳入公共决策过程。在我国，典型的消费者权益保护组织是于1984年12月经国务院批准成立的中国消费者协会。中国消费者协会是对商品和服务进行社会监督的保护消费者合法权益的全国性社会组织，以对商品和服务进行社会监督、保护消费者的合法权益并引导广大消费者合理科学消费，最终以促进社会主义市场经济健康发展为宗旨。消费者协会和其他消费者组织，是依法成立的对商品和服务进行社会监督的保护消费者合法权益的社会组织。

具体到金融保护机构，我国有由中国银保监会设立的金融消费者保护局和由中国人民银行内设的金融消费权益保护局两大机构，其重要职能之一是加强金融消费者的保护、开展公众金融教育并形成金融消费者保护长效机制。但是，在实践中，我国金融消费者保护处于起步阶段，公众自我保护意识不强，相关概念与理论生疏，这些问题导致了金融消费者保护效率较低。因此，相关机构要深入履行涉及消费者权益问题的金融产品的审查、对金融消费者的教育和金融消费纠纷解决等职责。政府也要为消费者权益保护组织提供资源，充分考虑金融消费者的意见，其中应该特别关注互联网金融领域。

## 二、按监管手段分类

进一步地，还可从监管手段的角度对消费者金融保护措施进行分类。具体地，可将消费者金融保护措施分为反垄断监管、公平贸易监管、储蓄机构监管、信贷监管、房地产监管、证券市场监管以及金融服务监管等7大类。接下来以美国为例，简要地介绍7类消费者金融保护措施在美国的具体实施情况。

### (一)反垄断监管

反垄断监管的目的,是在市场中鼓励竞争。美国的反垄断监管,主要由隶属于司法部(Department of Justice)的反垄断局(Antitrust Division, AD)和独立的联邦贸易委员会(Federal Trade Commission, FTC)负责。反垄断局负责执行《谢尔曼法案》,而联邦贸易委员会负责执行《联邦贸易委员会法案》。《克莱顿法案》由反垄断局和联邦贸易委员会共同负责执行。联邦贸易委员会有权以不公平竞争为由,对违反《谢尔曼法案》的大多数商业行为进行惩治。反垄断监管范围包括独占、共谋、兼并、价格歧视和排他性的商业实践等。

### (二)公平贸易监管

美国联邦贸易委员会是独立的联邦机构,负责监管市场中的不公平和欺诈行为,其管辖范围几乎涉及所有行业。20 世纪 70 年代,为响应消费者权益保护者的请求,联邦贸易委员会在保护消费者权益方面表现得非常活跃。克林顿总统在任期间,联邦贸易委员会专注于有关信息高速路(information high-way)等领域的消费者权益保护问题。此外,联邦贸易委员会是独立的联邦机构,因此相关行政举措并不受制于总统。总统的职权仅限于任命委员、从委员中提名主席以及向联邦贸易委员会提交国会拨款。

### (三)储蓄机构监管

储蓄机构,主要包括商业银行、储蓄协会、储蓄银行和信用社等。在美国,所有的州都有自己的银行监管部门。联邦政府银行监管的主要目的,是保护银行、储户以及银行所在社区不受银行倒闭的影响,其目标是提高银行业的竞争力。银行监管,可以保护消费者在办理银行信贷和接受服务时不受歧视、免于遭受欺诈,并且防止储蓄机构滥用相关储蓄条款等。

### (四)信贷监管

在美国,信贷市场的监管涉及一系列的联邦政府机构,这与储蓄机构的监管类似。消费者信贷保护法律所涵盖的范围,包括消费者信息、消费者权益保护和公平有效的信贷资源配置等方面。上述监管要求贷款机构告知消费者有关信贷利率和融资费用等信息。同时,还规定了贷款利率的上限,限制了债务催收程序,建立了坏账处理程序,从而保护消费者权益免受潜在信贷条款滥用的侵害。相关条例还禁止贷款方根据借款方的社会人口统计学特征来歧视消费者,从而确保信贷资源的有效和公平配置。

### (五)房地产监管

房地产交付系统,涉及在房地产开发商、买卖双方、政府政策制定部门以及监管机构之间的一系列复杂关系。尽管房地产市场具有地域性特点,但也存在多层级的房地产市场监管体系。在美国,房地产市场的监管内容,包括建筑物、可获得性、安全性和住房环境等问题。联邦一级的住房建设监管,主要由住房和城市发展部(Department of Housing and Urban Development, DHUD)负责。在房地产市场中,与可获得性相关的监管,主要侧重于禁止歧视这一方面。

### （六）证券市场监管

在美国，证券市场主要由独立于联邦政府的证券交易委员会（Securities and Exchange Commission, SEC）负责监管。证券交易委员会可运用的监管工具，包括信息披露、强制执行和自我监管等。尽管证券交易委员会在构建和监管交易活动方面拥有很大的决策权，但其仍需要与市场运行相配合，以维持由其所负责的自我监管体系的有序运行。

### （七）金融服务监管

Warren（2007）在《民主》杂志中提出，联邦机构应在金融行业发展中关注消费者权益保护。[16] 他认为，如果消费品安全委员会（Consumer Product Safety Commission, CPSC）的建立是为了确保市场上没有不安全的消费品的话，那么也应该有类似的机构来监督管理金融产品或服务。原因在于，如果缺乏对金融产品的监管，消费者容易在按揭和信用卡等金融领域，受到不公平商业行为和市场欺诈所带来的损害。但是，消费者权益保护相关法律，常被金融机构滥用而使得消费者更加困惑，并没有起到保护消费者权益的目的。

## 第三节　消费者金融保护的国际比较

大量已有研究，对各国消费者金融保护及其异同点进行了较为全面的探讨。梁涛（2014）利用世界银行全球金融发展数据库和银行监管调查数据库等数据构建金融消费者保护指标，发现发达国家金融消费者保护水平普遍高于发展中国家，并且中国的金融消费者保护程度较低。[17] 经济发展水平、国民受教育水平、信贷便利度、信息科技水平、金融监管制度及城市化水平等因素是影响发达国家和发展中国家金融消费者保护水平的共同因素，其中信息科技水平主要影响发达国家，而国民受教育水平则显著作用于发展中国家。[18]

常用的对消费者金融保护制度进行系统比较的分类方法是基于国内生产总值水平、政府对经济的干预程度、消费者参与政治的开放程度，以及集体福利相比于个人自由和机会的文化重视四个因素进行的。Mayer（2003）基于上述因素，将国家分为七大类：英美资本主义集团（Anglo-Capitalists）、北欧集体主义集团（Northern European Corporatists）、贸易一体化主义集团（Trade Integrationists）、前中央计划集团（Former Central Planners）、热切奋斗集团（Earnest Strivers）、充满希望的初建集团（Hopeful Starters），以及极度贫困和（或）深受内乱之苦的尚未命名的第七类。[19]

### 一、英美资本主义集团

英美资本主义集团，如美国、英国、加拿大和澳大利亚等国，具有较高的GDP、较低的政府经济干预程度、较多的强大私人协会并较为重视个人自由、个人机会和私人财产等特点。上述国家的消费者金融保护政策，在一定程度上是合理的，有助于自由市场的有效运行。鼓励安全、民意代表和救济方面的政策制定，会进一步纠正市场失灵。

上述国家具有积极的消费者金融保护组织，但其中大多都是自给自足的。这些国家尊重个人选择的自由，与其他西方国家相比，美国对驾驶、饮酒和吸烟等的法律限制相对较少。这些国家非常注重提升消费者金融素养水平，例如，美国和加拿大分别将每年4月和11月确定为"金融扫盲月"，澳大利亚强调对青年人和弱势群体——土著和托雷斯海峡原住岛民的金融教育，美国强调对老年人、学生和军队服役人员的金融教育，英国强调对老年人和年轻人的金融教育。此外，为有效开展金融教育工作，这些国家不仅在相关法规中明确规定了有关部门的职责，而且不断加大财政投入，注重利用互联网技术开展网上金融教育。

## 二、北欧集体主义集团

北欧集体主义集团，如瑞典、挪威、荷兰和德国等被称为"福利国家"的各国，具有很高的GDP、政府对经济采取适度干预政策、工会和政党活动参与度较高、重视集体福利，以及对弱势群体进行保护的特点。这些国家基本上都有中央政府设立的消费者权益保护机构和专门的消费者权益代表组织，例如北欧国家具有由政府资助的消费者申诉机构等，并且消费者合作组织十分活跃，促使私营销售者积极响应和满足消费者的需求。这些国家致力于向中低收入消费群体提供基本消费品，并保护金融脆弱的消费者，主要推行"家长式"政策对消费者安全进行监管。

以瑞典为例，其基本遵循"以家庭经济为基础，以保护消费者权益为目的，支持和帮助消费者有效地利用其经济资源"的家长式原则，为家庭尤其是经济困难的家庭提供金融方面的指导，并且根据市场物价变化定期更新指导家庭预算的手册，以保障脆弱消费者的财务状况始终处于较为安全的状态。

## 三、贸易一体化主义集团

贸易一体化主义集团，如意大利、日本、马来西亚和墨西哥等国，具有中等偏上水平的GDP、温和地强调出口推动以及由单一政党中等水平主导的特点。这些国家的价值观千差万别，不能一概而论。在这些国家中，消费者权益保护被视为参与国际贸易体系的一部分，而不是作为对国内消费者需求的响应。贸易一体化主义集团，正致力于制定与国际惯例相匹配的消费者保护标准，因而这些国家在改革中不断完善金融消费者权益的保护措施。

以日本为例，在金融发展过程中，其颁布了相当数量的金融法规，每一次对这些规章制度的修缮，都促进了日本关于金融消费者权益保护制度的发展和逐步完善，使得日本在消费者权益保护方面走在了世界前列。具体地，日本通过《金融制度改革法案》形成了金融混业经营模式，打破了原来分业经营的界限，并对金融监管体制进行统一，由金融监督厅履行银行业的管理职能，由日本银行实施核查监督职能，两个监管机构相互配合。在借鉴金融申诉专员制度（financial ombudsman system，FOS）的基础上，日本建立了金融替代纠纷解决机制（alternative dispute resolution，ADR），扩展了金融纠纷解决渠道，并且提倡运用调解、仲裁和斡旋等替代性纠纷解决方式。目前，金融替代纠纷解决机制由于其公正性、中立性和时效性，已经成为保障金融消费者合法权益的快速且有效的救济制度。

## 四、前中央计划集团

前中央计划集团，如波兰、匈牙利、俄罗斯和拉脱维亚等国，具有中等水平的GDP、私有化程度虽高但具有降低的趋势、民主制度力量虽小却日益增强，并且政府重视提供基本消费品和公共物品的特点。这些国家正在向市场经济转型，但由于消费品供给短缺，黑市交易频繁。这些国家有实施消费者保护政策的动机，因为这些国家的消费者认为国家领导者应该承担更多责任。进一步地，这些国家希望在申请加入国际贸易组织时，与欧盟等西方国家（或地区）具有同等地位，因而这些国家的金融监管和消费者金融保护倾向于与发达国家一致，即以统一的金融监管体系取代多头监管模式。

以俄罗斯为例，金融危机前，其金融监管采取中央银行、金融市场局和财政部组成的多头监管模式。这种监管模式难以形成统一金融政策和有效金融监管，特别是在2008年全球金融危机爆发时，受全球去杠杆化和流动性紧缩的影响，大量资金从俄罗斯市场撤出，俄罗斯的金融体系遭受到严重冲击，金融监管问题也暴露无遗。金融危机后，俄罗斯积极推进金融监管改革。2013年7月，俄罗斯颁布《修订关于将金融市场的监督、管理职能转移至俄罗斯联邦中央银行的俄罗斯联邦法案》，终结了多头金融管理模式，改为由俄罗斯银行（中央银行）领导的统一监管金融体系。改革后，俄罗斯中央银行取代金融市场局对所有金融机构的经营活动实行统一监管，同时中央银行接管财政部等政府部门对金融市场监管标准制定的部分权力，进而对消费者进行更有效的金融保护。[20]

## 五、热切奋斗集团

热切奋斗集团，如印度尼西亚、菲律宾、萨尔瓦多和土耳其等国，具有中等GDP、政府适度干预经济、鼓励外商投资、民主水平低但军事影响力大、注重社会等级，以及群体和家庭重要性的特点。这些国家正在努力帮助其公民满足基本需求，并开始要求制定消费者保护法律和设立消费者保护机构，对包括安全权、知情权、选择权、代表权、受教育权和索赔权等在内的消费者权益进行保护。

## 六、充满希望的初建集团

充满希望的初建集团，如印度、肯尼亚、圭亚那以及孟加拉国等国，具有较低的GDP、政府适度干预经济并随着经济结构调整而减少其干预、民主制度力量薄弱并伴随严重的种族分裂、注重种族认同、传统主义和宿命论等特点。上述国家的大部分人口缺乏生活基本必需品，如干净的水、食物和燃料等。对这些国家来说，西方式的消费者保护似乎过于奢侈。这些国家的消费者组织，更多地关注非常基本的消费者问题，如婴儿奶粉配方以及基本药物清单等。此外，这些国家的消费者偏爱外国产品，这可能会损害他们自身的福利，因为这些产品或者被禁止，或者受到严格限制，又或者是曾经广泛使用的产品再次被倾销到上述国家的市场。

## 第四节  消费者金融保护：美国与中国的比较

消费者金融保护最早开始于 20 世纪 60 年代的全球消费者保护运动，此后消费者权益的保护在世界各主要国家的法律制定和监管实践中逐步得到体现。伴随着金融市场的快速发展，金融创新日新月异，金融产品设计愈加复杂，但金融消费者的地位在信息、财力和专业性等多个方面与金融机构及其从业者之间日益不平等。美国次贷危机爆发后，消费者在金融方面的权益保护愈加受到理论界和实务界的重视。

在实践中，消费者金融保护在很大程度上取决于各国金融、经济发展水平和监管制度的特征，因此消费者金融保护的需求与供给水平也与各国的经济与金融发展程度密切相关。本节主要将美国与中国关于消费者金融保护的相关法律和监管机构进行对比，以凸显美国与中国在消费者金融监管方面的不同之处。

### 一、反垄断监管

反垄断监管的目的，是在市场中鼓励竞争。美国的反垄断监管主要由司法部的反垄断局和独立的联邦贸易委员会负责。美国反垄断核心法案包括《谢尔曼法案》《联邦贸易委员会法案》和《克莱顿法案》。其中，《谢尔曼法案》由反垄断局负责执行，而联邦贸易委员会负责执行《联邦贸易委员会法案》，《克莱顿法案》由反垄断局和联邦贸易委员会共同负责执行。联邦贸易委员会有权以不公平竞争为由，对违反《谢尔曼法案》的大多数商业行为进行惩治。

中国的反垄断机构，采用双层多元结构。根据《反垄断法》的规定，国务院设立反垄断委员会负责指导、组织和协调反垄断工作。从其职责规定来看，反垄断委员会主要发挥宏观管理作用，并没有具体的反垄断执法权。中国主要的反垄断执法机构为国家工商行政管理局、国家发展和改革委员会以及商务部。其中，国家工商行政管理局是反垄断及反不正当竞争任务的主要承担者，其反垄断执法的领域包括企业签订垄断协议（价格垄断行为除外）、滥用市场支配地位、滥用行政权力排除限制竞争以及不正当竞争等；国家发展和改革委员会主管价格垄断案件；商务部反垄断局主要负责经营集中的审查批准工作。我国的反垄断执法机构拥有准立法权，对于法律和法规规定不完善的地方，执法机构可以以制定规章制度的形式进行补充，如工商总局制定的《工商行政管理机关禁止垄断协议行为的规定》、国家发展和改革委员会出台的《反价格垄断规定》和《反价格垄断行政执法程序规定》等。

## 二、公平交易监管

在美国,联邦贸易委员会负责监管市场中的不公平和欺诈行为,管辖权几乎涉及所有行业,所依据的法律包括《马格努森—莫斯保证法案》(Magnuson-Moss Warranty Act)等,并根据联邦贸易委员会相关法案,预防欺诈和不公平现象的发生,保护消费者隐私。《马格努森—莫斯保证法案》属于美国联邦方面的法律,要求对消费产品按法律规定标准以简明易懂的文字完整和明白地做出书面保证,载明保证条款和条件,为消费者维权提供依据,并防止商品的制造商以不公平或误导的方式在保证条款上使用免责声明。

在中国,公平交易执法概念的提出,主要是来自《反不正当竞争法》的制定、颁布与实施。该法的实施执行机构是国家工商行政管理部门和地方各级工商行政管理部门。公平交易的基本含义,是交易双方之间买卖过程的公平。但在市场经济条件下,其包括但不限于任何以欺诈、假冒、排斥、引诱和贿赂等不正当竞争行为,或利用经济优势的限制、独占和垄断等方式阻碍其他竞争对手以获取交易机会的行为。所有的市场交易者和竞争者在参与交易与竞争过程中,都处于平等的、正当的、合理的和公平的关系之中。

## 三、储蓄机构监管

储蓄机构主要包括商业银行、储蓄协会、储蓄银行和信用社等。在美国,有许多联邦机构可对储蓄机构进行监管,如货币监理署(Office of the Comptroller of the Currency,OCC)、美联储、联邦存款保险公司,因被《多德—弗兰克法案》废除而并入货币监理署的储贷监理署(Office of Thrift Supervision)和国家信用社管理局(National Credit Union Administration)等。每个州都有属于自己的银行监管部门。联邦政府对银行进行监管的主要目的有以下三个方面:一是预防银行、银行所在社区以及银行储户受到银行倒闭的影响;二是增加银行业的整体竞争力;三是预防消费者在办理业务和接受服务时遭受歧视和欺诈,以防止储蓄机构滥用相关储蓄条款等。

在中国,储蓄机构指经中国人民银行或其分支机构批准,具有储蓄业务经营资格的金融机构,包括商业银行、信用合作社,以及邮政企业办理储蓄业务的机构。储蓄机构主要由中国银保监会及其派出机构负责监管。中国银保监会成立于2018年,是国务院直属事业单位,其主要职责是依照法律和法规统一监督管理银行业和保险业,维护银行业和保险业合法与稳健运行,防范和化解金融风险,保护金融消费者合法权益并维护金融稳定。2020年6月23日,中国银保监会颁布《中国银保监会行政处罚办法》,自2020年8月1日起施行。

## 四、信贷监管

在美国,与储蓄机构的监管类似,信贷市场的监管也涉及一系列的联邦政府机构。美国先后颁布了一系列的消费信贷法律,其中《消费者信贷保护法案》和《统一消费者信贷法案》是美国消费者信贷法律庞大体系中最具影响的两部综合性法律。消费者信贷保护相关法律主要涵盖的方面，包括消费者信息、消费者权益保护和公平有效的信贷资源配置等。该法律主要要求贷款机构告知消费者有关信贷利率和融资费用等信息，同时通过限制贷款利率、限制债务催收程序并建立坏账处理程序使消费者免受潜在信贷条款滥用的损害。相关条例还禁止贷款方根据借款方的社会和人口统计学特征来歧视消费者，从而确保有效和公平的信贷资源配置。但是多数时候，相比于联邦法律对消费者信贷的保护，大多数州的高利贷法律更有效，如管理信用卡的相关法律等。当一个州的贷款机构向另一个州的消费者发放贷款时，贷款机构所在州的高利贷法律适用于该笔贷款业务。作为回应，大多数贷款机构会在特拉华州和南达科他州等州设立办事处，利用有利的高利贷法律，将消费信贷业务开展到其他州。消费者信贷法律可能也需要改进，以更好地保护消费者权益。

中国的信贷市场监管，也涉及一系列的政府机构。而关于消费信贷，我国尚未颁布统一规范消费信贷行为以及风险监管的全国性法律。消费信贷的风险监管法律制度主要建立在《中华人民共和国宪法》《中华人民共和国合同法》《中华人民共和国担保法》《中华人民共和国商业银行法》《中华人民共和国中国人民银行法》《中华人民共和国银行业监督管理法》《中华人民共和国物权法》和《中华人民共和国保险法》等涉及个人消费贷款行为以及银行信贷管理相关制度的基础上。除此之外，中国陆续颁布了一系列调整和规范消费信贷的规范性文件，包括但不限于综合监管类的《消费金融公司试点管理办法》、住房贷款监管类的《经济适用住房管理办法》、汽车贷款监管类的《汽车金融公司管理办法》、助学贷款监管类的《助学贷款管理办法》和《高等学校毕业生国家助学贷款代偿资助暂行办法》、小额信贷监管类的《个人贷款管理暂行办法》和其他类型的消费信贷法律和法规。此外，对商业银行来讲，借款人的信用状况是控制消费信贷风险的关键因素，这无疑需要个人信用调查制度提供全面真实的个人信用信息，但中国尚没有一部完整的关于个人信用制度的法律，使个人信用制度的建立缺乏法律依据。

## 五、房地产监管

整个房地产交付系统涉及房地产开发商、买家和卖家、政府决策者和监管机构之间的复杂关系。房地产市场虽然具有区域性特征，但也存在多层次的监管体系。房地产市场的监管范围涵盖了建筑物、可获得性、安全性和住房环境等方面。美国联邦一级的住房建设监管主要由住房和城市发展部（Department of Housing and Urban Development）负责，禁止歧视是与可获得性相关的房地产市场监管的主要方面。例如，《公平住房法案》（Fair Housing Act）禁止基于社会和人口统计学特征的住房歧视。房地产市场的安全性问题覆盖了消防安全、含铅油漆的清除、楼梯安全及应对自然灾害的能力等方面。房地产市场的住房环境问题，涵盖了能源节约、室内空气质量和房屋周边的湿地等方面。

中国房地产市场的监管，由住房和城乡建设部的下设机构——房地产市场监管司负责。除此之外，该机构还负责拟订调控房地产市场和稳定住房价格的政策措施并监督执行；指导城镇土地使用权有偿转让和开发利用工作；提出房地产业的发展规划、产业政策和规章制度；拟订房地产开发企业、物业服务企业、房屋中介的资质标准并监督执行；以及组织建设并管理全国房屋权属信息系统等。目前，关于房地产监管所涉及的法律有很多，如《城市房地产开发经营管理条例》和《商品房预算管理办法》等。

## 六、证券市场监管

在美国，证券市场主要由独立于联邦政府的证券交易委员会（Securities and Exchange Commission）负责监管。证券交易委员会可用的监管工具包括信息披露、强制执行和自我监管等。1933年颁布的《证券法案》（Securities Act）和1934年颁布的《证券交易法案》（Securities Exchange Act）规定，已在证券交易委员会登记发行的股票，在公开发售前需要进行信息披露。证券交易委员会有权要求上市公司披露信息，有权以行政手段对市场专业机构提起诉讼，有权申请禁止令，如果有公司违反证券法律，有权将案件提交至司法部并提起刑事起诉。1990年颁布的《证券执法救济规则和低价股票改革法案》（Securities Enforcement Remedies and Penny Stock Reform Act），赋予了证券交易委员会在行政听证或放弃非法市场活动所得利润时实施清缴制裁的权力。尽管证券交易委员会在构建和监管交易活动方面拥有很大的决策权，但其仍需要与市场运行相配合，以维持由其所负责的自我监管体系的有序运行。

经过三十多年发展，中国证券市场逐步形成了由国务院证券监督管理机构、国务院证券监督管理机构的派出机构、证券交易所、行业协会和证券投资者保护基金公司组成的监管体系和自律管理体系。相关监管机构可以通过法律手段、经济手段和必要的行政手段，对证券的募集、发行和交易等行为以及证券投资中介机构的行为进行监督与管理，以保护投资者利益，保证证券市场的公平和效率，降低系统性风险。《中华人民共和国证券法》（以下简称《证券法》）于1999年开始实施，在2006年修订后生效。根据《证券法》，国务院证券监督管理机构有权查阅、复制当事人和与被调查事件有关的单位和个人的证券交易记录、登记过户记录与财务会计资料等；以及在调查操纵证券市场和内幕交易等重大证券违法行为时，经国务院监督机构主要负责人批准，有权限制被调查事件当事人的证券买卖，但限制的期限不能超过15个交易日等。2008年，《证券公司监督管理条例》规定：证券公司应当自每年结束之日起4个月内报送年报；自每月结束日起7个工作日内报送月报；证券公司股东的非货币财产出资总额不得超过证券公司注册资本的30%；持有或实际控制证券公司5%以上的股权要经证监会批准；以及对离任的高级管理人员进行审计并在2个月内报证监会等。

## 七、金融服务监管

如果消费品安全委员会的建立是为了确保市场上没有不安全的消费品而成立的，那么也应该有类似的机构来监督和管理金融产品。其原因在于，如果对金融产品缺乏监管，消费者很容易受到不公平的商业行为和金融领域的市场欺诈，如抵押贷款和信用卡等。[21]

相关的消费者权益保护法律和法规常被金融机构滥用，这使得消费者更加困惑，这些法律并没有起到应有的保护消费者权益的作用。例如，企业信息披露是一种混淆消费者而不是使消费者知情的行为。20世纪80年代，信用卡合同只有1页，现已超过30页，并且所写内容令人费解。此外，需要新的金融服务监管机构的另一个原因，是现有监管机构的不足。大多数次贷产品不受联邦政府相关机构的监管，监管机构也没有动机来保护消费者，毕竟上述机构更加注重的是确保金融机构的稳定和安全。

在美国，由国会通过并由奥巴马总统于2010年签署的《多德—弗兰克法案》授权增设了消费者金融保护局，以对消费金融产品或服务进行监管。新机构并不是独立的，而是隶属于美联储，并且有权制定监管规则并独立执行。消费者金融保护局的任务：根据联邦政府的消费者金融保护相关法律，进行规则制定、监督和执行；限制不公平、欺诈或滥用有关条款的行为；接受和处理消费者投诉；促进金融教育；研究消费者行为；为消费者监控金融市场中的新风险；以及执行相关法律，并在机构网站上公布在金融领域禁止的消费者歧视和其他不公平待遇等。

在中国，认购合同是购买金融产品最常用的交易形式。《中华人民共和国民法典》（以下简称《民法典》）对合同的签订和履行进行了相应规定，因此在发生纠纷的情况下，它可以作为调解纠纷的依据。然而，如果用于购买金融产品的合同是标准式合同，那么《民法典》的使用将使消费者处于弱势地位。此外，中国现行法律，如《中华人民共和国商业银行法》《中华人民共和国信托法》《中华人民共和国保险法》以及《中华人民共和国证券投资基金法》等，对金融消费者的保护还不够。例如，《中华人民共和国商业银行法》中没有涉及金融消费者的权益，仅对存款人的权益做了原则性规定。

2018年，存续了15年的"一行三会"被正式打破，中国银监会和保监会合并成立中国银行保险监督管理委员会；2023年5月，在中国银行保险监督管理委员会基础上组建国家金融监督管理总局，形成"一行一局一会"的监管新格局。但是，混合管理银行和产品仍然存在监管漏洞。在分业监管的格局下，各个监管机构的职能尚未完全厘清，部门和机构之间存在职权空白。同时，到目前为止，还没有一个专门的部门负责消费者金融保护方面的工作。尽管中国拥有完整的消费者协会保护体系，但由于金融产品科技含量高等因素，目前更多的是从道德层面制约金融机构对消费者合理权益的侵犯。

## 第五节　案例与讨论：银行违规收集个人信息引发投诉案

2018年5月10日，某消费者向人民银行某市中心支行投诉，称其因银行卡身份证实名认证过期，通过该市某商业银行网点自助设备办理重新认证时，被强制要求登记"学历和收入"等个人信息。该消费者认为，其持有的银行卡为储蓄卡，不需要登记此信息，因此向某商业银行客服反馈。但是，该商业银行对消费者的答复是，依据人民银行文件规定收集信息，是为了满足《金融机构客户身份识别和客户身份资料及交易记录保存管理办法》（中国人民银行、银监会、证监会、保监会令2007年第2号）和《中国人民银行关于进一步落实个人人民币银行存款账户实名制的通知》（银发〔2008〕191号）的监管要求。消费者认为上述两个文件并未提到个人"学历和收入"信息，对某商业银行的做法表示质疑并投诉。

人民银行某市中心支行接到消费者投诉后，对某商业银行个人开户信息收集情况进行了现场核查，发现投诉人反映的情况属实。在该商业银行的自助开户系统中，学历和收入信息被设置为必填项，否则无法通过申请，但学历和收入信息均不在人民银行关于客户身份识别以及账户实名制要求之内，尤其是收入属于财产信息，并不属于身份信息的范畴，也与开户业务无直接关联。因此，该商业银行的行为属于"收集与业务无关的个人信息"。此外，在现场核查过程中还发现，该商业银行在个人信息采集过程中，还存在收集个人信息前未履行明确告知义务和对部分个人身份信息真实性未做到尽职调查等情况，甚至存在错误引导、与客户资料真实性审核的原则相悖、工作人员业务素质欠佳，以及对客户解释沟通不清晰和不准确等情况。2018年5月31日，人民银行该市中心支行就该商业银行违规收集个人开户信息问题对其分管负责人进行约谈，通报了该商业银行在个人开户信息收集过程中存在的问题，并责令限期整改。具体整改要求如下：一是立即停止收集与开户业务无关的个人信息，向其总行反映个人自助设备设置上存在的问题，尽快整改相关设置，并在自助开户设备整改完成前，暂停辖区所有自助开户设备的开户业务；二是禁止采用误导或强制行为违规要求客户填写与自身实际情况不符的个人资料；三是切实履行对客户信息采集前的告知义务；四是加强对工作人员的管理，提升其业务素质、技能和服务水平。

本案适用《中华人民共和国消费者权益保护法》第二十九条规定："经营者收集、使用消费者个人信息，应当遵循合法、正当、必要的原则。"《中国人民银行金融消费者权益保护实施办法》（银发〔2016〕314号）第二十八条规定："收集个人金融信息时，应当遵循合法、合理、必要的原则，按照法律法规要求和业务需要收集个人金融信息，不得收集与业务无关的信息或者采取不正当方式收集信息。"该商业银行在个人开户过程中收集的学历和收入等信息，与开户业务无直接关联，也超出了现有监管规定对客户身份识别的要求，违反了上述规定中关于信息收集的必要性原则。

此外，《中华人民共和国消费者权益保护法》第二十九条规定："经营者收集、使用消费者个人信息，应当遵循合法、正当、必要的原则，明示收集、使用信息的目的、方法和范围，并经消费者同意。"通过该商业银行自助设备办理开户业务时，系统里并没有设置"开户须知"来明确告知开户人收集个人信息的目的、依据和使用规则等，相应的借记卡章程和借记卡领用协议也没有针对信息收集告知内容的相应格式条文，更没有工作人员现场提示告知。

对于客户反对提供较敏感的学历和收入等信息的情况，该商业银行工作人员在现场引导客户时指出学历信息可以选填"其他"，收入信息可以选填"0"或"任意金额"，因此并没有起到认真识别客户的作用，并且在客观上有协助采集不真实数据之嫌。该种以契合监管要求之名而随意引导客户填写信息的行为，不仅不符合监管要求，也与其在客户声明和开户章程中列明的"客户信息应确保真实、准确，否则将承担法律责任"相悖。该做法不仅对客户产生误导，也易引发法律风险。

**案例思考题**

1. 金融机构在执行监管政策时，尤其是金融机构总部在统一制定各项规章制度时，要注意什么问题？
2. 金融机构应如何提高消费者个人的信息保护意识？

## 参考文献 >>>

[1] 刘超，姜超. 金融消费者权益保护指标体系构建 [J]. 统计与决策，2020，36(6): 144-147.

[2] Alsmadi S A, Alnawas I. Consumer Rights Today: Are They in Business or Out of Business? [J]. International Journal of Marketing Studies, 2012, 4(1): 163-180.

[3] Twigg-Flesner C, Micklitz H. Think Global：Towards International Consumer Law [J]. Journal of Consumer Policy, 2010, 33(3): 201-207.

[4] 宋晨晨，叶蜀君. 理财产品市场金融消费者保护的制度设置 [J]. 经济问题，2014(6): 69-72, 88.

[5] 朱娟. 区块链金融消费者权益保护：实验性规制的路径 [J]. 南京社会科学，2018(12): 100-105.

[6] Friedman M. Research on Consumer Protection Issues: The Perspective of the "Human Sciences" [J]. Journal of Social Issues, 1991, 47(1): 1-19.

[7] 呼建光，毛志宏. 金融消费者保护：经济理论与法律形式 [J]. 社会科学，2013(2): 54-61.

[8] 潘青. 我国互联网金融消费者权益保护体系建设与优化路径 [J]. 经济体制改革，2020(1): 196-200.

[9] 殷小丽. 互联网金融对产业结构升级的影响探析 [J]. 现代经济探讨，2018(12): 110-114.

[10] 彭真明，殷鑫. 论金融消费者知情权的法律保护 [J]. 法商研究，2011，28(5): 12-20.

[11] 楼建波，刘燕. 情势变更原则对金融衍生品交易法律基础的冲击：以韩国法院对 KIKO 合约纠纷案的裁决为例 [J]. 法商研究，2009，26(5): 19-27.

[12] 袁远. 监管视角下互联网金融消费者保护研究 [J]. 经济纵横，2019(6): 122-128.

[13] Campbell JY. Household Finance [J]. Journal of Finance, 2006, 61: 1553-1604.

[14] 李波，朱太辉. 债务杠杆、金融素养与家庭金融脆弱性：基于中国家庭追踪调查 CFPS 2014 的实证分析 [J]. 国际金融研究，2020(7): 25-34.

[15] Robb CA, Woodyard AS. Financial Knowledge and Best Practice Behavior [J]. Journal of Financial Counseling and Planning, 2011, 22(1): 60-70.

[16] Warren，E. Unsafe at Any Rate[J]. Democracy, 2007(5):8-19.

[17] 梁涛. 中外金融消费者保护水平比较分析 [J]. 金融经济学研究，2014，29(5): 46-56.

[18] 郑博，黄昌利，李易. 金融消费者保护的国际比较研究 [J]. 宏观经济研究，2018(3): 163-175.

[19] Mayer R N. Chapter 19: Consumer protection—A global perspective, in *Regulation and consumer protection: Politics, bureaucracy, and economics (4th ed.)*, K.J. Meier, E.T. Garman, and L.R. Keiser, Editors. 2003, Mason, OH:Thomson, 423-440.

[20] 巴曙松，沈长征. 从金融结构角度探讨金融监管体制改革 [J]. 当代财经，2016(9): 43-51.

[21] Warren E. Product Safety Regulation as a Model for Financial Services Regulation [J]. Journal of Consumer Affairs, 2010, 42(3): 452-460.

### 课后思考题

1. 什么是消费者金融保护？主要涉及哪些方面？
2. 请阐述消费者金融保护措施的分类。
3. 请对消费者金融保护进行国际比较和分析。
4. 什么是反垄断监管？主要涉及哪些内容？
5. 请分析我国和主要发达国家储蓄机构监管的差异。
6. 什么是房地产监管？我国的房地产监管主要涉及哪些方面？
7. 请比较我国和主要发达国家的证券市场监管的异同点。
8. 什么是金融服务监管？对我国健全金融市场有何意义？

# 第十章
# 商业活动

## 引导案例 >>>

2020年底,长沙市雨花区法院的一份民事判决书让黎某高兴不已。这份判决书显示:黎某于2013年在被告中国银行赤曙支行的推荐下,在由银行工作人员提供的湖南博沣资产管理有限公司的委托认购合同上签字,花费60万元购买了博沣公司发行的虚构的"委托认购信托"产品,投资本金和预期收益共计86.20万元均未拿到。博沣公司自2011年成立,依靠转包国有银行在售信托,或者炮制已经终止甚至"子虚乌有"的信托产品,以6%~8.5%的年收益率向数百投资者出售了数亿元的信托产品。在2010年12月至2014年9月期间,博沣公司以委托认购"飞龙一号""博沣资管组合型资产管理委托理财"和"贵金属委托理财"等金融产品的名义与个人投资者签订认购合同。2014年下半年,"博沣"信托产品陆续陷入兑付困难,公司负责人于2014年12月卷款"跑路"。遭受损失的投资者们,也多次要求"推荐"和"代售"博沣产品的银行赔偿损失。后经统计,博沣公司除了通过银行代售理财产品,还涉嫌通过融资担保和投资等手段进行非法集资,涉案总金额高达12亿元,2000余人被卷入。

类似的金融欺诈案例还有很多,金融欺诈行为导致普通投资者的资金受损,影响着投资者的资金安全。金融欺诈的产生同商业企业的行为有着一定的联系,商业企业和消费者同时作为市场中的重要主体,商业行为对普通投资者亦是消费者的福利具有重要影响。本章将对这些议题进行深入探讨。

## 第一节 商业活动概述

### 一、商业活动

商业活动（business activities）是消费者与商业企业之间的连接，商业活动及由此产生的各种商业行为影响着消费者行为。消费者和商业企业是市场上的两个重要角色，二者通过市场进行交易。

当市场参与者都遵循使经济有效率且能够促进市场公平运行的规则时，市场就是有效的。但是实际上，市场并不是完全有效的，商业企业行为也有合法与不合法之分。合法的商业行为不仅会考虑企业自身的利益，也会考虑与企业存在直接或者间接联系的其他群体的利益，而不合法的商业行为则会损害消费者福利和公共利益。具体地，企业社会责任（corporate social responsibility，CSR）、生活质量营销（quality of life marketing）、可持续营销（sustainable marketing）、提供消费者保护的公司治理（pro-consumer corporate governance）以及提供消费者保护的商业组织（pro-consumer business organizations）都属于合法的商业行为，而营销欺诈，如传销（pyramid schemes）等，则是不合法的商业行为。

### 二、合法商业行为

#### （一）企业社会责任

企业社会责任是良好商业行为中的重要概念，特别关注商业行为对伦理、社会以及环境的影响。企业社会责任，指企业在创造利润并对股东承担法律责任的同时，还要承担对员工、消费者、社区和环境的责任。这一概念于20世纪40年代提出，并在20世纪70年代逐渐受到企业的重视。企业社会责任通常被认为是"社会在特定时期对企业在经济、法律、伦理和慈善方面的期许"。[1]具体来看，在这四个方面中，经济和法律责任是最基本层次的要求，伦理责任是期许层次的要求，而慈善责任则是理想层次的要求。

企业社会责任，实质上是企业在社会伦理和慈善方面的责任。企业社会责任要求企业必须超越把利润作为唯一目标的传统理念，强调在生产过程中对人的价值进行关注，强调对环境、消费者和社会的贡献。企业社会责任的商业实践，涉及社会、环境以及经济学领域，具体内容包括对社区的捐赠和时间投入、在当地进行采购和雇佣、可循环材料的使用、开展反浪费运动、实施公平劳动，以及供给和消费者政策等方面。[2]

企业积极履行社会责任，可以降低企业经营风险，增强合法性以及声望，因而有助于形成自身的竞争优势，亦可以通过协同效应达到双赢。Kitzmueller和Shimshack（2012）按照企业股东及利益相关者的偏好，将企业社会责任分为三种类型。[3]第一，道德风险型。该种企业满足主要经营管理者的偏好,但没有满足消费者、员工及投资者偏好的企业社会责任及相关的商业行为。第二,非营利型。该种企业不以营利为目的,而热衷于履行社会责任及相关的商业行为。第三,战略型。该种企业帮助解决某些社会问题以创造社会价值,并同时实现商业价值。

### (二)生活质量营销

生活质量营销,指企业在保护企业利益相关者福利的同时,提高消费者幸福感的营销实践。企业通过实施生活质量营销,一方面提高了消费者的福利,另一方面又不会使利益相关者受到影响,因而是一种较为理想的商业行为。营销的获益和非损害原则,体现了较高水平的消费者福利,同时也为企业树立了良好的形象,企业可以获得较好的声誉。

### (三)可持续营销

可持续营销,指将营销活动与可持续性发展相联系,考虑营销活动对环境影响的商业行为。Fisk(1973)认为,营销投入对于生态环境的影响包括两个方面:一方面是营销与环境的交互影响,即开发、替代、建构和设计等;另一方面是营销对生态环境的影响,即保护或消耗资源、减少或增加污染,以及强化或减弱对环境的保护等。[4]

可持续营销包括绿色营销、社会营销和批判性营销等三大类型。绿色营销促进了可持续性产品和服务的发展和营销,并且将为可持续性发展所做出的努力融入营销过程和商业实践的核心中。社会营销,指利用营销的力量去鼓励消费者、商家和决策者实施可持续性经济活动或政策制定活动,同时评估当前商业营销对可持续发展的影响。批判性营销强调了对已有规章制度的认识,在此基础上对现有的体制机制创新提供实践指导,从而发展营销理论和实践。

### (四)提供消费者保护的公司治理

提供消费者保护的公司治理,即将消费者作为影响企业发展的利益相关者加以考虑,进而改进现有的公司治理结构。此处的利益相关者是一个较为宽泛的概念,既包括企业的股东、债权人、雇员、供应商和消费者等交易伙伴,也包括政府部门、本地社区、媒体和环保主义等外部力量,甚至包括自然环境和人类后代等所有受到企业经营活动直接或间接影响的客体。

### (五)提供消费者保护的商业组织

在部分发达国家,有一些专门的组织自发地致力于保护消费者的权益,例如主要活跃于美国、加拿大和墨西哥的商业改善协会(Better Business Bureaus,BBB)。商业改善协会是私营的非营利组织,旨在提供服务来帮助当地的消费者和商家。商业改善协会的发展基金主要来源于企业型会员缴纳的会费,其宗旨是通过自我管理、消费者和商家教育,以及卓越的服务来培养和提高消费者和公众的道德修养水平。

## 三、不合法的商业行为

营销欺诈,即采用不公平的销售手段从消费者手中获得超额利润,是一种典型的不合法商业行为,既侵犯了消费者权益,又损害了消费者福利。在消费金融学领域,多数营销欺诈体现为金融欺诈。金融欺诈的后果极为严重,甚至可能导致整个金融体系的崩溃。因此,本章接下来将对营销欺诈的有关内容进行重点探讨。

# 第二节 营销欺诈

## 一、营销欺诈的定义和种类

营销欺诈,指侵犯消费者权利或损害消费者幸福感的非法商业活动,可以归纳为金字塔式营销欺诈、信件或电话欺诈、网络欺诈和身份盗窃等四种类型。

### (一)金字塔式营销欺诈

金字塔式营销欺诈又称传销。金字塔式营销欺诈的收益也有金字塔式的特点,其营运方式,是把产品或服务销售给新人和一般的消费者。部分传销要求成员进行大量的前期购买,其他的则要求支付招聘佣金。传销之所以构成营销欺诈,是因为其很少关注实际产品或服务的购买,并且声称参与者可以获得远高于实际可达到的收入水平。因此,传销欺诈并非为建立可行的零售组织而设计,而是一种营销欺诈手段。

### (二)电信欺诈

电信欺诈,指犯罪分子以非法占有为目的,利用移动电话、固定电话和互联网等通信工具,采取远程和非接触的方式,通过虚构事实诱使受害人往指定账户打款或者转账的行为。电信欺诈,通常表现为虚假奖励信息、与产品或服务质量不符的广告信息,以及具有欺诈性的产品价格和质量信息等。

目前,电信欺诈手段层出不穷,欺诈方式也在不断发生变化。例如,以事主身份信息被盗用涉嫌洗钱犯罪为由,冒充公检法人员,要求其将资金转入所谓的"安全账户"配合调查。又如,冒充学校工作人员向学生家长等群体打电话,谎称可以领取助学金等。

### (三)网络欺诈

网络欺诈,指以非法占有为目的,利用互联网采用虚构事实或者隐瞒真相的方法,骗取数额较大的公私财物的行为。网络欺诈与一般欺诈的主要区别在于,网络欺诈是利用互联网实施的欺诈行为。

随着互联网的普及和快速发展,网络欺诈也越来越常见。例如,以"点赞吸引流量"从而赚取佣金为由吸引消费者加入群聊,声称消费者只需要为某一网络作品点赞即可获得佣金。为在初期降低受骗者的防御心理，佣金确实会下发到受骗者手中。但是，随后管理员就会要求受骗者下载点赞兼职专用的软件，并且该软件只有通过充值成为会员才能够继续做任务赚取佣金。受骗者按照管理员的指示缴纳完佣金并做完任务后，佣金却不会到账，若询问客服则会被移出群聊，造成受骗者的资金损失。

### （四）身份盗窃

身份盗窃，指受害人的私人信息被获取并在没有得到允许的情况下被滥用。该种盗窃一般通过邮件、电话及翻找生活垃圾（如信件或快递包装）等途径获取身份信息。一旦身份盗窃者掌握了受害者的个人信息，他们就可以从受害者或其银行账户中提取信息，向受害者或其信用卡收取费用、开设新的公用事业账户，或从受害者的医疗保险中获得医疗服务等，甚至能够以受害者的名义报税，并获得退税。在一些极端情况下，身份盗窃者还可以在被捕后将受害者的名字报给警察。因此，身份盗窃会严重损害身份被盗窃者的财务和信用记录以及声誉等。在大数据时代，身份信息的泄露更为常见，有些商家甚至通过出售消费者的个人信息来获利，严重损害了消费者权益。

## 二、金融欺诈

《中华人民共和国刑法》中的金融诈骗罪，指以非法占有为目的，采用虚构事实或隐瞒事实真相的方式，骗取公私财物或者金融机构信用，破坏金融管理秩序的行为。金融诈骗罪的罪名种类，包括集资诈骗罪、贷款诈骗罪、金融票据诈骗罪、信用证诈骗罪、信用卡诈骗罪、有价证券诈骗罪和保险诈骗罪等。

尽管消费者的风险意识在逐步增强，但金融欺诈的手法也在不断推陈出新。例如：以冻结信用卡为名进行诈骗，谎称受害者信用卡违约欠款，将纳入征信系统，让受害者及时致电虚假客服，办理解冻；以申请低息信用贷款为名，通过发送"额度高、利息低、无抵押"等虚假信息，诱导有资金需求的单位或个人申请贷款，向受害人收取中介费、保证金和押金等实施诈骗；以发布虚假股市利好信息为名进行诈骗，利用股民的信息不透明收取会费和信息费进行诈骗；虚假外卖平台电信诈骗，通过发送类似"平台系统升级，需要客户身份验证"等信息及链接，并且要求在链接内填写银行卡、身份证和预留电话等身份信息进行诈骗。

金融欺诈侵犯了消费者权益，使消费者蒙受巨大的财产损失。以美国为例，金融欺诈每年大约会导致美国消费者遭受几百亿美元的损失。美国司法部长曾将金融欺诈列入三大犯罪之一，仅次于恐怖主义和暴力犯罪。再以中国为例，据中国司法大数据研究院发布的《金融诈骗司法大数据报告》，2016—2018年，尽管金融诈骗案发案数量呈下降趋势，但是集资诈骗罪呈现出连续上升的趋势，集资诈骗的防控压力仍然较大。从案件类型来看，信用卡诈骗在三年内案件总量中占比接近80%，为金融诈骗的代表类型；恶意透支或者超过期限透支为主要诈骗手段，占比达76%；骗取或冒用他人信用卡类型案件占比20%。这些金融诈骗主要分布于东部地区，并且犯罪嫌疑人的学历较低，以初中和高中为主。因此，防范金融欺诈不仅要加强消费者的金融素养教育，还要针对特定人群加大金融犯罪的普法力度。

## 第三节　消费者金融脆弱性

不合法的商业行为之所以屡屡得手，很大程度上是因为受害消费者在各种欺诈中不具备较强的识别欺诈和自我保护能力，并且老年人和年轻人都存在不同程度的金融脆弱性。尽管欺诈受害者的暴露程度或脆弱性，可能因欺诈类型的不同而有所差异，但每个人都很容易受到欺诈的影响。

消费者的消费水平和福利水平，会由于各种主客观因素而产生波动甚至受到剧烈影响。这些主客观风险因素，会对家庭或者消费者的经济决策和行为造成冲击。值得注意的是，这种冲击消费者经济福利和财务状况的可能性，就是消费者或者家庭的金融脆弱性。

### 一、消费者金融脆弱性概述

随着收入和财富的不断增加，家庭持有更多的金融资产，因而脆弱性更具有金融属性，如资产、负债和现金流表现出的脆弱性。随着对家庭金融脆弱性研究的不断深入，已有文献主要通过筹款能力和家庭账单支付来衡量消费者的金融脆弱性。例如，Lusardi 和 Mitchell（2011）以 30 天内拿出 2000 美元的能力作为对美国家庭金融脆弱程度的度量指标，发现超过 50% 的美国家庭无法应对意外事件产生的支出，这可能是 2008 年美国次贷危机所产生的长期连锁反应。[5]

具体来看，消费者金融脆弱性，指消费者遭受风险冲击（如社会经济环境的不利冲击、非预期的重大开支、家庭成员的失业、疾病和死亡等）导致现金流短缺时，消费者动用有效手段（储蓄、借贷、资产变现和保险等）及时筹措资金填补缺口的能力。金融脆弱性对消费者的影响主要有以下两个方面。第一，消费者金融脆弱性对消费需求的影响，包括消费平均水平的下降和消费的大量波动。由于中国经济的特殊性，消费者金融脆弱性对消费波动性的影响远远大于对消费水平下降的影响，而正是这种波动性加大了消费者对未来消费的不确定性，阻碍了消费可持续增长和消费结构升级。第二，消费者金融脆弱性对家庭资产配置的影响。金融脆弱性的加剧会强化消费者的预防性储蓄动机，降低资本市场的参与概率并减弱参与水平，从而阻碍消费者分享经济增长所带来的红利。

### 二、消费者金融脆弱性的影响因素

影响消费者金融脆弱性的因素有很多，既有宏观层面的经济波动和经济增长、金融市场的发达程度、社会保障和保险、货币金融政策，以及社会文化等，也有微观家庭的异质性特征因素，如家庭的资产、负债和家庭成员的金融素养等。随着金融产品的不断创新和消费者参与资本市场的程度不断加深,金融知识缺乏、投资经验不足以及风险防范意识较低等问题对消费者金融决策的影响,受到越来越多的关注。Lusardi 和 Mitchell（2011）认为,提高居民的受教育程度可以有效地降低消费者金融脆弱性。[5]

对于微观家庭层面的因素,金融知识水平、风险防范意识和投资经验与消费者金融脆弱性程度负相关。其中,风险防范意识对消费者金融脆弱性的影响最大,其次是投资经验,最后是金融知识水平。第一,风险防范意识。消费者的金融决策建立在对潜在风险进行全面判断的基础上,因而风险防范意识越强,意味着消费者越具有前瞻性的提前规划和未雨绸缪的意识,并且能够使用更为充足有效的筹资工具来应对非预期的风险冲击。此外,商业保险可以避免由于不确定性风险带来的财务压力,当消费者出现疾病或死亡等意外风险时,保险能及时弥补资金缺口从而降低消费者的金融脆弱性。随着保费的增加,消费者的金融脆弱性程度逐渐降低。第二,投资经验。投资经验对消费者金融脆弱性的作用主要体现在持有金融资产的流动性和变现能力上。投资经验较为丰富的消费者,通常持有一定比例的可以快速变现的资产,从而提高了筹资能力。第三,金融知识水平。尽管金融知识水平对消费者金融脆弱性具有显著的降低作用,但这种作用弱于风险防范意识和投资经验,因为只有理论上的金融知识而无实际的风险防范意识和投资经验并不能高效合理地配置金融资产,而只能借助储蓄来应对未来支出。通常来讲,储蓄难以应对所有风险冲击尤其是重大风险冲击。[6]

### 三、缓解消费者金融脆弱性的政策建议

降低消费者金融脆弱性可以减轻消费者所遭受的经济冲击,熨平消费者需求和福利水平的波动,还可以增强消费者应对风险冲击的能力。因此,减轻消费者金融脆弱性可以促进消费并拉动内需,服务于我国以国内大循环为主体的经济双循环发展战略。因此,缓解消费者的金融脆弱性有其必要性和紧迫性。

对于政策制定者来说,除采取有效的宏观经济调控政策以尽力维持经济平稳增长之外,努力实现普惠金融教育进而提升消费者金融素养,最终降低消费者金融脆弱性也是十分必要的。[6] 第一,应完善金融教育体系。将包含保险和投资在内的金融知识纳入普通义务制教育体系中,以培养消费者的金融素养和金融风险意识。第二,应优化投资者保护机制。规范对消费者合格投资者资格的认定标准,采取定量和定性相结合的办法,建立合格投资者资格的分层体系；建立有效的检验和评估机制,不定期检查金融机构对参与投资消费者的风险测度,保证风险测度的真实性和有效性。第三,加大新型金融产品和保障型金融产品的宣讲力度。在这一过程中,尤其要普及互联网理财产品的相关知识,避免投资者单纯追求高收益而忽略金融产品的内在巨大风险。要重点加强对保障型金融产品的宣传,尤其是保障型商业保险,如养老年金和重大疾病保险等,提高消费者应对风险冲击的能力。

## 第四节 案例讨论：网红直播商业活动影响下的消费者行为

在移动互联网日趋成熟的背景下，网红经济快速发展，直播和短视频带货等形式的商业活动给广大消费者的经济生活带来了巨大的影响。优质的商业活动，对消费者幸福感的提升发挥着重要作用。本案例以网红直播为背景，探讨网红直播这一特定的商业活动形式对消费者行为的影响。

### 一、网红经济的发展

网红经济，指以网红与粉丝的关系为核心的一种商业模式。该模式利用网红和粉丝之间的关系，孕育出具有经济效益的一系列商业活动。根据移动互联网的发展进程，网红经济的发展可以划分为五个阶段（见表10-1）。在整个发展过程中，网红平台不断进化，网红通过微博、快手、抖音、B站和斗鱼等互联网媒体平台以直播和短视频等形式带货，有效推动了整个产业的发展。网红直播模式为消费者提供了全新的消费体验，提升了相关产业链的效率，推动了线上线下的进一步融合。其中，短视频在网红经济中发挥着越来越重要的作用。根据艾瑞咨询发布的2019年第四季度《中国互联网文娱市场数据发布报告》，短视频从2016年开始强势崛起，其市场规模从2016年的19.00亿元扩大到2019年的1172.70亿元，反超网络直播的市场规模。

表 10-1 网红经济发展阶段

| 时 间 点 | 媒 介 平 台 | 展 现 形 式 | 网红经济特征 |
|---|---|---|---|
| 2000年左右 | 网络博客等 | 文字 | 网络写手 |
| 2005年左右 | 网络论坛、百度贴吧和天涯论坛等 | 图文 | 依靠博眼球 |
| 2010年左右 | 微博、人人、知乎和微信公众号等 | 图文和碎片化信息 | 时尚达人 |
| 2016年左右 | 快手、小红书和抖音等 | 短视频 | 以内容创作为核心 |
| 2019年左右 | 淘宝直播和抖音等 | 电商直播 | 以营销带货为核心 |

### 二、网红直播快速发展的原因

近几年来，网红直播经济快速发展，可能的原因主要有以下四个方面。

第一，消费者行为的变迁。这种行为变迁，主要包括消费者代际转移与消费习惯改变两个维度。一方面，消费者正在发生代际转移，"90后"和"00后"逐渐成为当前互联网消费的主体。他们追求个性化与猎奇，喜欢表现与分享，这些特点有力地支撑了网红直播的发展。截至2020年3月，中国网民年龄结构中20~29岁的网民比重最高，达到22%；30~39岁的网民次之，占比为21%（见图10-1）。另一方面，消费者的消费习惯也在发生改变，各大平台上的直播商业活动在内容和时空上更契合消费者需求。商家借助网络力量，实时与消费者进行"一对多"交流，增强了双方的互动性，提升了消费者的购物体验，从而对消费者消费决策的影响不断扩大。

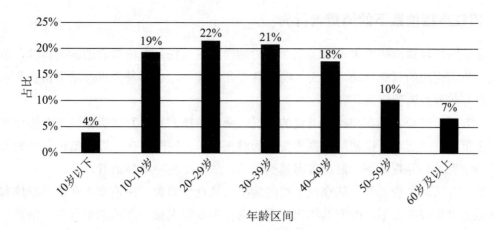

图 10-1　网民年龄结构

第二，交互技术与新基础设施的完善。互联网的发展和 5G 通信的建设带来增强现实（augmented reality，AR）和虚拟现实（Virtual Reality，VR）等新技术的成熟运用和未来物联网技术的发展，极大地提升了消费者的购物体验。同时，移动支付和物流等新基础设施的完善，则延伸了购物场景，进一步推动了中国网红产业链的崛起。此外，电商成熟度的深化和网络购物渗透率的提升，为网红经济的发展提供了沃土。

第三，互联网媒体与渠道的快速迭代。当前，中国线上流量分散化与媒体去中心化趋势明显，各类社交和内容媒体蓬勃发展，为网络红人积累社交资产和发展多元变现模式提供了新的机遇。

第四，企业和产业资本的持续推动。面对时代的变革和消费者习惯的改变，企业也逐步调整经营思路，从以往以"商品"为出发点，转变为以"人—商品"为出发点，加大了对网红经济和直播电商等的投入力度。

## 三、网红直播的特点

传统的线下消费受限于物理空间位置，很难与跨时空同品类商品进行有效对比，消费方式相对单一，直观体验感较差。当前，网红直播和短视频在内容和时空方面更能贴合消费者的需求，能够实现即时性和可视性。

网红直播可借助网络技术实时与消费者进行"一对多"交流，并在空间上拉近了彼此的距离，克服了直观体验差的局限。消费者拥有主动选择权，不仅可以主动选择商品，而且还可以主动选择由谁来向自己推销。同时，网红直播和短视频主要以交流分享为核心，相关内容覆盖生活的各个方面。每个消费者都可以把自己的经历分享在直播和短视频等平台上，有利于聚集具有相似属性的消费者。在全民参与的情况下，网络直播所能传递的内容得到了极大丰富，消费者能够更加真实地了解产品信息，减轻信息搜索阻力并消除信息不对称，从而做出更加理性的消费决策。此外，商家通过主播直接面对消费者，甚至部分供应商直接作为主播，打破传统经销模式，能够更为高效地运转供应链。

### 四、网红直播情景下的消费者行为

尽管网红直播情景大大丰富了消费者的购物渠道,提升了消费者的购物体验,总体上属于较为优质的商业活动。然而,消费者在此过程中,也容易出现冲动型消费和从众性消费等非理性消费行为。

一方面,消费者存在冲动型消费的情况。网红直播的实时互动类似线下专柜导购模式,主播通过"面对面推销"挖掘消费者的潜在需求。同时,在"即时低价"和链接商品"秒空"的外界刺激下,消费者容易被诱导,从而产生冲动型消费。

另一方面,消费者存在从众性消费的情况。从众性消费,指消费者在外界群体和周围情景的引导或压力下,改变其购物意愿而保持与多数人相一致的消费行为。消费者基于对网红主播的从众心理,即使在不了解网红产品的情况下,也会给予该产品较好的评价,相信网红所推荐的产品具有小众化特征,知名度可能不高但质量有保障。此外,消费者从众购买的商品可能并不是他们的真正所需,但却在一定程度上满足了消费者对商品的附加价值、文化以及个性时尚等方面的需求。然而,如果仅沉浸于当下的满足感,消费者很容易走入片面追求物质性的消费误区,从而盲目攀比,甚至入不敷出。这不仅不利于消费者形成科学合理的消费观,也会对生活质量和幸福感产生一定的负面影响。

### 案例思考题

1. 结合案例材料,讨论一下消费者在网红经济下如何树立理性的消费观。
2. 结合案例材料和现实情况,谈谈消费者如何规避网红经济中带有营销欺诈性质的商业活动。

## 参考文献 >>>

[1] Carroll A B. A Three-Dimensional Conceptual Model of Corporate Performance [J]. Academy of Management Review, 1979, 4(4): 497-505.

[2] Kolk A, Hong P, Van Dolen W. Corporate Social Responsibility in China: An Analysis of Domestic and Foreign Retailers' Sustainability Dimensions [J]. Business Strategy and the Environment, 2010, 19(5): 289-303.

[3] Kitzmueller M, Shimshack J. Economic Perspectives on Corporate Social Responsibility [J]. Journal of Economic Literature, 2012, 50(1): 51-84.

[4] Fisk G. Criteria for a Theory of Responsible Consumption [J]. Journal of Marketing, 1973, 37(2): 24-31.

[5] Lusardi A, Mitchell O S. Financial Literacy and Planning: Implications for Retirement Wellbeing, NBER Working Paper No. 17078, 2011.

[6] 张冀,于梦迪,曹杨. 金融素养与中国家庭金融脆弱性 [J]. 吉林大学社会科学学报,2020,60(4): 140-150,238.

## 课后思考题

1. 什么是商业活动？请说明它的内涵以及包含的方面。
2. 什么是企业社会责任？它包含哪些类型？
3. 请说明可持续营销的概念及类型。
4. 什么是营销欺诈？请界定它的概念并说明它的类型。
5. 请分析金融欺诈的危害和影响。
6. 什么是消费者金融脆弱性？请分析它的影响因素。
7. 什么是网红经济？请分析它快速发展的原因。

# 第十一章
## 家庭需求

### 引导案例 〉〉〉

随着经济社会的不断发展和金融市场的日趋完善，家庭财富的组成逐渐多元化。经济日报社中国经济趋势研究院编制的《中国家庭财富调查报告（2018）》显示，家庭财富由金融资产、房产净值、动产与耐用消费品、生产经营性资产、非住房负债，以及土地等六大部分组成，且其增长速度持续快于GDP和居民收入。家庭财富越来越多，使得消费者的需求也日趋多样化。在众多需求类型中，理财需求占据着非常重要的地位，体现在金融资产占总资产的比重逐年提高等方面。2017年，全国家庭金融资产占总资产的比重达到了16%；在城镇家庭和农村家庭中，该比重分别为15%和22%。

尽管理财需求日益旺盛，但在城镇和农村家庭的金融资产构成中，现金、活期存款和定期存款之和占全部金融资产的比重超过了八成。这说明虽然家庭的理财需求日益增加，但仍然存在着理财形式单一等问题。除此之外，融资需求也存在类似的问题。面对生活消费和突发情况等方面的融资需求，超过80%的城镇家庭认为亲戚朋友是融资的主要渠道，其次才是银行贷款，而求助于新兴的小贷公司和网贷的家庭比例非常低。农村家庭的融资，则更加依赖于亲戚朋友。对于10万元以下的小额生产性融资，消费者选择银行贷款的比例仅为24%。

当然，理财需求只是家庭需求的一个方面。本章将对家庭需求进行较为全面的分析，包括家庭需求的定义、家庭需求在双循环经济发展格局下对经济增长的促进作用、家庭需求结构及其背后的消费观念的演变以及消费金融的快速发展等。

# 第一节　家庭需求及其结构演变

家庭需求，指消费者的家庭对社会不同物质资料和服务的要求，即家庭作为一个消费单位在收入约束的情况下为实现效用最大化而消费的物质资料和服务的组合。这一概念内涵丰富，家庭成员除了消费商品和服务之外，还需要闲暇时间、结婚和生育子女等。家庭需求是家庭全部经济运动的内在动因。

## 一、家庭需求结构的影响因素

家庭需求结构，指家庭总的有效购买力在各个支出项目上的分配比例。确立正确的个人消费观念，制定科学、稳定和连续的经济政策是建立合理的家庭需求结构乃至宏观经济结构的关键。家庭需求结构是由家庭偏好和政策导向共同决定的，它同时受到微观和宏观两个层面因素的影响。

### （一）微观因素

影响家庭需求结构的微观因素，指影响每个消费单位（家庭或个人）产生不同需求以及做出不同消费决策的因素。微观因素的分析是研究影响家庭需求结构宏观因素的基础，旨在分析不同家庭的消费需求结构差异。

1. 家庭的收入水平

家庭的收入水平，是影响需求结构的关键因素，不同收入水平家庭的需求结构存在很大差异。一般而言，收入水平越高的家庭的基本生存需求（衣食住行等）占比会越低。这是因为收入水平的提升，使得家庭对除满足基本生存需求外的其他需求更加重视。值得注意的是，这里所说的收入水平不仅指当期收入，家庭的财富、以往的收入水平、预期的未来收入以及周围其他家庭的收入等因素都会影响家庭的消费决策，进而导致其需求结构发生改变。

2. 家庭生命周期所处的阶段

家庭生命周期理论认为，一个家庭将经历单身阶段、新婚阶段、满巢阶段、空巢阶段、退休阶段和鳏寡阶段等六个阶段。该划分有利于分析不同的家庭成员在各个阶段的需求结构与消费决策，因为在每个阶段，家庭成员对各项需求的重视程度存在着显著差异。[1] 处在单身阶段的家庭，有一定收入且无经济压力，家庭成员会更重视娱乐需求；在新婚阶段时，家庭成员开始为未来生活进行储蓄，会减少一些享受型需求而增加对耐用消费品的支出；处在满巢阶段的家庭消费需求，则更集中于对子女的教育、基本生活和父母的赡养等；处于空巢阶段和退休阶段时，家庭消费需求主要集中于基本生活消费和保险等方面；鳏寡阶段的家庭，则处于即将解体的状态，此时配偶一方已经死亡，家庭需求主要集中于医疗等方面。

### 3. 家庭的投资行为

家庭需求中的部分支出，可被看作投资。比如，对子女的教育需求和部分耐用消费品的需求，就属于投资需求。不同家庭对投资需求的差异，会影响其消费需求结构。

## （二）宏观因素

宏观因素，指会对家庭需求结构产生影响的国家或地区层面的经济因素，可以解释不同国家间需求结构的差异。

### 1. 经济发展水平

消费水平与一国经济发展水平密切相关，是影响消费结构的重要因素。各个国家的消费水平不同，导致各国食品支出占比和耐用消费品支出占比存在显著差异。通常而言，这两项需求均与相应国家的经济发展水平正相关。此外，住房、医疗和交通通信等需求以及劳务支出，也会受一国经济发展水平的影响。

### 2. 市场环境因素

第一，福利制度。在国家收入水平差距较低的情况下，家庭消费结构中对由政府补贴的项目需求较低。例如，荷兰完善的教育福利制度，导致消费者需求结构中教育需求的占比较低。

第二，价格体系。根据需求定律，商品的价格会影响对该商品的需求量，商品价格越低，消费者对该商品的需求量越高。不同国家的市场价格体系存在差异，某种商品价格的下降导致消费者对该商品的需求量增加，相应地其需求结构也会发生变动。

第三，金融市场发展状况。金融市场的成熟程度，会影响消费者的储蓄率。如果一国的金融市场发展成熟，则消费者的投资需求在需求结构中的占比也会提高。同时，消费信贷的存在，使消费者可以提前消费，因而弱化了现期收入的约束效果，进而影响其需求结构。

### 3. 人口年龄结构

家庭生命周期理论表明，不同年龄阶段消费者的需求结构会存在较大差异。因此，从宏观层面上看，一个国家的人口年龄结构，会影响国民的消费结构。人口老龄化成为现如今大部分国家所面临的共同难题，势必会导致医疗需求在国家总体需求结构中的占比大幅提升。

### 4. 社会消费习惯

不同国家（或地区）的消费者，在消费习惯上也会存在较大差异。社会消费习惯和消费理念，是由一国的文化习俗等因素决定的，这会使得不同国家（或地区）的消费者在消费偏好上具有明显的异质性。因此，消费习惯会显著地影响一个国家（或地区）的需求结构。

## 二、家庭消费结构的演变规律

在各类家庭需求中，消费需求占比最大，已成为经济高速增长的决定性因素[2]，因而消费结构是家庭需求结构中较为重要的议题。宏观层面的消费结构改变,指在一个国家(或地区)的水平上研究消费需求结构随收入水平变化的规律。随着经济的不断发展和国民收入的不断增加,家庭的宏观消费结构在不断发生着有规律的演变。

### (一)食物支出占比的演变

研究食物支出占比的演变规律时,经常用到恩格尔定律和恩格尔系数。食物支出是为了满足人类最基本的生存需求,所以家庭食物支出在总支出中所占的比例,即恩格尔系数,在一定程度上也反映了家庭的消费结构和生活水平。通常而言,恩格尔系数较高的家庭收入水平较低,因为家庭收入的大部分都被用于满足基本消费,所以其需求结构较为单一。反之,恩格尔系数越低,则其生活水平越高,需求结构较为完善。

### (二)耐用消费品需求和服务型消费需求的演变

耐用消费品需求和服务型消费需求在总支出中的占比,也呈现出一定的规律。具体来看,当收入水平上升到一定水平时,耐用消费品需求占比会随着收入的增加而提高,但随后则呈现出不规则变化;服务型消费需求的上升伴随着收入水平的提高和闲暇时间的增加等,且在收入处于较高水平时,消费者对服务型产品的需求大幅增加。这可能是由于第三产业在国民经济中所占比重的不断增加。因此,当收入达到一定水平时,服务型消费需求占比的上升,要比耐用消费品需求的上升更容易被观察到。

## 三、家庭需求结构与产业结构

产业结构的演变规律,即三大产业所占比重的演变规律。随着经济发展,第一产业占比逐渐下降,第二产业占比先上升后下降,第三产业占比则逐步提升,且其增长速度不断加快,最终占比高于第二产业。[3]这种演变规律与需求结构的演变规律存在显著的相关性。

家庭作为一般消费单位,其需求结构的变化直接影响产业结构,且与产业结构密切相关。当家庭收入较低时,其需求主要集中于维持基本生活的商品(衣食住行等),这会促使农业和纺织业快速发展。当一国家庭的平均收入上升到中等水平时,温饱问题已经解决,需求结构的重心由生活必需品转换为非必需品,家庭对高档耐用消费品的需求增加,导致生产资本产品的部门开始飞速发展。当一国家庭的收入上升到较高水平时,家庭的物质享受已经得到满足,开始更加重视在精神层面的消费需求,从而推动提供各项精神消费的现代服务业快速发展。

# 第二节 消费需求与经济增长

## 一、经济增长阶段理论

1959 年,美国经济学家沃尔特·惠特曼·罗斯托提出了经济增长阶段理论,该理论又被称作"罗斯托模型"或"罗斯托起飞模型"（Rostovian take-off model），描绘了经济增长的不同阶段。[4] 该理论指出，各国经济增长主要包括六个阶段：传统社会阶段、为经济起飞的准备阶段、起飞阶段、向成熟推进阶段、高额消费阶段和追求生活质量阶段。罗斯托认为，最重要的阶段为起飞阶段，因为该阶段属于传统农业社会向现代社会的过渡时期，如果一个国家能够平稳度过经济起飞阶段，该国经济就能够实现持续增长。

罗斯托指出，实现经济起飞的必备条件主要涉及以下四个方面。第一，较高的生产性投资率。生产性投资占国民收入的比例至少要达到10%。第二，确立一个或多个起飞的领先部门，而这些主导部门需要具有很高的成长率。第三，建立适应经济起飞的政治制度和社会环境。第四，出现大量发明与创新，以科学技术促进生产力的变革。在起飞阶段，农业生产率显著提升，大量劳动力从第一产业中释放出来，并转移到制造业中。与此同时，外国投资也开始显著增加，制造业得到了快速成长。当该国在国际贸易中的比较优势产品由农产品转向劳动密集型产品时，表明该国的起飞阶段已经完成。

根据罗斯托经济增长模型，英国在18世纪的最后20年里实现了起飞，法国和美国在1860年前实现了起飞，德国在1850年到1875年实现起飞，日本在1878年到1900年实现起飞，而中国则是在1977年到1987年实现起飞。

## 二、消费需求与经济增长

根据大量国家的经济增长经验，消费、储蓄、投资与经济增长间的关系取决于经济增长的阶段，并在不同时期呈现出明显的差异。[5]

在以农业为主的传统社会阶段，生产方式落后，生产力水平较低，经济自给自足，整体国民收入水平不高。此时，社会生产主要用于满足人民的基本生活需求，因而消费需求占据了大部分的国民收入，储蓄和投资只占据了很小的比例。[6] 将投资用于社会再生产是实现经济规模扩大的重要条件，但在传统的农业社会中，无法实现这一条件，故此阶段的经济增长也比较缓慢。

随着经济增长速度逐渐加快，国家开始由低收入向高收入阶段过渡。[7] 在该阶段，消费占国民收入的比例要低于传统的农业社会时期，消费率有所下降，用于投资和储蓄的比例稳步提高。这一现象由经济增长加速时期的特殊性导致。第一，国家由低收入向高收入过渡的阶段正是经济增长速度最快的时期，大量的投资支持是经济高速发展的必备条件。第二，经济飞速发展的过程中伴随着产业结构的演变，其显著特点是第二产业占比显著提升，而第二产业正是资金密集型产业，其比重的提高依赖于大量的投资。第三，在当前国际环境下，发展中国家获取外资的成本较高，政府会采取各种政策措施来压缩国内消费需求以抑制其增长并鼓励储蓄，从而积累经济腾飞所需的资金。

当国家进入高收入阶段，消费所占的份额又开始扩大，消费率较高。[8] 导致出现该现象的原因主要有以下三个方面。第一，经济增长到高收入阶段后，生产力显著提升，大量新兴消费品的涌现使得国民的消费倾向提高。第二，高收入阶段的经济增长率逐步下降，投资增长率也随之下降，该趋势是由经济增长所需的投资减少和投资对经济增长的推动作用减弱所共同导致的。第三，在高收入阶段，产业结构再次演变，第三产业的占比开始上升，并且超过原有的第二产业的占比，而第三产业大多是技术密集型产业，其对投资的需求较低。

### 三、扩大内需与经济增长

#### （一）内需与经济增长

生产推动和需求拉动，是实现社会经济增长的两大动力。[9] 在市场经济条件下，需求成为拉动经济增长的决定性力量，社会需求构成了产业发展的基础，决定了社会生产的规模、范围和发展方向。因此，要通过实现需求结构升级带动投资规模扩大，最终使得内需成为驱动经济增长的核心动力。

内需指经济体内部的需求，包括消费需求和投资需求两部分。[10] 内需能否成为拉动一国需求的强大驱动力，是由一国的资源丰裕度、社会因素和市场发展状况等多重因素综合决定的。一般而言，大国经济体幅员辽阔、资源丰富、人口众多且工业体系发展成熟。因此，大国经济体国内市场巨大，对国内市场的依赖性较强，更容易通过扩大内需来实现经济增长。特别是当经济发展到成熟阶段时，国内市场潜力巨大，经济增长可能会更大程度地依赖内需。

投资需求和消费需求拉动内需的潜在可能性及其对经济增长的传导机制不尽相同。[11] 在消费需求方面，大国经济体的农村地区拥有极大的消费潜力，是不容忽视的市场群体。如果能够推动农村城市化，进而促进农村消费需求升级或单纯地刺激农村地区居民的消费，即可促进众多行业的长期发展，进而显著拉动内需。此外，当经济发展到成熟阶段时，居民的消费水平较高，其对第三产业产品的消费需求还有很多值得挖掘的空间。当一国国民的消费倾向较低，储蓄率较高时，就会存在内需不足的问题，而这种现象的出现可能是由于该国消费水平偏低和消费结构变动较难。[12] 拉动经济体内部消费需求的有效方式，是促进消费结构升级。从发达国家的发展经验来看，消费结构以"吃、穿、用"为主转变为以"住、行"为主，会对一国的经济增长产生持久强劲的驱动作用。这种消费结构的升级，会显著促进建筑、房地产、旅游和交通通信等行业的持续发展，因而能够实现一国经济的长期繁荣。

在投资需求方面，大国经济体也存在着很大的潜力。自然资源是一国经济发展的重要生产要素，它的总量会制约一国的经济发展速度和格局。大国经济体的一般自然资源较为丰裕，为投资需求的增加提供了坚实的物质基础。与此相对，发展中国家的一般基础设施建设较为落后，无法大量吸引投资。一般认为，投资需求拉动经济增长主要是通过投资乘数原理来实现的，投资乘数的高低显著影响投资对国民收入的促进作用。但是，投资乘数主要由边际消费倾向决定，亦即一国的经济增长主要是依靠扩大经济体内部的消费需求来实现的。这是由于当经济处于相对过剩状态时，众多因素制约消费需求的增加，仅增加大量投资只能促进消费需求的少量增加。

因此，尽管投资需求和消费需求共同构成了内需，但是前者对经济增长的影响远低于后者。经济体内部的消费需求不足，会通过影响投资需求进而导致经济体内部总需求不足，最终使得一国经济增长速度减缓甚至停滞。因此，对于大国经济体而言，拉动内需尤其是拉动消费需求，对促进经济增长具有重要意义。

### （二）中国双循环经济发展格局下的内需拉动

自确立社会主义市场经济体制以来，中国的经济增长主要依靠市场需求来拉动。尽管政府采取多种相关措施来刺激国民消费，但我国居民的消费率依然持续下降，存在着有效需求不足的现象。随着经济增长进入"新常态"，中国经济增长结构逐步由外贸和投资主导转向内需和消费主导，拉动内需对当前中国经济的高质量发展具有更为深刻的含义。[13]2020年5月14日，习近平总书记在中央政治局常委会会议上首次指出，要通过深化供给侧结构改革来充分挖掘中国的超大市场规模和内需潜力，构建国内国际双循环相互促进的新发展格局。2020年7月30日召开的中共中央政治局会议，把扩大内需作为双循环发展格局的战略基点。2021年3月，党的十九届五中全会通过了"十四五"规划，该规划确立了以国内大循环为主体，国内国际双循环相互促进的新发展格局作为经济发展的重要指导目标。这标志着扩大内需成为畅通国内大循环的主要内容，而扩大内需的有效方式就是拉动国内居民的消费需求以及促进居民消费结构升级。[14]

作为大国经济体，中国确立通过拉动内需来驱动经济发展的战略决策，是由以下几方面因素决定的。第一，尽管中国地大物博且幅员辽阔，但经济发展不平衡，消费需求结构正处于变革阶段，国内需求还存在着巨大的增长潜力。第二，目前我国国内的工业化、城市化和现代化进程进一步加速，经济增长结构不断优化升级，净出口的贡献率下降，外贸依存度也呈现不断降低的趋势，这表明内需将成为决定我国未来经济增长的重要动力。第三，外部环境发生着深刻复杂的变化，世界进入百年未有之大变局。一方面，新型冠状病毒感染疫情的冲击使得世界各国都采取了一定程度的"封闭"措施，全球产业链遭到突然破坏，原有的国际贸易合作被中断，国际循环受到重创，以扩大内需来畅通国内大循环成为必然选择。另一方面，全球范围内贸易保护主义抬头，以美国为首的西方国家公然打压中国的外向型经济，这给中国的外需增长带来很大的不确定性，扩大内需成为维持中国经济增长的主要驱动力。

为了有效扩大内需，中国政府应当采取积极的财政政策和宽松的货币政策，同时也要辅以提薪、降息、减税和健全社会保障制度等政策工具。此外，还应当采取一系列措施来刺激居民消费，特别是对农村地区，以使得内需对经济的支撑作用逐步增大，在以国内大循环为主体的基础上实现国内市场和国际市场的良性互通，助力经济高质量和可持续发展。

## 第三节　家庭消费理念转变与消费金融的快速发展

### 一、家庭消费理念的转变以及中国的消费现状

中国自古奉行节俭为主和量入为出的消费观念。我国以前是传统的小农经济，生产方式较为单一、封闭、落后和保守，因而在消费方面，花钱较为慎重，长于计划安排，乐于精打细算，所得收入多数用于购买生活必需品，讲求实用价廉，而用于购买享受方面的奢侈品支出则较少。新中国成立以来，计划经济带来的商品短缺抑制了消费需求，主动消费的意识逐渐弱化。从某种程度上来说，这一文化观念也让中国的储蓄率保持在了一个较高的水平。据国家统计局数据，中国2018年的储蓄率为45%，2019年的储蓄率为44%，尽管同比下降1%，但在世界范围内仍然处于较高水平。

随着改革开放的不断推进，消费主义观念在中国的影响越来越大。消费主义观念是一种崇尚和追求过度占有的价值取向及其实践，把消费作为满足自我和人生目标的手段。它最突出的特点是符号象征性，即把物质消费看作身份和地位的象征，是自我表达和社会认同的主要形式。因此，它具有明显的物质主义特征，通过对物质的无限追求来实现精神的满足。当代青年消费者受到消费主义观念的影响较大，其消费观念表现出时尚性、超前性和炫耀性。消费的时尚性体现在消费者对商品时尚价值的追求上，即对时尚所指向的社会地位、声望和品位的追求。消费的超前性体现于追求高档次、高价格和新产品的消费，从而超出了青年消费者本身的实际经济能力。消费的炫耀性，指消费的目的是向他人展示自己的财富和社会地位，并享受这种社会地位带来的荣耀、声望和名誉。

中国的消费观念在一定程度上受到了消费主义的冲击，但总体上国民储蓄率还处于一个较高的水平，消费水平还有待进一步提高。[15] 除了传统观念的影响，造成我国的消费不足还有以下两个方面原因：一是收入分配不均，普通消费者的购买能力不强，制约了消费金融发展；二是社会保障体系不完善，导致消费者为住房、教育、医疗和养老进行大量的预防性储蓄。特别是近年来房价飞涨，住房贷款的沉重负担对消费者进行其他消费产生了显著的挤出效应。

### 二、消费金融的发展前景

尽管消费需求的不足会影响消费金融的发展，但随着我国经济结构的调整与新型城镇化建设的进一步提速，消费金融仍然拥有良好的发展前景。

#### （一）中国消费金融市场潜力巨大

中国拥有庞大的人口基数，并且消费转型进程顺利，包括住房消费、通信信息消费、交通消费，以及旅游、文化娱乐和教育等在内的消费领域将进一步扩大。农村居民消费开始由温饱型向享受型转变，城镇居民消费则是以享受型和发展型为主。伴随着消费模

式的升级,消费者的金融消费需求也将呈现出多元化和个性化的特征,消费金融在其中的推动作用将更加明显。

### (二)国家政策支持力度日益加大

国家"十二五"规划,明确提出"构建扩大内需长效机制,促进经济增长向依靠消费、投资和出口协调拉动转变"。2012年中国人民银行发布的《金融业发展和改革"十二五"规划》,强调要"发展消费信贷,支持扩大内需"。同年,国务院办公厅印发的《国内贸易发展"十二五"规划》指出"要稳步发展消费信贷市场,有针对地培育和巩固消费信贷增长点,集中推进汽车、家电、教育和旅游等与改善民生密切相关的信贷消费发展"。党的十八届三中全会关于"发展普惠金融"的顶层设计,则给消费金融的发展提供了更有力的政策支持。可以预期,伴随政策环境的日益改善,我国消费金融必将迎来广阔的发展空间。

### (三)新型城镇化建设将产生巨大的消费拉动效应

目前,我国城镇化率与发达国家相比仍然较低,还有很大的发展潜力。按照国家层面的顶层设计,未来二三十年,城镇化速度将不断加快,每年将有1000多万人口转移到城市,这将推动投资和消费的快速发展。在新型城镇化进程中,不但人口的迁移会影响消费需求,而且随着更多的就业机会和更高的收入水平,消费结构也会逐步优化,进一步扩大消费需求。新型城镇化的人口迁移会产生巨大的消费"拉动效应",为经济高质量发展提供强劲的内在动力。

## 三、我国消费金融的发展路径选择

### (一)逐步完善消费金融多元化服务体系

目前,我国开展消费金融业务的机构主要是商业银行、汽车金融公司和消费金融公司等,尚未形成多元化的服务体系。建立多元化的消费金融服务体系,是消费金融发展的坚实基础。因此,应在现有法律和监管允许并且风险可控的基础上,逐步放宽消费金融机构的发起主体范围,引导小额贷款公司开展消费金融业务。在积累经验的基础上,进一步考虑让零售企业和制造企业等更多机构进入该领域,形成多元化市场参与主体,满足消费者多层次的需求。

针对不同类型的消费,金融机构应有所侧重,实施差异化发展战略。第一,扶持专业性消费金融公司,使其成为成熟消费金融市场的主体。第二,鼓励商业银行成立消费金融事业部,专门开展消费金融业务。第三,积极拓宽非金融机构的发起类型。第四,积极推进互联网企业与消费金融的有机结合。

### (二)积极进行消费金融产品创新和品牌推广

消费金融产品是消费金融机构赖以生存的基础,只有根据消费金融市场需求不断推陈出新,才能保证市场竞争力和发挥消费对经济发展的推动力。因此,应在逐步完善消费金融多元化服务体系的同时，推进产品的创新和品牌的推广，与时俱进地向多个领域扩展。

消费金融服务机构应根据金融消费群体的特点，以市场为导向，开拓消费市场。第一，建立品牌支撑体系，赢得消费者对消费金融的认同，培养客户忠诚度。第二，进行差别化定价，加强对特定消费群体的市场调研和研究分析，提升消费金融服务机构的赢利能力。第三，利用互联网支付渠道，加大互联网支付创新力度，为消费者使用消费金融产品提供便捷服务，引导消费者形成良好的消费习惯。

### （三）强化消费金融风险预警与防控机制

与一般金融活动相比，消费金融运行的不确定性和风险性更高，因而对风险预警与防控有更高的要求。应在完善体系和丰富产品的基础上，不断加强风险控制能力。

具体而言，可以从内部控制和外部监管两方面予以加强。在机构的内部控制方面，消费金融服务机构在起步阶段应注重防范以资产减值为主的市场风险、以虚假信贷为主的信贷风险和以技术创新为主的技术风险。在风险管理模式上，应突破传统的专门部门管理或多部门分散管理的模式，实行内嵌于业务流程的风险管理新模式，将风险识别、计量、监测和控制与相应业务流程的各节点密切联系。

在机构的外部监管方面，监管部门应将门槛准入监管与科学动态监管结合。建立监管机构牵头，消费金融市场主体共同参与的多方监管机制，共同进行消费金融风险监测、预警与处理。此外，监管部门通过监管消费金融机构的营销手段和竞争方式，维护市场秩序，预防危机事件。最后，还应鼓励第三方信用评估机构参与，完善个人信用系统建设，有效降低由道德风险引起的违约数量。

## 第四节　案例讨论：中国家庭消费需求——理性消费正当时

伴随着居民收入的增长和生活品质的提高，中国城市居民消费需求正趋向多元化。2018年12月6日，唯品会和腾讯新闻《原子智库》联合发布《中国家庭精明消费报告》（以下简称《报告》），调查了2000余名各线级城市消费者并结合唯品会十年特卖大数据，围绕"特卖"这一独特的商业模式，聚焦中国消费市场最重要的群体——家庭群体，解读当下消费现状与未来趋势，挖掘特卖在消费侧的价值。《报告》研究发现：一方面，一、二线城市消费者开始理性分配消费预算，审慎进行消费决策；另一方面，三线以下城市、县镇与农村地区的市场消费者信心指数强势回升，成为行业的重要催化剂。同时，性价比已经成为网购决策中的关键因素。

从全球来看，自2015年以来，中国消费趋势指数一直高于全球平均水平。尼尔森中国消费趋势报告显示，2018年上半年中国消费趋势指数为114点，远高于全球的105点。其中，消费意愿成为中国消费趋势指数稳定增长的重要因素，支撑中国家庭支出的稳步增长。就2018年第三季度而言，消费支出增长的家庭占比为45%，较2017年第三季度的39%有显著增长，家庭支出不变的家庭占比为52%，而仅有3%的家庭认为家庭支出较去年有所减少。

尼尔森中国区总裁赵新宇分析表示："新零售与大数据、人工智能和现代通信等相互融合，迸发出中国商业变革的驱动力量。同时，随着经济全球化的发展，中国不断扩大开放、促进全球贸易，为中国经济发展注入强大动力。"当前，兴趣买单、理性消费和重性价比，成为主流消费态度。尼尔森2018年第三季度数据显示：48%的消费者对未来一年的购买倾向为选择性价比高或物有所值的产品；39%的消费者比较倾向于选择适合自己的商品，认为品牌并不是唯一抉择标准；有36%的消费者愿意为兴趣及情感消费买单；有24%的消费者注重渠道性价比。性价比是消费者注重的一个重要因素，这并不代表消费降级，而是在追求必需的产品品质保障的基础上，通过更实惠的方式购买产品。

对于不同类型的商品，消费者的态度也有所不同，体现出更加理性的消费模式。尼尔森数据显示，2017年11月到2018年10月，对于非基础护理品类，消费者更愿意选择高端产品，高端产品同比增速达28%，市场占有率达52%，远高于其他价位产品。但是对于家庭必需品，消费者则更注重实惠，价格实惠的消费品所占市场份额为47%，高于其他产品。可以看出，在消费升级的大潮下，消费者的心态更加成熟，消费主张更务实，并且消费选择更理性，不再愿意仅为了追求社会地位或身份而为大牌买单，新的消费文化正在形成。

与此同时，不同城市消费者也呈现出差异化特征。一、二线城市消费者对于价格敏感度更高，追求"买得精，买得少，但买得好"。一、二线城市消费者遇到打折商品时会毫不犹豫下单，在唯品会历年"12.8大促"中，人均消费额明显高于三、四、五线城市消费者。以手机为例，国产手机品牌占据一、二线城市阵地，销量涨幅迅速超过国际品牌。唯品会大数据显示：一线城市用户对苹果手机的热情已经消退；相反，国产手机品牌（如华为等）在一、二线城市的销量涨幅明显优于国际品牌（如苹果和三星等）。

一、二线城市消费者，正在回归理性消费观念。对于产品的选择不再盲从，对于品牌溢价的支付更显谨慎，而对实用度和性价比的重视程度不断增加，这也是另一种形式的消费升级。同时，三、四、五线城市消费者开始奉行"好货不贵"的消费理念，其消费习惯从杂牌过渡到品牌。这些消费者的观念已经升级，即对产品的品牌和质量有了更高的要求。而在产品结构中，中高端产品的需求开始提高，消费频次由低频转为高频。总之，不管是几线城市，消费者正变得越来越精明，理性消费正当时。目前来看，消费者进行网购决策时，最关注的前三项因素分别为产品质量好、性价比高和价格实惠，统称"质价比"。

**案例思考题**

1. 导致务实理性消费文化形成的原因是什么？
2. 造成一、二线消费者与三、四、五线消费者消费特征不同的原因是什么？

# 参考文献

[1] Desmarchelier B, Djellal F, Gallouj F. Economic Growth, Business Cycles and Products Variety: Exploring the Role of Demand Satiety [J]. Journal of Evolutionary Economics, 2017, 27(3): 503-529.
[2] 吕铁, 黄娅娜. 消费需求引致的企业创新：来自中国家电行业的证据 [J]. 经济管理, 2021, 43(7): 25-43.
[3] Shi L. Industrial Structure Changes, Spatial Spillover and Economic Growth in the Yangtze River Delta [J]. Journal of Coastal Research, 2020, 107: 377-382.
[4] Rostow W W. The Stages of Economic Growth [J]. The Economic History Review, 1959, 12(1): 1-16.
[5] 李俊霖, 莫晓芳. 城镇居民收入分配差距、消费需求与经济增长 [J]. 统计与决策, 2006(10): 97-99.
[6] 王裕国. 消费需求制约经济增长的机理及影响 [J]. 经济学家, 1999(5): 4-8.
[7] 刘向农. 消费需求与投资需求协调增长 [J]. 数量经济技术经济研究, 2002(12): 44-46.
[8] 贺力平. 国内市场需求与中国长期经济增长 [J]. 经济研究, 1999(8): 23-31.
[9] Tsen W H. Exports, Domestic Demand, and Economic Growth in China: Granger Causality Analysis [J]. Review of Development Economics, 2010, 14(3): 625-639.
[10] Kim K. Demand and Structural Change in Adam Smith's View of Economic Progress [J]. Cambridge Journal of Economics, 2015, (1): 245-264.
[11] 胡晓辉, 马立行. 内需拉动经济增长的长期宏观效应：基于长三角城市群的实证研究 [J]. 华东经济管理, 2020, 34(11): 1-8.
[12] 方福前. 中国居民消费潜力及增长点分析：基于2035年基本实现社会主义现代化的目标 [J]. 经济学动态, 2021(2): 50-64.
[13] 姜国强. 新常态下中国经济增长动力协同推进研究 [J]. 现代经济探讨, 2015(12): 21-24.
[14] 杨子荣, 代军勋. 新常态下内需拉动经济增长是否存在有效边界 [J]. 经济理论与经济管理, 2015(12): 19-29.
[15] Chao C C, Laffargue J P, Yu E. The Chinese Saving Puzzle and the Life-Cycle Hypothesis: A Revaluation [J]. China Economic Review, 2011, 22(1): 108-120.

# 课后思考题

1. 什么是家庭需求？请说明影响家庭需求的主要因素。
2. 请阐述家庭消费结构的演变规律。
3. 请论述家庭需求与经济增长之间的关系。
4. 请阐述经济增长阶段理论。
5. 请分析中国家庭消费理念转变的历程及原因。
6. 请阐述我国消费金融发展的前景和路径。
7. 结合当前消费金融发展的实际情况，分析我国应如何扩大消费并畅通国内大循环。

# 第十二章
## 政府政策

### 引导案例 >>>

2020年,新冠病毒感染疫情在全球范围内全面暴发。受此影响,中国社会消费品零售总额仅为39.20万亿元,首次出现下降,且同比降幅高达4%。为通过消费端促进经济快速复苏,我国出台了各种拉动消费的政策,其中既有短期促销举措,也有长期优化消费体制和机制的措施。从减税降费和发放低息贷款到直接发放消费券,多种措施在坚定消费者消费信心的同时,也支持了消费新模式和新业态的发展。2020年第4季度,最终消费支出拉动经济增长3%,较第3季度提升1.20个百分点。

那么,什么是消费金融政策?在不同的经济周期阶段,应该选择怎样的消费金融政策?又如何在开放经济条件下实施消费金融政策呢?本章从界定消费金融相关政策的内涵开始,分析消费金融政策的主要构成和当下市场经济条件下消费金融政策实现的手段,阐述如何针对经济的波动来实施消费金融政策。在此基础上,本章进一步比较发达国家和发展中国家在消费金融政策实施上的差异,并针对我国中长期经济发展目标探讨消费金融政策的制定。

## 第一节 消费金融政策概述

在经济不断发展的背景下,消费不仅从总量上影响经济,而且从结构上影响经济。从全球各国的经济实践中可以看到,仅仅靠市场的自发调节很难保证供求均衡和经济的持续稳定增长。因此,政府必须通过制定各种经济政策,来对消费需求与投资需求进行必要的监控和调节。[1]

### 一、消费金融政策的含义与内容

消费需求作为社会总需求的重要组成部分,不仅直接影响社会总需求的构成,而且通过刺激作为最终需求的投资需求来间接影响社会总需求。[2] 因此,从短期来看,根据经济周期不同阶段的特点,通过影响消费需求来调控经济运行是宏观经济政策的重要内容。从长期来看,宏观经济政策应以促进经济长期持续增长为目标。

消费金融政策是一定时期内有关消费金融发展的各种政策、制度和相关措施的总和,是国家宏观经济政策的重要组成部分。制定消费金融政策的目的是适当地调整和规划消费水平,合理地引导消费结构和消费模式的变化,从而使消费的发展满足社会和经济发展战略的需要,并确保国民经济的可持续发展和协调发展。在不同的经济发展时期和不同的消费阶段,消费金融政策的内容也有所不同。

消费金融政策,可分为总体消费金融政策和具体消费金融政策。总体消费金融政策的任务,是确定一定时期内具有相对稳定性的消费总方针。具体消费金融政策,是在一段时间内调节消费总量、消费结构、社会福利制度甚至是就业制度,引导居民调节消费结构、优化消费模式和提高消费质量的具体措施。

市场经济国家的宏观经济政策主要由财政政策和货币政策组成,而消费问题更多的是从微观消费者行为的角度来研究的。宏观经济政策和微观消费金融政策并不矛盾,一些财税政策手段和货币政策手段是为特定的消费政策目标服务的。消费是社会经济运行的结果,是社会经济在各种因素影响下的综合反映。因此,消费金融政策在很大程度上应该通过其他政策来体现。

### 二、消费金融政策实现的手段

一定时期的消费金融政策作为消费发展战略的具体表现,应当是国家宏观政策的重要组成部分,并在国民经济发展计划中能够得到体现。从总体上看,国民经济发展计划,对包括消费在内的宏观经济运行具有较强的指导作用。除此之外,消费金融政策的实现还要借助于一些具体的经济手段。一国的消费金融政策因其经济体制不同,实现手段也会有所不同。若处于计划经济体制下,一国主要通过行政手段来实现消费金融政策。此时,政府政策的放松或收紧,体现着对消费的鼓励或抑制;而在市场经济体制下,消费金融政策的实现则主要借助市场手段。

### （一）税收手段

税收对消费金融政策的支持作用主要体现在以下三个方面：①调整产业结构。可通过优惠的税率促进某些特定产业的发展，或通过惩罚性的税率抑制某些具体产业的发展，以达到通过产业结构的调整适应消费结构的目的。②调整关税结构。可通过对进出口产品的税收调节，达到限制或促进某些产品的进出口的目的。例如，对耐用消费品的进口征收高关税，即可抑制其过量进口。这一方面可以保护国内耐用消费品工业的发展，另一方面也可起到调节消费结构的作用。③调整个人税收。可通过消费税调节消费者的支出。在对商品普遍征收增值税的基础上，选择少数产品再征收消费税，从而达到调节消费结构和引导消费方向的目的。[3]

### （二）利率手段

在市场经济条件下，利率对经济活动的调节作用越来越强。利率对消费金融政策的支持作用，主要体现在以下两个方面：①调整金融资产配置。利率影响消费者在现期消费与金融资产投资之间的选择。一般来说，假定其他因素不变，如果利率水平提高，储蓄在消费者收入中的比重可能会提高。而且，利率还会影响消费者的金融资产结构。各种有价证券的收益状况直接与利率水平相关，利率的变动将会影响不同金融资产的收益，从而影响消费者对金融资产的选择。②调整产业结构。市场利率水平反映金融市场的资金供求状况，因而政府或中央银行可以通过投融资机构对某些重点发展的产业给予资金上的支持和利率上的优惠，从而对产业结构产生影响。在市场经济条件下，其通常做法是通过公开市场业务影响货币供给量，进而影响利率。[4]

### （三）国债买卖

国债是政府在国内外发行债券或向外国政府和银行借款所形成的国家债务的总称。政府在国内发行债券所形成的国债对国内的消费会产生一定的影响，主要体现在以下两个方面：①调整当期收入。在其他条件不变的情况下，以居民个人为发行对象的国债发行，会挤出消费需求，起到一种紧缩的作用；反之，国债的到期偿还，则会增加消费需求，起到刺激经济增长的作用。此外，国债还具有收入再分配效应，即通过国债的发行及国债所筹集资金的使用，在一般纳税人与国债持有人之间形成收入转移。进一步地，国债所带来的收入与负担，还会形成代际转移。②调整流通中的总货币量和产业结构。例如，通过经济建设债券的发行，为基础设施和重点建设项目筹集资金，以促进其发展。[5]

### （四）政府支出

政府支出对消费金融政策的支持作用，主要体现在以下两个方面：①转移性支出调整收入分配。政府可通过转移性支出中的保障性支出，对低收入者的基本生活消费提供保障，起到刺激消费和稳定社会的作用。转移性支出中的财政补贴，则对消费产生更为直接的影响。具体地，政府对生产者和经营者进行补贴，会降低商品制造成本从而降低商品价格，进一步影响消费结构；对消费者直接进行补贴，会增加消费者的可支配收入，从而调节了消费结构和消费总量。因此，从这个意义上讲，财政补贴作为一种经济调节手段有其存在的必然性。②投资性支出调整产业结构。政府通过投资性支出直接增加对某个行业的投资，可对社会资本起到引导作用，从而对产业结构产生影响，最终实现对消费结构的调节。[6]

## 三、不同经济状况下的消费金融政策

### （一）经济繁荣时期的消费金融政策

为了调整宏观经济形势，应对经济繁荣时期的通货膨胀对消费者收入和支出的影响，通常需要采取紧缩的财政政策、货币政策和收入政策等措施以降低总需求，避免总需求超过总供给。[7]

**1. 紧缩性财政政策**

财政政策具有较强的灵活性，可以根据经济周期来进行相机抉择。紧缩性财政政策主要包括削减财政支出、增加税收以及发行公债。第一，削减财政支出。削减财政购买性支出，如政府投资和行政事业费等，能够降低社会总投资，抑制过剩的总需求。该政策尤其适用于政府投资支出占社会总投资比重较大的国家。削减转移性支出，如各种福利支出和财政补贴等，可以降低部分消费者的消费支出。但是在实践中，政府财政支出往往具有刚性，因此削减政府财政支出的可操作性以及力度有限。第二，增加税收。该政策可直接作用于企业和个人，降低企业的税后利润以及消费者的税后收入，从而降低投资和消费支出。在实际操作中，增加税收需要考虑社会承受能力，因此其效果也受到限制。第三，发行公债。政府发行公债会对部分民间投资和消费产生挤出效应，从而抑制社会总需求。

**2. 紧缩性货币政策**

通货膨胀归根结底还是货币现象，因此中央银行可以通过紧缩性货币政策减少流通中的货币量，从而治理经济繁荣时期的总需求过剩现象。[8]一是可以通过提高法定存款准备金率，降低货币乘数，限制商业银行创造货币的能力，从而达到削减投资和减少货币供应量的目的。二是可以提高再贴现率和再贷款利率，增加商业银行获取资金的成本，抑制贷款需求，减少其对企业的信贷，进而减少投资与消费。三是开展公开市场卖出业务，通过出售政府债券回笼货币，紧缩信用，从而降低货币供给量。

**3. 紧缩性收入政策**

紧缩性收入政策，也称工资-价格政策，主要通过抑制工资和物价的过快增长来缓解通货膨胀对消费者的影响。一是降低工资-物价指导线。该指导线通常根据长期劳动生产率的平均增长率来估计货币收入增长的一个目标数值，然后要求各个部门的工资增长率不超过这一限度。这一指导线可以保持经济中每单位产量的劳动成本，使得物价总水平保持稳定。20世纪60年代，美国肯尼迪和约翰逊政府都曾尝试这种紧缩性的收入政策，但是效果并不尽如人意。二是工资-价格管制，即政府强行规定职工工资和物价的增长幅度，甚至在短期内对其进行冻结。这种政策通常用于通货膨胀特别严重的时期。美国在 1971 年曾经采取过三个月的工资 - 价格冻结政策。实践表明，紧缩性收入政策治理通货膨胀的效果有限，并可能削弱市场调节机制或引起公众不满情绪等，因此只能作为财政政策和货币政策的补充。

经济繁荣时期的消费金融政策还包括控制价格、改善供给政策、控制集团购买力、精简规章制度和直接信用控制等。在经济繁荣的时期，需要警惕货币的超经济发行，需要保证货币供应与生产力发展水平相匹配。

### （二）经济衰退时期的消费金融政策

与经济繁荣时期伴随的通货膨胀相对应，在经济衰退时期，社会需求不足，通常会发生社会物价总水平的持续下跌，即通货紧缩。在经济衰退时期，所有的消费金融政策都要与经济繁荣时期保持相反的方向，即扩张性的财政政策、货币政策和收入政策。[9]

#### 1. 扩张性财政政策

扩张性财政政策，通常采取减税降费和增加财政支出的手段。减税降费可以直接提高企业利润，增加个人收入水平，刺激消费和投资的增长。增加财政支出，如增加基础设施建设方面的投资性支出以及转移支付方面的福利性政府支出，能够促进消费需求增加。尽管财政政策产生作用的时滞相对于货币政策来说更短，其效果也更为直接，但是需要注意财政支出对于私人投资和消费的挤出效应。此外，当政府财政负担较重时，如在财政赤字的情况下，扩张性财政政策可操作的空间有限。

#### 2. 扩张性货币政策

扩张性货币政策，主要是通过降低法定存款准备金率、再贴现率、再贷款利率和公开市场购买有价证券等方式增加货币供应量，从而增加经济体系中流通的货币量。货币政策要想发挥作用，需要经过较长时期和较复杂的传导机制。一般来说，货币政策从最初通货紧缩发生到最终产生政策效果，存在着认知时滞、决策时滞和影响时滞，因而其发挥作用较慢。此外，在其传导过程中可能会受到各种因素的影响，因而最终的政策效果存在着较大的不确定性。

值得注意的是，国债的买卖可以作为实施扩张性货币政策和财政政策的联结纽带。当扩张性财政政策受到限制时，可以通过增发国债的方式为扩大财政支出创造资金来源。此时，一方面需要考虑保持国债规模和债务结构的合理性，另一方面需要考虑国债对民间资金需求的替代作用。只有当国债的收入来自于储蓄时，才能够真正地将储蓄转化为投资或者消费，从而刺激需求。

#### 3. 扩张性收入政策

在经济衰退时，可通过提高工资 - 物价指导线等方式，使得消费者的可支配收入快速增加，从而刺激其在经济衰退期间被抑制的总需求，最终促进经济的快速复苏。但同样，收入政策也只可作为财政政策和货币政策的补充。

## 第二节　开放经济条件下的消费金融政策

发达国家消费金融的起步和发展早于中国。作为重要的发源地之一，美国消费金融的发展已经有近60年历史。此外，欧盟和日本等国的消费金融也发展得较为成熟。在开放经济环境下，我国在政策制定和消费金融规范化发展的过程中，势必会受到发达国家示范效应的影响。因此，发达国家的消费金融政策，对于我国更好地发展消费金融以及制定更合理的消费金融政策，具有重要的借鉴意义。

### 一、美国的消费金融政策

美国是最早开始发展消费金融的国家，到目前已经形成了较为完善和规范的消费金融市场和消费信贷体系。[10]美国消费金融的快速发展离不开以下几个方面的政策支持。

在消费信贷方面，战后美国政府为了刺激生产并加快经济恢复与繁荣，不断增加政府预算中的公共财政支出，并向各类企业提供优惠税率，以鼓励企业增加产品供给，为消费金融市场的发展提供了物质保障。自20世纪60年代起，美国先后出台了《诚实贷款法案》《公平住房法案》和《平等信贷机会法案》等，通过规范消费者信贷机构的行为、遵循统一的贷款申请流程、公开融资收费和年利率等信息并加大披露力度等手段，对融资借贷服务提供者的行为进行透明化处理，并要求为消费者提供平等的贷款机会，拒绝贷款歧视，以此来保护消费者的合法权益不受侵害，保证消费信贷的公平公正性。

在征信体系建设方面，美国在20世纪初期就提出了个人征信制度设想，是全球最早建设征信体系的国家。自20世纪60年代以来，随着对消费信贷和储蓄贷款等管制的放松，消费金融领域开始出现一系列金融欺诈行为，因此美国提出了建立征信机制的要求。为保证征信行业的健康发展，弱化金融市场的信息不对称，1970年美国联邦政府颁布了《公平信用报告法案》和《公平准确信用交易法案》等，对现存的大量征信机构进行规范，并保证征信报告的公正准确，使得征信机构能够平衡消费者信用数据的使用和对消费者隐私的保护。截至目前，美国的征信体系覆盖了超过80%的人口，具有全面性、共享性和渠道多样性的特点。通过线下和线上双渠道进行信用数据收集，美国的征信体系可提供信用卡违约、网购信息、社交信息和不良行为记录等多个维度的信用数据，且其在不同行业之间均可共享，这在很大程度上避免了信息的遗漏。

在金融监管方面，次贷危机后，美国政府加大了对消费金融的监管力度，在21世纪初颁布了一系列改革政令，如《金融监管改革框架》《当代金融监管机构计划》和《华尔街改革和消费者保护法案》等。这些法律和法规在原有监管框架下进行适当调整，并建立新的管控机构来实现微观层面上的对消费金融机构和相关金融产品的审慎监管。

### 二、欧盟的消费金融政策

欧盟是继美国之后的全球第二大消费金融市场，收入份额占欧洲市场总收入的10%以上。欧盟消费金融市场已经进入平稳发展期，建立起了较为完善的法律制度、征信体系和风险管控措施。[11] 欧盟的各成员国在已有成熟的风险管控体系的基础上，结合本国基本情况，提出了具有各国特色的法律和法规，例如，规范消费金融机构行为的《信贷法》《破产法》和《社会保障法》，保护消费者合法权益的《数据保护指令》《欧盟消费者权利指令》和《消费者信用指令》等。

欧盟的消费金融政策偏向于风险防控管理方面，主要采用由政府主导的公共征信这一形式，即政府设立特定监管部门并出资建立征信机构，要求融资机构和个人均向其提供真实的个人征信数据。大型消费金融公司也会选择与保险公司进行合作，转移信用风险，降低公司由此可能遭受的损失，形成对企业和消费者的双重保障。但是，由于欧盟各国消费金融发展阶段不一，金融风险监管难以统一实施，因而欧盟各国采取了以下举措。第一，为保证互联网金融的改革创新，在欧盟成员国间建立统一的监管标准。第二，提高欧洲央行的监管能力，由欧洲央行统一管理欧盟各成员国的消费金融企业牌照发放和撤销。第三，成立欧洲系统性风险管理委员会，以统一标准管控各国的消费金融业务，提高风险防控能力。第四，明确规定由欧洲央行对欧盟的公共征信系统统一监管，私营征信机构工作开展必须遵循央行和各成员国的规定，注重金融消费者的隐私保护。

### 三、日本的消费金融政策

日本的消费金融业，主要是负责消费者个人的理财产品或相应金融咨询业务，指在营业所在地区的财政局或都道府县政府获得营业执照，为个人或小微企业提供消费型融资小额贷款，或者是无担保形式的贷款融资形式的业态。1961年，日本政府颁布了《分期付款买卖法》来规范商品分期付款的交易流程，保护消费者的合法权益和消费金融行业的发展，为日本消费信贷产业发展奠定了坚实的基础。

不同于美国和北欧各国采用市场主导型的金融市场监管，日本消费金融市场的监管主要是在政府层面通过行政干预来间接调控金融市场，更侧重于保护消费者的合法权益。[12] 主要的消费金融相关法律，如《贷金业法》《破产法》和《个人信息保护法》等，基本覆盖了日本整个消费金融领域，确保消费金融市场各参与方的合法权益不受侵害。同时，日本政府还健全消费金融机构的信息披露机制，保护消费者隐私，明确规定消费者违约赔付额，对可能出现的贷款欺诈、催收和过度放贷等做出了具体规定。此外，日本政府还要求以合同的形式确定借贷或买卖双方相应的责任、权利和义务，并且在产生合同纠纷时更侧重于保护消费者。在行业监管方面，日本成立了消费者金融联合会和消费者金融协会等行业协会组织，以对经营主体实施严格监管，规范经营机构的行为，并协调和解决经济纠纷。[13]

## 第三节 国外消费金融政策及其对我国的启示

在十八届三中全会上，习近平总书记正式提出了"发展普惠金融、鼓励金融创新"

的要求,我国消费金融迎来了全新的发展契机。与发达国家相比,我国消费金融虽然起步较晚,但是发展速度较快。[14] 在供给侧改革背景下,大力发展消费金融这一领域,能够进一步助力我国消费结构的优化升级。

## 一、我国消费金融政策的发展历程

我国的消费金融从2009年开放试点,其发展根据政策重点大体可分为三个阶段。[15]

第一阶段,2009—2013年,消费金融试点开放期。2009年7月,《消费金融公司试点管理办法》颁布后,我国的消费金融公司在上海、北京、成都和天津四个城市获批试点经营;2010年,首批4家试点消费金融公司正式成立,向北京、成都、上海和天津等地提供消费金融业务;2013年,原银监会对试点管理办法进行修订,放宽了消费金融公司的设立条件,拓宽了其资金来源,因而许多互联网龙头企业也纷纷加入消费金融行业参与市场竞争,消费金融产业得到迅速扩张,呈现出多样化的发展趋势。这一阶段,国家为鼓励金融创新,丰富金融市场层次并大力发展消费金融,对持牌消费金融公司的审核要求较为宽松。

第二阶段,2014—2016年,消费金融高速扩张期。在此期间,国务院常务会议多次指出,要积极培育和发展消费金融,并鼓励消费金融公司设立。基于国家层面的支持和引导,各种大型电商和网贷平台等快速布局消费金融领域,市场参与主体不断丰富。在这一阶段,阿里和京东等大型电商平台可直接申请互联网小贷牌照,在特定消费市场提供更加便捷和高效的电商金融服务。但是,由于征信体系和法律制度不够完善,一些非持牌机构也纷纷涌入消费金融行业,导致行业暴力催收和平台风险快速集聚,侵害了消费者的合法权益,也阻碍了消费金融行业的健康持续发展。

第三阶段,2017年至今,消费金融行业规范期。为了行业的规范发展,监管部门针对网络信贷乱象加大整治力度,出台了多项规范管理意见。2017年国家先后出台《中国银监会关于银行业风险防控工作的指导意见》和《关于立即停止批设网络小额贷款公司的通知》,加大P2P平台风险专项整治力度,对校园贷和现金贷进行清理整顿,停止批准成立新的小额贷款公司,并且对已成立的P2P公司进行严格监管、整顿和清退。到2020年,我国又加强了对行业主体的监管。从对催收频发的小额贷款公司限定民间借贷利率,到出台有关互联网贷款的管理办法,再到金融消费者保护,都体现了监管层对市场主体行为管理的加强。这有助于夯实消费金融监管基础,促进行业公平有序发展。我国消费金融领域的发展阶段及相应的政策举措,如表12-1所示。

表12-1 中国消费金融发展不同阶段政策规定

| 时期 | 时间 | 文件或会议 | 具体内容 |
| --- | --- | --- | --- |
| 试点开放 | 2009.07 | 《消费金融公司试点管理办法》 | 在天津、成都、上海和北京分别设立4个试点公司,注册资本为一次性实缴货币资本,最低限额为3亿元人民币或等值和自由兑换货币 |
| | 2013.11 | 党的十八届三中全会 | 正式提出"发展普惠金融,鼓励金融创新,并丰富金融市场层次和产品",消费金融试点公司扩增至16家 |

续表

| 时期 | 时间 | 文件或会议 | 具体内容 |
|---|---|---|---|
| 高速扩张 | 2014.01 | 国务院常务会议 | 明确提出要"助推消费升级,创新金融服务和大宗耐用消费品等信贷需求" |
| | 2015.06 | 国务院常务会议 | 鼓励符合条件的民间资本、国内外银行业机构和互联网企业发起设立消费金融公司 |
| | 2016.01 | 《推进普惠金融发展规划(2016—2020年)》 | 从国家层面确立普惠金融的实施战略,明确指出要促进消费金融公司发展 |
| | 2016.03 | 《关于加大新消费领域金融支持的指导意见》 | 在积极培育发展消费金融组织体系,加快推进消费信贷管理模式和产品创新,加大对新消费重点领域金融支持,改善优化消费金融发展环境等方面提出一系列细化政策 |
| | 2016.04 | 《关于促进消费带动转型升级的行动方案》 | 为促进居民消费扩大和升级,带动产业结构调整升级,加快培育发展新动力,提出包括汽车和旅游等在内的十大方向的扩大消费行动 |
| | 2016.09 | 《G20数字普惠金融高级原则》 | 提出降低消费服务的门槛,倡导利用数字技术推动普惠金融发展,平衡好数字普惠金融发展当中的创新和风险 |
| 行业规范 | 2017.04 | 《关于银行业风险防控工作的指导意见》 | 推进网络借贷平台(P2P)风险专项整治,做好校园网贷和"现金贷"清理整顿工作,促进行业进一步健康发展 |
| | 2017.09 | 《中国人民银行决定对普惠金融实施定向降准政策》 | 为支持金融机构发展普惠金融业务,聚焦单户授信500万元以下的小微企业贷款、个体工商户和小微企业经营性贷款,以及农户生产经营、创业担保、建档立卡贫困人口和助学等贷款,同意对上述贷款增量或余额占全部贷款增量或余额达到一定比例的商业银行实施定向降准政策 |
| | 2017.11 | 《关于立即停止批设网络小额贷款公司的通知》 | 各级小额贷款公司监管部门一律不得新批设立网络(互联网)小额贷款公司,禁止新增批设小额贷款公司跨省开展小额贷款业务 |
| | 2018.09 | 《关于完善促进消费体制机制进一步激发居民消费潜力的若干意见》 | 进一步提升金融对促进消费的支持作用,鼓励消费金融创新,规范发展消费信贷,把握好保持居民合理杠杆水平与消费信贷合理增长的关系 |
| | 2019.08 | 《关于加快发展流通促进商业消费的意见》 | 鼓励金融机构创新消费信贷产品和服务,推动专业化消费金融组织发展;鼓励金融机构对居民购买新能源汽车,绿色智能家电和智能家居等绿色智能产品提供信贷支持,加大对新消费金融领域的支持力度 |
| | 2020.07 | 《商业银行互联网贷款暂行办法》 | 要求消费金融公司开展互联网贷款业务参照执行,该办法界定了互联网贷款内涵及范围,明确风险管理要求,强调核心风控环节应独立有效开展 |
| | 2020.9 | 《中国人民银行金融消费者权益保护实施办法》 | 在延续原有的金融信息保护制度的基础上,以实现保护金融消费者信息安全权为目的,从信息收集、披露和告知、使用、管理、存储和保密等方面进行优化 |
| | 2020.11 | 《关于促进消费金融公司和汽车金融公司增强可持续发展能力、提升金融服务质效的通知》 | 拨备覆盖率的监管放松至130%,有利于缓解消费金融公司的风控压力,同时支持符合许可条件的消费金融公司发行二级资本债券,资本补充渠道得以拓宽 |

## 二、国外消费金融政策对我国的启示

### （一）建立规范的法律体系

国外消费金融的发展离不开法律的支持和引导，从行业准入门槛到消费金融机构的设立，从业务流程到业务监管，在每个阶段都有相应的法律和法规进行保障。更为重要的是，随着经济环境的变化，国家法律也要做出相应调整，以满足消费金融发展的现实需要。

但是目前，我国尚未建成系统的消费金融法律体系。虽然已经出台了《中华人民共和国商业银行法》《中华人民共和国担保法》和《个人住房贷款管理办法》等涉及消费金融市场运转的法律，但约束力不强，大部分都集中在消费金融机构的风险管控方面，消费信贷关系方面和消费者个人权益保护等方面的法律法规较为缺乏，由此也导致了金融机构和消费者之间发生纠纷难以解决的局面。[16]因此，在开放经济环境下，首要关注点应放在建立完善的消费金融法律体系上，确保我国现有消费金融法律制度的效力。无论消费金融行业发展到什么阶段，都离不开法律体系的引导和规范。要根据我国现实情况，及时对现有法律做修订和完善，并在市场自主调控的基础上进行一定的政府调控，保持监管模式紧中有松，在此基础上做到平稳前进，确保我国消费金融行业的健康发展。

### （二）建立完善的社会征信体系

为了更好地完善和实施法律制度，政府也应该重视与之密切相关的配套制度，征信制度就是其中之一。美国征信体系的发达程度处于全球领先地位，个人社会生活方方面面的数据均被记录在案。日本主要是行业协会拥有个人信息，鼓励和支持本土征信机构的发展，并按国际征信标准管理和要求国内征信机构，提高国内征信体系的国际影响力。

我国在信用方面的制度体系建设不够完整，征信行业的起步较晚，而且大部分由政府主导，由中国人民银行征信中心统一管理，以结构化信贷数据为主，主要内容是公共征信服务，覆盖范围十分有限。[17]虽然民营机构开始逐步进入征信行业，但是私人部门进入的准入门槛较高，国内优质征信数据绝大部分掌握在央行征信中心手中。因此，要重视社会征信体系建设，参考美国和日本建立征信体系的经验，整合银行业个人信用和消费金融机构的信用信息，扩大个人征信体系的覆盖面，推进个人商业信息、五险一金、人事档案、消费和金融数据等的整合工作，建立多元信息化的征信数据库，并及时建立失信黑名单，对失信人员进行一定的经济和社会生活限制，提高群众对个人征信的重视程度；提出相关政策扶持本土征信机构的发展，以国际标准要求我国本土的信用评定机构，为消费金融的发展提供更为合法合规的高质量个人和机构征信信息。

### （三）加强对消费者权益的保护

在加强消费者权益保护这一方面，美国设立了专门的保护机构，为金融消费者的个人信息和合法权益提供保障，协助金融消费者选择合适的借贷产品，贷后提供一定的救济措施，并向消费者提供准确的机构信息和产品信息。日本对金融消费者的保护，主要集中在规范消费金融机构的行为活动方面,通过及时披露信息、保护金融消费者的个人隐私、用法律手段规范催收行为并设立个人破产制度等措施,为消费者提供可靠安全的消费环境。为了使消费金融机构从业人员自觉遵守法规条令,政府还加重了对违规行为的处罚力度。

基于此,我国未来的消费金融政策的制定,应该致力于更好地保护消费者的合法权益。发挥中国特色社会主义制度优势,坚持以人为本,保护在消费金融活动中个人合法权益受到侵害的消费者,确保其能在经济活动中依法行使自己的权利,并履行相应的义务。同时,要加大对金融消费者在消费金融方面的宣传教育力度,为消费者普及基本的消费金融知识,提高其金融风险意识,保证消费者在消费金融服务中不受误导和隐瞒,建立信息共享机制,防止相关机构恶意叠加授信额度而超出个人的支付偿还能力。[18]

### 三、我国未来消费金融政策发展重点

#### (一)加快转变居民消费观念,塑造理性消费金融理念

随着我国经济快速增长,人均收入水平不断提高,消费者的文化素质日益上升,消费金融产品的种类也日趋丰富。受现代化消费理念的影响,消费金融支出在居民的日常消费支出中所占比重也在不断上升。一方面,为实现居民消费观念的转变,我国应尽快制定并颁布有关国民消费的政策法规,同时运用各类媒体平台对消费者的观念和行为进行正确的引导,加大对消费金融便利性的宣传力度,让消费者适当利用消费信贷满足自身消费需求。另一方面,尽管便捷、高效且灵活的消费信贷可以满足消费者的一时所需,但是借贷额一旦超过个人的经济实力和偿还能力,消费者的经济负担就会不减反增,因而也要避免消费者受到过度借贷和奢侈消费等不正确消费观的影响,帮助消费者塑造理性的消费金融理念,增强消费者的借贷消费意识和网络安全意识,提高消费者的自我保护能力。

#### (二)完善监管法律制度,提升监管体系效力

监管部门应该着手于建立全面、高效且有约束力的监管制度,而不能像过去一样只重视事前监督和审批,却忽视事后监管和追责。全面的金融监管制度既能实时跟踪金融活动开展,又能为金融活动提供统一的操作标准。具体地,对监管规定的完善可以从三个方面入手。第一,细化监管指标。我国对消费金融行业的监管只依赖于资本充足率、同业拆借资金比率、资产损失准备充足率和投资余额占总资本额的比例等四个指标,相较于商业银行对不同风险类别设定的30多个监管指标明显不足,因此应增加对消费金融信用风险监管的指标规定,便于公司管理不良资产,减少不良贷款率。第二,细化催收方式。一方面可以借助法律力量震慑和约束失信人的行为,为贷款追偿和催收提供法律依据;另一方面可以对合理合法的催收方式进行规范说明,从而使消费金融公司在实际的催收操作中有例可循。第三,加强对资金来源和使用的监管。防止消费金融公司违法放贷和非法吸储,确保消费金融行业能够健康发展。

## （三）明确借贷双方的权利和义务

在消费金融行业中，多数的矛盾和冲突由信贷双方的权利和义务不够明确造成。我国在制定消费金融相关政策法律时，可以借鉴发达国家的经验和做法，并根据我国国情制定更多保护消费信贷双方权利和义务的条例。一方面，要强化机构的信息披露义务，完善信贷合约签订各个阶段的披露义务和责任。可以要求金融机构使用统一的术语和标准来介绍各种消费信贷产品，以帮助金融消费者更好地理解各类产品和合约条款，明确自己在合同中的责任和权利。另一方面，可借鉴发达国家《个人破产法》的相关规定，保障金融消费者申请个人破产的权利。在消费者的经济实力确实不允许其按时还款的前提下，允许消费者只承担有限责任而免除消费者的部分债务，让消费者剩余部分私人财产，使得他们的最基本生活支出及消费支出得到保障，避免借款者陷入循环债务危机。

# 第四节　案例讨论：互联网金融的政策监管

金融监管，是由相关监管部门采取的，用以监督和管理金融机构行为的一系列措施的总和，其目的是确保金融行业持续、稳定和健康发展。随着互联网金融的快速发展，金融风险呈现出新特点和新趋势。2018年以来，P2P平台出现集中爆雷的情况，跑路、无法兑付和破产的平台不计其数，给投资者带来巨大的损失。因此，互联网金融的政策监管刻不容缓。

### 一、互联网金融面临的风险

第一，当网贷市场出现巨大波动或不利于网络借贷公司声誉的事件时，容易引发流动性风险和信用风险。突发性事件严重影响出借人的信心，进而引发集中性的资金赎回，致使网络借贷平台资金出现周转困难，无法履行支付义务。例如，在P2P网络借贷发展早期，由于监管的滞后，很多不良网贷平台演变为非法集资的温床，平台负责人跑路致使大量资金违约，给出借人带来巨大的损失。

第二，由于互联网金融业务的开展依托互联网和移动通信等技术，信息科技风险也不容忽视。大多数互联网金融公司规模较小，技术实力有限，很难抵御计算机病毒和网络黑客的攻击，导致用户资金或信息的泄露。

第三，由于技术的保密性较强，互联网金融的信息不对称情况较为严重。互联网金融消费者处于信息弱势方，辨别日益复杂的互联网金融产品优劣情况的难度较大，并且难以对其风险进行全面评估。

### 二、完善中国互联网金融监管的对策

2017年，习近平总书记在十九大报告中提出三大攻坚战，其中"防范化解重大风

险"位列第一。值得注意的是，在防范风险落实的过程中，金融处于比较突出的位置。自 2017 年以来，互联网金融各细分领域密集颁布管控政策，监管日益趋严，互联网金融行业进入规范化发展阶段。互联网金融各细分领域的机构，只有取得相关经营资质才能开展相关业务，经营资质和行业集中度得到显著提升。

虽然中国互联网金融风险专项整治取得了一定成效，但现有监管政策仍存在较多不足，亟待完善。地方政府应积极参与互联网金融监管，其原因有三。一是可以有效弥补中央垂直监管在处理地方互联网金融事务中的不足；二是各地方政府可结合当地情况提供适当监管环境，促进金融创新；三是可以阻止区域性金融风险的蔓延。同时，各地还应合理定位地方金融监管权，进一步实施完善互联网金融监管的相关措施。此外，还需加快互联网金融相关立法速度，加大互联网金融合规监管力度，并建立完善的替代性纠纷解决机制，切实保障互联网金融消费者的权益。

**案例思考题**

1. 金融深化背景下，互联网金融监管面临哪些挑战？
2. 互联网金融消费者权益如何才能得到更好的保障？

## 参考文献 〉〉〉

[1] 安华. 刺激消费拉动经济增长的政策反思：基于逻辑学的分析视角 [J]. 理论学刊，2013(2): 61-64.
[2] 许永兵. 扩大内需关键是提高居民消费倾向 [J]. 经济学家，2000(3): 42-46.
[3] 刘乐峥, 陆逸飞. 税收促进消费的理论逻辑与政策选择 [J]. 税务研究，2021(5): 104-107.
[4] 马理, 文程浩. 美国利率调整和税率调整的影响与我国应对措施研究 [J]. 经济研究，2021(1): 172-190.
[5] 刘笑萍. 新发展格局下我国国债市场国际化问题研究 [J]. 经济学家，2021(5): 39-47.
[6] 胡蓉, 劳川奇, 徐荣华. 政府支出对居民消费具有挤出效应吗 [J]. 宏观经济研究，2011(2): 36-41.
[7] 张启迪. 紧缩政策可以促进经济复苏吗？——来自欧元区的证据 [J]. 世界经济研究，2015(6): 24-32, 127.
[8] 辛树人. 差别存款准备金制度与金融稳定 [J]. 金融研究，2005(11): 138-143.
[9] 戴玲, 张佐敏. 谁从扩张性财政政策中获利？——基于家庭和企业异质性动态随机一般均衡模型的研究 [J]. 经济学（季刊），2021(4): 1167-1188.
[10] 赵旭, 周菁, 赵子健. 美国消费金融发展及对我国的借鉴研究 [J]. 现代管理科学，2016(6): 24-26.
[11] Mitchell J. Personal Financial Services in Europe—A Consumer Perspective [J]. International Journal of Consumer Studies, 2010, 11(2): 101-111.
[12] 孙章伟. 日本贷金公司的发展现状、问题应对及启示 [J]. 日本学刊，2010(6): 57-70.
[13] 刘丹. 消费金融发展模式的国际比较及借鉴 [J]. 中央财经大学学报，2011(1): 27-32, 43.
[14] 孙国峰. 中国消费金融的现状、展望与政策建议 [J]. 金融论坛，2018, 23(2): 3-8.
[15] 张杰. 我国消费金融发展展望与策略选择 [J]. 经济纵横，2015(7): 109-112.
[16] 李燕桥. 中国消费金融发展的制约因素及对策选择 [J]. 山东社会科学，2014(3): 149-153.
[17] He L, Fan G. Consumer Finance in China: Recent Development Trends [J]. China and World Economy, 2002(6): 12-17.

[18] 李三希，武玙璠，鲍仁杰. 大数据、个人信息保护和价格歧视：基于垂直差异化双寡头模型的分析 [J]. 经济研究，2021(1): 43-57.

## 课后思考题

1. 请阐述消费金融政策的含义及内容。
2. 消费金融政策的手段有哪些？各自是如何发挥作用的？
3. 请分析和比较主要发达国家消费金融政策的异同点。
4. 请简述我国消费金融政策的发展历程。
5. 请结合国外消费金融政策的实践，论述我国应如何构建完善的消费金融政策体系。
6. 请结合我国的实际情况，分析当前互联网金融发展都面临哪些机遇和挑战。

# 教师服务

感谢您选用清华大学出版社的教材！为了更好地服务教学，我们为授课教师提供本书的教学辅助资源，以及本学科重点教材信息。请您扫码获取。

## ❯❯ 教辅获取

本书教辅资源，授课教师扫码获取

## ❯❯ 样书赠送

**财政与金融类**重点教材，教师扫码获取样书

 清华大学出版社

E-mail：tupfuwu@163.com  
电话：010-83470332 / 83470142  
地址：北京市海淀区双清路学研大厦 B 座 509  
网址：http://www.tup.com.cn/  
传真：8610-83470107  
邮编：100084